ESCOLAS E ESTILOS DE TEORIA ANTROPOLÓGICA

Dados Internacionais de Catalogação na Publicação (CIP)
(Câmara Brasileira do Livro, SP, Brasil)

Escolas e estilos de teoria antropológica / organização Matei Candea ; tradução Fábio Creder. – Petrópolis, RJ : Vozes, 2022.

Título original: Schools and Styles of Anthropological Theory

ISBN 978-65-5713-409-2

1. Antropologia 2. Evolucionismo 3. Feminismo 4. Marxismo 5. Pós-colonialismo I. Candea, Matei.

22-98805 CDD-301.07

Índices para catálogo sistemático:
1. Antropologia : Estudo e ensino 301.07

Aline Graziele Benitez – Bibliotecária – CRB-1/3129

Matei Candea
(org.)

ESCOLAS E ESTILOS DE TEORIA ANTROPOLÓGICA

Tradução de Fábio Creder

EDITORA VOZES

Petrópolis

Tradução autorizada da edição em língua inglesa, publicada pela Routledge, membro do Grupo Taylor & Francis.

Tradução realizada a partir do original em inglês intitulado *Schools and Styles of Anthropological Theory.*

Direitos de publicação em língua portuguesa – Brasil:
2022, Editora Vozes Ltda.
Rua Frei Luís, 100
25689-900 Petrópolis, RJ
www.vozes.com.br
Brasil

Editoração: Maria da Conceição B. de Sousa
Diagramação: Raquel Nascimento
Revisão gráfica: Nilton Braz da Rocha / Fernando Sergio Olivetti da Rocha
Capa: Felipe Souza | Aspectos

ISBN 978-65-5713-409-2 (Brasil)
ISBN 978-1-138-22972-3 (Reino Unido)

Este livro foi composto e impresso pela Editora Vozes Ltda.

Sumário

Lista de figuras, 7

Introdução – Ecos de uma conversa, 9
Matei Candea

1 Raízes cortadas – Evolucionismo, difusionismo e (estrutural-) funcionalismo, 39
Matei Candea

2 Estruturalismo, 113
Rupert Stasch

3 Marxismo e neomarxismo, 145
Caroline Humphrey

4 Do transacionalismo à teoria da prática, 166
David Sneath

5 Antropologia e história, 196
Susan Bayly

6 Do método de caso ampliado à etnografia multissituada (e vice-versa), 221
Harri Englund

7 A antropologia cognitiva como crítica epistemológica, 245
Richard D. G. Irvine

8 Antropologia cultural interpretativa – Geertz e os críticos da sua "escrita da cultura", 270
James Laidlaw

9 A Escola de Frankfurt, teoria crítica e antropologia, 290
Christos Lynteris

10 As vidas antropológicas de Michel Foucault, 315
James Laidlaw

11 Do "corpo" à "corporificação", com a ajuda da fenomenologia, 336
Maryon McDonald

12 A antropologia feminista e a questão do gênero, 353
Jessica Johnson

13 Sem ator, sem rede e sem teoria – A antropologia dos modernos, de Bruno Latour, 377
Matei Candea

14 A virada ontológica – Escola ou estilo?, 403
Paolo Heywood

15 Pessoas e pessoas partíveis, 424
Marilyn Strathern

Índice, 445

Lista de figuras

1.1 Residência e evitação, 56

1.2 Sistema político, 84

1.3 Sistema de parentesco, 85

1.4 Um esqueleto conceitual, 85

2.1 Contrastes selecionados entre fonemas vocálicos do inglês, 116

2.2 Estrutura linguística como diferenciação de "sujeira", 118

2.3 Dois retratos da primazia das relações na constituição de um sistema linguístico, 120

2.4 Tio materno e filho da irmã, 125

2.5 Uma polaridade de valores da vida dos Crow na década de 1860, 131

Introdução

Ecos de uma conversa

Matei Candea

O que é este livro?

Este livro fornece uma visão geral de importantes correntes de pensamento na antropologia social e cultural do século XIX até o presente. Ele oferece uma ampla introdução às principais escolas e estilos teóricos deste período ampliado. Oferece uma ideia de seu contexto histórico e de suas interconexões e pontos de sobreposição. O foco principal está nos desenvolvimentos nas tradições antropológicas britânicas e, em menor medida, nas tradições antropológicas americanas e francesas, embora os capítulos também demonstrem o entrelaçamento progressivo dessas tradições ao longo dos séculos XX e XXI. Ele apresentará aos leitores um caleidoscópio fascinante e emocionante de ideias que transformaram as ciências humanas e sociais, bem como a maneira como entendemos a nós mesmos e às sociedades em que vivemos hoje. As teorias examinadas nestas páginas tratam de algumas das questões mais fundamentais que os antropólogos continuam a fazer hoje: Que tipo de liberdade os seres humanos têm, se tiverem alguma? Como podemos explicar e compreender as regularidades e a natureza padronizada de nossas vidas coletivas? O que é cultura e o que é sociedade? O que nossos corpos, nossas mentes e nossas tecnologias podem fazer, e o que acontece em sua interação? Quais são as fontes, significados e efeitos das diferenças – em termos de identidade, perspectiva ou poder – que correm entre as coletividades humanas e dentro delas? Existe algum lugar para o estudo de não humanos na antropologia?

Os capítulos deste livro acompanham uma série de longa data de palestras essenciais ministradas na Universidade de Cambridge para estudantes de antropologia social, intitulada "Escolas e estilos de teoria antropológica". Embora a série de palestras seja voltada principalmente para alunos de graduação, ela é frequentada por alunos de mestrado e, muitas vezes, também recebe alunos de doutorado como ouvintes. O objetivo da série de palestras é prover uma introdução ampla, acessível, ainda que relativamente sofisticada, à teoria antropológica, e esse também é o objetivo principal deste livro.

Este livro trata dos clássicos "ismos" antropológicos (evolucionismo, difusionismo, funcionalismo, funcionalismo-estrutural, estruturalismo, transacionalismo, neomarxismo, interpretativismo, feminismo, pós-colonialismo), teorias e escolas teóricas frequentemente identificadas (a Escola de Frankfurt, a Escola de Manchester, teoria da prática, teoria ator-rede), momentos clássicos e mais recentes de ruptura teórica (o momento da "escrita da cultura", a virada ontológica) e reflexões mais difusas em torno de problemas conceituais particulares, tais como o problema do pensamento histórico na antropologia (cf. cap. 5), a questão da extensão e dos limites dos lugares de campo (cf. cap. 6) e as dinâmicas distintivas de modelagem e remodelagem de conceitos antropológicos (cf. cap. 15). Todos os itens acima são tratados aqui, embora nem todos ao longo de um capítulo ou na forma de esboços autônomos. Vários capítulos entrelaçam relatos de mudanças, tensões e transformações entre dois ou mais dos itens acima, e alguns capítulos retornam à mesma escola ou estilo de perspectivas diferentes; mais notavelmente, por exemplo, as críticas pós-coloniais na antropologia são evocadas nos cap. 1, 5, 6 e 12, em vez de serem incluídas em um único capítulo. Voltarei à organização do livro e dos capítulos abaixo.

Embora "escolas e estilos" sejam seu principal dispositivo de organização, este livro não é simplesmente uma lista de teorias. É também uma reflexão coletiva sobre o que é a teoria antropológica e como ela muda. Os autores deste livro propõem diferentes respostas explícitas e implícitas a essa pergunta. Desta e de outras maneiras, este livro é mais bem pensado como uma conversa – às vezes uma discussão – em vez de uma única narrativa.

A seção "Visões de Cambridge?" oferece mais algumas informações contextuais sobre a origem deste livro e reflete sobre o tipo determinado de perspectiva sobre a teoria que está implícito em um livro baseado em um curso de palestras em um departamento determinado. As quatro seções seguintes se aprofundam em questões mais fundamentais sobre o que é teoria e como pensar sobre ela. Ao longo do caminho, elas elucidam parte da organização deste livro. Antes de começarmos, no entanto, uma pergunta muito geral precisa ser respondida especialmente – mas não apenas – tendo os leitores de graduação deste livro em mente: Por que se dar ao trabalho de aprofundar-se na história da teoria antropológica?

Sobre aprender a ver a teoria

Em alguns alunos, o simples pensamento de um "curso teórico" ou de um livro baseado em tal curso irá induzir ao desânimo ou ao terror. Parcialmente sob a influência de uma modularidade crescente no ensino de graduação e com um olhar atento para os alunos como clientes cujos gostos devem ser atendidos, os cursos de antropologia e introduções à antropologia têm tendido a desviar-se para tópicos e títulos cativantes. Sexo e morte, mistério e desigualdade, as práticas mais estranhas tornadas familiares e sua vida cotidiana não examinada tornada estranha: a antropologia fornece tudo isso aos montes, e é frequentemente onde os alunos são convidados a começar. A teoria, ao contrário, parece tediosa, sem vida e irrelevante; velhas teorias mais ainda. A teoria também parece, em contraste com aqueles tópicos e casos cativantes, essencialmente *difícil*.

A teoria, este livro irá demonstrá-lo, não é nenhuma dessas coisas. E isso é verdade, crucialmente, porque a "teoria" não é, de modo algum, uma coisa única e independente. As teorias apresentam-se sob numerosas formas e tamanhos, e, pelo menos na antropologia, estão sempre intimamente entrelaçadas com a prática e com os particulares. A teoria já está lá, no cerne dos argumentos e casos mais imediatamente atraentes, ou que parecem relevantes, com os quais os alunos se deparam pela primeira vez com a antropologia. Como o personagem de Molière, Monsieur Jourdain, que ficou surpreso ao saber que por toda a vida estivera falando em prosa, os leitores deste livro perceberão rapidamente que têm feito teoria o tempo todo.

Claro, essa observação poderia levar a tornar a teoria sem sentido de uma maneira diferente. Como descrevo abaixo, algumas escolas recentes de pensamento em antropologia e além procurariam se livrar completamente da "teoria" como um tópico distinto. Este livro, ao contrário, propõe que a teoria, como foco distinto de estudo, ainda tem um papel importante a desempenhar. Focar na teoria permite tornar explícitas as questões conceituais que estruturam e fundamentam as discussões e debates antropológicos, e ver como estas se deslocaram e mudaram ao longo do tempo. Esta visão geral de debates capacita os recém-chegados à antropologia – e, de fato, antropólogos experientes envolvidos em um novo tópico ou campo de pesquisa – permitindo-lhes situar as obras que encontram dentro de uma paisagem histórica e discursiva mais ampla. Aprender a reconhecer as pistas distintivas que sugerem que um autor está escrevendo em uma escola ou estilo de pensamento particular significa aprender a ver seus relatos, descrições e casos como *argumentos*, em vez de simplesmente declarações de fato ou artigos de fé. Será inestimável para ajudar os alunos a detectar criticamente suposições, pontos cegos e atalhos nos textos que lerem. Mas este trabalho não é totalmente negativo. O exercício crítico de detectar pressupostos teóricos é apenas uma das habilidades que vêm com um conhecimento profundo da história da teoria. Outro é o de imaginar como, e com que efeito, duas perspectivas teóricas radicalmente diferentes podem ser aplicadas ao mesmo corpo de material. Este, por sua vez, é o primeiro passo para se aprender a construir os próprios argumentos teóricos distintivos. Há um ponto mais amplo aqui concernente ao uso da teoria, e ao uso deste livro, para a atenção não apenas dos recém-chegados à antropologia, mas também para estudantes de pós-graduação ou mesmo antropólogos profissionais embarcando em um projeto de pesquisa original. Algumas das teorias envolvidas neste livro são posições vivamente contemporâneas que os antropólogos que escrevem hoje podem explicitamente esposar. A maioria, no entanto, é geralmente entendida como pertencente à história e não ao debate atual. A razão mais comum pela qual tais "velhas teorias" são geralmente invocadas na antropologia é como um catálogo de erros, uma lista de atalhos conceituais que desejamos evitar repetir. Esta não é, em si, uma má razão para lembrá-las. Em particular, é frequentemente possível construir retrospectivamente um contexto histórico em torno de teorias que os próprios atores podem não ter visto, ou visto bem demais – seja como for –, que eles próprios não teriam considerado como "contexto" (cf. cap. 1). Isso, por sua vez, pode prover lições poderosas para o presente, na forma de erros e atalhos a serem evitados. Por mais importante que seja, no entanto, essa não pode ser a única razão para a retrospecção, ou o único modo em que ocorre. Antigas teorias também podem ser exploradas em busca de novos *insights*, especialmente se reconhecermos os aspectos de suas problemáticas que ainda ressoam.

Visões de Cambridge?

Este livro é um tipo de esforço coletivo um pouco incomum. A maioria das coletâneas de trabalhos acadêmicos é resultado de conferências ou oficinas. Elas representam uma conversa que ocorreu em um determinado momento durante alguns dias. As enciclopédias, inclusive as temáticas, ao contrário, são constituídas mediante a encomenda de artigos de estudiosos de uma série de instituições, que muitas vezes nem sequer conversaram. Elas buscam prover uma cobertura abrangente de uma disciplina ou área temática.

Este livro, ao contrário, é o resultado de uma conversa muito mais longa. Como sua origem como uma série de palestras determina muito sobre a forma, o conteúdo e a "voz" do livro, vale a pena dizer algumas palavras sobre como uma série de palestras, e esta em particular, é organizada em Cambridge. A série de palestras "Escolas e Estilos" tem funcionado sob este título por muitas décadas ao longo do mesmo princípio básico: conferencistas e professores associados do departamento de antropologia social são chamados a dar uma ou duas palestras sobre uma escola, estilo ou problema teóricos nos quais tenham um interesse particular ou especialidade. A seleção é feita por um coordenador de trabalhos, cuja função é assegurar a natureza equilibrada e abrangente do conjunto como um todo. Essa supervisão é, no entanto, coletiva e também individual: os principais membros do corpo docente do departamento se reúnem para discutir o conteúdo de cada série de palestras uma vez por ano. Os coordenadores apresentam suas propostas de trabalhos para os anos seguintes ao escrutínio de seus colegas, que frequentemente comentarão sobre inclusões e exclusões específicas. O departamento se reúne da mesma forma para definir exames, ponto em que novamente o equilíbrio dos tópicos e a forma como são tratados são examinados coletivamente. Como resultado desse processo, a série de palestras e, portanto, este livro, é um esforço inteiramente coletivo. Representa uma conversa contínua entre um grupo de colegas com interesses diversos sobre a história e o estado da teoria antropológica. Isso – crucialmente – inclui colegas que não são representados como autores aqui, mas que estiveram envolvidos formal e informalmente nessas conversas ao longo dos anos[1].

Essa conversa é antiga, mas também está mudando perpetuamente. Os capítulos deste livro refletem um momento: baseiam-se nas palestras ministradas no ano acadêmico de 2016-2017. À medida que o pessoal do departamento muda e seus interesses se alteram, o mesmo ocorre com o conteúdo das palestras, as escolas teóricas que escolhem para lecionar, o esboço geral do curso e, de forma mais ampla, a maneira como a própria "teoria" é retratada e entendida – mais sobre isso adiante. Perspectivas individuais e coletivas sobre o que tal curso deve conter se alteram ao longo do tempo, rastreando transformações na teoria antropológica e transformações no departamento de Cambridge. Alguns tópicos são duradouros: tive uma aula de funcionalismo estrutural quando era estudante de graduação há quase 20 anos; eu agora dou aquela aula, que forma a base do cap. 1 deste livro. Desnecessário dizer que não é mais a mesma aula que uma vez assisti. Como o mesmo tópico é abordado por pessoas diferentes, cada uma delas reescreve as aulas mais ou menos do zero, às vezes recorrendo às listas de leitura de seus predecesso-

1. Eles incluem, mais proximalmente, Yael Navaro, que ministrou uma palestra na série, mas infelizmente não pôde contribuir com o livro, e os outros membros do departamento envolvidos nas discussões de planejamento de ensino e palestras em 2016: Uradyn Bulag, Hildegard Diemberger, Paola Filippuci, Sian Lazar, Perveez Mody e Joel Robbins. Mais distantemente, isso inclui todos os palestrantes anteriores neste curso ao longo das décadas – numerosos demais para serem nomeados –, cujo pensamento e ensino alimentaram a conversa coletiva e duradoura descrita aqui.

res. Outros tópicos representados aqui são novos: o cap. 9, sobre a Escola de Frankfurt, é baseado em uma palestra proferida pela primeira vez no ano acadêmico de 2016-2017.

Em suma, então, este livro não pretende ser nem exaustivo nem representativo da teoria antropológica como um todo. Como veremos a seguir, qualquer afirmação desse tipo seria inerentemente sem sentido. Como qualquer outra consideração da teoria, esta é uma consideração de um determinado tempo e lugar, e tentei acima dar uma ideia de onde e quando isso acontece. Este livro é o resultado do complexo processo por meio do qual um coletivo de acadêmicos em um departamento acadêmico reuniu uma perspectiva parcialmente compartilhada sobre a teoria antropológica.

No entanto, o sentido no qual este livro oferece uma "perspectiva de Cambridge" sobre a teoria deve ser entendido sob a advertência de que qualquer perspectiva semelhante é internamente múltipla e historicamente mutável. Vistos de fora, os departamentos universitários são frequentemente caricaturados como tendo uma linha particular ou representando um estilo particular, em um processo interminável de autorreprodução. No entanto, a mais breve consideração da estrutura real de um departamento universitário como uma comunidade de prática deve demonstrar o quão improvavelmente esse deve ser o caso. Alguns dos colaboradores deste livro foram treinados em Cambridge e outros não. Alguns lecionam lá há muitos anos. Outros ingressaram no departamento muito mais recentemente. Alguns estarão empregados em outro lugar no momento da publicação. Portanto, o leitor não deve se surpreender ao encontrar diferenças radicais no tom, no estilo e na abordagem entre os capítulos deste livro. Este livro é o eco de uma conversa que ocorreu em Cambridge. Não é "a visão de Cambridge", uma vez que não existe tal coisa.

O que é teoria?

Como observei acima, as visões dos colaboradores são diversas não apenas em sua abordagem a teorias específicas, mas na questão mais fundamental do que é "teoria". Este livro como um todo é mais bem tratado como uma resposta coletiva e multivocal a essa pergunta. Não pode ser resumido em algumas linhas concisas. O restante desta introdução irá, entretanto, delinear três antigos tópicos para a discussão geral sobre a natureza da teoria que percorre este livro. O primeiro diz respeito ao problema "externo": como e com que efeito se distingue a teoria de outras coisas (método, dados, prática etc.) muitas vezes subsumidas na antropologia por meio de uma distinção entre teoria e etnografia? O segundo diz respeito à questão "interna" de como a teoria é subdividida (em escolas, estilos, paradigmas, conceitos etc.). A terceira questão pergunta o que há de distintamente antropológico na teoria antropológica, se é que existe alguma coisa assim.

Essas questões apontam para três demarcações que organizam, em parte, o assunto e a abordagem deste livro: a distinção teoria/etnografia, o dispositivo de agrupar a teoria em "paradigmas" e, na verdade, o dispositivo de tratar a teoria antropológica como distintiva. Nenhum destes é autoevidente, e este livro, embora baseando-se neles até certo ponto, não os considera óbvios. No entanto, argumentarei que todos esses três dispositivos conceituais podem ser e têm sido ferramentas extremamente produtivas para o pensamento, embora não sejam filosoficamente sustentáveis em alguns sentidos mais amplos.

O que separa a "teoria" de qualquer outra coisa, se é que algo o faz? Em particular, frequentemente são traçadas linhas entre teoria e método, por um lado, e entre teoria e material (conteúdo, dados, descrição, exemplos), por outro. Por um período substancial da história da antropologia (e em alguns círculos ainda hoje), a teoria foi entendida como algo à parte e acima do método e do material. O trabalho de campo apontou para os dois últimos termos: um procedimento técnico para coletar "dados" que seriam então analisados e teorizados. Isso fala à divisão duradoura em antropologia entre "etnografia" (tanto no sentido de um método de trabalho de campo como no sentido de um produto escrito) e "teoria". Essa distinção se baseia, e ecoa, em nossa disciplina, distinções epistemológicas disseminadas por toda a ciência social e, na verdade, pela ciência de modo geral: distinções entre descrição e explicação; e entre o particular e o geral. Para os evolucionistas, alguns funcionalistas estruturais, como Radcliffe-Brown (cf. cap. 1), e alguns estruturalistas, como Lévi-Strauss (cf. cap. 2), essa divisão conceitual também era uma divisão de trabalho: pesquisadores de campo por um lado, teóricos por outro, tinham funções e conjuntos de habilidades diferentes que seriam encontrados na mesma pessoa apenas por coincidência. Ao pesquisador de campo coube a tarefa de descrever com precisão o modo de vida e os costumes de um povo. Ao teórico, a tarefa – implicitamente mais nobre – de comparar, abstrair e generalizar a partir desses dados em vista de uma teoria. Ainda que a cultura profissional dos antropólogos, desde o início do século XX, os tenha incitado sobretudo a assumir ambos os papéis, o sentido no qual esses papéis são distintos, segundo descrito acima, perdura em conversas de bastidores sobre os próprios pontos fortes e fracos de um em comparação com outros antropólogos ("Ele é um etnógrafo fantástico, mas não muito teórico" etc.).

Desnecessário dizer que essas distinções na antropologia entre teoria e método, e também entre teoria e dados, são inerentemente políticas em mais de um sentido. Elas mapeiam a política interna da disciplina, com suas várias escalas implícitas e explícitas de valor e credenciação. Mas elas emergem também do lugar histórico da antropologia em uma ordem global de produção de conhecimento na qual estudiosos metropolitanos teorizaram sobre dados extraídos das colônias e das periferias (cf. cap. 1 e 5). Isso reflete o ponto mais amplo de que, para grande parte da história da antropologia, conforme sucintamente resumido por Clifford Geertz: "seus assuntos e seu público eram não apenas separáveis, mas moralmente desconectados, de modo que o primeiro deveria ser descrito, mas não abordado, o segundo informado, mas não implicado" (1988, p. 132). A "teoria" desempenhou o papel de um filtro, através do qual os antropólogos realizaram o milagre da tradução unilateral. Como Chua e Mathur (s.d.) notaram recentemente, a referência ainda frequente dos antropólogos a uma posição "nós" permanece um exemplo duradouro dessa ordem global desigual de produção de conhecimento. Os antropólogos frequentemente desconstruíram a ideia de que pode haver um "nós" culturalmente homogêneo (ocidental ou euro-americano) a quem a antropologia pode ser dirigida. Mas uma implicação igualmente problemática é a da univocidade da antropologia como disciplina. Esse "nós" antropológico mascara uma paisagem acadêmica global desigual na qual "teoria" (nova, empolgante, de ponta) ainda é buscada nos mesmos velhos centros metropolitanos. Nesta ordem de coisas, uma "teoria do Sul" (Comaroff & Comaroff, 2012) ou "do Oriente" (Howe & Boyer, 2015) tem sido vista como exigindo reconhecimento específico e explícito. Vários capítulos neste livro exploram a maneira pela qual marxistas, feministas, pós-coloniais e outros estudiosos críticos têm visto a si mesmos desafiando a política de produção de conhecimento antropológico (cf. cap. 1, 5, 6, 8 e 12). Ao fazê-lo, eles mesmos não apenas produziram teoria, mas também exploraram a política de fazê-lo. É claro que o seu próprio modo de lidar com a teoria e a sua própria política de produção de conhecimento tornaram-se, por sua vez, o assunto de outras críticas.

E, no entanto, de outro ponto de vista, essas críticas estavam meramente reformulando um ponto muito antigo embutido na estrutura disciplinar da própria antropologia. Na verdade, o nascimento da antropologia como disciplina coincidiu precisamente com um desafio à maneira clássica de separar teoria de método, por um lado, e teoria de material, por outro. Com o foco de Malinowski no trabalho de campo de longo prazo, veio o reconhecimento de que as questões do método de campo eram inerentemente teóricas. O funcionalismo malinowskiano foi tanto um desenvolvimento metodológico quanto teórico: novos tipos de "dados" e novas compreensões do que "dados", podem ser, tornaram velhas questões teóricas desprovidas de sentido (cf. cap. 1). O ponto de que o método etnográfico é uma questão inerentemente teórica tem sido um tema recorrente no discurso antropológico desde então; como Harri Englund mostra em sua discussão sobre o "método de caso ampliado" da Escola de Manchester e o desenvolvimento mais recente do "trabalho de campo multissituado" (cf. cap. 6). Em uma linha diferente, os movimentos de Bourdieu em direção a uma "teoria da prática", não obstante acabarem sendo eles próprios altamente teóricos, fundaram-se na premissa de um desafio explícito à maneira usual como a teoria havia sido abstraída de descrições do fluxo da vida (cf. cap. 4).

Houve ainda um outro modo como os estudos antropológicos, desde o início, envolveram um desafio à maneira usual de imaginar a distinção teoria/método. Este foi o sentido profundo no qual o trabalho conceitual da antropologia, desde o início do século XX, se não antes, de fato, foi concebido como inerentemente disruptivo e crítico, desafiando as suposições ocidentais e os paradigmas filosóficos estabelecidos ao mostrar a racionalidade de modos de pensar não familiares ou a eficácia e a beleza de arranjos sociais não familiares. Isso estava intimamente ligado ao desafio de Malinowski ao modelo de "divisão do trabalho" da pesquisa antropológica: os pesquisadores de campo, na visão malinowskiana, *tinham* que ser teóricos, e os teóricos *tinham* que ser pesquisadores de campo, porque o motor da produção de conhecimento antropológico era a experiência da alteridade no curso do estudo de campo (Kuper, 1973, pp. 32-33). Transformar a "desfamiliarização" no movimento antropológico central significava, por sua vez, que o trabalho de campo bem-sucedido tinha que ser transformador, se não, de fato, destrutivo da teoria estabelecida, e criativo de novas perspectivas teóricas.

Essa visão malinowskiana não deixou de ser contestada, e a natureza do trabalho de campo mudou profundamente também no último século (cf. cap. 6). Mas essa visão do trabalho de campo como transformador persiste nas atitudes antropológicas contemporâneas para com a relação etnografia-teoria. Em outras disciplinas científicas mais autoconscientes, o entusiasmo e o sucesso tendem a ser associados a pesquisa que confirme hipóteses claramente estabelecidas, enquanto "resultados negativos" raramente são publicados – fato muitas vezes deplorado (cf. Granqvist, 2015). Em antropologia, em contraste, o trabalho de campo tem geralmente sido visto como bem-sucedido precisamente no momento em que se mostrou inesperado e excedeu a teoria. O papel do trabalho de campo era, com efeito, produzir aquele momento no qual os referenciais teóricos com os quais alguém havia inicialmente abordado o problema se revelassem inadequados. Este modelo de antropologia como revolução conceitual perpétua permaneceu profundamente ancorado nas maneiras de os antropólogos avaliarem uns aos outros e a si mesmos, embora isso não seja, é claro, tudo o que os antropólogos fazem[2].

---

2. Particularmente em estudos regionais ou com orientação mais temática, o trabalho antropológico geralmente segue um padrão mais cumulativo. Mas o fato de que um *status* mais elevado é frequentemente atribuído a essas afirmações revolucionárias "generalistas" e não às regionais, mais cumulativas, ressalta o meu ponto.

Um dos efeitos desse modelo é uma fragmentação particularmente frequente das perspectivas teóricas, com cada pesquisador de campo subsequente sentindo a necessidade de romper com um *status quo* teórico prévio. Daí a multiplicidade de escolas, estilos, rótulos e "voltas" com os quais esta introdução começou. Por mais que seja uma nova "estrutura", o que muitas vezes está em jogo nessas mudanças e deslocamentos é um conjunto diferente de casos e experiências. É por isso que tantos capítulos deste livro são, na verdade, tanto uma história de etnografias paradigmáticas quanto uma história de teorias.

Outro efeito deste modelo de revolução conceitual permanente é que a antropologia, desde o início, colocou a questão do encontro com as teorias dos outros, muito antes de "a teoria do Sul" ser formulada como um problema nesses termos. Certamente, sempre houve uma vertente da antropologia com inclinações positivistas que deu às teorias não ocidentais relativamente pouca atenção. Elas foram caracterizadas principalmente como elementos de uma realidade factual a ser explicada pelas nossas próprias teorias definicionalmente superiores. Mas outra veia interpretativa que também percorreu a antropologia desde o início da disciplina (cf. cap. 1 e 8) perguntou como outro ponto de vista sobre o mundo poderia transformar, informar ou desafiar o nosso. Essa questão, sempre reinventada, assumiu uma forma mais radical com a crítica à "escrita da cultura" dos anos de 1980, quando as próprias práticas de conhecimento, modos de explicação e técnicas de autoria dos antropólogos passaram a ser investigados de forma mais direta (cf. cap. 8). A afirmação dos antropólogos de serem capazes de explicar, organizar e traduzir uma diversidade de pontos de vista culturais foi examinada de forma crítica. Uma interpretação antropológica autorizada das perspectivas dos outros foi mais claramente distinguida de um compromisso de realmente deixar esses outros falarem na sua própria voz. Dito isso, os detratores notaram que a própria crítica dos anos de 1980 foi animada tanto por alta teoria resolutamente "metropolitana" importada dos estudos literários e da filosofia quanto pelo real encontro transformador com as vozes do "outro", e, de fato, muitas vezes na prática levou a um foco na escrita, em vez de no fazer, da etnografia (Handelman, 1994).

Outra volta (ontológica) desse parafuso (epistemológico) seguiu a observação de que a preocupação dos antropólogos com o estudo das "culturas" ou pontos de vista do mundo carregava um desequilíbrio implícito que minou a sua própria mensagem relativista (cf. cap. 14). Com o relativismo cultural, todos tinham direito a seus pontos de vista, é claro. Mas "o mundo", ou "natureza", permaneceu fora do quadro antropológico; assunto para biólogos, físicos e similares. Em outras palavras, todos tinham sua cultura, mas o Ocidente, por acaso, também tinha a chave da natureza. A "virada ontológica" que emergiu como uma crítica dessa posição é apenas o exemplo mais recente (embora talvez o mais radical) da ideia de que o papel da antropologia é prover perturbação conceitual para as teorias ocidentais levando as não ocidentais a sério.

Esse movimento ontológico coincidiu com outros desenvolvimentos na virada do século XXI, tais como a teoria ator-rede (cf. cap. 13), ao atacar a própria figura da teoria. Ambas as escolas (pois é nisso que elas se tornaram agora) vêm com a afirmação forte e explícita de que elas não são "teorias", no sentido de relatos sistemáticos abrangentes do mundo a serem infirmados ou confirmados por meio de estudo empírico, mas algo mais: técnicas conceituais, receitas para inovação; em uma palavra: heurísticas (cf. cap. 14; Abbott, 2004; Candea, 2016). Esse apelo à heurística tem três características principais: ele abrange a fragmentariedade e a multiplicidade (não se supõe que posições, conceitos e argumentos se acumulem em um esquema abrangente); evita a repetição (não há "estrutura" para aplicar de um estudo ao outro, apenas princípios metodológicos para produzir novidades a cada vez); ele apresenta-se como performativo, um modo de fazer em vez de dizer (cada relato é uma intervenção prática ou política no mundo, em vez de uma mera descrição do mundo). Embora esta virada para a heurística resolva muitas questões cruciais relacionadas à definição de "teoria" (inclusive a questão, examinada nesta seção, da distinção entre teoria e método, ou teoria e material), ela traz consigo as suas próprias dificuldades inerentes, como o cap. 13 e especialmente o cap. 14 apontam.

Em outras palavras, a principal dificuldade em escrever sobre teoria hoje, da maneira como este livro procura fazer, reside principalmente no fato de que as escolas e estilos examinados aqui não são simplesmente visões diferentes do mundo, eles também implicam visões diferentes – às vezes radicalmente diferentes – do que é a teoria. Escrever sobre a história da teoria é, portanto, escrever sobre um objeto em constante mudança. Em outras palavras, este livro não é apenas uma conversa sobre a natureza da teoria: é um relato de, mas também uma contribuição para, uma longa conversa antropológica sobre esse assunto.

Essa maneira de ver as coisas nos dá uma noção melhor de qual é o objeto deste livro: não a "teoria" *per se* como uma coisa claramente definida lá fora, mas sim o problema da teoria como um foco de debate e preocupação na história da antropologia. Visto assim, existem razões poderosas para resistir à dissolução da teoria como uma categoria. Dissolver a distinção entre teoria e etnografia é, em muitos aspectos, um movimento atraente, assim como o movimento recorrente e sempre popular de varrer "velhos dualismos". E, no entanto, esse movimento tende a perder o ponto de que "dualismos", embora nem sempre filosoficamente sustentáveis, têm seus usos pragmáticos e conceituais. Ao longo de todos os debates brevemente descritos acima, a distinção constantemente reimaginada, sempre instável e em muitos aspectos claramente ficcional entre "etnografia" e "teoria", tem sido posta em trabalho constante. Claro, essa advertência não é incompatível com uma visão heurística; muito pelo contrário: ela aponta precisamente para como a distinção teoria/etnografia deve ser vista; ou seja, uma heurística. Apesar de todas as suas falhas e limitações, a distinção entre teoria e etnografia forneceu à antropologia um motor heurístico sempre renovado (Strathern, 2011; Heywood, s.d.).

Pontos fortes e fracos dos "ismos"

Minha alusão acima à visão de escolas e estilos radicalmente opostos nos leva direto à segunda linha de questionamento que permeia este livro, que diz respeito à subdivisão interna da teoria: de que é feita? A virada heurística que acabei de descrever foi em parte uma reação contra o dispositivo narrativo clássico de subdividir a "teoria" em blocos – escolas, teorias ou "paradigmas" – os "ismos" para abreviar. Essa visão é tão familiar que se tornou senso comum. Cada "-ismo" vem embalado com suas figuras principais, seus dissidentes internos, suas obras essenciais, seu momento histórico, suas questões clássicas, seu tipo característico de dados e formas de argumento, suas falhas e críticas-padrão. Vem, em outras palavras, com – como naquele inevitável título de trabalho de graduação – seus "pontos fortes e fracos".

Como observei no início, e como seu título sugere, este livro – e a série de palestras em que se baseia – defende paradigmas como parte de seu modo de exposição. Não o faz exclusivamente, no entanto, nem o faz acriticamente. Na maioria das vezes em que "ismos" são mencionados nestas páginas, eles são mencionados com os limites de sua definição mantidos firmemente em vista. Este livro é tanto sobre as mudanças entre escolas e estilos, as sobreposições e conexões entre eles e as tensões dentro deles, quanto é uma descrição das próprias escolas e estilos. No entanto, como acontece com a distinção teoria/etnografia, as visões paradigmáticas da teoria, por mais – necessariamente – parciais que possam ser, têm uma tarefa importante a cumprir.

O dispositivo narrativo de subdividir a teoria em "ismos" tem sido até recentemente tão disseminado que se pode perder o fato de que ele tem uma história. Ainda na década de 1950, um autor como Nadel ainda podia imaginar que uma única perspectiva teórica poderia fornecer *The Foundations of Social Anthropology* [Fundamentos da antropologia social] (1951). O livro rigoroso e sofisticado de Nadel eleva-se acima (ou talvez se aprofunde abaixo) de qualquer visão de "escolas" concorrentes, a fim de estabelecer os princípios básicos para a observação antropológica e a interpretação do comportamento humano e das instituições. Nesse e em outros aspectos, Nadel era um caso isolado, já que a narrativa de teorias em mudança e escolas concorrentes nasceu com a própria antropologia moderna. Dois estudiosos classicamente mencionados como figuras fundadoras da antropologia – Boas nos Estados Unidos e Malinowski no Reino Unido – expuseram sua própria posição teórica por meio de ataques repetidos contra o "evolucionismo" (tipicamente o primeiro "ismo" nas histórias da teoria antropológica; cf. cap. 1). Na época em que Nadel escreveu *Foundations*, "funcionalismo", "difusionismo" e "estruturalismo" haviam se juntado ao evolucionismo como rótulos comuns. E, no entanto, como o livro de Nadel testemunha, ainda era possível em 1951 imaginar um terreno comum fundamental subjacente a essa diversidade de abordagens. O ponto foi enfaticamente colocado por Radcliffe-Brown, como uma crítica explícita da declaração de Malinowski de que ele havia criado uma "escola" funcionalista:

> Não há lugar nas ciências naturais para "escolas" neste sentido, e considero a antropologia social um ramo das ciências naturais. Cada cientista parte do trabalho de seus predecessores, encontra problemas que acredita serem significativos e, por meio da observação e do raciocínio, se esforça para dar alguma contribuição a um corpo crescente de teorias. A cooperação entre cientistas resulta do fato de que eles estão trabalhando nos mesmos problemas ou em problemas relacionados. Essa cooperação não resulta na formação de escolas, no sentido em que existem escolas de filosofia ou de pintura. Não há lugar para ortodoxias e heterodoxias na ciência. Nada é mais pernicioso em ciência do que tentativas de estabelecer adesão a doutrinas. Tudo o que um professor pode fazer é ajudar o aluno a aprender a entender e usar o método científico. Não é seu negócio fazer discípulos (Radcliffe-Brown, 1940, p. 1).

A visão de uma disciplina dividida em "paradigmas" radicalmente diferentes que varreu a esperança de Nadel e Radcliffe-Brown de princípios compartilhados, segue vagamente a compreensão da produção de conhecimento científico introduzida por Thomas Kuhn (1970). Kuhn aplicou pela primeira vez a noção de paradigma ao estudo da ciência. Contrasta direta e explicitamente com a visão comum da ciência articulada por Radcliffe-Brown acima. Kuhn argumentou que os cientistas trabalham não simplesmente com um método compartilhado, mas sim necessariamente "dentro" dos paradigmas: corpos relativamente coerentes de teorias com suas suposições, técnicas e questões particulares. Estes são organizados em torno de algumas obras "paradigmáticas" essenciais que definem o cenário do pensável para os estudiosos subsequentes. De vez em quando, um novo trabalho ou experimento rompe o quadro e ocorre uma mudança de paradigma. Um novo paradigma emerge então e de seu novo ponto de vista, como Ardener escreveu acerca da teoria antropológica: "para fins práticos, livros que pareciam úteis, já não o são; monografias que costumavam parecer exaustivas agora parecem seletivas; interpretações que antes pareciam cheias de *insight* agora parecem mecânicas e sem vida" (Ardener, 1971, p. 449, apud Stocking, 1984, p. 180).

Com ou sem referência a Kuhn, esta visão paradigmática das teorias como perspectivas poderosamente organizadoras, "dentro das quais" os antropólogos de um determinado tempo e lugar pensam e trabalham, tornou-se por um tempo o dispositivo narrativo fundamental para relembrar a teoria antropológica. A institucionalização dessa visão dentro da antropologia começou com resenhas, do tamanho de um livro, de perspectivas teóricas subsequentes sobre um tópico específico, como totemismo (Lévi-Strauss, 1963) e religião (Evans-Pritchard, 1965) que poderiam ser vistos como precursores de relatos posteriores de "ismos" na escala da antropologia como um todo (Kuper, 1973; Layton, 1997; Barnard, 2000). Muitas dessas visões gerais clássicas da teoria antropológica ainda são leituras gerais básicas para os cursos de teoria hoje. Todos eles apresentam a teoria antropológica na forma de uma sequência de paradigmas, relativamente pequena em número, que poderia ser tratada de forma gerenciável por um autor em uma obra de volume único.

Este modelo começa a mostrar sinais de estresse. Por um lado, a simples multiplicação de "ismos", escolas e viradas nos últimos 30 anos aproximadamente parece ter impedido os estudiosos de seguir esse exemplo. Onde os desenvolvimentos recentes podiam outrora ser subsumidos a "pós-modernismo" (Barnard, 2000, p. 158ss.), o mundo da teoria avançou de forma tão frenética que pós-modernismo agora parece muito tempo atrás. Agora parece haver "ismos" demais para abranger em um livro de uma única autoria. Em alguns aspectos, a enciclopédia está assumindo como uma forma dessas visões gerais clássicas (Barnard & Spencer, 1996; 2009). Nela, uma multidão de escolas e estilos podem ser descritos por meio de miniaturas polidas e autônomas, mas com referências cruzadas. Alternativamente, os autores se concentraram em relatos de corpos específicos de teoria, como o feminismo (Moore, 1988) ou a teoria ator-rede (Latour, 2005), ou experimentaram contar a história da teoria antropológica por meio do foco em uma problemática específica, como a dádiva (Sykes, 2005); abordaram a teoria por meio de leitores temáticos (Moore & Sanders, 2006); ou, na verdade, escreveram coletivamente sobre o próprio estado contemporâneo da teoria (Moore, 2000; Boyer, Faubion, & Marcus, 2015). Esta multiplicidade e fragmentação de abordagens à teoria marca a tensão em torno do modelo de "ismos" como um dispositivo narrativo para abordar a teoria antropológica.

Alguns podem ver o possível falecimento da visão paradigmática da antropologia com equanimidade ou mesmo com alívio. Pois, de fato, os limites desta forma narrativa são familiares (para uma crítica sistemática da ideia de que a antropologia é composta de "paradigmas" no sentido kuhniano, cf. Strathern, 1987). O primeiro conjunto de preocupações gira em torno do que uma visão paradigmática deixa de fora. Esta visão da antropologia como uma sequência de "ismos" é inerentemente sincrônica: ela retrata múltiplos pontos de vista teóricos coerentes sobre o mundo, não diferente das "culturas" descritas por antropólogos interpretativistas (cf. cap. 8)[3]. O problema mais óbvio com paradigmas, e, de fato, com culturas, é que, assim que se olha mais de perto, a lista arrumada de perspectivas autônomas se dissolve em uma cacofonia de pontos de vista idiossincráticos habitados por pessoas específicas em contextos específicos. Quanto mais clara e coerentemente um paradigma é delineado, mais difícil é encontrá-lo exemplificado em qualquer lugar, exceto talvez nos escritos programáticos de um ou dois proponentes principais. Imaginar a história da teoria como uma sequência de paradigmas tende a minimizar tanto essa diversidade interna quanto as continuidades e sobreposições entre diferentes paradigmas; sobrepõe-se tanto conceitualmente quanto em termos de pessoal. Este é um ponto que muitos dos capítulos enfatizam, mesmo quando invocam os "ismos" comuns da teoria antropológica.

Em segundo lugar, uma visão paradigmática também tende a confortar uma narrativa de revolução permanente, cujas atrações para os antro-

---

3. Isso não é surpreendente. O próprio Kuhn foi inspirado por uma longa conversação entre a antropologia, a sociologia e a história sobre relativismo cultural e a construção social do conhecimento. Os "paradigmas" dos historiadores da ciência e as "culturas" dos antropólogos são conceitos irmãos.

pólogos mencionamos acima. A cada mudança de paradigma, imagina-se que uma grande ruptura ou cesura varra tudo o que veio antes dela. Esta visão "cesurista" (Pina-Cabral, 2010) elimina qualquer sentido de que a antropologia pode ser um esforço compartilhado ou mesmo cumulativo. Também imagina paradigmas como essencialmente rejeitados em uma grande marcha para frente. O futuro está aberto, o passado é uma série de erros. Com efeito, esses paradigmas perfeitamente autônomos são quase sempre identificados e rotulados em retrospecto, suas limitações e pontos cegos se destacando contra nossos pontos de vista supostamente superiores. Daí essa pergunta recorrente feita por alunos em cursos de teoria: "Se *eles* eram funcionalistas, estruturalistas, marxistas e assim por diante – o que *nós* somos agora?" Não há resposta para essa pergunta porque sua premissa está errada. Mesmo quando "eles" invocavam esses termos, "eles" não eram simplesmente funcionalistas ou estruturalistas, pelo menos não em sua própria perspectiva, mas antes, como "nós" o somos agora: estudiosos de mente aberta buscando entender e/ou explicar o mundo da melhor maneira que podiam. Geralmente é em retrospecto – e muitas vezes um tanto injustamente – que podemos vê-los como vinculados à teoria e ao contexto, exatamente como outros, sem dúvida, nos verão. Uma visão paradigmática exclui o senso de abertura, entusiasmo e experimentação conceitual que existia em períodos anteriores da antropologia como existe agora. O efeito tem sido evocativamente descrito como de "ruína" das abordagens teóricas anteriores (Navaro-Yashin, 2009); para uma análise perspicaz da dinâmica das mudanças de paradigma e da elicitação da novidade perpétua nas ciências sociais, cf. Abbott (2001).

Uma terceira questão fundamental com a visão paradigmática é que ela implica que as teorias venham como uma lista finita de entidades semelhantes. A visão paradigmática parece sugerir que se possa concordar com uma lista mestra exaustiva do "que todas as teorias são". Mas isso é um erro, pelas razões já exploradas acima. O que conta como uma teoria, um "ismo", depende da perspectiva de cada um. Em que ponto um grupo de estudiosos pode ser utilmente agrupado por dizer essencialmente a mesma coisa depende da escala em que se os considera, e, de fato, da medida da distância que se toma da sua posição[4]. A lista de paradigmas resultante é sempre perspectiva, agrupando coisas que alguns manteriam separadas, ou distribuindo em diferentes paradigmas posições e perspectivas que outros poderiam desejar manter juntas como uma unidade. Não existe um conjunto exaustivo de teorias, assim como não poderia haver uma lista completa das culturas do mundo. A totalidade, a esse respeito, é uma miragem. Portanto, não adianta argumentar, em abstrato, que este ou aquele "ismo" está faltando neste ou em qualquer outro relato da teoria antropológica. A verdadeira questão é o que essa ausência *faz*, se fizer alguma coisa, e como se relaciona com o que o trabalho se propõe a fazer. Sobre este ponto, como um princípio geral para criticar as "lacunas" nas teorias, cf. cap. 1.

É importante ter em mente essas três objeções. No entanto, elas são sobretudo objeções ao modo como os paradigmas são invocados na controvérsia quotidiana da argumentação antropológica. Ao expor a novidade da sua própria abordagem, os autores frequentemente cedem à tentação de classificar "a literatura" em caixas independentes, cuidadosamente empilhadas para produzir um "ponto cego" claro e óbvio de que o seu caso, argumento ou abordagem particular irá, obviamente, iluminar. Lá, a invocação de paradigmas pode servir como um dispositivo retórico conveniente para ignorar a complexidade. Tal como acontece com a questão das "lacunas", o problema não é a "organização" em si, mas sim os usos aos quais é aplicada. É uma grande virtude de uma visão paradigmática ser capaz de colocar a complexidade em segundo plano a fim de fazer com que certas relações e diferenças

4. Isso se relaciona a uma observação perspicaz do sociólogo Andrew Abbott: a teoria nas ciências sociais tende a ter uma estrutura fractal; as distinções em escalas superiores replicam-se em escalas inferiores (Abbott, 2001). A distinção entre abordagens positivistas e interpretativistas em antropologia (cf. cap. 1 e 8 deste livro) às vezes é descrita como uma distinção entre escolas inteiras (p. ex., a antropologia simbólica sendo marcada como interpretativista, a antropologia funcionalista marcada como positivista). Mas, em outra escala, a distinção se replica dentro do próprio funcionalismo: alguns antropólogos funcionalistas (como Malinowski) estavam mais interessados em questões interpretativas em torno do "ponto de vista do nativo", enquanto outros (estrutural-funcionalistas) focavam na questão positivista da manutenção da estrutura social. E, novamente, dentro do próprio "estrutural-funcionalismo", existem aquelas obras em que questões de perspectiva e interpretação aparecem (como nos primeiros capítulos de *The Nuer* [Os Nuer] de Evans-Pritchard) e aquelas em que o positivismo reinou supremo.

cruciais se destaquem. A preocupação é que, nas discussões do dia a dia dos antropólogos, essa colocação em segundo plano possa apagar-se.

Esse problema é menos comum, entretanto, em trabalhos como este, que se concentram retrospectivamente na teoria antropológica *per se*, e não são obrigados a estabelecer a sua própria posição com tanta ousadia. Nesses trabalhos, relatos paradigmáticos da teoria antropológica raramente ficam isolados. Na prática, eles geralmente estão entrelaçados com uma visão mais histórica que põe em primeiro plano precisamente as complexidades, mudanças, deslocamentos, dissensões internas e continuidades externas que são colocadas em segundo plano em uma visão estritamente paradigmática. Em outras palavras, as visões paradigmática e histórica juntas formam um par heurístico em todas as visões gerais clássicas da teoria antropológica evocadas acima, como de fato o fazem em muitos capítulos deste livro.

Em suma, o ponto central aqui é análogo ao suscitado para a distinção teoria/etnografia. "Escolas e estilos" não são invocados neste livro como uma simples lista de objetos que existem no mundo. Em vez disso, eles servem como uma heurística – uma maneira de pensar mudanças e estabilidades na teoria antropológica e enfocar problemas teóricos transversais mais amplos. Também é importante lembrar que, por mais útil que o par paradigma/história possa ser como um dispositivo para dar sentido à história, dispositivos e visões da teoria muito diferentes são possíveis. Estes podem, de maneira produtiva, trazer outras coisas à vista. No cap. 15, por exemplo, Strathern propõe uma maneira de rastrear os padrões de deslocamento de campos de conceitos (neste caso, conceitos em torno da "personalidade") que elimine a necessidade de contar com um relato paradigmático da história da antropologia.

Um roteiro

Alguns dos capítulos deste livro enfocam sobretudo um único paradigma ou pensador, embora com considerações sobre a conversa crítica mais ampla em que foram inseridos. Outros se concentram em um contraste ou transição entre duas ou mais escolas de pensamento. Alguns evitam paradigmas completamente para concentrar-se em um problema teórico particular.

Consequentemente, muitos dos capítulos rastreiam períodos de tempo sobrepostos ou atravessam o tempo de maneiras diferentes; não há uma maneira única de ordená-los em uma sequência cronológica. É uma parte importante do espírito deste livro, e da série de palestras em que se baseia, que, além de alguns elementos muito amplos de cronologia[5], não há uma sequência estabelecida ano a ano em que escolas sobrepostas sejam introduzidas. Não existe, portanto, um único caminho narrativo através dele. Várias narrativas sobre precursores e seguidores, sobre ramificações principais e secundárias na história da teoria, são possíveis, de modo que nem todos os colaboradores deste livro contam essa história da mesma maneira. Espera-se que os alunos construam sua própria imagem da história da teoria por meio da montagem independente da imagem de referência cruzada fornecida a eles nas palestras e por meio de suas próprias leituras e pesquisas independentes. Esperamos que os leitores deste livro também o usem com esse espírito.

Alguns elementos muito amplos de sequenciamento, entretanto, podem servir para fornecer um roteiro para o conteúdo do livro. O livro abre com um relato do nascimento da teoria antropológica em meio a um debate internacional multifacetado em torno das noções de evolução, difusão e função. Escolas teóricas que são distintas em aspectos importantes (o evolucionismo do século XIX, a antropologia difusionista e relativista de Franz Boas nos Estados Unidos, o funcionalismo de Malinowski no Reino Unido e Durkheim na França e o estrutural-funcionalismo liderado por Radcliffe-Brown) estão aqui evocados juntos, para destacar a forma como suas diferenças foram forjadas por meio da interação. Este capítulo atipicamente longo serve como pano de fundo para o resto do livro; muitas das escolas e estilos examinados nos capítulos posteriores podem ser lidos como reações críticas, transformações ou reapropriações de elementos extraídos dessa conversa teórica inicial.

---

5. E, de fato, o estranho jogo extremo com a cronologia pode ele mesmo levar a reflexões conceituais interessantes e conexões inesperadas. P. ex., por alguns anos, ensinei estrutural-funcionalismo no final da série e pouco antes da teoria ator-rede, como uma minissérie sobre "antropologias sociais e antissociais". Os leitores podem notar algumas correspondências resultantes entre os cap. 1 e 13.

A primeira dessas partidas é o foco do cap. 2: o pensamento estruturalista de Claude Lévi-Strauss. Isso rompeu com um princípio central compartilhado pelas várias escolas examinadas no cap. 1, a saber, o da analogia orgânica – a noção de que sociedades ou culturas podem ser pensadas como semelhantes a organismos biológicos. O estruturalismo lévi-straussiano explora uma forma radicalmente diferente de pensar a cultura: como um sistema de signos. Em outro sentido, os cap. 1 e 2 formam um par. Pois o foco de Lévi-Strauss na estrutura, por um lado, e a noção muito diferente de estrutura implantada pelos estrutural-funcionalistas (cf. cap. 1), tomados em conjunto mapeiam algumas das principais tensões e possibilidades conceituais da antropologia britânica e francesa de meados do século XX.

Os cap. 3 a 8 apresentam uma série de reações críticas a, e divergências do enfoque antropológico de meados do século XX na estrutura em suas várias formas. O cap. 3 enfoca a maneira como a escrita de Marx foi redescoberta como uma fonte de *insight* crítico por uma geração de antropólogos na década de 1970. O cap. 4 traça dois paradigmas teóricos que, em diferentes momentos e com diferentes ferramentas conceituais e implicações, buscaram recapturar a importância da agência individual: o transacionalismo e a teoria da prática. O cap. 5 examina diversas abordagens antropológicas do problema da história (notoriamente posto em segundo plano em relatos antropológicos que adotaram a "estrutura" como o seu principal ponto de referência), e abrange um período muito extenso, desde os críticos imediatos do estrutural-funcionalismo na década de 1950, até as reteorizações da noção de "evento" no final do século XX. Enquanto o cap. 5 examina o tempo, o cap. 6, em contraste, enfoca o local e duas tentativas cruciais de repensar o problema da localização etnográfica na antropologia além do clássico método unissituado. O cap. 6 também se estende pela segunda metade do século XX, mas em vez de traçar um longo desenvolvimento, ele se concentra em dois pontos no início e no final desse período: o método de estudo de "caso ampliado" da Escola de Manchester e a reinvenção do "trabalho de campo multissituado" na década de 1990. O cap. 7 explora uma virada relativamente recente para o estudo da cognição na antropologia, que conscientemente tenta reverter a decisão original de Durkheim de separar as questões sociológicas das psicológicas e biológicas, e procura desafiar o desgosto duradouro dos antropólogos socioculturais por explicações psicológicas e experimentais do comportamento humano.

O cap. 8 retoma um tema frequentemente visto como negligenciado nas abordagens estruturais: a saber, a questão do sentido. Isso foi explorado na antropologia interpretativa do antropólogo americano Clifford Geertz, por meio de uma recombinação eclética da antropologia cultural boasiana com a hermenêutica weberiana. O cap. 8 abre um novo ciclo, enfocando sentido, conhecimento e poder, no qual o tema geral dos "desvios da estrutura" assume uma virada mais especificamente "pós-estruturalista". Com efeito, a segunda metade do cap. 8 concentra-se na crítica à "escrita da cultura", que trouxe a hermenêutica geertziana de volta à questão da própria escrita antropológica.

O cap. 9 traça algumas das maneiras pelas quais as preocupações pós-modernistas com a fragmentariedade na antropologia foram prevenidas e excedidas pelos escritos da "Escola de Frankfurt" de Adorno e Benjamin, nos quais a analítica marxista foi transfigurada de maneiras disruptivas e instigantes. O cap. 10 oferece uma visão geral da multifacetada obra de Michel Foucault na interseção de questões de conhecimento, poder e ética, e evoca seus múltiplos legados antropológicos. O cap. 11 enfoca o deslocamento dos estudos do corpo para uma preocupação fenomenologicamente flexionada com a "corporificação", levando o leitor tanto através dos aspectos inovadores quanto dos problemáticos disso. O cap. 12 traça a complexa relação epistêmica e política entre a antropologia e o feminismo, desde os primeiros trabalhos de inspiração estruturalista sobre a antropologia das mulheres, até os vibrantes debates contemporâneos em torno de gênero, poder e diferença.

Os cap. 13 e 14 enfocam dois desenvolvimentos conceituais recentes (a teoria ator-rede no cap. 13 e a virada ontológica no cap. 14) que compartilham – como vimos acima – um certo compromisso de não serem classificados como teorias no sentido usual. O volume encerra com um relato retrospectivo (cap. 15) de discussões teóricas em torno da noção de personalidade. Essas discussões abrangeram todo o período histórico do volume. Este capítulo final, portanto, desdobra-se como uma consideração mais ampla das formas mutáveis pelas quais os conceitos antropológicos operaram e continuam a operar. Embora os cap. 13 a 15 certamente continuem os temas do poder, do conhecimento e do significado que permeiam o ciclo anterior, eles também formam um ciclo próprio em torno da questão do que pode ser ganho e o que se perde ao imaginar que se chegou a um ponto que está "depois da teoria".

O que a antropologia tem a ver com isso?

Ao encerrar esta introdução, deixe-me voltar ao terceiro e último problema que evoquei anteriormente: O que há de antropológico na teoria antropológica? Afinal, muito do que está escrito sob os dois títulos anteriores aplica-se à teoria nas ciências sociais e humanas de um modo mais geral. O que, então, significa enfocar especificamente a teoria *antropológica*? O que é esse objeto, se ele existir? Esta questão é particularmente pertinente, uma vez que muitos dos principais temas e contrastes recorrem ao longo das páginas deste livro – a questão da liberdade agentiva do indivíduo em relação a forças e estruturas mais amplas – o problema de como pensar sobre mudança e estabilidade na mesma estrutura; a questão do que constitui explicação, tradução, descrição ou interpretação adequadas são problemas gerais para estudiosos das ciências sociais e humanas. Ao abordar esses problemas, os antropólogos também se envolvem em uma conversa interdisciplinar muito mais ampla.

Portanto, uma série de teóricos encontrados neste livro (como Marx, Weber, Durkheim, Adorno, Foucault, Bourdieu, Butler ou Latour) são principalmente, ou em alguns casos, exclusivamente, lembrados como sociólogos ou filósofos, em vez de antropólogos. Por outro lado, algumas teorias antropológicas começaram dentro da disciplina e, em seguida, irradiaram-se para as ciências humanas e sociais – o estruturalismo de Lévi-Strauss (cf. cap. 2) e o interpretativismo de Geertz (cf. cap. 8) são dois exemplos comumente invocados. Mas Lévi-Strauss construiu seu pensamento em conversa próxima com a linguística estrutural de Roman Jakobson, e Geertz indiscutivelmente tirou de teóricos literários tanto quanto deu, por sua vez, a historiadores e outros. Finalmente, uma série de escolas teóricas e campos examinados neste livro – como os estudos de gênero ou a teoria ator-rede – são explícita e conscientemente investidos derrubando-se barreiras disciplinares.

"Teoria antropológica", portanto, não é mais evidente como um objeto do que "teoria" em geral, ou "teorias" particulares. Cortá-la da conversa interdisciplinar mais ampla na qual está inserida é uma decisão particular. Essa decisão pode ser justificada, tanto quanto a invocação de paradigmas o foi acima, como heurística: focar na teoria antropológica não é ignorar aquelas conversas interdisciplinares mais amplas, mas, precisamente, fornecer um quadro contra o qual perguntas sobre esses contextos mais amplos podem ser colocadas claramente.

Mas pode-se sugerir uma justificativa mais ambiciosa: a saber, que existe, afinal, algo distintivo acerca da teoria como vista desde a antropologia, algo que já encontramos acima. O que é distinto é menos o conteúdo, ou mesmo os rótulos das teorias invocadas, e mais a maneira como a teoria em geral se encaixa na economia da disciplina; a saber, em perpétua tensão complementar com o trabalho de campo.

Concretamente, isso significa duas coisas. Em primeiro lugar, que as discussões de teoria em antropologia costumam estar intimamente entrelaçadas com relatos próximos e detalhados de casos particulares. Estudos de caso e exemplos são recorrentes ao longo destes capítulos, mas como Englund (cap. 6) aponta, seguindo Max Gluckman, etnografia pode ser mais do que mera "ilustração". Trabalhar e pensar em casos transforma a própria natureza e substância da teoria antropológica, mantém-na fundamentada, consistente e contextual de uma forma que é bastante característica da disciplina. Em segundo lugar, o pareamento etnografia-teoria na antropologia leva à dinâmica particular que descrevi acima, na qual realidades e experiências não familiares são constantemente utilizadas para reorientar e distorcer estruturas teóricas e suposições. A antropologia sempre teve um jeito irreverente e revigorante com a teoria.

Obviamente, o que está em jogo nessas afirmações é a questão da distinção mais ampla da antropologia como disciplina – uma questão que não tenho espaço para explorar com mais detalhes aqui. No entanto, uma das maneiras pelas quais este livro pode ser lido é precisamente como uma resposta coletiva e historicamente pensada a essa questão. Este livro é, em parte, um relato de como a distinção da antropologia foi construída, não apenas em um momento histórico particular, quando a antropologia emergiu de um campo interdisciplinar mais amplo, mas também ao longo da história da disciplina, quando empréstimos teóricos tomados de outras disciplinas, e concedidos a outras disciplinas, produziram, no entanto, uma conversa distintamente antropológica sobre teoria. É a essa conversa que o presente livro fornece uma introdução.

Referências

Abbott, A. (2001). *Chaos of Disciplines*. Chicago, IL: University of Chicago Press.

Abbott, A. (2004). *Methods of Discovery: Heuristics for the Social Sciences*. Nova York: W. W. Norton & Company.

Ardener, E. (1971). The new anthropology and its critics. *Man* 6(3): 449.

Barnard, A. (2000). *History and Theory in Anthropology*. Cambridge: Cambridge University Press.

Barnard, A., & Spencer, J. (eds.) (1996). *Encyclopedia of Social and Cultural Anthropology*. Londres: Routledge.

Barnard, A., & Spencer, J. (eds.) (2009). *Routledge Encyclopedia of Social and Cultural Anthropology*. Londres/Nova York: Routledge.

Boyer, D., Faubion, J. D., & Marcus, G. E. (2015). *Theory Can be More Than It Used to Be: Learning Anthropology's Method in a Time of Transition*. Ithaca: Cornell University Press .

Candea, M. (2016). De deux modalités de la comparaison en anthropologie sociale. *L'Homme 218*: 183-218.

Chua, L., & Forthcoming, N. M. (s.d.). *Who Are "We"? Reimagining Alterity and Affinity in Anthropology*. Nova York: Berghahn.

Comaroff, J., & Comaroff, J. L. (2012). Theory from the South: Or, how Euro-America is evolving toward Africa. *Anthropological Forum 22*(2): 113-131.

Evans-Pritchard, E. E. (1965). *Theories of Primitive Religion*. Oxford: Clarendon Press.

Geertz, C. (1988). *Works and Lives: The Anthropologist as Author*. Palo Alto: Stanford University Press.

Granqvist, E. (2015). Why science needs to publish negative results. *Authors' Update*. March 2. https://www.elsevier.com/authors-update/story/innovation-in-publishing/why-scienceneeds-to-publish-negative-results

Handelman, D. (1994). Critiques of anthropology: Literary turns, slippery bends. *Poetics Today 15*(3): 341-381.

Heywood, P. (s.d.). Forthcoming. *After Difference: Queer Activism in Italy and Anthropological Theory*. Oxford: Berghahn.

Howe, C., & Boyer, D. (2015). Portable analytics and lateral theory. In D. Boyer, J. D. Faubion, & G. E. Marcus (eds.). *Theory Can be More Than it Used to Be: Learning Anthropology's Method in a Time of Transition* (pp. 15-38). Ithaca, NY: Cornell University Press.

Kuhn, T. S. (1970). *The Structure of Scientific Revolutions*. Chicago: University of Chicago Press.

Kuper, A. (1973). *Anthropologists and Anthropology: The British School 1922-1972*. Londres: Allen Lane.

Latour, B. (2005). *Reassembling the Social: An Introduction to Actor-Network-Theory*. Oxford: Oxford University Press.

Layton, R. (1997). *An Introduction to Theory in Anthropology*. Cambridge: Cambridge University Press.

Lévi-Strauss, C. (1963). *Totemism*. Boston: Beacon Press.

Moore, H. (1988). *Feminism and Anthropology*. Mineápolis: University of Minnesota Press.

Moore, H. L. (2000). *Anthropological Theory Today*. Londres: Wiley.

Moore, H. L., & Sanders, T. (2006). *Anthropology in Theory: Issues in Epistemology*. Malden: Blackwell Publishing.

Nadel, S. F. (1951). *The Foundations of Social Anthropology*. Londres: Cohen & West.

Navaro-Yashin, Y. (2009). Affective spaces, melancholic objects: Ruination and the production of anthropological knowledge. *Journal of the Royal Anthropological Institute 15*(1): 1-18.

Pina-Cabral, J. (2010). The door in the middle: six conditions for anthropology. In D. James, E. M. Plaice, & C. Toren (eds.). *Culture Wars: Context, Models and Anthropologists' Accounts* (pp. 152-169). Easa Series 12. Nova York Berghahn Books.

Radcliffe-Brown, A. R. (1940). On social structure. *The Journal of the Royal Anthropological Institute of Great Britain and Ireland 70*(1): 1-12.

Stocking, G. W. (1984). Radcliffe-Brown and British social anthropology. In G. W. Stocking Jr. (ed.). *Functionalism Historicized: Essays on British Social Anthropology* (pp. 131-191). Madison: University of Wisconsin Press.

Strathern, M. (1987). An awkward relationship: The case of feminism and anthropology. *Signs: Journal of Women, Culture and Society 12*(2): 276-292.

Strathern, M. (2011). Binary license. *Common Knowledge 17*(1): 87-103.

Sykes, K. M. (2005). *Arguing with Anthropology: An Introduction to Critical Theories of the Gift*. Londres: Routledge.

1
Raízes cortadas
Evolucionismo, difusionismo e (estrutural-) funcionalismo

Matei Candea

Introdução: variedades da analogia orgânica

Este capítulo provê uma visão geral do nascimento da antropologia como disciplina. Onde essa história deve começar? O início da "antropologia moderna" é frequentemente associado a uma ruptura revolucionária com os pressupostos evolucionistas anteriores. Convenientemente, a virada de um século marca aproximadamente o corte: o "evolucionismo do século XIX" parece um precursor perfeitamente independente da "antropologia moderna" em suas várias formas. Nesse ponto, as narrativas costumam assumir uma forma nacional e multiplicar as disciplinas da antropologia: no Reino Unido, a disciplina é chamada de *antropologia social* e começa com os dois funcionalismos conflitantes de Bronislaw Malinowski e Alfred Reginald Radcliffe-Brown. Nos Estados Unidos, a *antropologia cultural* começa com as críticas difusionistas e relativistas de Franz Boas ao evolucionismo. Na França, Émile Durkheim e seu sobrinho Marcel Mauss são um ponto de referência comum para as origens teóricas da *etnologia* e também da sociologia.

Este capítulo pretende contar essas histórias como uma história, oferecendo uma visão geral desses vários começos em sua interação uns com os outros e com o evolucionismo que os precedeu. Muito se ganha pensando nessas teorias em conjunto. Em particular, a visão de uma ruptura radical com o evolucionismo – muitas vezes caracterizada na compreensão popular da disciplina como uma confusão brevemente esboçada de absurdos e preconceitos – deixa algumas perguntas sem resposta: Por que, tendo rejeitado o evolucionismo, os antropólogos do século XX ainda falavam de pessoas não ocidentais como "primitivas"? Por que, quando o funcionalismo deu uma guinada para o estrutural-funcionalismo, os grandes esquemas comparativos de instituições descontextualizadas pareceram reaparecer em cena? Como tantos dos principais conceitos, questões e problemáticas que agitaram a antropologia do século XX – animismo, totemismo, brincadeira e relações de evitação – foram identificados pela primeira vez por autores evolucionistas? O que é preciso é uma história que dê uma noção da distinção dessas escolas, sem perder de vista as continuidades e interconexões entre elas.

A escala e o escopo dessa história explicam a extensão incomum deste capítulo em comparação com os outros neste livro, para o qual serve como uma contextualização estendida. Pois, de fato, muitos, senão todos, os desenvolvimentos teóricos traçados no restante deste livro estão de uma forma ou de outra criticando, redescobrindo ou descolando-se de elementos de uma ou mais das quatro escolas clássicas de teoria examinadas neste capítulo.

Como moldura para essa história complexa, será útil começar com uma descrição resumida – necessariamente simplista – de como essas escolas são geralmente lembradas. Os evolucionistas buscaram reconstruir o que imaginavam ser a história singular e progressiva da humanidade a partir do estudo comparativo dos costumes de povos contemporâneos e do passado em todo o mundo. Boas propôs um programa que buscava reconstituir o movimento dos traços culturais de uma forma mais empírica e controlada entre culturas adjacentes, e suscitou a questão de como esses traços foram integrados em totalidades culturais distintas. Funcionalistas no Reino Unido, seguindo Bronislaw Malinowski, produziram estudos monográficos baseados em intenso trabalho etnográfico em sociedades singulares, mostrando a inter-relação de diferentes aspectos da cultura e da organização social. Estrutural-funcionalistas aguçaram e estreitaram essa questão até uma investigação do equilíbrio estrutural mantido pela inter-relação das instituições sociais, e tornaram a alargar essa investigação como comparativa – ambos os movimentos têm uma dívida central com os escritos do sociólogo francês Émile Durkheim.

A história dessas teorias já foi contada antes – muitas vezes –, e este capítulo se baseia extensivamente em alguns relatos clássicos das escolas acima (incluindo Kuper, 1973; 2005; Stocking, 1983a; 1984b; 1991; Trautmann, 1992b), bem como nos próprios textos originais. Os leitores são encorajados a voltarem àquela literatura primária e secundária para um relato muito mais historicamente matizado e detalhado de muitas das mudanças e transformações abaixo.

Uma virtude do tratamento condensado que essas diferentes escolas recebem aqui, no entanto, é extrair duas características fundamentais que podem se perder em um relato mais extenso e historicamente detalhado. A primeira é que, embora as diferentes tradições nacionais sejam de fato distintas em muitos aspectos, e embora certamente tenha havido uma ruptura com o evolucionismo que as precedeu, todas essas escolas, no entanto, compartilhavam uma visão particular das sociedades e culturas como unidades, entidades em campo, reunião de partes. Esta visão ecoa a visão da biologia dos organismos. Em alguns casos, a referência comparativa à biologia é explícita, em outros é implícita ou mesmo parcialmente rejeitada. A biologia que os antropólogos poderiam ter imaginado como um paralelo ou contraponto à sua própria disciplina mudou ao longo desse período; notavelmente, como veremos, com o advento do evolucionismo darwiniano, cuja relação com essas várias escolas é mais complexa do que se possa inicialmente suspeitar.

A analogia orgânica, como essa visão é frequentemente chamada, é realmente muito antiga. Nós a encontramos, entre muitos outros lugares, em *A república* de Platão (Lear, 2006), e é uma metáfora poderosa na medida em que deixa muitas opções em aberto. Para os biólogos, o estudo dos organismos poderia assumir a forma de uma comparação estrutural de diferentes espécies, da descrição fisiológica da interação de órgãos, ou poderia envolver a investigação da transformação de uma forma orgânica em outra. Isso, por sua vez, pode ser imaginado como uma busca por grandes leis evolutivas ou por modestas contingências históricas. Da mesma forma, antropólogos de meados do século XIX a meados do século XX diferiam quanto a se focavam na inter-relação e integração de partes da sociedade e da cultura, na comparação dessas partes em diferentes sociedades/culturas ou em ambas; e também diferiam nas perguntas que faziam e nas lições que tiravam dessas abordagens. As posições costumavam ser violentamente opostas, mas compartilhavam vários elementos da mesma linguagem. Na maioria das vezes, como veremos, mudanças e distinções que agora são vistas como profundamente teóricas foram feitas inicialmente em termos de método (cf. a introdução para uma discussão dessa distinção). Essa semelhança torna-se ainda mais evidente em contraste com a ruptura conceitual introduzida pelo estruturalismo francês de meados do século (cf. cap. 2), que montou um ataque em larga escala contra a analogia orgânica e propôs uma maneira radicalmente diferente de imaginar os objetos de estudo antropológico (Salmon, 2013).

Partir de algo que essas teorias compartilhavam – a analogia orgânica – situa o início da antropologia não em um lugar particular, ou em um tempo bem definido, mas sim no meio de uma conversa internacional. A antropologia social britânica, a antropologia cultural americana e a etnologia francesa desenvolveram suposições radicalmente diferentes sobre história, a natureza da sociedade e da cultura, os métodos e o propósito da antropologia – tudo isso em contraste explícito com os primeiros evolucionistas britânicos e americanos. Mas a questão é precisamente que todas essas diferenças foram resolvidas em contraste e conversação explícitos. Havia diferenças entre essas escolas, mas as diferenças entre as escolas eram, em outras palavras, relacionais. É dessas diferenças relacionais que surgiu a antropologia como a conhecemos.

Isso leva-me a um tema final que percorre este capítulo, a saber, o das recorrências de contrastes e dicotomias, que são mapeados e remapeados de maneiras diferentes nos debates entre essas escolas, mas, em última análise, permanecem estáveis como tropos fundamentais para discussão. Estes são contrastes entre teoria e método, entre estrutura e processo, entre interpretação humanística e explicação científica. Esses contrastes foram forjados na conversa explorada neste capítulo, e é nesses contrastes que – como os capítulos a seguir deixam claro – muito da antropologia desde então continuou a residir (cf. Abbott, 2001).

A evolução (ou desenvolvimento) da sociedade

Os pensadores lembrados sob o rótulo do evolucionismo do século XIX eram uma coleção diversa e internacional de estudiosos, incluindo Herbert Spencer, Henry Maine e E. B. Tylor no Reino Unido, Lewis Henry Morgan nos Estados Unidos, Johannes Bachofen na Suíça, Karl Marx e Friedrich Engels na Alemanha, e Auguste Comte na França. Suas formações intelectuais, estilos de escrita, métodos e posições diferiam em muitos aspectos, mas eles estão agrupados porque compartilhavam uma ampla preocupação com a questão da transformação da sociedade humana, desde uma forma postulada "primitiva", passando por um conjunto de estágios (mais ou menos) identificáveis, até a sua exemplificação "moderna" na Europa e na América do século XIX. A maioria deles também compartilhava o princípio metodológico básico de que se pode reconstruir e teorizar sobre esse processo histórico por meio do estudo comparativo de sociedades históricas e sociedades contemporâneas não ocidentais, que se imaginava exemplificarem estágios anteriores, pré-modernos, na história do progresso social humano.

A chave para compreender tanto este evolucionismo antropológico quanto seus críticos posteriores é observar que, apesar de seu nome, o que é geralmente lembrado hoje como "evolucionismo" antropológico do século XIX não foi, em nenhum sentido direto, um desdobramento da obra de Charles Darwin. "Evolução" como um termo geral para descrever uma grande transformação histórica foi popularizado pelo filósofo, biólogo e antropólogo Herbert Spencer, e só foi adotado retrospectivamente por Darwin para descrever a teoria que ele expôs em *A origem das espécies* (1859)[6]. O termo evolução – etimologicamente enraizado no latim para "o desenrolar de um

6. O termo "evolução" aparece pela primeira vez na sexta edição de *The Origin* [A origem] (Darwin 1872), embora uma única ocorrência da palavra "evoluído" estivesse presente (na última frase do livro) desde a primeira edição.

pergaminho" – havia sido associado desde o século XVIII com o processo de ontogênese: o desenvolvimento de um embrião ou germe em sua forma madura ("Evolution, N.", 2017; cf. tb. Kuper, 2005, p. 61). A evolução, nesse sentido, implicava uma visão do desenvolvimento de uma entidade, por meio de um conjunto de estágios fixos e reconhecíveis, desde a sua origem indiferenciada até a sua forma madura: um organismo diferenciado e complexamente inter-relacionado. Este antigo significado ontogenético de "evolução" implica, é claro, que já se sabe como será esta forma final (o organismo maduro). Esse desenvolvimento é, portanto, progressivo, tanto no sentido de ser gradual quanto no sentido de ir de uma forma mais básica para uma mais realizada, na verdade aperfeiçoada.

Spencer usou a noção de evolução (muitas vezes de forma intercambiável com "desenvolvimento") de várias maneiras diferentes – um ponto ao qual retornarei abaixo –, mas a forma mais ampla e mais famosa foi em apoio a uma visão filosófica extremamente geral, que imaginava um processo análogo de diferenciação e integração aplicado universalmente a organismos, sociedades e, de fato, entidades em geral, levando-os progressivamente (em ambos os sentidos acima) das formas inferiores às superiores:

> Da mesma forma que durante a evolução do Sistema Solar, de um planeta, de um organismo, de uma nação, há agregação progressiva de toda a massa [...]. Das formas vivas mais baixas para cima, o grau de desenvolvimento é marcado pelo grau em que as várias partes constituem um conjunto cooperativo. O avanço daquelas criaturas que sobrevivem em cada parte quando cortadas em pedaços, até aquelas criaturas que não podem perder nenhuma parte considerável sem a morte, [...] é um avanço para as criaturas que, embora mais integradas no que diz respeito à sua solidificação, são também mais integradas enquanto constituídas por órgãos que vivem uns para e pelos outros. O mesmo contraste entre sociedades desenvolvidas e subdesenvolvidas não precisa ser mostrado em detalhes: a coordenação cada vez maior das partes é conspícua para todos (Spencer, 1867, pp. 327-328).

A "evolução" darwiniana das espécies naturais, como a pensamos hoje, é, de fato, um processo muito diferente deste grande desenrolar do pergaminho cósmico. Envolve um relato da constante transformação e subdivisão das espécies, que não tem nenhum ponto-final predeterminado e, portanto, nenhum conjunto reconhecível de estágios que se aplique universalmente, nem qualquer maneira clara de imaginar a classificação de formas "inferiores" e "superiores". Não há progresso aqui; simplesmente transformações na forma e na função em relação às pressões seletivas e ambientais em constante mudança. Isso pode explicar por que Darwin apenas tardiamente adotou o termo evolução de Spencer para descrever os processos que ele tinha em mente. De fato, para uma série de comentadores posteriores, "o que é radical acerca do livro de Darwin não é o seu evolucionismo, mas o seu materialismo: as espécies evoluem de acordo com processos que são inteiramente naturais, gerados pelo acaso e cegos" (Ansell-Pearson, Miquel, & Vaughan, 2010; Menand, 2011). Na biologia darwiniana, é esse processo cego e aleatório que veio a ser chamado de evolução, claramente distinto do processo ontogenético ("desenvolvimento").

Em contraste, o "evolucionismo" antropológico do século XIX, como geralmente lembrado e criticado, apresenta um análogo da visão ontogenética, aplicado ao desenvolvimento da sociedade humana ao longo da história. Muitos desses "evolucionistas" acreditavam, como Radcliffe-Brown sarcasticamente colocou a respeito de Morgan, "não na evolução, mas no progresso [...] concebido como o melhoramento constante e material da humanidade, desde os implementos de pedra bruta e a promiscuidade sexual até as máquinas a vapor e o casamento monogâmico de Rochester, NY" (Radcliffe-Brown, 1947). A farpa era pouco caridosa, mas não inteiramente imprecisa. Assim, Spencer, em alguns dos seus escritos, como *Social Statics* [Estática social] (1899), descreveu como "evolução social" o desenvolvimento progressivo da sociedade humana em direção ao que ele via como sua "forma perfeita": uma sociedade pacífica, igualitária, altruísta e cooperativa caracterizada por industrialização, regulação estatal mínima e um alto nível de divisão do trabalho (Spencer, 1899; cf. Perrin, 1976). Spencer baseia-se em exemplos da história para construir uma imagem dos processos e transformações por meio dos quais tal sociedade ideal será alcançada. Essa grande visão de desenvolvimento progressivo tornou-se característica do evolucionismo antropológico, mesmo quando diferentes autores chegaram a discordar profundamente acerca de seu conteúdo real. Os evolucionistas discutiram apaixonadamente sobre se, por exemplo, as sociedades humanas eram originalmente patriarcais ou matriarcais. Eles também propuseram relatos bastante diferentes de como seria o seu desfecho. Marx, não muito diferente de Spencer, imaginou outro estágio utópico (no seu caso, o comunismo), enquanto outros, como Morgan, viram o apogeu do desenvolvimento humano em algo muito parecido com os seus próprios arranjos sociais burgueses. Os evolucionistas também diferiram quanto aos seus relatos dos principais estágios desse processo e quanto ao principal motor dessas transformações. Mas a diferença entre uma "evolução social" unilinear, progressiva e circunscrita a estágios e a imagem darwiniana da evolução das espécies não poderia ser mais clara. Essa divergência central é uma pista para o fato, de outro modo intrigante, de que, como veremos abaixo, alguns dos críticos posteriores dos evolucionistas antropológicos (os difusionistas e os funcionalistas) apresentaram visões da sociedade que eram inteiramente congruentes com a teoria darwiniana.

Devo dizer que exagerei um pouco, para maior clareza, o contraste entre os evolucionismos spenceriano e darwiniano. Os dois homens, na verdade, tomaram emprestado do pensamento um do outro muito mais do que a descrição acima sugere, e o trabalho de Spencer, que durou mais de 60 anos, foi rico em complexidades e reavaliações. Como vários estudiosos apontaram, a sociologia de Spencer foi muito além da versão um tanto ingênua do evolucionismo social delineada acima. Por exemplo, Perrin (1976) detecta nada menos que quatro teorias distintas da evolução social na obra de Spencer, das quais a acima é apenas a mais antiga e mais simplista, enquanto as outras três estão muito mais alinhadas com a visão darwiniana de mudança complexa, não guiada e multifacetada – como o próprio Radcliffe-Brown reconheceu (Radcliffe-Brown, 1947). Crucialmente também, a analogia explícita e precisa de Spencer de organismos e sociedades, e seu foco nas maneiras pelas quais diferentes partes da sociedade eram mutuamente interdependentes, anunciaram muito do que mais tarde seria redescoberto por funcionalistas e estrutural-funcionalistas antropológicos (Peel, 1971)[7]. Outros evolucionistas também diferiram quanto, à medida que imaginavam que a história humana fosse unilinear ou dirigida, e alguns deles, como Tylor, também desenvolveram análises distintivamente funcionalistas.

No entanto, as interações intelectuais de Spencer com Darwin foram relativamente atípicas, e continua sendo o caso que o evolucionismo antropológico pouco deveu, no essencial, ao darwinismo, como historiadores da disciplina como Adam Kuper (2005, pp. 15-36) e Thomas Trautmann (1992a) notaram. Como esses estudiosos e outros apontam, os principais elementos da visão evolucionista da história são muito anteriores a Darwin. O tropo recorrente de um contraste entre a humanidade "selvagem" e "civilizada" tem sido uma constante do discurso filosófico europeu desde o século XVII. Isso foi parcialmente inspirado por encontros europeus com populações ameríndias até então desconhecidas que logo passaram a ser imaginadas como substitutas dos "precursores" da modernidade europeia. A noção de uma história mundial da humanidade dividida em "estágios" havia sido articulada por pensadores do iluminismo escocês e forneceu uma estrutura através da qual um contraste básico entre "nós" e "eles" poderia ser desenvolvido em uma história gradativa do progresso humano que se duplicou como uma tipologia de sociedades.

Um elemento de contexto mais imediato foi o que Trautmann chama de "a revolução no tempo etnológico" na década de 1860, impulsionada por descobertas arqueológicas que expandiram de maneira conclusiva a estrutura temporal bíblica tradicional da história humana. Como Trautmann o coloca:

> Muito subitamente a história ficou sem fundo e seus primórdios desapareceram no abismo do tempo. O aumento súbito e dramático da escala da história humana exigiu um novo conteúdo: e o que se apressou em preencher os vastos espaços em branco na estrutura recém-ampliada foi o evolucionismo social (1992a, p. 380).

7. Isso leva Peel, p. ex., a notar que no livro de Spencer *The Principles of Sociology* [Os princípios da sociologia] há tantas análises funcionais de um tipo inteiramente moderno que é difícil entender por que tantos funcionalistas modernos (embora não Radcliffe-Brown) deveriam ter suposto que estavam se rebelando contra Spencer, o funcionalista evolutivo" (Peel, 1971, p. 183).

Outro importante bloco de construção conceitual foi o florescimento, a partir do início do século XIX, de uma série de disciplinas comparadas – anatomia comparada, fisiologia comparada, gramática comparada, geografia (Goyet, 2014) e, de particular relevância para a antropologia, direito comparado. Vários dos primeiros antropólogos, como Lewis Henry Morgan ou Henry Sumner Maine, eram eles próprios advogados, mergulhados no estudo do direito romano clássico, bem como do direito moderno. Isso explica em parte a ascensão do "parentesco" à proeminência como tópico antropológico. Não é surpreendente que tais advogados-antropólogos tivessem tomado como foco o conjunto de regras que cercam a reprodução, as relações familiares e a distribuição de propriedade. Pareciam um análogo direto dos sistemas jurídicos que eles conheciam (Trautmann, 1992b; Kuper, 2005).

No cerne dessas várias disciplinas comparativas está o mesmo *insight*, mais proeminentemente associado à filologia: podem ser reconstruídas sequências históricas, ramificando-se associações e progressões, comparando-se o estado de coisas em vários casos contemporâneos distintos. O contato cada vez mais próximo com sociedades e modos de vida não europeus por meio da expansão e colonização imperial europeia, e a multiplicação de relatos e relatórios detalhados de viajantes, missionários e outros, forneceu o material para os evolucionistas do século XIX preverem um campo comparativo de "povos" que tivesse riqueza e diversidade semelhantes aos campos comparativos de outras disciplinas. Aqui estava o rico material necessário para preencher aquela tela temporal ampliada. A seguinte citação de E. B. Tylor, a cujo trabalho retornaremos a seguir, oferece uma declaração explícita dessa visão de comparação e das suposições que a acompanham:

> Comparando-se os vários estágios de civilização dentre raças conhecidas pela história, com a ajuda da inferência arqueológica a partir dos vestígios de tribos pré-históricas, parece possível julgar de uma maneira aproximada uma condição geral inicial do homem [...]. Essa condição primitiva hipotética corresponde em um grau considerável à das tribos selvagens modernas [...]. [A] principal tendência da cultura, desde os tempos primitivos até os tempos modernos, tem sido da selvageria para a civilização [...]. O europeu pode encontrar entre os groenlandeses

> ou maoris muitas características para reconstruir a imagem dos seus próprios ancestrais primitivos (Tylor, 1871, pp. 1-21).

Havia sérias falhas intelectuais na visão comparativa dos evolucionistas. Como Kuper enfaticamente o coloca:

> A concepção toda é fundamentalmente defeituosa. Não há sequer uma maneira sensata pela qual se possa especificar o que é uma "sociedade primitiva" [...]. As sociedades humanas não podem ser rastreadas até um único ponto de origem. Tampouco há como reconstituir as formas sociais pré-históricas, classificá-las e alinhá-las em uma série temporal. Não existem fósseis de organização social (2005, p. 5).

A política dessa visão também tem sido justamente criticada. Como os antropólogos têm repetidamente apontado, um efeito crucial dessa visão na antropologia foi deixar uma gama de povos contemporâneos "fora do tempo" (Thomas, 1996), tratando suas sociedades como, na verdade, fósseis vivos, presos em um "estágio anterior" de um único caminho progressivo que leva à Modernidade de estilo europeu. O evolucionismo foi o primeiro (e infelizmente não o último – cf. abaixo) paradigma antropológico a imaginar povos não ocidentais presos em um presente eterno (Fabian, 1983) e, portanto, a visualizar o mundo contemporâneo como composto de A Europa e os povos sem história [*Europe and the People without History*] (Wolf, 1983; cf. cap. 5 deste volume, para uma discussão mais completa sobre história e antropologia).

Posto dessa forma, a maioria dos leitores de hoje reconhecerá facilmente uma visão tão eurocêntrica da história como política e eticamente inaceitável. E, no entanto, esse tipo de visão histórica mundial tem sido surpreendentemente resistente até os dias atuais. A narrativa do "desenvolvimento" global compartilha muitas das mesmas premissas do evolucionismo do século XIX (Ferguson, 1996). Pode-se dizer o mesmo de referências contemporâneas ao "progresso social". Pense, por exemplo, na facilidade com que práticas e políticas particulares podem ser justificadas hoje simplesmente apontando-se para o fato de que "se trata do século XXI". Oculta nessa afirmação autoevidente está uma história implícita do presente como moralmente superior ao passado (e, ocasionalmente, do Ocidente como moralmente superior a outros lugares), que muitos evolucionistas do século XIX teriam achado familiar.

Pois, por outro lado, muitos evolucionistas do século XIX eram, em seus próprios termos, progressistas políticos, até mesmo radicais[8]. O "progresso" foi um eixo conceitual e político fundamental do evolucionismo. Muitos se viam como resistindo à visão ainda comum de que os povos não ocidentais eram "decaídos", "degenerados" ou "imorais", insistindo na unidade mental da humanidade (veremos este tema em Tylor abaixo) e recolocando os "povos primitivos" na grande tapeçaria do "progresso" humano[9] – embora em um papel coadjuvante. Ao fazer isso, como Trautmann o coloca, "Morgan rejeitou a degradação e a inferioridade permanentes do outro cultural" (1992b, p. 171). E, no entanto, essa grande tapeçaria foi tecida com suposições paternalistas de desenvolvimento desigual, em alguns casos ao longo de linhas raciais[10].

Uma visão evolucionista também poderia implicar coerentemente que o presente seria suplantado por um futuro melhor. Engels, em *A origem da família, da propriedade privada e do Estado* (1972), notavelmente transformou a grande história do desenvolvimento dos sistemas de parentesco humano, de Morgan, em uma crítica radical dos arranjos político-econômicos modernos. O que Morgan havia apresentado como uma ascensão triunfante rumo à civilização sob o olhar atento de Deus, Engels descreveu de forma mais ambivalente como um afastamento do "comunismo primitivo", e, no deslocamento para a família patriarcal, como "a derrota histórico-mundial do sexo feminino" (1972, p. 67). Engels não estava sozinho, como vimos, ao imaginar que uma etapa posterior re-

8. Morgan, p. ex., defendeu os direitos dos iroqueses.

9. "Devemos nossa condição atual, com seus múltiplos meios de felicidade, às lutas, aos sofrimentos, aos esforços heroicos e ao trabalho paciente dos nossos bárbaros e, mais remotamente, de nossos ancestrais selvagens. Seus trabalhos, suas provações e seus sucessos faziam parte do plano da Inteligência Suprema para desenvolver um bárbaro a partir do selvagem e um homem civilizado a partir deste bárbaro" (Morgan, 1877, p. 554, apud Ferguson, 1996, p. 155).

10. "A família ariana representa a corrente central do progresso humano, porque produziu o tipo mais elevado de humanidade e porque provou sua superioridade inerente assumindo gradualmente o controle da terra" (Morgan, apud Kuper, 2005, p. 62).

solveria os problemas óbvios da modernidade do século XIX. Quaisquer que sejam suas inconsistências intelectuais, portanto, o dispositivo de conectar diferentes arranjos sociopolíticos em uma sequência de estágios é, politicamente falando, um movimento inerentemente equívoco – a sequência pode ser explorada em busca de lições políticas e morais muito diferentes (cf. Bloch, 1984). Isso explica o reaparecimento, de outro modo paradoxal, do entusiasmo pelo clássico evolucionista de Engels, um século depois, sob o ímpeto de estudiosos marxistas e feministas. Em suma, a política do evolucionismo, então e agora, é mais complexa do que pode parecer à primeira vista.

Evolucionismo na prática: Tylor sobre evitação

Frequentemente se escreve sobre o evolucionismo e se o contextualiza em termos amplos, como o fiz acima. Os próprios evolucionistas, no entanto, raramente são lidos, principalmente por estudantes. O efeito é que grande parte da sofisticação e da complexidade – e na verdade da diversidade – de seus argumentos tende a ser esquecida, e as continuidades entre suas abordagens e preocupações e as dos antropólogos que as criticaram e seguiram tendem a ser subestimadas. Como contraponto, oferecerei nesta seção um exemplo detalhado de um argumento evolucionista do trabalho de E. B. Tylor, cuja definição do método comparativo vimos acima. Descreverei esse caso com tantos detalhes porque ele exibe algumas das principais falhas da teorização evolucionista do século XIX, e, no entanto, exibe a sofisticação de alguns dos melhores pensadores do período.

Uma das obras em que Tylor demonstrou seu método comparativo é um famoso artigo no *Journal of the Royal Anthropological Institute* intitulado "Sobre um método de investigação do desenvolvimento de instituições; aplicado às leis de casamento e descendência" (1889). Tylor relatou que havia tabulado as "leis de casamento e descendência" entre 300 e 400 pessoas, conforme relatado por missionários, viajantes e outros. Ele então procurou correlações estatísticas mais elevadas do que a média entre costumes aparentemente não relacionados. Por exemplo, Tylor se concentra no que ele –

na linguagem caracteristicamente desdenhosa e condescendente de sua época – descreve como

> um costume pitoresco e um tanto cômico da etiqueta bárbara entre maridos e parentes de suas esposas, e vice-versa: eles podem não se olhar, muito menos se falar, e até evitam mencionar os nomes uns dos outros (1889, p. 246).

Tal "evitação" ocorre em alguns casos entre o marido e os parentes da sua esposa; em outros, a evitação ocorre entre a esposa e os parentes do seu marido; em outros ainda, a evitação segue em ambas as direções. O primeiro problema de Tylor é procurar explicar esse "estranho" conjunto de costumes. Ele o faz ligando este problema a um outro, relativo à residência do casal. Em algumas sociedades em sua amostra, os maridos foram morar com as famílias de suas esposas. Em outras, esse arranjo é temporário; depois disso, o casal se muda para formar um domicílio independente, ou se muda para se estabelecer com a família do marido. (Tylor chama isso de "remoção".) Em outras ainda, as esposas foram viver com seus maridos. Tylor enfoca a correlação entre esses dois conjuntos de costumes, o conjunto que se relaciona com a evitação e o conjunto que se relaciona com os padrões de residência do casal. Observe que, ao proceder dessa forma, Tylor está, como Spencer, implantando um *insight* básico que será característico também do funcionalismo do século XX: a saber, que há uma inter-relação entre diferentes regras, leis e costumes na mesma sociedade – que eles formam um arranjo funcional de suporte mútuo. O primeiro problema de Tylor – explicar um conjunto inicialmente "estranho" de costumes em relação a outros aspectos da vida na mesma sociedade – continua sendo um problema clássico para antropólogos ainda hoje.

Por outro lado, o segundo problema (e para ele mais fundamental) em que Tylor se concentra, parecerá, para a maioria dos antropólogos contemporâneos, estranhamente formulado. Tylor está tentando reconstruir a *sequência* pela qual as sociedades mudaram de um sistema de residência para o outro. Será que os maridos primeiro foram morar com os parentes da sua esposa e só mais tarde esse padrão foi revertido, de modo que as esposas passariam a morar com seus maridos? Ou foi o contrário? Espero ter escrito o suficiente acima para explicar tanto a razão pela qual Tylor podia considerar essa questão significativa quanto a razão pela qual os antropólogos contemporâneos a consideram absurda. Os antropólogos contemporâneos olhariam para as diferenças na amostra de Tylor apenas como evidência disso – diferenças nos costumes entre as sociedades contemporâneas. Em contraste, Tylor presumiu que a sociedade humana evoluiu em uma única direção de viagem, por meio de um conjunto de sequências ou estágios mais ou menos fixos[11]. Como resultado, ele pensava que sua amostra de sociedades com costumes diferentes representava aquele conjunto de estágios. A dificuldade, para ele, era encontrar uma maneira de colocá-los de volta na sequência adequada. Daí a sua questão: Que tipo de residência, a do marido para a mulher ou a da mulher para o marido, veio primeiro? Esta questão pode parecer de interesse principalmente "antiquário". Na verdade, ela foi eloquente para um debate muito mais amplo que grassou entre os antropólogos evolucionistas do século XIX. Esse debate girou em torno de saber se as sociedades humanas eram originalmente matriarcais (como proposto por Bachofen, p. ex.) ou patriarcais (como argumentado por Maine. Sobre esse argumento, cf. Bamberger, 1974; Kuper, 2005).

Tylor busca, por meio de uma demonstração sofisticada, resolver os seus dois problemas simultaneamente, focando na correlação entre os seus dois conjuntos de costumes. Lembre-se de que existem três possibilidades em cada conjunto: a evitação pode ser do marido para com os parentes da esposa, da esposa para com os parentes do marido, ou mútua; a residência pode envolver o marido indo morar com os parentes da esposa ou a esposa indo morar com os parentes do marido ("remoção"). Ele mostra que os costumes de evitação entre o marido e a família da sua esposa ocorrem em todos

11. "Mesmo os diagramas deste artigo podem ser suficientes para mostrar que as instituições do homem são tão distintamente estratificadas quanto a terra na qual ele vive. Elas se sucedem em séries substancialmente uniformes sobre o globo, independentemente do que pareçam as diferenças comparativamente superficiais de raça e linguagem, mas moldadas por uma natureza humana semelhante agindo através de condições sucessivamente alteradas na vida selvagem, bárbara e civilizada" (Tylor, 1889, p. 269). Cf. a Figura 1.1, para exemplo de um desses diagramas importantíssimos.

os três tipos de residência, e são estatisticamente mais importantes quando o marido se muda para morar com seus parentes por afinidade, seja permanentemente seja temporariamente ("remoção"). Ele mostra que os outros dois tipos de evitação (mútua e da esposa para com os parentes do marido) só ocorrem nos casos de "remoção" ou quando a esposa vai morar com a família do marido.

A primeira hipótese que Tylor aventa já terá ocorrido a muitos leitores: há alguma relação entre expressar um certo tipo de distância formal para com os parentes por afinidade de alguém e realmente ir morar com eles. Tylor invoca isso por comparação com suas normas sociais contemporâneas, aquelas da Grã-Bretanha vitoriana:

> Uma vez que o marido se intrometeu em uma família que não é a sua, e em uma casa onde ele não tem direito, não parece difícil entender que marcassem a diferença entre ele e eles, tratando-o formalmente como um estranho. Tão semelhante é o funcionamento da mente humana em todos os estágios da civilização que a nossa própria linguagem transmite em um idioma familiar a mesma linha de pensamento [...] temos apenas que dizer que eles não o reconhecem e condensamos todo o processo em uma única palavra (Tylor, 1889, pp. 247-248).

Tylor mostra que o costume inicialmente "pitoresco e cômico" acabou sendo perfeitamente lógico e compreensível para os modernos "civilizados". Este é um bom lembrete de que, apesar da sua leitura triunfalista da história como um progresso rumo à modernidade ocidental, muitos evolucionistas como Tylor tinham uma suposição profundamente humanista da unidade dos humanos em todos os "estágios" da civilização.

Esta hipótese corresponde a alguns, mas não todos (ou mesmo a maioria) dos dados de Tylor. É verdade que nas sociedades em que os maridos residem com os parentes de suas esposas (65 sociedades em sua amostra), há a evitação do marido para com os parentes por afinidade (14 casos) e nenhuma evitação da esposa para com os parentes por afinidade. A evitação da esposa para com os parentes por afinidade ocorre em sociedades em que as esposas vão morar com os parentes de seus maridos (oito ocorrências de um total de 141 sociedades). E faz sentido, nos termos da sua hipótese, que ambos os tipos de evitação estejam presentes nos casos de remoção em que o casal viva primeiro com uma família e depois com a outra (respectivamente 22 e cinco ocorrências de um total de 76 sociedades). Mas outros dados significativos não se encaixam: tanto a evitação mútua quanto a evitação do marido para com os parentes por afinidade estão presentes nas sociedades em que as esposas passam a viver com os parentes de seus maridos. Com efeito, a incidência de evitação do marido para com os parentes por afinidade (9/141) é ligeiramente maior do que o inverso nesses casos (8/141).

Tylor explica essas anomalias recorrendo à imagem de mudança social em sequências. Observe o diagrama através do qual Tylor apresenta suas correlações (Figura 1.1). A forma básica deste diagrama é uma tabela cruzada: tipos de residência em três "linhas" horizontais, tipos de evitação em três "colunas" verticais, com o número de sociedades envolvidas em cada caso. Mas Tylor sugere um fator muito diferente por meio do uso de triângulos e hachuras: a saber, um senso de direção e transformação. O diagrama deve ser lido de baixo para cima, como uma sequência de estágios. Na parte inferior está um estágio "inicial", representado por sociedades nas quais os maridos vão morar com os parentes de suas esposas. No topo está um estágio "final", no qual as esposas vão morar com seus maridos. No meio está o estágio de "remoção" (os maridos primeiro vão morar com seus parentes por afinidade por um período, então o casal se muda para a casa da família do marido) que Tylor apresenta como um ponto de transição entre os outros dois estágios. Essa narrativa é usada para explicar os dados desordenados mencionados acima. A evitação do marido para com os parentes por afinidade é a primeira forma de tal evitação. A evitação da esposa para com os parentes por afinidade ocorre mais tarde, no estágio de transição. Esta hipótese histórica permite que Tylor explique a incidência de evitação do marido para com os parentes por afinidade no estágio final como uma "sobrevivência" de um estado de coisas anterior.

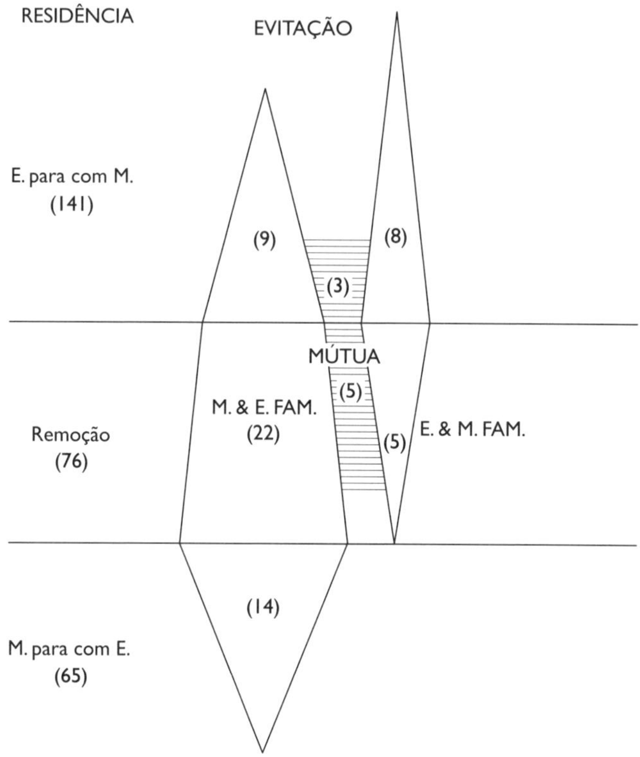

Figura 1.1 Residência e evitação

Fonte: Reproduzido de Tylor (1889, p. 251).

Por meio de uma inteligente reviravolta, Tylor transforma o que inicialmente parecia ser um dado confuso (a incidência de evitação do marido para com os parentes por afinidade em sociedades em que os maridos não vivem com seus parentes por afinidade) em evidência para a "direção do movimento" da evolução social:

> A partir dessa distribuição dos costumes de evitação, parece que nas partes do mundo abertas à presente inspeção, os três estágios de residência têm tendido a se suceder na ordem ascendente do diagrama [...]. Pois se se supusesse que o curso da sociedade estava na direção oposta, como seria representado virando-se o diagrama de cabeça para baixo, a evitação entre o marido e a família da esposa seria representada como surgindo no estágio em que o marido vivia longe dela, embora a evitação entre a esposa e a família do marido, que, nesta suposição, deveria continuar pela sobrevivência até o estágio de re-

> sidência no lado da esposa, não é encontrada aí. Os costumes de evitação, embora praticamente tão insignificantes, são, portanto, sinais que mostram a direção de um movimento, do qual veremos mais plenamente a importância, nomeadamente a mudança da residência habitual da família da esposa para a do marido (1889, p. 252).

Esta é uma "direção de movimento" que se encaixa com o argumento mais amplo de Tylor no resto do artigo em favor de um movimento geral na sociedade humana do matriarcado para o patriarcado.

Em suma, este argumento exibe de forma proeminente os principais erros conceituais delineados anteriormente: presumir que havia um único "curso da sociedade" e, portanto, pensar que as sociedades contemporâneas podem ser tomadas como exemplos de diferentes estágios dentro de tal curso. Mesmo se alguém ignorasse esses problemas conceituais profundos, o uso e a apresentação de "dados" no argumento de Tylor também são bastante dúbios. Alguns, como veremos abaixo, suscitaram a questão crucial do que constitui uma "unidade" para o propósito desta análise (O que é um costume? O que é um povo?), e da validade do material de segunda mão em que Tylor se baseia. Leitores com mentalidade científica podem acrescentar que a tentativa de Tylor de extrair inferências "estatísticas" de amostras tão pequenas é bastante inconvincente. O diagrama de Tylor é tanto construído de forma impressionante quanto também um tanto dissimulada. Sua descrição do triângulo superior direito como mais longo, embora mais estreito, do que o triângulo superior esquerdo, a fim de sugerir que este número realmente menor é de alguma forma mais significativo do que o maior, é um inteligente bocado de manipulação visual.

E, no entanto, apesar de todas essas falhas, este exemplo mostra o detalhe e o rigor de alguns argumentos evolucionistas do século XIX. Se os evolucionistas antropológicos, em última análise, basearam-se em "histórias-assim", estas não foram tiradas do nada, mas poderiam ser argumentadas de forma próxima e coerente, com base em uma erudição impressionante e quantidades significativas de detalhes. Este exemplo contrapõe os estereótipos usuais dos evolucionistas como pouco mais do que ideólogos vitorianos grosseiros. Também explica por que a obra de autores como Tylor, Morgan ou Spencer, embora muito criticada e completamente execrada pela próxima geração de antropólogos, conseguiu, no entanto, definir os termos de muitos dos problemas que os antropólogos pensaram e reconceitualizaram ao longo do século XX: evitação, localidade marital e, mais amplamente, sistemas de parentesco, mas também animismo, magia ou ritual. Sobre a evitação, especificamente, veremos a seguir como o problema seria reformulado pela análise estrutural-funcionalista. Mas a questão da evitação continuou a exercitar os antropólogos até hoje de maneiras muito diferentes (Stasch, 2002; Sanchez, 2016). Isso é verdade de forma mais ampla – muitos dos quebra-cabeças que os evolucionistas se propuseram a resolver continuam sendo os principais focos do debate antropológico hoje.

A difusão e coesão de traços: o duplo desafio de Boas

Observei acima que, tanto nos Estados Unidos quanto no Reino Unido, a "antropologia moderna" ou a "antropologia propriamente dita" é frequentemente descrita como começando com críticas ao paradigma evolucionista do século XIX. No entanto, essa narrativa assume uma forma diferente em cada caso. A crítica ao evolucionismo foi liderada nos Estados Unidos por Franz Boas, que desempenhou um papel fundacional nas narrativas americanas da história disciplinar, equivalente ao desempenhado por Bronislaw Malinowski nas narrativas britânicas.

Um elemento central na crítica de Boas ao evolucionismo já havia sido prenunciado por um comentador do argumento de Tylor acima, Francis Galton. Galton, comentando da audiência quando o trabalho foi apresentado, notou (cf. Tylor, 1889, p. 270) que o procedimento de comparar costumes entre diferentes grupos de pessoas presumia que esses costumes poderiam ser tratados como variáveis independentes. Mas um grupo de pessoas, Galton rebateu, pode muito bem tomar emprestados os costumes de um grupo próximo. Nesse caso, as elaboradas hipóteses de Tylor sobre sobrevivências e sequências teriam pouca repercussão, já que a correlação de costumes em qualquer ambiente pode ser meramente um efeito contingente do empréstimo (para comentários diferentes sobre o problema de Galton, cf. Handler, 2009; Strathern, 2004).

Boas desenvolveu essa linha de crítica, observando que era importante estudar as maneiras pelas quais os costumes de fato viajavam, mudavam, eram emprestados e transformados. Tal estudo não poderia simplesmente misturar e combinar observações tiradas de todo o mundo. Seria necessário contar com o exame cuidadoso dos costumes e da cultura material de um conjunto de povos relacionados dentro de uma área geográfica específica (Boas, 1896; 1924). O próprio Boas empreendeu uma série de estudos de campo, primeiro na Ilha Baffin e depois no noroeste do Pacífico. A partir desse material, ele tirou observações perspicazes acerca das maneiras pelas quais os traços culturais (desenhos em cerâmica, mitos, arranjos de parentesco) eram copiados e replicados de uma cultura para outra. Ele integrou essa linha de crítica a outra: o que pode parecer superficialmente o mesmo traço em dois contextos diferentes pode, na verdade, revelar-se dois traços muito diferentes. Juntas, essas duas linhas de crítica forneceram um ataque devastador a todo o empreendimento evolucionista e abriram o caminho para um novo paradigma antropológico (Handler, 2009).

O duplo movimento crítico de Boas estava enraizado em um contexto intelectual particular. Boas nasceu na Alemanha em uma família judia secular. Ele recebeu um Ph.D. em física pela Heidelberg e depois estudou geografia. Essa permaneceu a estrutura mais ampla na qual desenvolveu uma abordagem particular da transformação e da variação cultural. Esta, por sua vez, tornou-se a peça central da tradição antropológica que ele fundou quando se mudou para os Estados Unidos. Boas herdou sua preocupação com a difusão e coesão dos traços culturais de um debate entre estudiosos alemães do século XIX, tais como Graebner, Schmidt e Bastian, que procuraram transformar a preocupação romântica com *Kultur* – proeminente em pensadores como Herder – em ciência histórica (Kuper, 1999; 2005; Penny & Bunzl, 2003).

Se Boas estava interessado na difusão de traços, ele também observou as maneiras pelas quais os traços culturais foram transformados quando passaram a ser integrados aos traços existentes de uma cultura diferente. Essa atenção ao contexto também envolveu uma atenção ao sentido e à perspectiva. A crítica de Boas ao evolucionismo antropológico também foi influenciada pelos debates filosóficos alemães do século XIX em torno da natureza da ciência e a distinção emergente entre uma abordagem positivista dos fenômenos naturais e uma abordagem hermenêutica ou interpretativa mais adequada aos fenômenos distintivamente humanos. Nessa visão, a sociedade representava um problema categórico: deve ser estudada como fenômeno natural ou como fenômeno humano? As duas respostas a essa pergunta são frequentemente exemplificadas pelo contraste entre a escola alemã interpretativista de Max Weber e a sociologia francesa positivista de Émile Durkheim - embora, como veremos a seguir, o quadro seja mais complexo. Boas estava inclinado para o lado interpretativo: o estudo das culturas deve ser uma ciência histórica interpretativa, em vez de tratar as sociedades humanas meramente como objetos naturais.

Por exemplo, Boas observou que o que parecia - em um sentido puramente objetivo ou comportamental - como "o mesmo" traço ou prática em diferentes ambientes culturais pode de fato significar algo profundamente diferente nesses diferentes casos ou, como ele o coloca, pode resultar de diferentes "causas psicológicas". Boas considera "assassinato" como um caso em questão: aplicar esta noção jurídica ocidental como um termo para comparar homicídios em diferentes culturas necessariamente deixará passar o seguinte fato:

> A pessoa que chacina um inimigo em vingança pelos erros cometidos, um jovem que mata seu pai antes que ele fique decrépito a fim de permitir-lhe continuar uma vida vigorosa no mundo por vir, e um pai que mata seu filho como um sacrifício pelo bem-estar do seu povo, agem por motivos tão inteiramente diferentes, que psicologicamente uma comparação de suas ações não parece permissível (Boas, 1911, p. 173)[12].

Isso apresentou uma segunda e mais profunda objeção ao método comparativo de Tylor do que o problema de Galton da potencial difusão de traços.

12. Sou grato a Rupert Stasch por chamar minha atenção para esta passagem e pelos comentários inestimáveis sobre esta seção.

Aqui, o que Boas colocou em dúvida foi o próprio procedimento de identificar "traços" para propósitos comparativos em primeiro lugar, a menos e até que um estudo de campo cuidadoso tenha mostrado que estes realmente derivam dos mesmos processos mentais. Essa semelhança de perspectiva era precisamente o que Tylor presumiu (ingenuamente) ao imaginar que o "constrangimento" que um vitoriano poderia sentir em relação aos seus parentes por afinidade era um universal humano. Foi por meio de observações como essas que Boas estabeleceu a característica mais distintiva da posterior antropologia cultural americana: uma atenção ao que veio a ser chamado de relativismo cultural (cf. cap. 8 e 14). Implícito nessa noção de culturas como contextos e pontos de vista estava um holismo cultural – a imagem das culturas como todos integrados, coerentes acima e além de seus díspares elementos emprestados – que contrabalançava a visão difusionista.

Ambos os elementos da antropologia de Boas – seu difusionismo e seu holismo – tornaram um absurdo o tipo de visão "estatística" implícito no trabalho de Tylor e outros evolucionistas: o pensamento de que se pode selecionar e escolher costumes desconectados para comparar a partir de uma biblioteca global de pessoas. Eles também ridicularizaram as grandes histórias-assim históricas do evolucionismo do século XIX. A imagem de um único "curso da sociedade" ao longo do tempo explodiu em uma visão de múltiplas micromudanças, empréstimos, transformações e reintegrações. Ao mesmo tempo, a imagem de uma única "mente humana" concebendo soluções para a mudança das circunstâncias históricas explodiu em uma miríade de questões sobre como os humanos situados de forma diferente podem encontrar o mundo a partir de diferentes contextos culturais.

Consistentemente com este relativismo cultural, Boas também foi um crítico fervoroso do racismo e do antissemitismo, e das tentativas de encontrar uma base "científica" para a desigualdade humana, inclusive em algumas vertentes do evolucionismo social. É importante lembrar, no entanto, que a objeção de Boas não era às explicações biológicas em si – ele próprio mantinha um interesse permanente na biologia humana e como seu estudo poderia informar a antropologia cultural –, mas à sua aplicação errônea por meio da ciência racial. Boas tampouco foi um crítico do evolucionismo do tipo darwiniano, mas sim da – como vimos – visão profundamente não darwiniana de um único caminho da história humana se desenvolvendo progressivamente em direção a um pináculo de civilização instanciado pela Euro-América do século XIX. A visão de Boas de traços difundidos e integrados ao longo do espaço e do tempo era, em muitos aspectos, muito mais darwiniana do que o "evolucionismo" de Spencer, Morgan ou Tylor. É, portanto, incorreto, embora tentador, traçar uma linha clara entre a antropologia histórica boasiana, por um lado, e, por outro lado, aquelas escolas que, como o evolucionismo e o funcionalismo, procuraram imaginar a antropologia como uma biologia de "organismos" sociais.

É bem verdade que o "braço" difusionista do pensamento de Boas tendia a desagregar culturas em vez de imaginá-las como organismos. Como a aluna de Boas, Ruth Benedict, escreveu em um de seus primeiros trabalhos:

> É, até onde podemos ver, um fato último da natureza humana que o homem constrói sua cultura a partir de elementos díspares, combinando-os e recombinando-os; e até que abandonemos a superstição de que o resultado é um organismo funcionalmente inter-relacionado, seremos incapazes de ver nossa vida cultural objetivamente (apud Eggan, 1954, p. 750).

E, no entanto, o "braço" relativista da abordagem de Boas implicava uma integração que trouxe a analogia orgânica de volta à vista. Assim, o próprio Boas escreveu que: "As culturas diferem como tantas espécies, ou talvez gêneros, de animais" (1940, p. 254). Benedict, portanto, ainda estava seguindo Boas quando, em seus trabalhos posteriores, assumiu a posição oposta à que acabamos de citar. Como observa Eggan, "Benedict logo se envolveu no estudo de padrões e configurações culturais, e seu *Patterns of Culture* [Padrões de cultura] (1934) representa uma reversão completa de sua posição anterior – aqui a superstição tornou-se realidade" (Eggan, 1954, p. 750).

As duas linhas de ataque boasianas (difusionismo e relativismo) eram complementares, mas também estavam relevantemente em tensão (Eggan, 1954; Handler, 2009). A primeira tratava os "traços" como unidades essencialmente destacáveis que podiam se mover de uma cultura para outra – as culturas, nessa visão, eram agregados de traços. A segunda tratava as culturas como todos integrados, nos quais os traços individuais formavam uma totalidade coerente. A primeira enfocou as relações e conexões entre a história e a geografia. A segunda criou o cenário para um relativismo cultural no qual diferentes culturas podem ser imaginadas como pontos de vista alternativos sobre o mundo.

Na própria obra de Boas, as duas visões – difusionista e holística – foram mantidas produtivamente em tensão. No entanto, os alunos e seguidores de Boas, que estabeleceram a antropologia americana no início do século XX, acabaram divididos e oscilando entre essas duas visões de cultura, como demonstrado no exemplo de Benedict, acima. No curto a médio prazos, a visão holística venceu na maioria das vezes. Os alunos de Boas, Benedict e Margaret Mead, em particular, tornaram-se os principais expoentes de uma abordagem "cultura e personalidade", na qual as culturas eram tratadas como contextos integrados que inculcaram nos indivíduos tendências morais, intelectuais e estéticas particulares. Isso, por sua vez, alimentou a virada interpretativa liderada por Clifford Geertz (cf. cap. 8). Em várias formas, o relativismo cultural e o holismo foram, durante a maior parte do século XX, a principal tradição antropológica na antropologia dos Estados Unidos.

No entanto, o difusionismo não morreu (nem o evolucionismo; um ponto ao qual retorno na conclusão). A preocupação com conexões, ligações e transformação através do tempo e do espaço permaneceu um elemento-chave do trabalho de antropólogos como Kroeber, e tornou-se importante para uma geração posterior de antropólogos de inspiração marxista que procuraram mais uma vez fazer perguntas em uma escala global (cf. cap. 3 e 5). Em uma linha muito diferente, as dúvidas suscitadas contra o holismo cultural pela crítica à "cultura escrita" da década de 1980 (cf. cap. 8), abriram a antropologia dos Estados Unidos para uma espécie de visão neoboasiana de "fluxos", "rotas" e "paisagens" (Brightman, 1995; Bashkow et al., 2004). A etnografia multissituada, outra filha da crítica à cultura escrita (Marcus, 1995; cf. cap. 6), transformou essas questões em uma visão metodológica que tinha alguma semelhança com a questão boasiana anterior da difusão e integração de "traços".

Da evolução à função

O difusionismo manteve algum apelo no Reino Unido. O egiptólogo Grafton Elliott Smith e o antropólogo William James Perry aventaram hipóteses abrangentes sobre a difusão global de traços. Em um estilo menos grandioso e mais próximo dos próprios métodos e preocupações de Boas, antropólogos da virada do século XX, como A. C. Haddon e W. H. R. Rivers indagaram sobre difusão de costumes, tipos de ferramentas e terminologias de parentesco nas áreas regionais. Em geral, no entanto, o desafio contra o evolucionismo assumiu uma forma diferente no Reino Unido: a saber, a do "funcionalismo". Houve dois componentes principais na mudança de paradigma do evolucionismo para o funcionalismo na antropologia britânica. O primeiro foi um aguçado interesse teórico pela função, extraído em parte do trabalho de sociólogos franceses como Durkheim. O segundo foi o desenvolvimento de uma tradição de trabalho de campo específica frequentemente associada a Malinowski. Esta seção examina ambos os desenvolvimentos separadamente.

O princípio básico do funcionalismo é simples – envolve a análise de uma característica ou objeto em termos de sua função ou propósito. O funcionalismo em biologia explica o papel de um órgão ou comportamento em termos de seu valor para o organismo. O sistema respiratório, por exemplo, atende ao organismo permitindo a entrada de oxigênio e a exalação de dióxido de carbono. O funcionalismo na sociologia transpõe esse argumento para as sociedades por meio da analogia orgânica – a ideia de que as sociedades, como os organismos, devem ser consideradas como um conjunto de partes interagentes arranjadas de modo a apoiarem-se mutuamente para formar uma totalidade funcional. De acordo com essa visão, explicar características sociais, como costumes ou instituições, é apontar para o seu propósito – como órgãos em um corpo.

Cumpre notar que o funcionalismo introduz um tipo de teleologia na explicação sociológica e biológica diferente da teleologia histórica que criticamos acima. A falha crucial das explicações antropológicas evolucionistas era a suposição de que o ponto-final da evolução poderia ser conhecido (que, falando de modo geral, as sociedades evoluíram "para" algo como a modernidade ocidental), e que a história poderia, portanto, ser reconstruída como uma série de estágios progressivos em direção a essa meta. Mas a explicação funcionalista também é teleológica, no sentido de que explica entidades apontando para seu fim ou propósito em relação ao organismo. Aqui, novamente, a questão é que a forma total do organismo deve ser presumida para que o propósito da parte seja conhecido. E aqui, novamente, essa suposição se mostraria duvidosa – pois o que afinal é uma sociedade? É realmente uma entidade total e organicamente integrada do tipo que a teoria presume? Como veremos, este seria um dos principais pontos críticos suscitados contra o funcionalismo em sua forma mais desenvolvida teoricamente: a saber, o estrutural-funcionalismo de Radcliffe-Brown.

A (r)evolução de Durkheim

Foi Auguste Comte (1830) quem originalmente introduziu os termos *positivismo* e *sociologia* na França. Durkheim, no entanto, fez mais do que qualquer outro pensador do período para estabelecer a sociologia como uma ciência positiva distinta, irredutível à filosofia, à psicologia, à biologia ou à história. O principal problema para Durkheim era convencer os leitores de que as explicações do comportamento social tinham uma consistência científica que as distinguia da mera interpretação histórica ou abstração filosófica, e que as explicações sociológicas não podiam ser reduzidas a motivos psicológicos individuais ou a propensões biológicas – em outras palavras, os fatos sociais existiam como uma camada irredutível da realidade, e, portanto, mereciam a sua própria ciência sistemática (cf. cap. 7 sobre essa distinção original e sua duradoura pós-vida). O dispositivo-chave no arsenal de Durkheim era o funcionalismo, com a sua visão da sociedade como uma estrutura orgânica de partes que se apoiam mutuamente.

Essa visão não era nova. Elementos de funcionalismo sociológico já eram importantes, como vimos acima, nas obras de alguns evolucionistas como Spencer e Tylor. Para Spencer, a analogia orgânica era clara e explícita, e a questão da divisão do trabalho na sociedade levou a uma complexa exegese funcionalista. Quando Tylor (como descrevi acima), procurou explicar a inter-relação entre as práticas de evitação e os costumes da residência pós-marital, ele estava realizando algo semelhante a essa análise "funcionalista"[13].

Para esses autores, no entanto, função e transformação histórica eram questões intimamente entrelaçadas. A principal contribuição de Durkheim para este debate foi dividir as duas questões. Os evolucionistas, acusou Durkheim, muitas vezes confundiam *causa* e *função* (1895, pp. 110-152). Durkheim afirmava que, na visão teleológica progressiva dos evolucionistas, as instituições sociais pareciam surgir para servir aos objetivos e propósitos de uma humanidade em lenta melhoria. Para ele, em contraste, a razão histórica pela qual as inovações surgiram era uma questão distinta da função que desempenhavam em um determinado momento. O próprio Durkheim, entretanto, não eliminou as questões históricas. Seus primeiros trabalhos, como *The Division of Labor in Society* [Da divisão do trabalho social] (1984 [1893]) foram francamente evolucionistas, e, embora tenha mais tarde matizado sua posição, Durkheim manteve ao longo de seu trabalho o pensamento de que as sociedades haviam evoluído historicamente (como organismos) de formas simples a cada vez mais complexas – uma visão não muito diferente de algumas das visões mais sofisticadas da "evolução social" propostas por Spencer. Conceitualmente, então, a visão de Durkheim da história humana estava no mesmo campo geral que a dos evolucionistas mais sofisticados. Metodologicamente, no entanto, a distinção que ele introduziu entre história e função foi revolucionária. Criou uma divisão profunda entre a explicação dos arranjos funcionais e a (muitas vezes fantasiosa) reconstituição da história humana.

---

13. O funcionalismo também foi um aspecto fundamental do evolucionismo darwiniano – embora, como vimos, a palavra "evolução" não apareça na primeira edição de *A origem das espécies*, função(ões) ou funcional(mente) aparecem 30 vezes (Darwin, 1859). A visão da mudança biológica impulsionada por um processo de seleção e adaptação é inseparável de uma descrição funcional do papel dos órgãos, e Darwin passa muito tempo rastreando em particular as maneiras pelas quais os órgãos podem cumprir funções diferentes ao mesmo tempo ou vir a desenvolver novas funções. Este ponto foi, e tem permanecido, crucial para a rejeição darwiniana da teleologia criacionista: ele permite que variações aleatórias deem origem a novas e inesperadas possibilidades funcionais. Na verdade, pode-se dizer, um tanto paradoxalmente, que foi o seu funcionalismo e não o seu evolucionismo que fez alguns pensadores evolucionistas como Spencer quase "darwinianos".

Um exemplo claro e sutil dessa (r)evolução na prática pode ser encontrado na famosa obra de Durkheim, *The Elementary Forms of Religious Life* [As formas elementares da vida religiosa] (1915 [1912]). Nesse livro, Durkheim retornou a uma questão que muito preocupou os evolucionistas, e a reformulou radicalmente: a saber, a das origens da religião. Para alguns, como Tylor ou Spencer, na raiz da religião primitiva estava o "animismo", uma teoria pré-científica equivocada, baseada em tentativas sistemáticas de especular que havia começado no lugar errado, ou seja, confundindo sonhos com realidade. Outros, como Frazer, viram na "magia" uma forma inicial de ciência rudimentar e orientada para a prática, uma tentativa de domínio sobre o mundo natural. Todos eles tiraram essas conclusões em parte de relatos de sociedades contemporâneas que eles imaginavam como "primitivas".

A abordagem de Durkheim era superficialmente semelhante: ele também se voltou para relatos de sociedades contemporâneas – as da Austrália aborígine – para examinar a questão da religião. Durkheim também presumiu que as sociedades aborígenes australianas se encontrassem perto do fim simples do seu imaginado *continuum* simples-complexo, e as sociedades ocidentais contemporâneas perto do fim complexo. Ao contrário de Tylor, Morgan ou Spencer, no entanto, o objetivo de Durkheim ao comparar sociedades "simples" e "complexas" não era reconstruir uma sequência ou contar uma história da grande progressão da humanidade. Em vez disso, Durkheim pensou que, observando o funcionamento da religião em sociedades "simples", onde, por assim dizer, "estava acontecendo menos", pode-se ver mais claramente o que a religião faz – como ela funciona em relação ao resto do "organismo". Comparando isso com o funcionamento da religião em sociedades mais complexas, esses *insights* poderiam ser testados e a variação das formas funcionais poderia ser analisada. É por isso que Durkheim observa que não está interessado na velha questão histórica das "origens" da religião – "Como toda instituição humana, a religião não começou em lugar nenhum. Portanto, todas as especulações deste tipo são justamente desacreditadas" (1915, p. 8) –, mas nas "causas sempre presentes" (p. 8) da religião na sociedade, ou seja, as funções que a religião cumpre.

Durkheim seguiu sua pergunta sobre a função a dois argumentos engenhosos. Por um lado, ele argumentou que a religião ajudava a manter e moldar a ordem social, unindo os indivíduos por meio da realização de rituais coletivos. A "efervescência" resultante recarregava periodicamente o sentimento de pertencimento coletivo a uma entidade social compartilhada. Ao adorar a Deus(es), argumentou Durkheim, as pessoas, sem saber, adoravam a própria sociedade. Por outro lado, a religião forneceu uma descrição do mundo, um "sistema de representações" e um poderoso complemento de humores e motivações, instilado em particular por meio de rituais que moldaram e alinharam a experiência individual em uma perspectiva comum e socialmente compartilhada[14]. Essas duas vertentes foram cuidadosamente entrelaçadas em um único e poderoso argumento sobre o significado funcional e conceitual da religião para a sociedade.

Além de ilustrar a mudança sutil de preocupações evolutivas para funcionalistas, o exemplo de *As formas elementares* também ajuda a matizar a leitura usual de Durkheim como um positivista convicto; o extremo oposto do interpretativismo de Weber. Trata-se, obviamente, de uma simplificação razoável: Durkheim foi tão franco em delinear e defender uma visão positivista da sociologia quanto Weber foi a favor do interpretativismo. E, no entanto, assim como Weber reconheceu algum valor nas explicações funcionais ao lado das interpretativas (1978, p. 15 [1922]), Durkheim, particularmente em seu trabalho posterior, tornou-se cada vez mais interessado na questão das "representações coletivas" – a influência da sociedade sobre a experiência e a compreensão do mundo das pessoas. *As formas elementares* exibem esse dualismo. Por um lado, os argumentos sobre o papel da religião na manutenção da sociedade adotavam uma perspectiva externa da sociedade como um todo, como um organismo funcionalmente inter-relacionado – uma perspectiva classicamente positivista. Por outro lado, argumentos sobre a maneira como a religião moldava o humor, a motivação e a visão de mundo lançaram o projeto de uma sociologia do conhecimento. A problemática da "construção social

14. Observe que, como Irvine (cf. cap. 7) aponta, o relato de Durkheim da efervescência coletiva do ritual quebrou a sua própria regra metodológica de tratar fenômenos psicológicos e sociológicos como estritamente separados.

do conhecimento" (cf. cap. 13) pode ser lida como uma veia interpretativista percorrendo a obra de outro modo positivista de Durkheim (Handler, 2009, p. 628; sobre o interpretativismo, cf. cap. 8). Encontraremos essas duas vertentes evoluindo para polaridades dentro do funcionalismo britânico.

O sobrinho, colaborador e sucessor de Durkheim, Marcel Mauss, desenvolveu e entrelaçou essas duas vertentes de maneiras extremamente sofisticadas. Um exemplo é seu trabalho sobre a dádiva (1970 [1925]), no qual, de um lado, questões de interesse, motivação e perspectiva, e, de outro, arranjos e efeitos socialmente vinculantes do oferecimento de dádivas, são trabalhados em conjunto de forma integrada. Outro é a genealogia de Mauss da noção moderna de pessoa (1985 [1938]), uma sociologia histórica de um conceito-chave que funciona traçando os diferentes tipos de personalidade invocados e implantados em diferentes tipos de vida social, ritual e política (cf. cap. 15). Em ambos os trabalhos, e em outro, coescrito com Durkheim sobre "classificação primitiva" (1963 [1903]), Mauss implantou um método comparativo distintivo. Essas obras começam com relatos etnográficos contemporâneos de sociedades "primitivas", seguidos por relatos da Grécia e Roma clássicas e da China e Índia antigas, e terminando com reflexões sobre a modernidade ocidental contemporânea. Há tons evolucionistas evidentes nesta sequência com seu movimento – mais uma vez – do "simples" para o "complexo". E, no entanto, um ponto-chave do relato foi perturbar as autoconcepções ocidentais. Como Mauss o coloca, o objetivo desses trabalhos era estabelecer:

> a história social das categorias da mente humana [...]. Descrevemos formas particulares delas em certas civilizações e, por meio dessa comparação, tentamos descobrir em que consiste sua natureza instável e suas razões de ser como são (1985, p. 1).

O projeto sofisticado de uma sociologia do conhecimento durkheimiano-maussiana, com sua atenção às próprias práticas das pessoas de categorizar o mundo, tem sido frequentemente reivindicado como um precursor do estruturalismo francês de Lévi-Strauss (cf. cap. 2). No entanto, o estruturalismo também envolve um profundo afastamento desse trabalho anterior, mais obviamente, talvez, na rejeição de argumentos funcionalistas sobre coesão social e a visão da sociedade como um organismo. Naquele ponto, em meados do século XX, no entanto – e, de fato, em alguns setores hoje –, esses argumentos funcionalistas foram percebidos pelos antropólogos franceses como não essencialmente durkheimianos, mas principalmente britânicos na origem. Como a sociologia funcionalista de Durkheim se tornou um fenômeno antropológico britânico?

Trabalho de campo e funcionalismo malinowskiano

Essa questão nos leva ao segundo pilar do funcionalismo antropológico: a saber, o surgimento de uma tradição de trabalho de campo particular na Grã-Bretanha do início do século XX. A forma particular de trabalho de campo etnográfico de longo prazo que surgiu no início do século XX, e os novos tipos de dados que gerou, necessariamente moldaram os tipos de perguntas que os antropólogos poderiam fazer e desviaram a atenção das preocupações anteriores dos evolucionistas. A mudança de paradigma funcionalista foi motivada tanto por essa revolução metodológica quanto pela teórica descrita na subseção acima.

Se Malinowski desempenha um papel tão fundamental nas histórias da antropologia britânica, é em grande medida devido ao seu sucesso em se apresentar como o criador deste novo tipo de trabalho de campo etnográfico, bem como aos seus francos ataques à velha ordem do evolucionismo antropológico. A monografia de Malinowski, *Argonauts of the Western Pacific* [Argonautas do Pacífico Ocidental] (1922), baseada em dois anos de estudo etnográfico nas Ilhas Trobriand, é frequentemente lembrada como a primeira monografia "propriamente" etnográfica. Seu capítulo introdutório, no qual Malinowski delineia os princípios do estudo de campo etnográfico, a importância de viver entre "os nativos" por um extenso período de tempo e conduzir investigações em sua língua, tornou-se um ponto de referência fundacional para etnógrafos e estabeleceu as credenciais de Malinowski como o "pai" do trabalho de campo etnográfico de longo prazo.

Esta técnica de trabalho de campo imersivo por observação participante veio a ser contrastada com a tendência dos antropólogos evolucionistas do século XIX de trabalhar "da poltrona", meramente coligindo e comparando dados extraídos de coleções de costumes nativos em uma série de diversos diários de viagem, narrativas missionárias e relatórios de oficiais coloniais. O que veio a ser chamado de "trabalho de campo malinowskiano" também foi contrastado com as primeiras formas de pesquisa de campo etnográfica dedicada, concebidas no final do século XIX por estudiosos como Rivers e Haddon. Estas tomaram a forma de "expedições" nas quais várias informações botânicas, zoológicas e etnológicas foram coletadas durante a passagem por uma série de localizações. A mais famosa delas foi a Expedição ao Estreito de Torres, organizada por Haddon, Rivers e Seligman (cf. cap. 7).

Como muitos mitos de origem, a narrativa da invenção por Malinowski, sem a ajuda de ninguém, do trabalho de campo imersivo de longo prazo tem algo de exagero. Malinowski estava trabalhando em parte com as estipulações metodológicas de Rivers e Haddon, e não estava sozinho na época (Stocking, 1983b)[15]. Além disso, sua decisão de ficar por quase dois anos na Ilha Trobriand de Kiriwina – em vez de, como ele havia planejado inicialmente, visitar uma série de locais da Papua Nova Guiné em um estilo mais expedicionário – foi devida a circunstâncias fortuitas e acidentais, em vez de ser francamente motivada metodologicamente (Young, 1984). A imagem de Malinowski como um pesquisador de campo modelo também se tornou o assunto de alguma controvérsia após a publicação póstuma de seus diários de campo (cf. cap. 8). No entanto, Malinowski foi um pesquisador de campo excepcionalmente habilidoso – mesmo que o "trabalho de campo intensivo" estivesse no ar, ele, mais do que qualquer um, conseguiu exemplificá-lo e popularizá-lo. Ajudou o fato de ele ser também um escritor prolífico e evocativo, que aperfeiçoou um novo estilo de escrita monográfica, além de um dedicado polemista e autopublicista[16].

15. Como observa Stocking, Rivers havia recomendado, já em 1913, um programa de trabalho intensivo "no qual o trabalhador vive por um ano ou mais em uma comunidade de talvez quatrocentas ou quinhentas pessoas e estuda todos os detalhes de sua vida e cultura; no qual ele passa a conhecer cada membro da comunidade pessoalmente; no qual ele não se contenta com informações generalizadas, mas estuda cada característica da vida e dos costumes em detalhes concretos e por meio da linguagem vernácula" (Rivers, apud Stocking, 1983b, p. 92).

16. Autor, p. ex., de livros como *The Sexual Life of Savages* [A vida sexual dos selvagens] (1932).

O nascimento e a disseminação do "trabalho de campo malinowskiano" entre antropólogos britânicos do início a meados do século XX foram conceitualmente revolucionários e em grande parte explicaram a mudança paradigmática do evolucionismo e do difusionismo no Reino Unido por uma simples razão: o tipo de dados fornecido. Compilações mundiais de costumes (geralmente "estranhos" ou "dignos de nota"), estudados da poltrona, forneceram o material ideal para uma visão evolucionista comparativa abrangente da história mundial. A coleta de dados no estilo expedição de conjuntos predefinidos de informações (p. ex., sobre ferramentas, termos de parentesco etc.) forneceu o material ideal para um estudo da difusão e mudança de "traços" em uma área geográfica, e para organizar coleções de artefatos em museus de antropologia. Cada um desses métodos acrescentou grãos ao moinho de sua visão teórica particular. O trabalho de campo de longo prazo em um único local, por outro lado, produziu um tipo diferente de dados: conhecimento intrincadamente contextualizado sobre práticas cotidianas em todo e qualquer campo de atividade, bem como momentos rígidos e incomuns de ritual ou outra intensidade. Este material forneceu o suporte ideal para suscitar os tipos de questões associados a uma perspectiva funcionalista. Isso aconteceu por dois motivos.

Em primeiro lugar, este tipo de dados chamou a atenção dos antropólogos para a forma como diferentes campos ou domínios de atividade estavam inter-relacionados. Malinowski transformou este holismo em uma injunção metodológica fundamental: "Um etnógrafo que se proponha a estudar apenas religião, ou apenas tecnologia, ou apenas organização social, recorta um campo artificial de investigação e ficará seriamente prejudicado em seu trabalho" (1922, p. 11). Portanto, em *Argonautas*, a fim de descrever o ciclo econômico das trocas entre ilhas conhecido como *kula*, Malinowski teve que reunir, dentre outros tópicos: questões de valor e troca; relatos de diferentes formas de relações de parentesco e autoridade política que informaram as propriedades do *kula*; e uma investigação sobre as práticas tecnológicas, mas também rituais, envolvidas na confecção de canoas para viagens *kula*. A visão que isso fomentava se ajustava à visão funcionalista geral: uma visão das sociedades como entidades complexas e coerentes nas quais diferentes atividades constituem um todo integrado e que se apoia mutuamente.

Em segundo lugar, esse tipo de trabalho de campo intensivo também trouxe ao centro do palco a questão de como o mundo fazia sentido para as pessoas que viviam dessa maneira. "O objetivo final", como Malinowski notoriamente escreveu, "é, resumidamente, compreender o ponto de vista do nativo, sua relação com a vida, perceber *sua* visão do *seu* mundo" (Malinowski, 1922, p. 25). Tylor, trabalhando a partir de fragmentos relatados, pensava que pudesse derivar *insights* psicológicos universais de piadas vitorianas sobre parentes por afinidade. Malinowski, trabalhando a partir de uma rica experiência de decisões e avaliações do dia a dia que inicialmente ele não conseguia entender, procurou construir um quadro complexo das motivações e do significado de práticas como o *kula* para as pessoas nelas envolvidas.

As influências teóricas da sociologia durkheimiana, combinadas com a nova tradição de trabalho de campo popularizada por Malinowski, deram origem a uma visão teórica particular para antropólogos britânicos do início do século XX, que se poderia pensar como "funcionalismo malinowskiano". O personalismo dessa descrição é pertinente: Malinowski foi um criador de instituições que treinou uma geração de antropólogos na LSE [London School of Economics] e não teve vergonha de assumir o manto de líder intelectual. Como Malinowski escreveu uma vez: "o magnífico título da Escola Funcional de antropologia foi concedido por mim mesmo, de certa forma a mim mesmo, e em grande medida devido ao meu próprio senso de irresponsabilidade" (apud Radcliffe-Brown, 1940a, p. 1). Este trabalho é frequentemente descrito como funcionalismo *tout court*, por oposição ao posterior "estrutural-funcionalismo" encabeçado por Radcliffe-Brown.

Há duas características principais neste tipo de trabalho. Em primeiro lugar, a importância das monografias com o volume de um livro que examinaram a inter-relação de diferentes características da mesma sociedade, embora geralmente focadas em uma vertente ou instituição principal – em oposição aos grandes esforços comparativos do evolucionismo do século XIX, e às similarmente ambiciosas, senão mais conceitualmente sofisticadas, comparações do tipo Durkheim-Mauss. Em segundo lugar, uma atenção a dois tipos de questões e sua inter-relação: de um lado, questões relacionadas a como as diferentes partes da sociedade são integradas e funcionam em relação umas às outras; de outro, questões sobre cosmovisão e perspectiva. Vimos essas duas vertentes emergirem no trabalho de Durkheim e vimos também como o tipo de material de campo produzido pela observação participante de longo prazo se prestou a suscitar e responder a esses dois tipos de questões.

A convergência conceitual fazia parte de um intercâmbio intelectual mais amplo. Malinowski e os antropólogos de sua geração leram Durkheim, é claro, embora tenham implementado suas teorias de maneira diferente, como veremos a seguir. Malinowski, em particular, deu pouca atenção à injunção de Durkheim de separar as explicações sociológicas das psicológicas e biológicas. Por outro lado, Mauss baseou-se nos *Argonautas* de Malinowski, por exemplo, em seu argumento sobre a dádiva (*The Gift* [Ensaio sobre a dádiva]). Entre a teoria funcionalista e o trabalho de campo de longo prazo havia um casamento conceitual feito no céu, por um tempo. A preocupação etnograficamente derivada com o ponto de vista do nativo também juntou-se, em alguns aspectos, à preocupação teórica com a relatividade cultural e a coerência cultural descrita acima como parte da tradição boasiana. E, de fato, a perspectiva britânica e a americana do início do século XX foram ocasionalmente recombinadas produtivamente, por exemplo, nas colaborações e interseções conceituais entre o respectivo trabalho do antropólogo formado em Cambridge Gregory Bateson e as boasianas Mead (primeira esposa de Bateson) e Benedict.

Da função à estrutura: a fissão de um paradigma

Na antropologia britânica do início do século XX, a revolução conceitual introduzida pelo paradigma funcionalista foi frequentemente descrita como tão radical que fazia as passionais disputas anteriores entre evolucionistas e difusionistas parecerem desentendimentos insignificantes. A aspiração a reconstruir a história – seja da forma abrangente e aproximada dos evolucionistas, seja da forma cuidadosa e regionalmente circunscrita proposta pelos difusionistas –, estava começando a parecer cada vez mais estranha e desinteressante. Toda a visão dos traços humanos evoluindo e/ou se difundindo entre os "povos", pintados em uma grande tela de espaço e tempo, estava sendo substituída por uma preocupação com os detalhes práticos dos arranjos sociais e conceituais em locais particulares, concebidos como sistemas sociais estruturados e totalidades culturais significativas. E, no entanto, como vimos anteriormente, a mudança fora apenas parcial e, em muitos aspectos, uma questão de método, e não de perspectiva profunda. A partir de tais mudanças graduais são construídas mudanças radicais de paradigma.

Novas disputas, no entanto, estavam começando a se abrir dentro do campo funcionalista. A posição de Malinowski como figura de proa conceitual da antropologia social britânica logo enfrentou a competição de um contemporâneo: Alfred Reginald Radcliffe-Brown. Radcliffe-Brown fora treinado em Cambridge por Haddon e Rivers, exatamente quando Malinowski estava sendo treinado na LSE por Seligman. Ele fazia parte da geração de alunos enviados pelos veteranos da Expedição ao Estreito de Torres para fazer experimentos com trabalhos de campo de longa duração. Radcliffe-Brown escreveu uma monografia – *The Andaman Islanders* [Os ilhéus andamaneses] (1922) – que apareceu no mesmo ano que os *Argonautas* de Malinowski. O livro de Radcliffe-Brown não tinha nada da eloquência ou da excepcionalidade dos *Argonautas*, nem fomentou conhecimento etnográfico denso ou inovação metodológica da mesma forma. Os dados do livro evocaram o trabalho fragmentário de estilo inquisitivo de coletar mitos e histórias, em vez da imersão de corpo e alma e da "observação participante" de Malinowski. A arma principal no arsenal de Radcliffe-Brown, no entanto, era uma leitura atenta da sociologia francesa e uma autoconsciência teórica que cada vez mais assumia a forma de um purismo conceitual, se não de um fundamentalismo, na análise da estrutura social.

Na época em que suas respectivas monografias foram publicadas em 1922, Radcliffe-Brown e Malinowski reconheciam um ao outro como aliados conceituais na revolução funcionalista. Como George Stocking argumenta convincentemente (1984a, pp. 156-179), a mudança na relação de Radcliffe--Brown e Malinowski no período entreguerras foi simultaneamente pessoal, institucional e intelectual. Suas divergências públicas vieram a moldar a antropologia social britânica de maneiras profundas. No final da década de 1930, palavras duras foram trocadas, suas duas marcas conceituais foram radicalmente distinguidas e os holofotes teóricos da disciplina estavam mudando da LSE de Malinowski para o Instituto de Antropologia Social estabelecido em Oxford por Radcliffe-Brown. Uma polaridade teórica radical emergira dentro do outrora unido campo conceitual do funcionalismo britânico.

Radcliffe-Brown demarcou-se, em particular, da terminologia de Malinowski, maneiras que inflectiram radicalmente o desenvolvimento do funcionalismo. Em primeiro lugar, Malinowski havia focado, bastante ecumenicamente, tanto na "sociedade" (como Durkheim) quanto na "cultura" (como Boas), chegando mesmo, no fim da vida, a propor uma "teoria científica da cultura" (Malinowski, 1944). Radcliffe-Brown fez questão de ater-se à "sociedade" como o foco do seu trabalho, criticando explicitamente a tentativa da antropóloga americana Leslie White de descrever a antropologia como uma ciência da cultura (Radcliffe-Brown, 1949c) – a crítica a Malinowski estava, no entanto, implícita nesse argumento. A antropologia para Radcliffe-Brown era tão simplesmente "sociologia comparativa". A distinção não era apenas nominal, mas mais profundamente conceitual, e remetia à distinção entre história e ciência, interpretativismo e positivismo, apresentada acima. A sociedade, Radcliffe-Brown sentiu, era um objeto apropriado para uma ciência generalizante, que poderia procurar descobrir leis naturais a partir de realidades observadas (1951). A cultura, em contraste, era um objeto apropriado para um estudo histórico. Radcliffe-Brown insistiu repetidamente nesta divisão de trabalho. Isso deixou Boas e seus alunos americanos no lado da história, com a tarefa importante, mas não científica, de reconstruir a história cultural de povos particulares. Coube aos antropólogos sociais (britânicos) realizar comparações sistemáticas de sistemas sociais em busca de leis gerais.

Em segundo lugar, Radcliffe-Brown ridicularizou Malinowski pelo seu uso vago do termo "função" para referir-se a "toda e qualquer relação de interdependência" e por não conseguir distinguir *função social* de um conceito geral de utilidade (apud Stocking, 1984a, p. 173). Em oposição explícita a Radcliffe-Brown, Malinowski (1939) fez questão de argumentar que a sua própria "marca" de funcionalismo repousava em uma rica análise das necessidades fisiológicas e psicológicas do indivíduo e "sua satisfação na cultura". Isso, para Radcliffe-Brown, sugeriu uma profunda confusão e mal-entendido. Como Durkheim, Radcliffe-Brown rejeitou como equivocada qualquer tentativa de derivar explicações sociológicas de explicações biológicas ou psicológicas, ou de explicar a função social em termos de seu uso para o indivíduo. Para Radcliffe-Brown, como para Durkheim, a sociedade era um nível *sui generis* de realidade e os fatos sociais exigiam uma explicação em termos de outros fatos sociais.

O resultado desse purismo durkheimiano foi, em primeiro lugar, uma abstração do indivíduo humano como um ser vivo para a "pessoa" como uma conjunção de *status* e papéis sociais. Radcliffe-Brown escreveu que:

> [a]s relações reais de Tom, Dick e Harry [...] podem entrar nos nossos cadernos de campo e podem fornecer ilustrações para uma descrição geral. Mas o que precisamos para fins científicos é de um relato da forma da estrutura (1952, p. 192; cf. tb. o cap. 6 para críticas posteriores a esta posição).

Em segundo lugar, envolveu um estreitamento progressivo da noção de função. Argumentar que a função de um fato social só pode ser em relação à sociedade como um todo (e não em relação às necessidades do indivíduo, sejam elas biológicas ou psicológicas), com efeito significava que a única função possível de qualquer fato social era a manutenção da própria sociedade. Em outras palavras, a função de um fato social era explicada pela descrição de como contribuía para a manutenção de uma estrutura social estável. A luta entre Malinowski e Radcliffe-Brown sobre a questão do papel do indivíduo, e também da psicologia, na análise antropológica, estabeleceu uma polaridade duradoura na disciplina, com autores posteriores retornando a

Malinowski para sugerir um retrocesso das abstrações do "estrutural-funcionalismo" radcliffe-browniano.

O que estrutura não é: conteúdo e processo

O apelido de "estrutural-funcionalismo" requer alguma explicação. Reflete o fato de que, enquanto Radcliffe-Brown ainda estava propondo, em essência, uma espécie de análise funcionalista, "estrutura" passou a ser o principal termo dessas análises, para além de "função". A mudança de função para estrutura foi parcialmente conceitual (porque a função foi subsumida em um relato do papel na manutenção de uma estrutura) e parcialmente retórica – a marca de uma demarcação em relação a Malinowski, que se apropriara do termo "funcionalismo"[17].

O que era, então, estrutura social para os estrutural-funcionalistas? Como escreveu Siegfried Nadel, é mais fácil definir a estrutura negativamente, especificando o que não é[18] (1957, p. 7): a saber, função, conteúdo e processo. Primeiro, como vimos acima, estrutura não é função. A estrutura descreve a forma dos arranjos sociais, sem necessariamente comentar sobre a sua "adequação em relação a alguma eficácia estipulada" (p. 7).

Em segundo lugar, estrutura não é conteúdo. O que chamamos de "sociedade" pode parecer ser composto de seres humanos individuais em interação. Mas embora isso possa ser o conteúdo empírico do que os antropólogos descrevem como "uma sociedade", a "estrutura" da sociedade é outra coisa – um arranjo que perdura mesmo quando os indivíduos morrem ou mudam de *status*. Imagine um conjunto de palestras sobre um tema fundamental de uma disciplina, ministradas, ano após ano, por um palestrante.

17. Para a eterna confusão dos estudantes de antropologia contemporâneos, Radcliffe-Brown, que evidentemente estava profundamente preocupado com a função dos fatos sociais, escreveu, no entanto, que "como [um] oponente consistente do funcionalismo de Malinowski, posso ser chamado de antifuncionalista" (1949b, p. 321). Sua própria descrição de seu trabalho foi, como vimos acima, sociologia comparada. Cada vez mais, no entanto, a abordagem de Radcliffe-Brown e seus seguidores passou a ser descrita como "estruturalismo" – não se deve confundir, como veremos, com o estruturalismo francês encabeçado por Lévi-Strauss, em oposição explícita ao trabalho dos "funcionalistas" britânicos! (Inclusive Radcliffe Brown.)

18. Não muito diferente da "teoria ator-rede" (cf. cap. 13).

Os alunos serão diferentes a cada ano, o conteúdo da palestra mudará gradualmente, e o palestrante também mudará. Em um período de tempo maior, talvez, um dos alunos pode eventualmente tornar-se o palestrante. A estrutura da palestra como um arranjo social é o que permanece para além dessas mudanças de pessoal e conteúdo empírico. Para Radcliffe--Brown (1940a, pp. 3-4), a estrutura social é, portanto, construída, não de indivíduos, mas de papéis (estudante, professor, mãe, filha, rei, carteiro etc.), que perduram enquanto os indivíduos passam por eles. Esses papéis podem estar vinculados em relações diádicas (pai-filho, empregador-empregado) e também agregados em "grupos sociais" mais amplos (linhagens, tribos, nações). Esses grupos, e linhagens em particular ("grupos de descendência unilinear"), tornaram-se um objeto de análise particularmente favorecido para estrutural-funcionalistas, como veremos novamente abaixo (Fortes, 1953)[19]. Nadel ficou bastante isolado ao buscar construir a noção de "papéis" em um foco consistente para teoria e análise (1957) – um projeto que nunca realmente decolou, mas teve ramificações importantes na análise de rede social da sociologia (cf. o cap. 6). Radcliffe-Brown definiu a estrutura social como consistindo em "seres humanos considerados não como organismos, mas como ocupantes de posições na estrutura social" (Nadel, 1957, p. 5). Essa definição aparentemente circular era, com efeito, estritamente relacional: a estrutura social é uma coisa apenas no sentido de ser um arranjo relacional de coisas – ou melhor, de pessoas.

A definição de estrutura social como aquela que perdura à medida que os indivíduos envelhecem, mudam de *status*, nascem e morrem, também foi a forma de nomear um problema conceitual: como essa estrutura consegue perdurar, apesar dessas mudanças "internas" e pressões de fora? A preocupação central para o estrutural-funcionalismo tornou-se a de explicar essa "estabilidade" da estrutura social, o "equilíbrio da sociedade". No entanto, em certo sentido, essa própria estabilidade foi um artefato teórico da forma

19. Os estrutural-funcionalistas herdaram sua preocupação com grupos de descendência dos evolucionistas, para os quais eles formaram a pedra angular da "sociedade primitiva" (Kuper, 2005, p. 5). No entanto, por meio da noção de estrutura social, eles fizeram algo bastante distinto dessa noção.

como a estrutura social foi definida. Se você abstrair o que é compartilhado, geral e imutável do fluxo da interação humana real e considerá-lo como um objeto separado – se você separar a estrutura do conteúdo –, você simultaneamente o transforma em um problema a ser explicado.

O foco no equilíbrio balanceado está relacionado à segunda definição negativa de estrutura: estrutura não é processo. Radcliffe-Brown, seguindo as observações de Durkheim sobre a diferença entre causa e função, separou estritamente o estudo da "estática social" – a forma da estrutura social em um ponto particular no tempo – daquele da "dinâmica social" – a evolução da estrutura social ao longo do tempo, com base em um estudo cuidadoso das mudanças e transformações históricas reais. A distinção permaneceu para Radcliffe-Brown, assim como para Durkheim, uma distinção metodológica. Radcliffe-Brown, assim como Malinowski e outros antropólogos do período, ainda acreditava firmemente (obviamente) que as sociedades tinham uma história, mas, mais especificamente, que as sociedades "evoluíram", embora agora no sentido não guiado e multilinear do evolucionismo de Darwin, e não em qualquer sentido "desenvolvimental" ou progressivo (Radcliffe-Brown, 1947; sobre essa distinção, cf. acima). O arcabouço funcionalista concebia as sociedades como semelhantes a organismos, envolvendo arranjos funcionais para manter sua estrutura perante pressões internas e externas (estática social), arranjos que se diversificaram e se transformaram ao longo do tempo em face de diferentes circunstâncias históricas e ambientais (dinâmica social)[20].

Embora ambas as questões fossem importantes, Radcliffe-Brown compartilhou com muitos antropólogos de meados do século XX a sensação de que a primeira era a única empiricamente acessível aos antropólogos. Simplesmente porque a maioria dos antropólogos da época trabalhava em so-

20. Essa base implicitamente evolucionista do funcionalismo explica uma característica, de outra forma, intrigante deste trabalho. Apesar de suas críticas vigorosas ao evolucionismo do século XIX, a maioria dos funcionalistas antropológicos do início a meados do século XX – e na verdade também os boasianos americanos do mesmo período – continuou a descrever as sociedades que estudaram como "primitivas", em oposição às "modernas" em que viviam. Assim, embora os funcionalistas tenham se afastado de questões e preocupações históricas, eles continuaram a imaginar implicitamente uma grande tela histórica na qual as formas sociais que estudaram figuravam como versões "anteriores" ou "menos avançadas" das europeias (Kuper, 2005).

ciedades sem uma tradição histórica escrita e cujas transformações passadas eram, portanto, consideradas desconhecidas. Relatos sincrônicos da estrutura social, baseados em descrições da prática real dessas sociedades hoje, tinham uma aura de validade empírica. As reconstruções diacrônicas do passado dessas sociedades, na ausência de história registrada, tornaram-se, como Radcliffe-Brown notoriamente escreveu sobre os evolucionistas, meramente "pseudo-históricas" (1952, p. 3) e deveriam ser estritamente evitadas.

Portanto, no essencial, funcionalistas em geral, e estrutural-funcionalistas em particular, deram a si próprios a licença teórica para escrever como se as sociedades que descreveram estivessem presas em um presente eterno, fora do tempo. Claro, tais relatos estruturais sincrônicos eram abstrações: em última análise, a realidade concreta que os antropólogos sociais estudam é "não qualquer tipo de entidade, mas um processo, o processo da vida social" (Radcliffe-Brown, 1952, p. 4).

No entanto, o acúmulo desses relatos sincrônicos abstratos de sociedades não ocidentais veio a construir uma espécie de visão de senso comum de um mundo dividido em – como Eric Wolf mais tarde diria sarcasticamente – "Europa e as pessoas sem história" (1983; cf. cap. 5). O funcionalismo em todas as suas variantes, e o estrutural-funcionalismo em particular, passaram a ser vistos como "declarações de guerra contra preocupações históricas" (Carneiro, apud cap. 5). Uma série de estrutural-funcionalistas tentou enfrentar o problema da dinâmica social de frente (Fortes, 1970; Goody, 1971), mas esses esforços nadaram contra a maré conceitual e foram eventualmente superados por esforços mais radicais para repensar toda a divisão estática/dinâmica (cf. cap. 5).

Um exemplo paradigmático: a vendeta nuer

Edward Evan Evans-Pritchard, ex-aluno de Malinowski, alinhou-se progressivamente com a visão antropológica de Radcliffe-Brown contra a de seu antigo mentor. A sua primeira monografia, *Witchcraft, Oracles and Magic amongst the Azande* [Bruxaria, oráculos e magia entre os Azande] (1937) examina questões de estrutura social, mas o seu foco principal é a questão da racionalidade das crenças da feitiçaria – uma questão do "ponto de vista do nativo", se alguma vez existiu. Quando ele começou a escrever sua segunda monografia, *The Nuer* [Os Nuer] (1940), a conversão estrutural-funcionalista de Evans-Pritchard estava no auge. O argumento desse livro sobre a vendeta nuer continua a ser o exemplo mais famoso e convincente de um argumento estrutural-funcionalista sobre equilíbrio, que demonstra nitidamente a distinção entre estrutura e conteúdo, e também entre estrutura e processo[21].

Os Nuer na década de 1930, de acordo com a descrição de Evans-Pritchard, estavam constantemente envolvidos em vendetas de sangue nas quais um assassinato suscitaria retribuição por parte dos parentes da vítima contra o assassino e seus parentes. Isso, por sua vez, suscitaria outra retribuição (para um relato posterior que contextualiza o estudo de Evans-Pritchard sobre os Nuer e revisa algumas de suas conclusões, cf. *Nuer dilemmas* [Dilemas nuer] [1996] de Hutchinson). Evans-Pritchard examina a vendeta como uma "instituição" que, embora claramente violenta e aparentemente destrutiva, é de fato funcional na manutenção da estrutura social. Um tanto como Durkheim focara anteriormente no suicídio (2002 [1897]) como um caso difícil para demonstrar a motivação social da ação (o que pode ser mais pessoal, afinal, do que o suicídio?), a análise de Evans-Pritchard extrai muito de seu poder do fato de que a vendeta parece um exemplo contraintuitivo para demonstrar a manutenção de um equilíbrio balanceado. Afinal, o que poderia ser mais anárquico, sem lei e destrutivo do que um contexto de vendetas perpétuas?

O argumento sofisticado de Evans-Pritchard apresenta não um, mas dois aspectos funcionais da vendeta. Em primeiro lugar, a vendeta pode ser vista em seu aspecto "jurídico", como uma instituição para – por mais paradoxal que isso possa parecer – controlar e limitar a violência entre os indivíduos. Evans-Pritchard observa, em primeiro lugar, que a vendeta não é simplesmente violência indiscriminada entre indivíduos, mas sim um tipo de violência dentro de um determinado grupo social (a tribo) que segue padrões estabelecidos e regras prescritas. Entre membros de tribos diferentes, ou entre Nuer

21. Para um relato extremamente claro e sistemático desse argumento, que inspirou a minha própria leitura, cf. Kuper, 1973.

e não Nuer, não pode haver vendeta, apenas guerra. A primeira regra da vendeta é que a honra dita a retribuição – isso por si só desencorajaria potenciais assassinos, desempenhando um papel dissuasivo equivalente à confiança no inquérito policial em outras sociedades. Mas outras regras limitam a destrutividade da vendeta, fornecendo maneiras de escapar da escalada de assassinatos e contra-assassinatos. O chefe pele de leopardo, uma figura ritual, mas não uma autoridade política, pode receber o apelo de um assassino para agir como um intermediário com os parentes da vítima, a fim de convencê-los de que a sua honra pode ser satisfeita com um pagamento em gado em lugar da morte do assassino. Esse resultado ainda é sério e, portanto, dissuasivo, mas fornece uma maneira de encerrar a vendeta... por um tempo.

Com efeito – e inicialmente este é o aspecto mais contraintuitivo dessa visão estrutural-funcionalista –, para a vendeta servir a esta função jurídica ou mesmo a qualquer função, deve ser um fenômeno duradouro. Se a resolução das vendetas fosse bem-sucedida em erradicá-las para sempre, e as vendetas simplesmente cessassem por causa de uma arbitragem efetiva, então sua função dissuasiva desapareceria – a vendeta teria sido um episódio histórico infeliz, em vez de uma instituição social funcional. É, portanto, parte do esquema funcional de Evans-Pritchard que rixas adormecidas pela arbitragem estejam sempre propensas a serem reacendidas na mesma geração ou em uma geração posterior. A vendeta pode ser pausada, mas não desaparece. A instituição não é, portanto, constituída apenas das regras para controlar as vendetas, mas da própria vendeta. Ou, dito de outra forma, a vendeta não é prova da ruptura da ordem social, é a solução para mantê-la, por meio da ameaça perpétua de violência e retribuição, controlada pela possibilidade de arbitragem.

A esta função "jurídica" da vendeta, Evans-Pritchard adiciona uma função política. Esse argumento baseia-se numa descrição intrincada da organização política e de parentesco nuer que tentarei resumir brevemente. De uma forma muito simplificada, pode-se imaginar o argumento de Evans--Pritchard como nas Figuras 1.2 a 1.4. A sociedade nuer, tal como ele a descreve, é organizada em um padrão imbricado de agrupamentos políticos: as "tribos" consistem em "seções primárias" que, por sua vez, são subdivididas em "seções secundárias", que por sua vez consistem em aldeias (Figura 1.2).

A este sistema político imbricado corresponde uma estrutura de parentesco organizada genealogicamente na qual um "clã" que remonta sua ancestralidade a um ancião, presumivelmente mítico, é subdividido em "linhagens máximas", cada uma associada a um dos descendentes daquele ancião, por sua vez subdividido em linhagens "maiores", "menores" e finalmente "mínimas" ao longo do mesmo padrão de ramificação genealógica (Figura 1.3). Essas linhagens mínimas, consistindo de cerca de três gerações, são os verdadeiros grupos de parentesco corporativos, no chão, por assim dizer, cada um deles formando a elite local de cada aldeia particular.

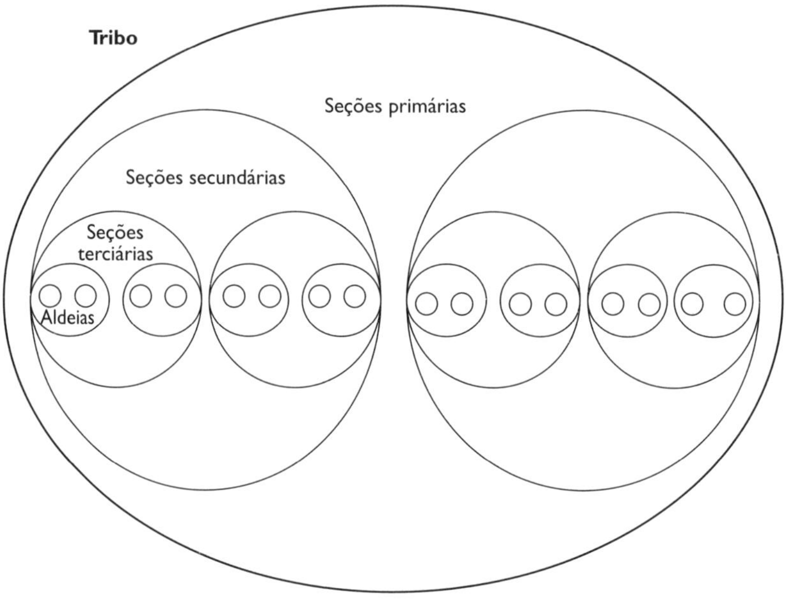

Figura 1.2 Sistema político

Fonte: Autor.

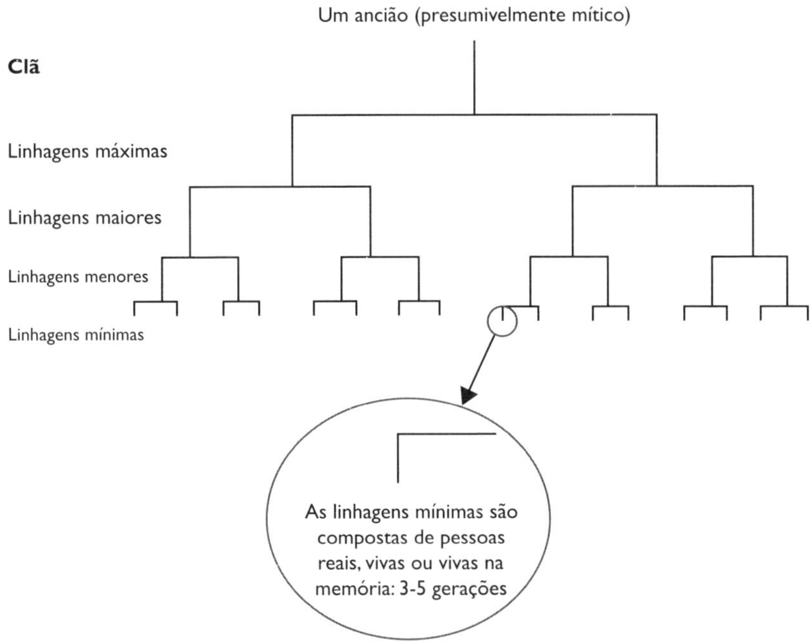

Figura 1.3 Sistema de parentesco

Fonte: Autor.

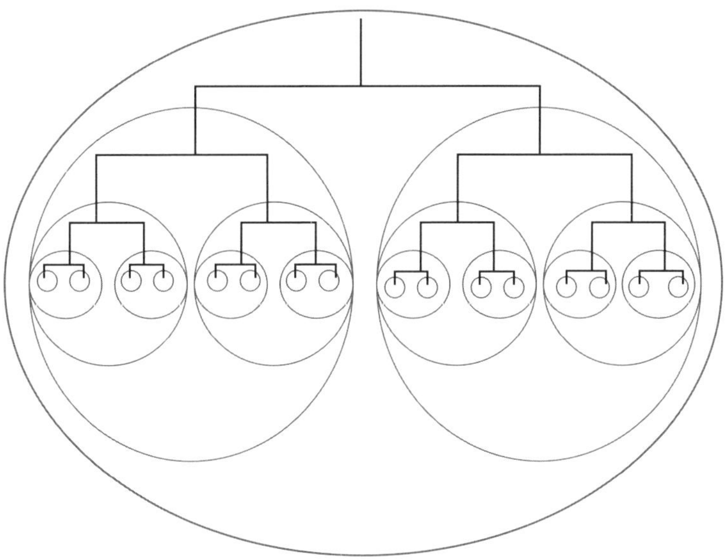

Figura 1.4 Um esqueleto conceitual

Fonte: Autor.

O padrão de ramificação de linhagens, por todo o percurso até o clã, corresponde ao padrão imbricado de seções, por todo o percurso até a tribo, uma arquitetura conceitual que permite a cada aldeia, em torno de sua linhagem mínima, calcular sua proximidade ou distância genealógica de outras aldeias (Figura 1.4). Como Evans-Pritchard o coloca, demonstrando a metáfora arraigada da sociedade como um organismo, "O sistema de linhagens [...] é um esqueleto conceitual, no qual as comunidades locais são construídas em um sistema de partes relacionadas" (1940, p. 212).

Essa organização política imbricada, na qual as comunidades calculam sua distância umas das outras como segmentos de uma genealogia compartilhada, tornou-se famosa na antropologia como o paradigma de um "sistema segmentário" (1940, p. 4). Esse sistema segmentário é, então, a tela na qual opera a função política da vendeta. Vendetas entre membros de diferentes vilas tendem a colocar essas vilas umas contra as outras. Essas hostilidades podem, no entanto, ser superadas por uma erupção de vendeta entre um membro de uma dessas aldeias e outro pertencente a uma seção primária diferente, momento em que as aldeias anteriormente hostis se juntam em sua oposição ao seu inimigo mais distantemente relacionado. Essa inimizade pode, por sua vez, ser substituída por uma vendeta que irrompe com um membro de outra seção primária. Quando essa vendeta é resolvida e a inimizade de ordem superior diminui, as seções secundárias temporariamente aliadas podem mais uma vez retomar sua hostilidade anterior. O efeito na estrutura como um todo é o de um movimento perpétuo de "fissão" e "fusão" à medida que segmentos por turnos se reúnem em oposição a outros e se desfazem novamente em torno de suas próprias tensões internas – "A Tribo Nuer e suas divisões devem ser entendidas como um equilíbrio entre essas duas tendências contraditórias, embora complementares" (Evans-Pritchard, 1940, p. 148).

Mais uma vez, esse movimento perpétuo, impulsionado por hostilidade e antagonismo, pode parecer um péssimo candidato a um exemplo de estabilidade social. E, no entanto, esta é precisamente a afirmação de Evans-Pritchard, perfeitamente resumida na seguinte citação:

> A vendeta é uma instituição política, sendo um modo aprovado e regulamentado de comportamento entre as comunidades

> dentro de uma tribo. A oposição balanceada entre os segmentos tribais e suas tendências complementares à fissão e à fusão, que vimos ser um princípio estrutural, é evidente na instituição da vendeta, que, por um lado, dá expressão à hostilidade por meio de ação ocasional e violenta que ajuda a manter as seções apartadas, e, por outro lado, pelos meios previstos para o assentamento, evita que a oposição se transforme em uma completa fissão (1940, p. 161).

Nessa visão, a sociedade nuer como um todo retém seu equilíbrio cuidadosamente balanceado entre a fragmentação completa e a centralização competitiva, mesmo que sua forma esteja em constante mudança.

A obra *Os Nuer* reteve parte da gama mais ampla de preocupações características do funcionalismo malinowskiano, incluindo a questão da "construção social do conhecimento" que também havia sido tão central para a obra anterior de Evans-Pritchard sobre a feitiçaria azande. Um capítulo, por exemplo, é dedicado às percepções de espaço e tempo dos Nuer. O livro também tem um aspecto holístico, demonstrando a integração de economia, espaço e tempo, simbolismo do gado, organização política e organização de parentesco. No entanto, a agudeza do argumento estrutural-funcionalista acima demonstra claramente o afastamento parcial do interesse de Malinowski na perspectiva e experiência individual. Afinal, só se pode ver a vendeta como uma instituição funcional que mantém o equilíbrio social, abstraindo a perspectiva experiencial daqueles que estão apanhados nela, o que, segundo o próprio relato de Evans-Pritchard, teria sido de perpétua – e atemporal – incerteza de viver em um campo minado de violência adormecida prestes a ser desencadeada. O principal problema de *Bruxaria, oráculos e magia* era perguntar como essas crenças faziam sentido para os Azande; o principal problema de *Os Nuer* é oferecer "um relato da forma da estrutura" (Radcliffe-Brown, 1952, p. 192).

De volta à comparação

O estrutural-funcionalismo de Radcliffe-Brown, e suas continuidades e rupturas com o evolucionismo, são perfeitamente ilustrados por sua releitura da questão das relações de evitação (não mencionando o nome ou reconhecendo a presença dos parentes por afinidade de uma pessoa), introduzida na antropologia por Tylor. Radcliffe-Brown voltou a esse problema várias vezes (1940b; 1949a). Radcliffe-Brown procede de maneira semelhante a Tylor, comparando casos de comportamentos de evitação entre diferentes sociedades. Em vez de mapear esses costumes, como Tylor tinha feito, em relação a padrões de residência conjugal, para tentar deduzir alguma sequência em que uma forma de evitação poderia ter se transformado em outra, Radcliffe-Brown considera as relações de evitação em relação a outro conjunto de comportamentos, que ele denomina "relações jocosas". Estas são relações de "desrespeito permitido" (Radcliffe-Brown, 1940b, p. 196) entre parentes por afinidade, nas quais se espera e se autoriza que uma ou ambas as partes façam brincadeiras com a outra, ou zombem ou insultem uma à outra, sem que disso resulte qualquer animosidade. Radcliffe-Brown observa que, enquanto as relações de evitação tendem a ser entre parentes por afinidade de gerações diferentes (p. ex., o marido e os pais da sua esposa), as relações jocosas tendem a ser entre parentes por afinidade da mesma geração (p. ex., cunhados). Ele relaciona os comportamentos de evitação e brincadeira com os comportamentos sociais esperados "normais", dentro e entre as gerações do mesmo grupo de parentesco: respeito e deferência entre gerações adjacentes (pais e filhos), amizade e camaradagem dentro de gerações (irmãos e irmãs). Evitação e brincadeira entre parentes por afinidade surgem assim como versões distorcidas ou exageradas desses respectivos tipos de comportamento normal dentro de grupos de parentesco.

Essas comparações e contrastes definem o cenário para o movimento explicativo de Radcliffe-Brown (1940b, pp. 196-197 para todas as citações neste parágrafo): o casamento em um sentido sociológico não é simplesmente uma união entre dois indivíduos, mas sim "um reajuste da estrutura social" pelo qual a esposa e o marido são introduzidos em novas relações com seus respectivos parentes por afinidade. A visão é a de uma fusão parcial entre duas famílias, linhagens ou clãs, imaginados na prática como microssociedades. Entre essas famílias, seria de se esperar "disjunção social" – uma diferença de interesses que pode levar à hostilidade. Sem apagar esta disjunção social fundamental, o casamento cria novos laços de "conjunção social", porque a família da esposa mantém "um interesse contínuo por ela e seus filhos". Radcliffe-Brown argumenta que essa recombinação de duas unidades sociais em um novo arranjo e a combinação de conjunção social e disjunção social necessariamente colocarão tensões estruturais em ambas. Tanto a distância e o respeito exagerados da evitação intergeracional de parentes por afinidade quanto a hostilidade ritualizada e jocosa entre parentes por afinidade da mesma geração resolvem essas tensões na estrutura social evitando ocasiões de conflito ou transformando o conflito em uma brincadeira.

A comparação entre o argumento de Radcliffe-Brown e o de Tylor, conforme descrito acima, é instrutiva. Por um lado, vemos as rupturas radicais entre os paradigmas funcionalista (inclusive estrutural-funcionalista) e evolucionista. Tylor procurou reconstruir uma sequência – proximalmente da mudança nos padrões de residência pós-marital, e, em última análise, da grande evolução da sociedade humana do matriarcado para o patriarcado. Em contraste, tais questões históricas estão inteiramente ausentes da visão de Radcliffe-Brown, na qual sociedades e grupos enfrentam problemas estruturais perenes e encontram soluções funcionais em um presente eterno. Tylor baseou-se de forma bastante explícita em um apelo ao ponto de vista do indivíduo, embora de uma forma ingenuamente universalizante (como é se intrometer na família de outra pessoa?), um tipo de preocupação com a perspectiva individual que emerge de uma forma mais sofisticada no funcionalismo etnograficamente rico de Malinowski. O estrutural-funcionalismo de Radcliffe-Brown, por outro lado, deixa de lado a perspectiva de "Tom, Dick e Harry" e se concentra nos problemas enfrentados por entidades abstratas chamadas grupos de parentesco. Aliás, há uma visão aqui, característica do estrutural-funcionalismo, dos grupos de parentesco como essencialmente microssociedades constituídas por pessoas relacionadas por descendência (arquetipicamente, pais e filhos), que têm que enfrentar o "problema" das relações por casamento: a fim de perpetuar o grupo, a aliança com membros de um grupo diferente é (infelizmente) necessária e (naturalmente) problemática. As limitações e suposições desta teoria do parentesco por "descendência" foram posteriormente evidenciadas pela contrastante teoria da "aliança" de Lévi-Strauss (cf. o cap. 2).

Por outro lado, a comparação entre Radcliffe-Brown e Tylor também mostra uma importante semelhança metodológica: ambos os estudiosos confiaram na comparação de formas sociais parcialmente descontextualizadas. Enquanto o funcionalismo malinowskiano tendia a se concentrar no estudo monográfico de sociedades individuais, examinando as inter-relações de diferentes aspectos e elementos, Radcliffe-Brown liderou a reintrodução de uma visão mais comparativa. Com efeito, Radcliffe-Brown argumentou explicitamente que os antropólogos funcionalistas, em seu entusiasmo pelo trabalho de campo de longo prazo, rejeitaram muito rapidamente as virtudes de uma visão da "poltrona" (1951). Como as sociedades eram como organismos, pode-se imaginar, juntamente com o estudo da inter-relação funcional de suas diferentes partes, uma espécie de "morfologia comparativa" mais ampla (Radcliffe-Brown, 1940a, p. 6), na qual diferentes tipos de sistemas de parentesco ou sistemas políticos podem ser extirpados de seu contexto orgânico e colocados lado a lado, um pouco como os biólogos podem comparar as diferenças e semelhanças funcionais entre os tipos de sistemas digestivos ou respiratórios em diferentes espécies – outra visão que Radcliffe-Brown herdou de Durkheim (1964). Esta abordagem foi exemplificada nos dois trabalhos talvez mais característicos do estrutural-funcionalismo: os volumes editados *African Political Systems* [Sistemas políticos africanos] (Fortes & Evans-Pritchard, 1940) e *African Systems of Kinship and Marriage* [Sistemas políticos africanos de parentesco e casamento] (Radcliffe-Brown, 1950). Cada livro era uma coleção de capítulos redigidos por antropólogos que também escreveram monografias sobre "suas" respectivas sociedades, e que estavam aqui tratando de um único aspecto – respectivamente, política e parentesco – introduzido por um ensaio que buscava revelar as principais diferenças e semelhanças entre os casos, tendo em vista um exercício taxonômico.

Podemos, neste ponto, fazer uma pausa para apresentar uma oposição esquemática entre o funcionalismo malinowskiano examinado acima e o estrutural-funcionalismo radcliffe-browniano: as duas variedades de funcionalismo que dominaram a antropologia britânica do início a meados do século XX. O exemplo paradigmático do primeiro é a monografia completamente holística, mostrando a inter-relação de diversos aspectos da sociedade e questões intrincadamente entrelaçadas de função social e a perspectiva e experiência de ser um membro dessa sociedade. A forma paradigmática do estrutural-funcionalismo, ao contrário, é o volume editado, no qual um aspecto estrutural é destacado, extraído de seu contexto mais amplo e comparado através de múltiplas sociedades (este gênero viria a ter uma vida longa; cf., p. ex., Middleton & Tait, 1958; Middleton & Winter, 1963; Goody, 1966; 1971; Richards, 1971; Fortes, 1972). Esta polaridade entre a monografia de múltiplas camadas, densamente contextualizada, e o volume editado teoricamente dirigido mapeia as caricaturas clássicas de Malinowski como um pobre teórico e Radcliffe-Brown como um pobre pesquisador de campo. Por mais rudes e injustas que essas representações possam ter sido, elas estabelecem uma polaridade que permanece com a disciplina até hoje (cf. introdução).

Ao longo do início a meados do século XX, a versão de Radcliffe-Brown do paradigma funcionalista lentamente ganhou terreno teórico sobre a de Malinowski na antropologia britânica. A questão do equilíbrio social e da estrutura social tornou-se, por um tempo, a preocupação central da disciplina; uma "estrutura" que, esperava-se, pudesse finalmente transformar a antropologia em uma ciência. Mas a forma monográfica que Malinowski havia estabelecido persistiu, e com ela uma preocupação com o holismo que necessariamente ultrapassou os limites das preocupações estritamente "estrutural-funcionalistas" e abriu questões adjacentes. A maioria das obras do período – apesar do posicionamento ocasionalmente estridente de seus autores – cai ao longo de um *continuum* entre essas duas polaridades, ao invés de em um dos dois "campos".

Muito depois do desaparecimento tanto do funcionalismo malinowskiano quanto do estrutural-funcionalismo como paradigmas, as tensões entre as duas escolas deixaram a antropologia com um conjunto de oposições fundamentais – entre o campo e a poltrona (embora agora pensemos nela como "a escrivaninha"), entre uma descrição holística de casos singulares e explorações comparativas de problemas singulares, entre uma etnografia rica e uma teoria precisa, entre uma tentativa de apreender a motivação individual e o "ponto de vista" de uma posição sociocultural particular e a visão conceitual de padrões e dinâmicas. Essas oposições ainda são ocasionalmente usadas para traçar linhas de batalha entre autores, como já o foram entre Malinowski e Radcliffe-Brown. Entretanto, elas operam principalmente como tensões produtivas dentro de uma única obra antropológica.

Críticas e novos afastamentos

Como observei na introdução, muito da antropologia do final do século XX pode ser descrito como uma reação e uma crítica ao (estrutural)-funcionalismo. Alternativamente – uma vez que tantas das críticas iniciais tiveram elas mesmas pelo menos um pé dentro do estrutural-funcionalismo – pode-se pensar nessas críticas e afastamentos como o paradigma estrutural-funcionalista se cindindo por meio de debates internos. Uma terceira maneira de pensar sobre isso (e essas três maneiras não são incompatíveis) é como reversões em direção a temas anteriores evocados neste capítulo, que o estrutural-funcionalismo havia deixado de lado: história, indivíduos, cultura e significado. Essas críticas são recorrentes e estão espalhadas por todo este livro. Portanto, tratarei dos principais eixos de crítica de forma mais sintética aqui do que o faria se assim não fosse.

Pode-se reunir as críticas do (estrutural)-funcionalismo em três linhas principais. A primeira linha de crítica é essencialmente filosófica: ela alega que o suposto objeto do (estrutural-)funcionalismo, a saber, instituições sociais funcionais articuladas em estruturas sociais estáveis, simplesmente não existe da maneira exigida para que a teoria faça sentido. A segunda linha de crítica enfoca as exclusões – o que a visão (estrutural-)funcionalista deixa de fora; a teoria é flagrantemente seletiva, discorre a acusação. A terceira linha de crítica é mais especificamente histórica e relaciona as exclusões e seleções do (estrutural-)funcionalismo ao contexto histórico específico no qual a teoria se desenvolveu, ou seja, o colonialismo britânico do início do século XX.

A batalha pela estrutura

A trajetória intelectual de Evans-Pritchard não está subsumida na mudança descrita acima, da sua lealdade a Malinowski à sua fidelidade a Radcliffe-Brown. Houve uma terceira fase de seu trabalho, cujo início foi marcado por uma retumbante palestra proferida em 1950: o ano da publicação de Sistemas políticos africanos de parentesco e casamento. Esta palestra teve como objetivo atacar ferozmente o paradigma estrutural-funcionalista em termos inequívocos:

> A teoria funcional ou organísmica da sociedade [...] reina na antropologia social na Inglaterra hoje [...] foi afirmado da forma mais clara e consistente pelo Professor Radcliffe-Brown. As sociedades humanas são sistemas naturais nos quais todas as partes são interdependentes, cada uma servindo em um complexo de relações necessárias para manter o todo. O objetivo da antropologia social é reduzir toda a vida social a leis que permitem predições [...] uma sociedade pode ser compreendida de forma satisfatória sem referência ao seu passado. Mas [...] há muitas objeções à teoria funcional. Não passa de uma suposição de que as sociedades humanas são sistemas do tipo que alegadamente são [...]. A teoria assume, além disso, que nas circunstâncias dadas nenhuma parte da vida social pode ser diferente do que é e que todo costume tem valor social, adicionando assim a um determinismo ingênuo uma teleologia e pragmatismo grosseiros [...] por essas e outras razões, não posso aceitar, sem muitas qualificações, a teoria funcional dominante na antropologia inglesa hoje (1950, p. 120).

A alternativa de Evans-Pritchard era argumentar que a antropologia social deveria deixar para trás sua pretensão de ser uma ciência no modelo da biologia e entender-se como uma humanidade; mais especificamente, um gênero de história interpretativa. Evans-Pritchard retornou à tensão fundamental entre a visão positivista das sociedades humanas como sistemas naturais e a tradição interpretativa na qual as sociedades

> são vistas como sistemas apenas porque a vida social deve ter um padrão de algum tipo, uma vez que o homem, sendo uma criatura razoável, tem de viver em um mundo no qual suas relações com aqueles ao seu redor sejam ordenadas e inteligíveis (1950, pp. 123-124).

Vimos essa dupla preocupação com o objetivismo positivista e com a questão interpretativa da perspectiva na obra posterior de Durkheim e nas dos primeiros funcionalistas. Vimos o estreitamento radical do foco longe de questões interpretativas no estrutural-funcionalismo, inclusive na mudança entre a obra de Evans-Pritchard sobre os azande e a sobre os Nuer. Agora, a perspectiva voltou com toda a força. O trabalho posterior de Evans-Pritchard exemplificou diferentes facetas de sua visão: o sofisticado trabalho interpretativo de *Nuer Religion* [A religião dos Nuer] (1956), no qual aspectos (estrutural-) funcionalistas foram completamente silenciados na busca por compreensão e, acima de tudo, a etnografia histórica, infelizmente pouco lida, *The Sanusi of Cyrenaica* [Os Sanussi da Cirenaica] (Evans-Pritchard, 1949; cf. cap. 5). A virada histórica da antropologia levou algum tempo para se materializar, mas quando veio, como Evans-Pritchard previu, varreu muitas das suposições e preocupações do (estrutural-)funcionalismo. A virada de Evans-Pritchard para a interpretação em sua obra posterior também começou a plantar as sementes de uma reconciliação entre a antropologia social britânica e a antropologia cultural americana, muito mais tarde no século XX.

Embora Evans-Pritchard não a cite, sua conferência Marret teve muitas ressonâncias conceituais com um artigo publicado no ano anterior por Claude Lévi-Strauss sobre a relação entre antropologia e história (1949). A conexão é reveladora. O estruturalismo de Lévi-Strauss tornou-se o principal desafiante europeu e alternativa ao estrutural-funcionalismo em meados do século XX. O caminho que percorre certamente não é o da história interpretativa, e, como é examinado no cap. 2, não me deterei nele aqui. No entanto, o estruturalismo de Lévi-Strauss, como o trabalho posterior de Evans-Pritchard, parte de uma crítica radical de toda a tentativa de construir a antropologia no modelo de uma biologia comparada das sociedades humanas. O uso de "função" e "estrutura social" implicava, na visão estruturalista, equívocos ingênuos. Como Lévi-Strauss escreveu, de forma notória e um tanto injusta, "dizer que uma sociedade funciona é um truísmo; dizer que tudo na sociedade funciona é um absurdo" (1949, p. 376). A visão das estruturas sociais segundo o modelo das biológicas não era, para ele, menos ingênua. Em vez disso, argumentou Lévi-Strauss, as regularidades e padrões de vida social observados – sejam eles em termos de parentesco, arranjos rituais ou mitos – originaram-se de outro lugar: de regras sistemáticas, subconscientes e muitas vezes implícitas localizadas na mente de indivíduos culturalmente moldados.

A estrutura era (como o próprio nome indica) primordial no estruturalismo, mas era, de fato, um fenômeno muito diferente da "estrutura social"[22].

As críticas de Evans-Pritchard e Lévi-Strauss ao estrutural-funcionalismo foram ecoadas e, em alguns aspectos, aguçadas, por autores estruturalistas britânicos como Edmund Leach e Rodney Needham, que desvendaram todo o empreendimento estrutural-funcionalista de comparação generalizante sistemática em uma série de críticas forenses e devastadoras (Needham, 1962; 1975; Leach, 1966). Se as estruturas sociais não fossem objetos reais no terreno, relacionadas umas às outras por meio de relações evolutivas de diferenciação funcional, então todo o projeto de buscar derivar tipologias e regras de sua comparação era um absurdo – as comparações estrutural-funcionalistas eram, portanto, como Leach notoriamente o colocou, mera "coleta de borboletas": coletar e organizar padrões de semelhança e diferença bonitos, mas inerentemente sem sentido.

O que não é dito

Paralelamente e em conjunto com essas objeções filosóficas fundamentais, uma série de críticas enfocou as coisas importantes que um paradigma (estrutural-)funcionalista deixou de fora. As principais dentre elas foram, como vimos, história, transformação e mudança. Acusou-se que o (estrutural-)funcionalismo reagiu exageradamente à "pseudo-história" dos evolucionistas, e, em contraste, produziu imagens de sociedades presas em um presente eternamente estável (Leach, 1964; cf. o cap. 5).

Uma segunda linha de ataque relacionada concentrava-se no fato de que o conflito no estrutural-funcionalismo tendia a ser apresentado como, de certa forma, funcional. As tensões e até a violência dentro da sociedade foram

---

22. Estou exagerando um pouco neste ponto para fins de clareza, porque a confusão entre o termo estrutura conforme empregado por estruturalistas e estrutural-funcionalistas é um problema muito comum. No entanto, uma vez que se tenha integrado as profundas diferenças filosóficas em jogo nesses dois usos de "estrutura", pode-se também começar a considerar algumas das pontes conceituais provisórias entre os escritos muito tardios de Radcliffe-Brown (sobre o totemismo, p. ex.) e os de Lévi-Strauss – um ponto que este último reconheceu apesar de suas críticas de muitos pontos do trabalho do primeiro (Lévi-Strauss, 1963).

descritas como contribuindo de alguma forma para a manutenção da ordem social. As diferenças de *status*, riqueza, poder, gênero ou capacidade de agir foram caracterizadas como formando um sistema bem-ordenado de "papéis", somando-se a uma divisão funcional do trabalho. A lógica do relato não deixou espaço para questões de desigualdade, opressão ou mesmo revolução ou transformação social intencional. Essas duas primeiras linhas de crítica foram particularmente associadas à crescente adoção da teoria social marxista na antropologia e em disciplinas relacionadas. Os primeiros exemplos dessas críticas, por exemplo, na obra de Max Gluckman e na Escola de Manchester, não citaram Marx diretamente, mas importaram uma preocupação com a transformação, o conflito e a desigualdade sem romper inteiramente com as linhas de análise estrutural-funcionalistas anteriores (cf. cap. 6). As antropologias neomarxistas posteriores envolveram um ataque mais frontal a todo o empreendimento (estrutural-)funcionalista (cf. cap. 3). E ainda assim, para citar uma das minhas mentoras da graduação, a arrependida Susan Benson, grande parte da análise antropológica marxista era efetivamente "estrutural-funcionalismo com motor de popa".

Um outro conjunto de elisões foi escolhido pela virada para a antropologia feminista e de gênero (cf. cap. 12). Esta estava centralmente baseada em desafiar o modelo clássico de uma divisão funcional e complementar do trabalho entre homens e mulheres, na qual os homens habitavam uma esfera política pública e as mulheres habitavam uma esfera doméstica privada. Um duplo apagamento estava em jogo aqui – primeiro, um apagamento das relações de poder e dominação entre mulheres e homens nesses arranjos supostamente funcionais e complementares. Em segundo lugar, e mais profundamente, o estrutural-funcionalismo foi encarregado de apagar o papel mais amplo das mulheres na sociedade, visto que grande parte da perspectiva estrutural-funcionalista considerava a política a essência da sociedade e a atividade dos homens. Essa acusação foi bem fundada em muitos casos. Evans-Pritchard, por exemplo, casualmente observa na introdução de *Os Nuer* que

> Os Nuer, como todos os outros povos, também são diferenciados socialmente de acordo com o sexo. Essa dicotomia tem um significado muito limitado e negativo para as relações es-

> truturais que constituem o assunto deste livro. Sua importância é mais doméstica do que política e pouca atenção lhe é dada (1940, p. 7).

Houve, no entanto, alguns relatos do período que, embora repletos de preocupações funcionalistas, prestaram muita atenção ao papel e à experiência das mulheres, como *Chisungu* (1956), de Audrey Richards.

Uma terceira linha de crítica clássica concentra-se na elisão (estrutural-) funcionalista das diferenças individuais e da agência humana. Essa crítica foi realizada mais proeminentemente por Leach, Raymond Firth e autores "transacionais", como Fredrik Barth (cf. cap. 4). Esta crítica representa, em certo sentido, a vingança póstuma de Malinowski contra Radcliffe-Brown: tanto Leach quanto Firth se basearam direta e conscientemente na preocupação de Malinowski com pessoas individuais, suas motivações e atividades como um contraponto às elisões estrutural-funcionalistas da agência individual.

Para muitas dessas críticas (embora talvez não tão diretamente no caso do gênero), um estrutural-funcionalista pode encontrar uma resposta simples e bastante convincente: elas não descrevem coisas que estrutural-funcionalistas de alguma forma "esqueceram", ou aspectos do mundo que eles foram estranhamente impedidos de ver. Quem poderia deixar de perceber que existem diferenças e tensões nas sociedades? Ou que existe uma coisa chamada história? Ou que os indivíduos têm participação no que fazem e que suas ações não são totalmente determinadas por restrições sociais? Em vez disso, essas características – história, agência individual e as forças que tornam a sociedade instável e a opõem a si mesma – foram *intencionalmente* excluídas da estrutura a fim de prover um modelo claro, e porque o seu objetivo declarado era descobrir regularidades estruturais. A contenção dos estrutural-funcionalistas nunca foi, eles poderiam dizer, que as sociedades eram entidades totalmente funcionais, perfeitamente estáveis e atemporais que restringiam inteiramente as ações de seus membros. Em vez disso, a questão é que, ao modelar esse estado ideal de estabilidade sincrônica, pode-se então ter precisamente um ponto de vista a partir do qual avaliar exceções, mudança histórica e disfunção ou desagregação. Vimos como esse argumento foi defendido em relação à estrutura e ao processo por Durkheim e Radcliffe-Brown: o processo era uma questão fascinante e fundamental, mas tinha que ser desagregado da estrutura heuristicamente, para fins de análise. Durkheim fez a mesma observação sobre a agência e a liberdade humana, em uma passagem frequentemente esquecida em seu livro *Suicide* [O suicídio]:

> Sem querer suscitar uma questão de metafísica fora de nossa alçada, devemos notar que esta teoria da estatística não nega aos homens todo tipo de liberdade. Ao contrário, deixa a questão do livre-arbítrio muito mais intocada do que se fizéssemos do indivíduo a fonte dos fenômenos sociais [...] a estabilidade dos dados demográficos resulta de uma força externa ao indivíduo [...]. Pode-se admitir que algumas pessoas resistem à força e que ela prevalece com outras (2002, pp. 289-290).

Em outras palavras, para muitos dos pontos suscitados acima, os estrutural-funcionalistas poderiam acusar seus críticos de omitir a diferença crucial entre esquecer algo e deixá-lo de fora para fins de análise. Eles podem sentir-se confortados pelo fato de que muitos de seus críticos, de marxistas a transacionalistas, retiveram implicitamente muito mais das premissas básicas do estudo de estruturas funcionais do que reconheceram abertamente. Pois, de fato, um estrutural-funcionalista poderia perguntar: como, sem o relato de uma estrutura estável, alguém poderia *ver* o que a mudança transformou, o que a agência individual moldou ou enfrentou, quais aspectos particulares da vida social foram inovadores, destrutivos ou excepcionais?

História e responsabilidade

Trata-se de uma réplica convincente. Mas insuficiente perante uma linha de crítica diferente, que não simplesmente detectou "lacunas" no estrutural-funcionalismo, mas relacionou essas lacunas ao contexto político e histórico no qual a teoria se desenvolveu. Um desses elementos relevantes de contexto já foi sugerido e constitui uma parte importante da crítica feminista: a saber, o fato de que as suposições de gênero entre antropólogos (principalmente do sexo masculino) do período desempenharam um papel em sua tendência de deixar as mulheres fora de cena (cf. cap. 12).

O outro elemento principal do contexto que se tornou retrospectivamente indissociável de uma compreensão do estrutural-funcionalismo foi o do domínio colonial britânico. A principal exceção aqui foi o volume editado de Talal Asad, *Anthropology and the Colonial Encounter* [A antropologia e o encontro colonial] (1973a). Este volume foi a primeira avaliação sistemática da relação entre a antropologia social e o colonialismo britânico. O ponto de partida do volume é o fato óbvio, embora raramente discutido, de que a antropologia europeia na primeira metade do século XX esteve "devotada a uma descrição e uma análise – realizada por europeus, para um público europeu – de sociedades não europeias dominadas por algum poder europeu" (1973a, p. 15). O que isso significava, mais obviamente, era que os antropólogos dependiam, para seu acesso aos chamados "povos primitivos" que estudavam, das estruturas institucionais do colonialismo britânico, já que, de fato, buscavam financiamento do governo britânico para apoiar suas pesquisas. Ao fazê-lo, antropólogos (estrutural-)funcionalistas muitas vezes tenderam a retratar seu trabalho como útil para o empreendimento colonial, tanto no sentido geral de educar futuros funcionários coloniais para as realidades das sociedades que iam "administrar", e ocasionalmente no sentido mais preciso de fornecer modelos e explicações específicas que podem orientar a política colonial[23]. Até que ponto tal conselho antropológico foi realmente útil ou interessante para funcionários coloniais, no entanto, e as tendências políticas pessoais de antropólogos individuais, suas atitudes frequentemente distantes em relação ao projeto colonial e suas frequentes simpatias para com os povos colonizados que estudavam têm sido o assunto de muita discussão (cf., p. ex., Asad, 1973a; Kuper, 1973; Stocking, 1991).

O ponto mais profundo da crítica de Asad, no entanto, incidia sobre as interações conceituais implícitas entre o estrutural-funcionalismo antropológico e seu contexto político. Asad (1973b) comparou, a esse respeito, dois exemplos de estudos europeus acerca de povos não europeus e suas respectivas relações com o poder europeu sobre esses povos: o estrutural-funcio-

23. Assim, p. ex., os editores de *African Political Systems* [Sistemas políticos africanos] notaram: "Esperamos que este livro seja de interesse e útil para aqueles que têm a tarefa de administrar os povos africanos" (Fortes & Evans-Pritchard, 1940, p. vii).

nalismo do século XX e o orientalismo do século XIX. Houve uma correspondência notável, em cada caso, entre o conteúdo das descrições fornecidas e os interesses e perspectivas estratégicos das potências europeias da época. Assim, às vésperas da expansão imperial maciça para o Oriente Médio, os orientalistas apresentaram uma imagem das sociedades islâmicas como perenemente disfuncionais, oscilando descontroladamente entre o poder tirânico e a insurreição violenta e irracional. Em outras palavras, os orientalistas pintaram um quadro de sociedades aparentemente "necessitadas" de intervenção ocidental. Em contraste, escrevendo no contexto de uma presença colonial estabelecida e razoavelmente estável na África, os estrutural-funcionalistas pintaram, como vimos acima, imagens de sociedades estáveis e bem-ordenadas organizadas por meio de equilíbrios naturais de poder, ou governadas de fato por consenso popular. Não há nenhum problema aqui, prosseguia a mensagem subliminar e implicitamente conservadora: tudo está bem sob o governo de Sua Majestade. Em cada relato, houve exclusões importantes. Os orientalistas ignoraram os vários processos de acomodação mútua entre governantes e governados na história das sociedades que eles descreveram, e também o impacto das relações comerciais com a Europa e a Ásia, tratando essas sociedades como autônomas. Os estrutural-funcionalistas apresentaram – como vimos acima – uma imagem de sociedade da qual o conflito interno e a mudança histórica estavam ausentes. Vistas da perspectiva histórica de Asad, essas respectivas exclusões já não parecem tão inocentes.

A análise de Asad tem alguns limites – por um lado, as abordagens funcionalistas existiam em outros contextos além da antropologia social britânica das sociedades africanas, inclusive em relatos evolucionistas do século XIX, como vimos acima. Em segundo lugar, há uma ironia sutil no fato de que a própria análise de Asad não é isenta de funcionalismo. No entanto, é certamente verdade que as visões estrutural-funcionalistas das sociedades africanas dispostas lado a lado como unidades distintas, prontas para inspeção e comparação, ecoavam o "espaço do problema" criado pela administração colonial britânica, por meio do qual os antropólogos obtiveram acesso a essas sociedades em primeiro lugar (cf. tb. Kuper, 1973). Sociedades que poderiam de outra forma ter sido encontradas como confusas, mutáveis, sobrepostas, foram encontradas, através dos quadros de administração, como inerentemente separadas e claramente rotuladas. Em um artigo posterior, Asad conclui que "O papel dos antropólogos na manutenção das estruturas de dominação imperial tem, apesar dos *slogans* em contrário, geralmente sido trivial, mas se o papel da antropologia para o colonialismo não era importante, a proposição inversa não se sustenta" (1991, p. 315). As relações coloniais de poder faziam parte do contexto intelectual, e não meramente do contexto prático da antropologia funcionalista do início do século XX, e esse fato demorou a aparecer.

Isso, por sua vez, significa que a questão das "exclusões heurísticas" do estrutural-funcionalismo – como de qualquer outra teoria – deve ser tratada com algum cuidado. Em suma, o problema não é simplesmente que, no abstrato, o estrutural-funcionalismo "deixou algumas coisas de fora" (história, desigualdade ou o indivíduo) – observar isso é apenas o começo de uma crítica. Cada perspectiva teórica, cada relato, cada pergunta feita deixa algumas coisas de fora. A questão é o que essas exclusões, por sua vez, fazem. Como a filósofa da ciência, Karen Barad o colocou, "não se pode simplesmente pôr entre parênteses (ou ignorar) certas questões sem assumir a responsabilidade pelos efeitos constitutivos dessas exclusões" (Barad, 2007, p. 58; cf. tb. cap. 13).

É claro que a questão do que essas exclusões fazem, politicamente falando, permanece complexa. Em alguns aspectos, os relatos e análises do início do século XX eram inerentemente desafiadores para os pontos de vista coloniais disseminados, notadamente acerca da suposta irracionalidade dos "nativos" e, portanto, da necessidade de interferência e administração esclarecidas (Kuper, 1973). Mais especificamente, antropólogos como Evans-Pritchard basearam-se em seu trabalho conceitual para criticar explicitamente as políticas coloniais sobre feitiçaria (James, 1973). Da mesma forma, pode-se ler o relato de Evans-Pritchard sobre os Nuer, por exemplo, precisamente como um contraexemplo ao contraste de Asad entre orientalismo e funcionalismo. Onde a administração colonial via a vendeta nuer como uma prática irracional e violenta que justificava uma intervenção enérgica, Evans-

-Pritchard a redescreveu como um sistema bem-ajustado cuja lógica era intensamente racional e em perigo de ser mutilada pela interferência colonial. Essa também é uma mensagem importante na introdução a *African Political Systems* [Sistemas políticos africanos] (Fortes & Evans-Pritchard, 1940). Em suma, uma visão organísmica das sociedades como sistemas estáveis de prática social e pensamento social, dos quais exceções, tensões e anomalias foram heuristicamente excluídas, também poderia ser lida como trabalhando contra a corrente das suposições colonialistas, demonstrando a racionalidade de sistemas de crença aparentemente estranhos e a validade – e o equilíbrio precário – das formas não ocidentais de organização social. Em suma, as políticas do (estrutural-)funcionalismo eram pelo menos tão complicadas quanto as políticas do evolucionismo (cf. acima).

Conclusão: para que servem teorias antigas

Um objetivo-chave desta visão geral dos primórdios da teoria antropológica moderna tem sido mostrar como perspectivas teóricas que são em muitos aspectos profundamente diferentes, até mesmo opostas (como o evolucionismo, o difusionismo e o [estrutural]-funcionalismo) emergiram de um conjunto extenso de conversas e argumentos entre acadêmicos em pelo menos quatro países. Essa conversa lançou as bases para muito do que se seguiria na teoria antropológica dos séculos XX e XXI, mesmo se apenas fornecendo exemplares importantes e ancestrais *contra* os quais novos desvios teóricos poderiam ser articulados.

Esse procedimento é meramente uma replicação do corte que os funcionalistas ou boasianos buscaram fazer entre eles e o evolucionismo. A rejeição do evolucionismo foi a jogada de uma geração emergente de acadêmicos no Reino Unido, nos Estados Unidos e na França que buscavam se posicionar como a alternativa moderna vibrante para um conjunto de suposições e métodos estabelecidos. Mais tarde, os evolucionistas quase caíram no esquecimento, lembrados como precursores da antropologia ao invés de antropólogos propriamente ditos, enquanto os funcionalistas (e os estrutural-funcionalistas) no Reino Unido e os boasianos nos Estados Unidos passaram a desempenhar para a próxima geração o papel que os evolucionistas tinham desempenhado para eles. Verifique o número de capítulos neste livro que começam contrastando a escola ou teórico que examinam com os erros e falhas do funcionalismo. Rupert Stasch escreve no cap. 2 que: "um relato das diferentes maneiras pelas quais os antropólogos se afastaram do estruturalismo seria uma descrição de quase toda a disciplina". Quase o mesmo poderia ser dito acerca do funcionalismo e do estrutural-funcionalismo – e o primeiro capítulo dessa história seria, precisamente, a ascensão do próprio estruturalismo.

Isso suscita a questão mais ampla acerca de para que servem as "velhas teorias" – escolas e estilos que agora foram abandonados como tentativas sistemáticas de explicar a sociedade e a cultura. Como observei na introdução, é razoável lembrar essas teorias como lembretes de erros que devemos evitar repetir. Embora a analogia orgânica ainda esteja forte no discurso popular, como provavelmente tem estado de alguma forma desde os tempos da Grécia antiga, a história de amor da antropologia profissional com essa metáfora particular está quase no fim. Existem poucos antropólogos hoje que considerariam seriamente o tropo fundamental que informou todas as escolas e estilos examinados acima, e é provavelmente melhor que seja assim. De um modo mais geral, em retrospecto, colocar velhas teorias "em seu contexto histórico" é um movimento poderoso. Dessa um tanto artificial relação teoria-contexto (estrutural-funcionalismo e colonialismo britânico na África, p. ex.), pode-se extrair lições importantes para o presente. Lições, precisamente, sobre a própria noção de contexto, e o poder e perigo de deixar certos aspectos fora do quadro, como o fazem necessariamente todas as perspectivas teóricas – inclusive aquelas de acadêmicos críticos pós-coloniais.

Mas recordar velhas teorias meramente como advertências é nitidamente tacanho. Um relato justo e generoso de teorias agora abandonadas também deve ser capaz de recapturar algo do rigor e da sofisticação, algo do entusiasmo e da promessa daquelas velhas teorias quando eram novas. Esta é, naturalmente, outra advertência: um lembrete salutar para relativizar os nossos próprios entusiasmos teóricos atuais. Mas essa visão também abre a possibilidade mais estimulante de que velhas teorias possam ser exploradas em busca de novos *insights*, como de fato muitas das teorias representadas nos capítulos seguintes o fazem, seja implícita ou explicitamente. Assim, muitas questões evolucionistas ganharam um novo sopro de vida quando os antropólogos se voltaram mais uma vez para a história da década de 1960 em diante (cf. cap. 5), e algumas preocupações funcionalistas continuaram a animar seus críticos imediatos (cf. cap. 6). Essencialmente, preocupações difusionistas com como as coisas se movem e como são transformadas e reintegradas têm sido recentemente exploradas, como observei acima, em busca de *insights* sobre a condição pós-moderna dos fluxos e redes globais. E a questão-chave que funcionalistas e estrutural-funcionalistas buscaram abordar ainda está muito presente. Ela concerne à estranha existência de qualquer tipo de estabilidade social e comportamento social regular, apesar da constante rotatividade de membros individuais de qualquer assembleia social.

No entanto, há um outro legado, de certa forma mais profundo, das teorias examinadas neste capítulo. Este assume a forma da série de contrastes que evoquei ao longo do caminho nesta discussão: contrastes entre interpretação e generalização, entre o campo e a poltrona, entre estrutura e processo, entre um estudo da integração de traços e sua descontextualização e comparação. Esses contrastes começaram sua vida como linhas de demarcação entre essas várias escolas: limites traçados por acadêmicos individuais no processo de distinguir-se de seus oponentes conceituais. Eles mostraram-se duradouros, mas mudaram sua forma e significância. Embora ainda operem em alguns setores como recursos fáceis para crítica e insultos, em geral, esses contrastes tornaram-se alternativas produtivas dentro de argumentos e posições específicos, o recurso para argumentos em um modo ambos/e, em vez de ou um/ou outro. Mais do que qualquer conceito ou abordagem singular, são essas tensões e sua síntese temporária ocasional que caracterizam o legado duradouro e produtivo das escolas que examinamos neste capítulo[24].

---

24. Para uma exploração fascinante de como esses contrastes recorrentes operam como recursos dentro da vida teórica das ciências sociais de forma mais ampla, cf. Abbot, 2001. Como que para provar meu ponto de vista sobre legados duradouros e reinvenções, Abbott observa que – apesar de sua referência caracteristicamente do final do século XX à teoria do caos e aos fractais – sua

Referências

Abbott, A. (2001). *Chaos of Disciplines*. Chicago: University of Chicago Press.

Ansell-Pearson, K., Miquel, P.-A., & Vaughan, M. (2010). Responses to evolution: Spencer's evolutionism, Bergsonism, and contemporary biology. In Ansell-Pearson, K., Schrift, A. (eds.). *The History of Continental Philosophy: Bergsonism, Phenomenology, and Responses to Modern Science*. The New Century. Vol. 3 (p. 347). Chicago: University of Chicago Press.

Asad, T. (ed.) (1973a). *Two European Images of Non-European Rule, Anthropology and the Colonial Encounter*. Nova York: Humanity Books.

Asad, T. (ed.) (1973b). Two European images of non-European rule. In Asad, T. (ed.). *Two European Images of Non-European Rule, Anthropology and the Colonial Encounter* (pp. 103-118). Nova York: Humanity Books.

Asad, T. (ed.) (1991). Afterword: From the history of colonial anthropology to the anthropology of western hegemony. In Stocking, G. W. (ed.). *Colonial Situations*. Madison: University of Wisconsin Press.

Bamberger, J. (1974). The myth of matriarchy: Why men rule in primitive society. In Rosaldo, M. Z., Lamphere, L., & Bamberger, J. (eds.). *Woman, Culture, and Society* (pp. 263-280). Stanford: Stanford University Press.

Barad, K. M. (2007). *Meeting the Universe Halfway: Quantum Physics and the Entanglement of Matter and Meaning*. Durham: Duke University Press.

Bashkow, I., Bunzl, M., Handler, R., Orta, A., & Rosenblatt, D. (2004). Introduction. *American Anthropologist 106*(3): 433-434.

Benedict, R. (1934). *Patterns of Culture*. Boston: Houghton Mifflin Harcourt.

Bloch, M. (1984). *Marxism and Anthropology: The History of a Relationship*. Oxford: Oxford University Press.

Boas, F. (1896). The limitations of the comparative method of anthropology. *Science 4*(103): 901-908.

---

perspectiva teórica é baseada em pontos conceituais desenvolvidos por Evans-Pritchard em seu estudo da segmentação política entre os Nuer.

Boas, F. (1911). *The Mind of Primitive Man: A Course of Lectures Delivered Before the Lowell Institute, Boston, Mass., and the National University of Mexico, 1910-1911*. Londres: Macmillan.

Boas, F. (1924). Evolution or diffusion. *American Anthropologist 26*(3): 340-344.

Boas, F. (1940). *Race, Language, and Culture*. Chicago: University of Chicago Press.

Brightman, R. (1995). Forget culture: Replacement, transcendence, relexification. *Cultural Anthropology 10*(4): 509-546.

Comte, A. (1830). *Cours de philosophie positive*. Paris: Rouen Frères (Bachelier).

Darwin, C. (1859). *The Origin of the Species by Means of Natural Selection, or the Preservation of Favoured Races in the Struggle for Life*. Londres: John Murray.

Darwin, C. (1872). *The Origin of the Species by Means of Natural Selection, or the Preservation of Favoured Races in the Struggle for Life*. 6ª ed. Nova York: D. Appleton and Company.

Durkheim, É. (1895). *Les règles de la méthode sociologique*. Paris: F. Alcan.

Durkheim, É. (1915). *The Elementary Forms of the Religious Life*. Trad. de J. W. Swain. Londres: George Allen & Unwin.

Durkheim, É. (1964). *The Rules of Sociological Method*. Nova York: Free Press.

Durkheim, É. (1984). *The Division of Labour in Society*. Londres: The Macmillan Press.

Durkheim, É. (2002). *Suicide: A Study in Sociology*. 2ª ed. Londres: Routledge.

Durkheim, É., & Mauss, M. (1963). *Primitive Classification*. Vol. 273. Chicago: University of Chicago Press.

Eggan, F. (1954). Social anthropology and the method of controlled comparison. *American Anthropologist 56*(5): 743-763.

Engels, F. (1972). *The Origin of the Family, Private Property, and the State*. Nova York, NY: Pathfinder Press.

Evans-Pritchard, E. E. (1937). *Witchcraft, Oracles and Magic among the Azande*. Oxford: The Clarendon Press.

Evans-Pritchard, E. E. (1940). *The Nuer: A Description of the Modes of Livelihood and Political Institutions of a Nilotic People*. Oxford: Oxford University Press.

Evans-Pritchard, E. E. (1949). *The Sanusi of Cyrenaica*. Oxford: Clarendon Press.

Evans-Pritchard, E. E. (1950). Social anthropology: Past and present; the Marett lecture. *Man 50*: 118-124.

Evans-Pritchard, E. E. (1956). *Nuer Religion*. Oxford: Clarendon Press.

"Evolution, N." (2017). *OED Online*. Oxford: Oxford University Press. www.oed.com/view/Entry/65447

Fabian, J. (1983). *Time and the Other, How Anthropology Makes Its Object*. Nova York: Columbia University Press.

Ferguson, J. (1996). Development. In Barnard, A., & Spencer, J. (eds.). *Encyclopedia of Social and Cultural Anthropology* (pp. 155-160). Londres: Routledge.

Fortes, M. (1953). The structure of unilineal descent groups. *American Anthropologist 55*(1): 17-41.

Fortes, M. (1970). *Time and Social Structure and Other Essays*. Londres: Berg Publishers.

Fortes, M. (1972). *Marriage in Tribal Societies*. Cambridge: Cambridge University Press.

Fortes, M., & Evans-Pritchard, E. E. (eds.) (1940). *African Political Systems*. Oxford: Oxford University Press.

Goody, J. (1966). *Succession to High Office*. Cambridge: Cambridge University Press.

Goody, J. (1971). *The Developmental Cycle in Domestic Groups*. Cambridge: Cambridge University Press.

Goyet, F. (2014). Comparison. In B. Cassin, E. Apter, J. Lezra, & M. Wood (eds.). *Dictionary of Untranslatables: A Philosophical Lexicon* (pp. 159-164). Princeton, NJ: Princeton University Press.

Handler, R. (2009). The uses of incommensurability in anthropology. *New Literary History 40*: 627-647.

Hutchinson, S. E. (1996). *Nuer Dilemmas: Coping with Money, War, and the State*. Londres: University of California Press.

James, W. (1973). The anthropologist as reluctant imperialist. In Asad, T. (ed.). *The Anthropologist as Reluctant Imperialist, Anthropology and the Colonial Encounter* (pp. 41-69). Nova York: Humanity Books.

Kuper, A. (1973). *Anthropologists and Anthropology: The British School 1922-1972*. Londres: Allen Lane.

Kuper, A. (1999). *Culture: The Anthropologists' Account*. Cambridge: Harvard University Press.

Kuper, A. (2005). *The Reinvention of Primitive Society: Transformations of a Myth*. Londres: Routledge.

Leach, E. R. (1964). *Political Systems of Highland Burma*. Londres: G. Bell and Sons.

Leach, E. R. (1966). *Rethinking Anthropology*. Vol. Monographs on social anthropology, n. 22. Londres/Nova York: Athlone Press & Humanities Press.

Lear, J. (2006). Allegory and myth in Plato's *Republic*. In G. X. Santas (ed.). *The Blackwell Guide to Plato's Republic*. Londres: Blackwell.

Lévi-Strauss, C. (1949). Histoire et ethnologie. *Revue de Métaphysique et de Morale 54*(3/4): 363-391.

Lévi-Strauss, C. (1963). *Totemism*. Boston: Beacon Press.

Malinowski, B. (1922). *Argonauts of the Western Pacific*. Londres: G. Routledge and Sons.

Malinowski, B. (1932). *The Sexual Life of Savages in North-Western Melanesia; an Ethnographic Account of Courtship, Marriage, and Family Life among the Natives of the Trobriand Islands*. Londres: G. Routledge and Sons.

Malinowski, B. (1939). The group and the individual in functional analysis. *American Journal of Sociology 44*(6): 938-964.

Malinowski, B. (1944). *A Scientific Theory of Culture*. Chapel Hill: The University of North Carolina Press.

Marcus, G. E. (1995). Ethnography in/of the world system: The emergence of multi-sited ethnography. *Annual Review of Anthropology 24*: 95-117.

Mauss, M. (1970). *The Gift: Form and Functions of Exchange in Archaic Societies*. Londres: Routledge.

Mauss, M. (1985). A category of the human mind: The notion of person; the notion of self. In M. Carrithers, S. Collins, & S. Lukes (eds.). *The Category of the Person: Anthropology, Philosophy, History* (pp. 1-25). Trad. de W. D. Halls. Cambridge: Cambridge University Press.

Menand, L. (2011). *The Metaphysical Club: A Story of Ideas in America*. Londres: Flamingo.

Middleton, J., & Tait, D. (1958). *Tribes Without Rulers: Studies in African Segmentary Systems*. Londres: Routledge.

Middleton, J., & Winter, E. H. (1963). *Witchcraft and Sorcery in East Africa*. Londres: Routledge.

Morgan, L. H. (1877). *Ancient Society*. Nova York: H. Holt.

Nadel, S. F. (1957). *The Theory of Social Structure*. Londres: Cohen and West.

Needham, R. (1962). *Structure and Sentiment: A Test Case for Social Anthropology*. Chicago: University of Chicago Press.

Needham, R. (1975). Polythetic classification: Convergence and consequences. *Man 10*(3): 349.

Peel, J. D. Y. (1971). *Herbert Spencer: The Evolution of a Sociologist*. Londres: Heinemann Educational Books.

Penny, H. G., & Bunzl, M. (2003). *Worldly Provincialism: German Anthropology in the Age of Empire*. Ann Arbor: University of Michigan Press.

Perrin, R. G. (1976). Herbert Spencer's four theories of social evolution. *American Journal of Sociology 81*(6): 1.339-1.359.

Radcliffe-Brown, A. R. (1922). *The Andaman Islanders.* Nova York: Free Press.

Radcliffe-Brown, A. R. (1940a). On social structure. *The Journal of the Royal Anthropological Institute of Great Britain and Ireland 70*(1): 1-12.

Radcliffe-Brown, A. R. (1940b). On joking relationships. *Africa: Journal of the International African Institute 13*(3): 195-210.

Radcliffe-Brown, A. R. (1947). Evolution, social or cultural. *American Anthropologist New Series 49*(1): 78-83.

Radcliffe-Brown, A. R. (1949a). A further note on joking relationships. *Africa: Journal of the International African Institute 19*(2): 133-140.

Radcliffe-Brown, A. R. (1949b). Functionalism: A protest. *American Anthropologist New Series 51*(2): 320-323.

Radcliffe-Brown, A. R. (1949c). White's view of a science of culture. *American Anthropologist 51*(3): 503-512.

Radcliffe-Brown, A. R. (ed.) (1950). *African Systems of Kinship and Marriage.* Oxford: Oxford University Press.

Radcliffe-Brown, A. R. (1951). The comparative method in social anthropology. *Journal of the Anthropological Institute of Great Britain and Ireland*: 15-22.

Radcliffe-Brown, A. R. (1952). *Structure and Function in Primitive Society.* Londres: Cohen and West.

Richards, A. I. (1956). *Chisungu: A Girl's Initiation Ceremony Among the Bemba of Zambia.* Londres: Psychology Press.

Richards, A. I. (1971). *Councils in Action.* Cambridge: Cambridge University Press.

Salmon, G. (2013). *Les Structures de l'esprit: Lévi-Strauss et Les Mythes.* Paris: Presses Universitaires de France.

Sanchez, A. (2016). Profane relations: The irony of offensive jokes in India. *History and Anthropology 27*(3): 1-17.

Spencer, H. (1867). *First Principles*. 2ª ed. Londres: Williams and Norgate.

Spencer, H. (1899). *Social Statics: Abridged and Revised. Together with The Man versus the State*. Londres: D. Appleton.

Stasch, R. (2002). Joking avoidance: A Korowai pragmatics of being two. *American Ethnologist 29*(2): 335-365.

Stocking, G. W. (1983a). *Observers Observed: Essays on Ethnographic Fieldwork. History of Anthropology*. Vol. 1. Madison, WI: University of Wisconsin Press.

Stocking, G. W. (1983b). The ethnographer's magic: Fieldwork in British anthropology from Tylor to Malinowski. In G. W. Stocking (ed.). *Observers Observed: Essays on Ethnographic Fieldwork* (pp. 70-120). Madison: University of Wisconsin Press.

Stocking, G. W. (1984a). Radcliffe-Brown and British social anthropology. In G. W. Stocking. *Functionalism Historicized: Essays on British Social Anthropology* (pp. 131-191). Madison, WI: University of Wisconsin Press.

Stocking, G. W. (1984b). *Functionalism Historicized: Essays on British Social Anthopology*. Madison: University of Wisconsin Press.

Stocking, G. W. (1991). *Colonial Situations: Essays on the Contextualization of Ethnographic Knowledge*. Madison: University of Wisconsin Press.

Strathern, M. (2004). *Partial Connections*. Lanham: Rowman and Littlefield.

Thomas, N. (1996). *Out of Time: History and Evolution in Anthropological Discourse*. Ann Arbor, MI: University of Michigan Press.

Trautmann, T. R. (1992a). The revolution in ethnological time. *Man 27*(2): 379.

Trautmann, T. R. (1992b). *Lewis Henry Morgan and the Invention of Kinship*. Berkeley, CA: University of California Press.

Tylor, E. B. (1871). *Primitive Culture: Researches into the Development of Mythology, Philosophy, Religion, Art, and Custom*. Vol. 1. Londres: Murray.

Tylor, E. B. (1889). On a method of investigating the development of institutions; Applied to laws of marriage and descent. *The Journal of the Anthropological Institute of Great Britain and Ireland* 18: 245-272.

Weber, M. (1978). *Economy and Society: An Outline of Interpretive Sociology*. Berkeley, CA: University of California Press.

Wolf, E. (1983). *Europe and the People without History*. Berkeley, CA: University of California Press.

Young, M. W. (1984). The intensive study of a restricted area, or, why did Malinowski go to the Trobriand Islands? *Oceania* 55(1): 1-26.

2
Estruturalismo

Rupert Stasch

O estruturalismo é uma escola de pensamento centrada na ideia de que as relações entre os elementos socioculturais são mais básicas do que os próprios elementos. Para entender um aspecto da vida das pessoas, os estruturalistas observam como ele se encontra posicionalmente em uma rede de outros elementos circundantes.

O estruturalismo antropológico está associado a Claude Lévi-Strauss, que na década de 1940 soube dos avanços recentes da linguística baseados na premissa da primazia das relações, e começou a aplicar essa ideia à cultura. Através da discussão dos escritos de Lévi-Strauss, na década de 1960, o estruturalismo se tornou o movimento intelectual mais influente de seu tempo. Permanece historicamente a teoria de maior impacto interdisciplinar já produzida pela antropologia. A maioria dos antropólogos agora se descreve explicitamente como rejeitando ideias e métodos estruturalistas. No entanto, ainda temos muitas dívidas tranquilas com as inovações de Lévi-Strauss, e muito a aprender com o estruturalismo sobre como trabalhar com dados etnográficos. Além disso, a teoria fornece um ponto de referência útil pelo qual compreender e avaliar outras estruturas analíticas.

Engajar-se seriamente com a ideia central do estruturalismo requer mais do que a resumir abstratamente, como fiz acima. Ao longo deste capítulo desenvolvo essa ideia de uma maneira mais substancial, primeiro refazendo a maneira como ela tomou forma na linguística e, em seguida, considerando como Lévi-Strauss a adaptou metaforicamente a novos assuntos.

Também aplico a ideia a certos dados etnográficos do livro de Robert Lowie, *The Crow* [Os Crow] (1935). Finalmente, concluo com breves comentários sobre o grande assunto das vidas posteriores do estruturalismo e suas suposições limitantes.

O conceito de *langue* ou "estrutura linguística" de Saussure

A exposição de Lévi-Strauss à linguística moderna começou em 1942, por meio das palestras ministradas por Roman Jakobson sobre fonologia e sobre Ferdinand de Saussure[25]. Lévi-Strauss e Jakobson moravam em Nova York e lecionavam em uma universidade francófona no exílio com uma equipe de intelectuais judeus que haviam fugido da Europa nazista. O próprio Jakobson contribuiu para os principais avanços científicos ocorridos nas décadas de 1920 e 1930 na fonologia, o subcampo linguístico que se ocupa dos sistemas de som das línguas. Os conceitos da fonologia foram as ideias linguísticas que Lévi-Strauss mais diretamente adaptou à análise de assuntos antropológicos. Mas o trabalho anterior de Ferdinand de Saussure sobre a ordem linguística em geral forneceu uma base importante para as inovações na fonologia. Estudiosos posteriores veriam o *Course in General Linguistics* [Curso de Linguística Geral] de Saussure como o texto constitutivo do estruturalismo. Este foi publicado postumamente por seus alunos em 1916, com base em suas próprias anotações das palestras que ele proferiu.

Nessas palestras, Saussure defendeu uma reorientação fundamental da linguística. Ele oferece uma nova visão da disciplina ao oferecer uma nova visão do que é a linguagem, que ele introduz propondo duas dicotomias que ajudam a separar partes do fenômeno total da linguagem humana de seu principal objeto de estudo. A primeira dicotomia é entre *langue* e *parole*, termos franceses que um tradutor inglês do livro de Saussure traduz como *language* [linguagem] *versus speaking* [fala] (Saussure, 1959). À medida que

25. Para parte do conteúdo, cf. Jakobson (1978; 1990; esp. 1984). As programações das palestras de Jakobson e Lévi-Strauss estão registradas em catálogos anuais da École Libre des Hautes Études [disponíveis em digitalarchives.library.newschool.edu/index.php/Detail/collections/NS050101.04]. P. ex., os títulos e os horários conflitantes de seus cursos no primeiro período da escola são mostrados na p. 16 do catálogo de fevereiro de 1942.

Saussure desenvolve essas categorias, *langue* também pode ser glosada como "gramática, estrutura linguística, sistema linguístico, código", e *parole* pode ser glosada como "fala, uso, desempenho, discurso, prática". Saussure argumenta que a linguística deve se preocupar com a *langue*: o código ou estrutura, ao invés de eventos de uso da fala. Ele alinha *langue versus parole* com social *versus* individual. Portanto, a intenção individual é algo que ele fatora do próprio objeto de estudo linguístico. As regras gramaticais são algo que os falantes enunciam inconscientemente, como as convenções coletivas de sua comunidade social.

Uma segunda dicotomia é entre diacronia e sincronia, ou o estudo da linguagem conforme ela muda ao longo do tempo *versus* o código linguístico conforme este existe "estaticamente" em uma porção de tempo. Antes de Saussure, uma ideia dominante sobre como abordar a análise de qualquer elemento linguístico dado era olhar para a sua história. A linguística era a filologia, a análise das mudanças na estrutura linguística ao longo do tempo e a reconstrução de como as diferentes línguas se ramificavam de línguas progenitoras e umas das outras. Ainda hoje, é uma ideologia popular comum sobre a linguagem que, para entender a verdade das palavras, podemos olhar para suas origens etimológicas. Saussure estava impregnado da prática cuidadosa da linguística histórica, e suas inovações teóricas foram todas construídas sobre, e orientadas para, a preocupação em fazer linguística histórica com precisão. Ele descobriu que, para esse propósito, era crucial estudar a estrutura linguística sincrônica como uma realidade complexa própria, conectada com processos de mudança linguística diacrônica, mas diferente deles.

Tendo separado a fala e a diacronia como *não* sendo o seu novo objeto de estudo, Saussure apresenta um modelo da composição desse novo objeto por direito próprio, a *langue* como um sistema sincrônico. Aquilo em que a *langue*, ou a "estrutura linguística", consiste são relações. Um código linguístico é um sistema de elementos encadeados uns aos outros em uma vasta rede de relações de similaridade ou contraste, e relações das maneiras possíveis e proibidas de os elementos serem combinados uns com os outros para formarem outros níveis de elementos. Este sistema de relações é imanente ou virtual, em vez de existir no fluxo do tempo. Todos os diferentes elementos do sistema estão presentes uns aos outros ao mesmo tempo.

Saussure às vezes enfatiza a *difference* como o tipo supremo de relação que constitui a *langue*. Ele afirma que "na língua [*langue*] só há diferenças", e que os "elementos fônicos" de uma língua não devem ser considerados como "sons tendo um valor absoluto, mas com um valor puramente opositivo, relativo e negativo"[26].

Fonologia e a relatividade ao sistema das categorias de som

Dentre todos os diferentes níveis da estrutura linguística, o nível de padronização dos sons acabou sendo aquele no qual os elementos linguísticos *efetivamente* consistem preeminentemente em relações de diferença de outros elementos em um sistema fonológico. A entidade relacional a que Saussure se refere como um "elemento fônico" estava sendo recentemente descrita por outros linguistas de sua época como um "fonema". Avanços subsequentes na análise de sistemas de fonemas foram o que Roman Jakobson resumiu em suas palestras em Nova York em 1942.

Um fato básico dos sistemas sonoros das línguas, central para a teoria dos fonemas, é que diferentes línguas dividem diferentemente o *continuum* de sons possíveis que os humanos podem fazer com nossos órgãos articulatórios. Frequentemente, sons reconhecidos como diferentes em uma língua são considerados os mesmos em outra.

beat	*boot*
bit	*put*
bait	*boat*
bet	*bought*
bat	

Figura 2.1 Contrastes selecionados entre fonemas vocálicos do inglês

Fonte: Autor.

26. Para a primeira citação, cf. Saussure, 1959 (p. 120), bem como a passagem mais longa e mais interessante em Saussure, 1993 (p. 141). Para a segunda citação, cf. Saussure, 1996 (p. 116), bem como Saussure, 1959 (p. 119) e 1972 (p. 164, 433-434n. 111, 466n. 236). Sobre o processo editorial pelo qual a edição original francesa de 1916 do livro de Saussure foi produzida, cf., p. ex., Joseph, 2012 (pp. 632-635) e Engler, 2004.

A figura 2.1 lista nove palavras em inglês que consistem em três segmentos sonoros sucessivos. (O fato de as palavras serem escritas com até seis letras é resultado da história idiossincrática das convenções de escrita e mudanças de som do inglês. Os segmentos de som reais que compõem uma palavra não são iguais às letras no sistema de escrita.) As nove palavras diferem umas das outras apenas na vogal que cai entre as duas consoantes, exceto "put", que também envolve uma mudança na consoante inicial. As palavras são ordenadas de acordo com as diferenças na posição da língua. Um falante emite as vogais na coluna da esquerda com a língua à frente e as da coluna da direita com a língua atrás. Lendo uma coluna de cima abaixo, de cada palavra para a próxima, a língua se move de posições superiores para inferiores[27].

Essas vogais são partes cruciais da estrutura do inglês, mas elas consistem apenas em sua distinção de outros elementos do sistema sonoro. Elas significam pura diferença de forma. Uma vez existentes como marcadores vazios distintos, elas estão disponíveis como blocos de construção para unidades maiores nas quais a linguagem realmente confere significados semânticos, como palavras. Cada língua tem um sistema sonoro próprio, cujas unidades não são naturais, mas são definidas pelo próprio sistema linguístico. As línguas agrupam e dividem todos os sons potenciais que os humanos podem fazer ou ouvir de forma diferente.

A Figura 2.2 é a metade superior de um diagrama que Saussure oferece para expressar a ideia de que as categorias linguísticas existem por meio da introdução de cortes de diferença em um *continuum* indiferenciado. Com os fonemas vocálicos, por exemplo, o substrato do que chamarei de "sujeira" indiferenciada inclui as gradações infinitas de posições ligeiramente diferentes em que a língua de um falante poderia estar e o *continuum* de sons físicos ligeiramente diferentes assim produzidos. As linhas divisórias são convenções seguidas em uma língua específica para reconhecer alguns

27. A diferença nos sistemas vocálicos é a maneira mais proeminente pela qual os dialetos do inglês variam entre si, de modo que a leitura desta figura produzirá resultados diferentes de acordo com o falante. Embora eu tenha declarado que todas as palavras na Figura 2.1 consistem em apenas três segmentos, as vogais em *bait* e *boat* são na verdade ditongos: a língua se move de uma posição para outra no decorrer da pronúncia do segmento.

sons vocálicos como diferentes e outros como iguais. Algumas línguas dividem o espaço de produção vocálica em apenas duas categorias, enquanto outras dividem esse espaço (e outras variáveis articulatórias em como uma vogal pode ser produzida) em cerca de trinta. Línguas com números e tipos semelhantes de categorias vocálicas podem localizar os limites entre elas de maneira diferente.

Um fonema, portanto, não é um som físico específico, mas uma abstração que agrupa muitos sons físicos e separa esse agrupamento de outros fonemas abstratos e dos sons físicos agrupados neles. Um fonema é uma categoria abstrata, dentro de um sistema de linguagem específico, definido por sua diferença em relação aos outros fonemas do sistema. As unidades sonoras de uma língua não são objetivas, mas relativas.

Outro exemplo é o padrão que em inglês, os sons [l] e [r] são fonemas separados, enquanto em muitas outras línguas, os sons físicos [l] e [r] são meramente versões diferentes de um único fonema. Na língua Korowai da Papua Indonésia que estudei, por exemplo, [rar] e [lal] são duas maneiras de dizer a mesma palavra, e os Korowai tendem a ouvir essas duas pronúncias como o mesmo som.

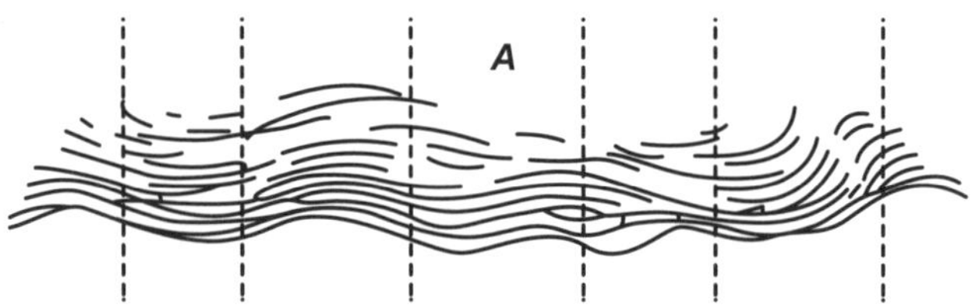

Figura 2.2 Estrutura linguística como diferenciação de "sujeira"

Detalhe de Saussure (1916, p. 156).

Fonte: Domínio público, Wikimedia Commons.

O que as pessoas experimentam como alguém falando uma língua com um "sotaque estrangeiro" é o padrão de quais diferenças sonoras são importantes ou não na língua materna do falante, interferindo na produção da fala em outra língua adquirida mais tarde na vida. Os falantes carregam seu primeiro treinamento de como dizer e ouvir sons em uma língua específica para outras línguas que eles aprendam.

Saussure sobre a *langue* como uma rede relacional de signos

Há uma outra camada importante nas ideias da linguística às quais Lévi-Strauss foi exposto. Até agora, discuti a composição da *langue* ou "estrutura linguística" usando palavras como "elemento", "categoria" ou "fonema". Mas Saussure propõe, mais especificamente, que os elementos da linguagem devem ser pensados como *signos*, que ele define como uma unidade de um "significante" e um "significado" (seguindo uma longa tradição de pensamento). Segundo sua consideração, por exemplo, uma palavra consiste em uma conjunção de uma forma sonora, o significante, e um conceito ou significado semântico, o significado. Uma propriedade dos signos linguísticos é que a relação entre significantes e significados é arbitrária: não há razão intrínseca para que um significante específico esteja ligado a um significado específico. As razões para a ligação estão no sistema mais amplo em torno desse signo. Encontramos isso sempre que pensamos em palavras diferentes usadas para designar os mesmos referentes em línguas diferentes. Também o encontramos se nos alienarmos de uma palavra em qualquer língua, repetindo-a continuamente. A repetição monótona leva a uma maior consciência da forma física da palavra e a uma perda da ilusão da ligação imediata dessa forma com um significado semântico.

Confrontado com qualquer coisa que se pareça com um "signo", pode ser útil perguntar qual é o seu significante e qual é o seu significado baseando-se no vocabulário de Saussure. Mais profundamente, este aspecto da teoria de Saussure oferece uma alternativa à suposição popular de que os significados existem primeiro, e a linguagem ou os sistemas simbólicos, então, secundariamente atribuem símbolos para representá-los. Em vez de os sentidos significados precederem os significantes, Saussure sustenta que categorias distintas na ordem dos significados passam a existir em conjunto com a criação de categorias distintas na ordem dos significantes. A Figura 2.3 justapõe dois dos modelos visuais de Saussure dessa ideia[28]. O diagrama à esquerda representa a introdução de cortes em dois corpos de sujeira, coinci-

28. Cf. tb. as versões um pouco diferentes em Saussure, 1993 (pp. 96, 135, 138-140).

dindo com a criação de unidades entre territórios específicos em sujeira "A" e sujeira "B". O diagrama da direita retrata a mesma ideia da *langue* como feita de uma rede de signos, cada um uma unidade de significante e significado. O ponto crucial do modelo de Saussure é a primazia constitutiva do sistema das setas de pontas duplas *entre* os signos no diagrama direito, ou no diagrama esquerdo as linhas pontilhadas que *cortam* cada corpo de sujeira e *unem* porções de um com porções do outro.

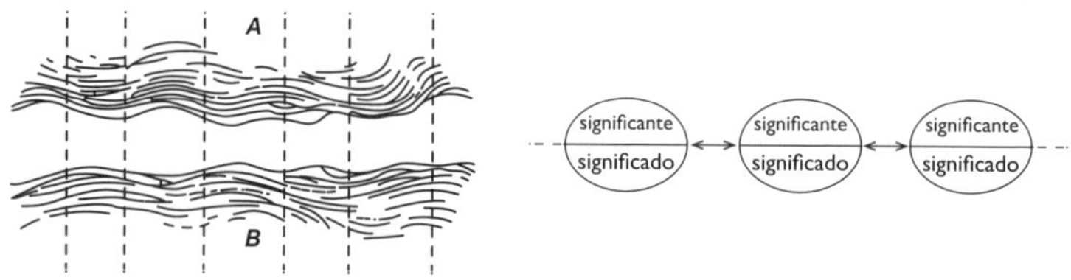

Figura 2.3 Dois retratos da primazia das relações na constituição de um sistema linguístico

Saussure (1916, pp. 156 e 159).
Fonte: Domínio público, diagrama à esquerda do Wikimedia Commons, diagrama à direita redesenhado pelo autor a partir da versão de Saussure.

Em todas as camadas desse processo – os significantes, os significados e os signos que juntam os dois – os elementos são definidos não por suas propriedades físicas ou outros conteúdos intrínsecos, mas por sua posição na rede de outros elementos.

A teoria "fonológica" do totemismo de Lévi-Strauss

Lévi-Strauss adaptou metaforicamente essas ideias à análise da cultura em geral. Em certos escritos sobre parentesco e mito a partir de meados da década de 1940, ele usou explicitamente o vocabulário linguístico encontrado via Jakobson. Mas o exemplo mais fácil de entender da maneira como Lévi-Strauss transpôs as ideias resumidas acima para a análise cultural é a sua teoria do "totemismo" (Lévi-Strauss, 1963).

O totemismo é um padrão mundial de pessoas ligando grupos sociais a espécies animais ou outros objetos naturais. Por exemplo, o povo Korowai da Papua Indonésia pertence a pequenos grupos denominados patriclãs, e cada patriclã tem uma espécie animal da qual o grupo se diz ter se originado, como a cacatua com crista de enxofre (*Cacatua galerita*), a tartaruga de barriga vermelha (*Emydura subglobosa*), ou um bagre de rabo de garfo (*Arius sp.*). Variações nesse padrão são comuns em sociedades baseadas em parentesco, mas também ocorrem em sociedades metropolitanas de massa em sistemas de nomes de times esportivos, emblemas de clubes sociais e semelhantes. Por um século antes do trabalho de Lévi-Strauss, o totemismo foi um tópico importante de investigação antropológica. Evolucionistas proeminentes como John McLennan, Edward Tylor e James Frazer devotaram muita atenção exotizante ao padrão. *Elementary Forms of Religious Life* [As formas elementares da vida religiosa], de Émile Durkheim (1995 [1912]), foi subintitulada *Totemic Systems of Central Australia* [O sistema totêmico na Austrália]. Mas, como Lévi-Strauss documenta em grande parte do seu próprio breve livro sobre o assunto, a grande variedade de diferentes maneiras pelas quais as pessoas ligam animais e grupos sociais significava que nenhuma definição comparativa satisfatória ou teoria do totemismo ainda havia sido produzida.

A teoria que Lévi-Strauss propõe começa com esta definição: "O termo totemismo cobre as relações, postas ideologicamente, entre duas séries, uma *natural* e a outra *cultural*" (Lévi-Strauss, 1963, p. 16; ênfase no original). Um conjunto de grupos sociais humanos, como os clãs Korowai, seria um exemplo do que ele entende por uma "série" cultural, e as espécies animais seriam um exemplo do que ele entende por uma "série" natural. Teorias anteriores do totemismo se concentraram na relação entre o grupo humano e o animal: para entender o totemismo, pense sobre a relação entre os membros do clã e o animal totêmico específico. Lévi-Strauss, inspirado pela ideia linguística dos signos fonológicos como "puramente opositivos, relativos e negativos", argumenta que esta abordagem estava procurando no lugar errado. Em vez disso, devemos olhar para a relação de diferença *entre* as espécies animais. Aqui estão duas passagens onde ele enuncia essa teoria:

> Dizer que o clã A é "descendente" do urso e que o clã B é "descendente" da águia nada mais é do que uma forma concreta e abreviada de afirmar [que] a relação entre A e B [é] análoga a uma relação entre espécies (p. 31).

> O mundo animal e o da vida vegetal não são utilizados meramente porque estão aí, mas porque sugerem um modo de pensar [...]. [A mente] postula uma homologia entre características diferenciais existentes, por um lado, entre as espécies *x* e *y*, e, por outro lado, entre o clã *a* e o clã *b* (p. 13).

Não é que as pessoas usem uma espécie de pássaro como a cacatua com crista de enxofre como uma metáfora para um grupo social, mas que elas usam as *diferenças* entre cacatuas, tartarugas, bagres e outras espécies como uma metáfora para a diferenciação das unidades sociais humanas (cf. tb. Lévi-Strauss, 1963, p. 77). Um totem animal é uma maneira de pensar sobre a própria diferenciação. Como um fonema no sistema sonoro de uma língua, o significado principal de qualquer espécie animal é a pura diferença de outras categorias.

Esse relato é uma transposição para os dados etnográficos da ideia saussureana retratada nos dois diagramas da Figura 2.3. A "série natural" e a "série cultural" na definição de totemismo de Lévi-Strauss correspondem às duas respectivas camadas de "sujeira" no diagrama esquerdo dessa figura. Uma outra maneira de expressar o relato é uma analogia simbólica da forma "A está para B como X está para Y". Como os diagramas da Figura 2.3, essa fórmula estruturalista expressa a ideia de ordem como consistindo não em *elementos*, mas em *relações*. A analogia simbólica afirma que a relação entre os elementos A e B está em uma relação de semelhança com a relação entre os elementos X e Y. Essas qualidades de relacionalidade são básicas para a existência, a força ou o significado dos elementos, em vez de os elementos existirem primeiro. Analistas anteriores haviam se concentrado nas propriedades do animal A, nas propriedades do grupo humano X e em possíveis razões para ligar o animal A e o grupo humano X. Lévi-Strauss, em vez disso, atribui primazia às relações "[...] é para [...] como [...] é para [...]" na fórmula analógica, em vez dos elementos[29].

---

29. Outra área antropológica na qual Lévi-Strauss defendeu uma mudança de atenção das entidades para as relações foi o estudo de parentesco. Como Candea discutiu no cap. 1, Radcliffe-Brown e outros na tradição que veio a ser conhecida como "estrutural-funcionalismo" sustentavam que a ordem política e social na maioria das sociedades estudadas por antropólogos era mantida principalmente através da existência de "grupos de descendência" matrilineares ou patrilineares. Lévi-

Para ilustrações do modelo de Lévi-Strauss possivelmente familiares à própria experiência dos leitores, considere alguns fragmentos do pensamento popular sobre gênero nos Estados Unidos. Nas últimas décadas, tornou-se comum falar sobre diferença de gênero falando-se sobre os hormônios "testosterona" e "estrogênio". Dizer "havia muita testosterona na sala" poderia ser uma forma de descrever que uma reunião consistira principalmente de homens ou fora dominada por estilos interacionais masculinos. Na experiência com animais de estimação domésticos, existe uma tendência parcial a que os gatos sejam vivenciados como encarnando a feminilidade humana, e os cães sejam vivenciados como encarnando a masculinidade humana, independentemente do gênero real dos animais de estimação. O livro de autoajuda de John Gray, *Men are from Mars, Women are from Venus* [Homens são de Marte, mulheres são de Vênus], deveu seu grande sucesso em parte à poética de seu título gênero-totêmico. Em cada um desses casos, a diferença em uma "série natural" (hormônios, animais ou planetas) é usada para falar sobre a diferença em uma "série cultural" (gêneros). Como o modelo de Saussure esquematizado na Figura 2.3 o teria, masculinidade e feminilidade não existem desde o início como categorias distintas e facilmente compreendidas, mas são ambíguas, indiferenciadas e caóticas. As pessoas usam a diferença em uma série externa de categorias para dar uma clara existência à diferença de gênero e mantê-la sob controle.

"O porco e o casuar são tio e sobrinho"

Uma ilustração etnográfica mais elaborada do modelo de totemismo de Lévi-Strauss pode ser encontrada em uma ligação que os Korowai da

-Strauss, em *The Elementary Structures of Kinship* [As estruturas elementares do parentesco] (1969 [1949]) e muitos outros trabalhos, argumentou, em vez disso, que o casamento e os processos de troca associados entre parentes por afinidade (ou "afins") ao longo do tempo geracional eram o verdadeiro ponto crucial do parentesco. Este contraste entre o paradigma estrutural-funcionalista e a abordagem de Lévi-Strauss foi posteriormente descrito às vezes como um debate entre a "teoria da descendência" e a "teoria da aliança". Existem muitas nuanças no trabalho de Lévi-Strauss sobre parentesco e casamento, e muitas delas no trabalho estrutural-funcionalista. Mas a grande força da "teoria da aliança" de Lévi-Strauss foi sugerir que as relações entre os grupos eram mais básicas do que os próprios grupos, novamente e metaforicamente semelhantes à ideia sobre a linguagem expressa nos diagramas de Saussure reproduzidos na Figura 2.3.

Papua Indonésia estabelecem entre animais e uma relação de parentesco específica. No ambiente florestal do povo Korowai, as duas maiores espécies de animais são o porco e o casuar, um grande pássaro que não voa, semelhante a um avestruz. Os Korowai costumam dizer: "Porco e casuar são tio e sobrinho". Por quê?

Na língua Korowai, apenas os irmãos da mãe são chamados de tios (*mom*). Os irmãos do pai são chamados de "pai" (*ate*). Portanto, a categoria "tio" tem um "valor" diferente, no sentido de Saussure, em Korowai do que tem em inglês. Além disso, os patriclãs Korowai são exogâmicos, de modo que os casamentos são entre homens e mulheres de clãs diferentes. Portanto, embora os pais e seus filhos sejam membros do mesmo clã, as mães e seus filhos são membros de clãs diferentes (Figura 2.4). Isso significa que os filhos e os *irmãos* de suas mães também são de clãs diferentes. A própria palavra "clã" é também a palavra para "espécie" (*gun*). Tios e sobrinhos são, em certo sentido, espécies de humanos totalmente diferentes. No entanto, no parentesco Korowai, a relação entre tios e sobrinhos ou sobrinhas é especialmente estreita. Quando as pessoas têm problemas em casa ou dificuldade na vida de modo geral, elas buscam ajuda dos tios maternos. (Radcliffe-Brown e outros promoveram um termo especial derivado do latim, o "avunculado", para falar sobre esse padrão comum em muitas sociedades.)

Já no que diz respeito ao porco e ao casuar, o que esses animais têm em comum é não só o fato de serem a maior e mais desejada caça do ambiente, mas também o fato de ambos serem aberrações da natureza. Eles são tão diferentes de outros animais em tamanho e outras qualidades, que os porcos não estão sequer incluídos na categoria Korowai geral de "mamífero" (*nduo*), que só inclui mamíferos terrestres menores, e os casuares não estão incluídos no termo geral para "pássaro" (*del*), que só inclui animais voadores alados menores, inclusive morcegos. Em vez disso, os Korowai colocam o porco e o casuar juntos no mesmo grupo como uma única categoria própria, "porco-casuar" (*gol-küal*), o que significa, na verdade, "grande caça".

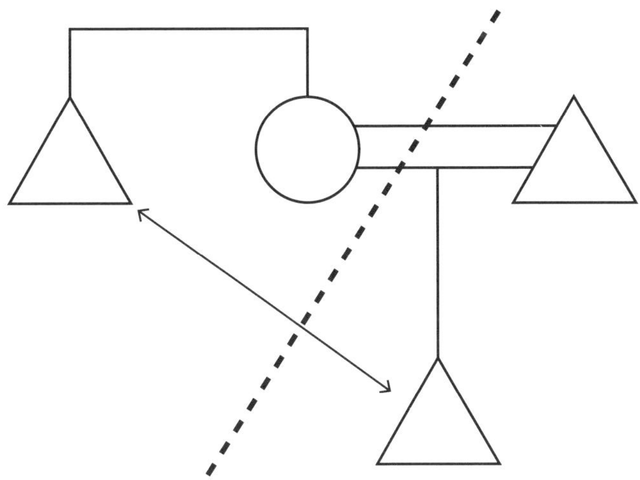

Figura 2.4 Tio materno e filho da irmã

A linha tracejada indica diferença de clã.
Fonte: Autor.

Assim, o ditado "o porco e o casuar são tio e sobrinho" trata de dois parentes, tio e sobrinho, que são fundamentalmente diferentes um do outro, mas também próximos mutuamente em uma relação especial diferente do resto do parentesco. E o ditado trata de dois animais, o porco e o casuar, que são fundamentalmente diferentes, mas também próximos, em seu tamanho antropomorficamente grande e outras características anômalas. Essa qualidade comum de ser profundamente próximo e profundamente diferente é provavelmente o motivo pelo qual faz sentido para as pessoas identificarem essa relação de parentesco humana e a relação das espécies animais umas com as outras.

Um detalhe excepcionalmente compatível com o modelo de Lévi-Strauss é que, ao discutir esse bocado de sabedoria recebida, os Korowai não se importam com qual animal é qual parente. Quando eu fazia essa pergunta, as pessoas diziam que não sabiam ou davam uma resposta *ad hoc* que mudava em diferentes conversas. O que o enunciado afirma é que "a *relação* porco-casuar é uma *relação* tio-sobrinho". São as relações entre os animais e entre os parentes que são o foco do pensamento, não o porco, o casuar, o tio ou o sobrinho como elementos isolados.

Os Korowai também afirmam que é porque o porco e o casuar são tio e sobrinho que uma pessoa não pode comer a carne dos dois animais no mesmo dia. Isso parece análogo a um tabu sobre sobrinhos ou sobrinhas se casarem com cônjuges do clã de sua mãe. Os Korowai dizem que se uma pessoa misturasse carne de porco com carne de casuar, seu reto cairia. Se você misturar as coisas erradas em sua barriga, então, como consequência, você perde o controle também da fronteira que separa o interior do seu corpo do que está fora dele. O tabu concerne à manutenção de limites entre categorias que já estão na situação volátil de serem extremamente diferentes, mas também extremamente semelhantes.

Generalizando o estruturalismo para temas etnográficos mais amplos

Este estilo de análise pode ser ampliado para além dos tópicos etnográficos que podem consistir perfeitamente em alinhamentos entre duas "séries" de elementos diferenciados. O espírito metodológico por trás dos formalismos específicos dos diagramas da Figura 2.3 é algo mais flexível: uma prática de procurar analogias, procurar o que está sendo colocado na mesma posição como o quê, e perguntar quais princípios mais gerais estão implícitos nessas identificações.

Esta é uma estrutura que enfatiza a *autonomia* da "estrutura", do "código" ou do sistema de signos. O sistema é uma entidade independente em si mesma. Portanto, um estruturalista não tenta explicar um fenômeno humano, ou o sistema maior do qual ele faz parte, referindo-se a algo fora ou abaixo desse próprio sistema. Por exemplo, uma pessoa que aplique essa abordagem não explica o que o elemento significa por suas propriedades intrínsecas. Tampouco os estruturalistas explicam algo por sua função ou sua história. Dizer que a prática preenche uma função é dizer que há algo fora do sistema de elementos interconectados que determina esse sistema.

Um estruturalista também não tenta explicar um elemento apelando sobretudo para as intenções conscientes das pessoas ou as suas próprias explicações acerca do que fazem. Vimos acima que a separação entre a ordem estrutural e a consciência é uma vertente da separação mais ampla de Saussure entre *langue* "estrutura linguística" e *parole* "fala". Os falantes não têm consciência das regras gramaticais que seguem, no sentido de serem capazes de enunciar essas regras com precisão na forma proposicional. Da mesma forma, de maneira bastante controversa, aplicar uma sensibilidade estruturalista a materiais etnográficos significa não estar interpretativamente limitado pelo que as pessoas dizem explicitamente sobre suas vidas. O estruturalismo de Lévi-Strauss levou a antropologia muito mais longe do que tinha ido anteriormente ao apresentar uma alternativa explícita à ideologia do senso comum de que a psicologia individual consciente é o determinante básico das práticas culturais.

O que um analista estruturalista *pode* fazer é construir argumentos exclusivamente com base em padronização formal. Padrões da combinação e posição de elementos em relação uns aos outros são, por si sós, um tipo de evidência que precisa ser peneirada para se chegar a princípios que pareçam explicá-los. Essa padronização de detalhes é uma boa evidência por si só para apoiar generalizações interpretativas, mesmo que não seja apoiada por declarações de consciência e intenção das pessoas.

Um Crow "tomando a esposa de outro" na década de 1860

Compreender e avaliar esse programa metodológico geral requer aplicá-lo a dados mais complexos do que os que citei até agora. Estabelecerei aqui um modelo de como uma tal aplicação pode proceder, usando o exemplo de uma instituição social específica na vida dos índios Crow em meados do século XIX. Os Crow são um grupo nativo americano que viveu na bacia do Rio Yellowstone onde hoje são os estados americanos de Montana e Wyoming. Robert Lowie fez trabalho de campo com os índios Crow durante viagens de verão entre 1907 e 1931. Como outros alunos de Franz Boas, os escritos etnográficos de Lowie eram compilações descritivas de dados sem nenhuma agenda teórica forte além da agenda, então revolucionária, de descrever precisamente a complexidade das práticas de vida dos nativos americanos sem reduzi-las a esquemas evolutivos fantasiosos. Também como outros boasianos, Lowie estudou a cultura da memória. Ele conversou com os consultores Crow que viviam em reservas, praticavam agricultura e trabalho assalariado e estavam subordinados às estruturas do governo dos Estados Unidos e à economia de mercado industrial. Mas os livros que ele escreveu eram menos sobre as condições correntes da vida dos Crow do que as condições lembradas de uma ou duas gerações anteriores, quando no final dos anos de 1800 os Crow viviam, circunscritos ou não ao domínio do governo dos Estados Unidos, em uma economia centrada na caça de búfalo a cavalo.

Em seu livro *The Crow* [Os Crow] (1935), Lowie descreve uma prática social referida na linguagem Crow como "tomar a esposa de outra pessoa", e que Lowie denomina "rapto de esposa" (p. 186; cf. tb. Bauerle et al., 2003, p. 44) Os homens Crow pertenciam a clubes e, na década de 1860, havia dois grupos principais entre os quais os homens escolhiam, denominados Lumpwoods e Foxes. A competição de "rapto de mulheres" era um aspecto central da existência dos clubes. Esta competição ocorria por meio mês na primavera, na transição sazonal entre um período invernal nevado, quando as pessoas acampavam em locais regulares nos rios nas suas maiores agregações anuais, e nos meses de verão passados em perseguição a rebanhos de búfalos (cf. tb. Bauerle et al., 2003, p. 85). Era também no verão que os homens se envolviam em ataques de longa distância contra vizinhos não Crow, como os Lakota e os Blackfeet, cujos cavalos eles roubavam. Durante o breve período de "rapto de esposa" da primavera, um homem Fox abordaria a esposa de um homem Lumpwood, diria a ela para vir com ele, e ela iria, encerrando assim permanentemente o seu casamento anterior. Por outro lado, um homem Lumpwood "raptaria" a esposa de um homem Fox, encerrando definitivamente o casamento dessas esposas. Mas o novo casamento feito por rapto era apenas temporário: ambos seriam amantes por um breve período e depois se separariam (Lowie, 1935, p. 56).

Lowie e estudiosos posteriores em nenhum lugar interpretam esta instituição de uma maneira geral. Quando pedi a alunos que lessem a descrição de Lowie e interpretassem a instituição, suas primeiras ideias são tipicamente tentar explicá-la pelas funções que ela cumpre (cf. cap. 1), pelos desejos de pessoas Crow ou por como ela se originou[30]. Uma compreensão básica mais satisfatória da instituição pode ser obtida, no entanto, fazendo-se a pergunta metodológica estruturalista: "O que é relacional com o quê?" Uma regra de ouro concreta pela qual uma análise estruturalista pode ser perseguida, por exemplo, é procurar coisas que em algum sentido ocorram na mesma "posição", conjecturar que elas sejam de fato a mesma coisa e perguntar o que essa coisa mais abstrata pode ser.

Por exemplo, um padrão de posicionamento *espacial* literal é que, após o rapto de uma esposa, a mulher capturada é desfilada pelo clube cujo membro a tenha capturado, montando um cavalo atrás de um homem que tenha previamente resgatado outro Crow dos inimigos, ao recuperar aquele homem Crow de onde ele tenha caído no chão e galopar para longe com ele atrás. Além disso, o homem e a mulher especificamente cavalgam um cavalo roubado de um campo inimigo (Lowie, 1935, p. 190; Bauerle et al., 2003, pp. 70, 108). Em outras palavras, a mulher é colocada na mesma posição do homem Crow que cavalgou atrás, e colocada na mesma posição de um cavalo roubado de inimigos não Crow, ao cavalgar *nesse* cavalo. Mas se a esposa abduzida de um homem do clube oposto é comparada a um cavalo roubado de inimigos e a um homem Crow resgatado de inimigos, então a relação entre Foxes e os Lumpwoods está sendo comparada àquela entre inimigos Crow e não Crow. A rivalidade entre os dois clubes é uma metáfora *dentro* da sociedade Crow da relação da sociedade Crow como um todo com esses inimigos[31].

---

30. Devo o uso dessa área da etnografia histórica dos Crow no ensino universitário a Robert Brightman.

31. Em uma compilação de narrativas históricas orais inicialmente coletadas e traduzidas na década de 1950, Bauerle et al. (2003, pp. 17-18) recontam um exemplo específico notável de outra elaboração criativa, em uma direção reversa, da equiparação de esposas capturadas a camaradas machos resgatados. Um homem Fox havia tomado a esposa de um Lumpwood. O mesmo homem Fox, coincidentemente, foi resgatado em batalha por aquele Lumpwood. Na primavera seguinte, o homem Lumpwood cavalgou em um círculo de Foxes e disse: "Aquele com quem compartilhei uma mulher, vim buscá-lo. Venha comigo ao meu clube", ao que o outro homem respondeu: "Que assim seja", e montou no cavalo atrás de seu resgatador. Enquanto eles cavalgavam para onde os membros do clube Lumpwood estavam reunidos, o cavaleiro da frente gritou de volta: "Foi assim que eu [o resgatei]. Se você o quiser de volta, traga-o de volta como eu fiz [resgatei-o na batalha], e você poderá tê-lo de volta". Desta forma, a adesão ao clube do homem resgatado mudou dos Fox para os Lumpwood, modelada na mudança de união conjugal de uma mulher.

Se os clubes competem em atividades diferentes, essas atividades também ocorrem, em certo sentido, na mesma "posição". Além de competirem para ver quantas esposas uns dos outros eles raptam, os clubes também competem para ver qual clube *toca* os inimigos primeiro na batalha no final do verão (Lowie, 1935, p. 186). Quem consegue tocar em um lutador inimigo obtém mais honra, seja esse toque esmagando o inimigo ou apenas tocando-o levemente (pp. 216, 228). O que se pode conjecturar que o rapto de esposa e o toque do inimigo exemplifiquem em comum é uma certa qualidade de transação em relação aos outros: tirar deles contra sua vontade, em violação de seu senso de controle de si mesmos, seu espaço pessoal e o que lhes é caro. O inimigo que é tocado pode ser morto ou meramente derrotado, mas em ambos os casos, um homem Crow conseguiu alcançar aquela pessoa e "tocá-la", apesar de seus esforços para prejudicar o atacante.

De modo semelhante, o cavalo no qual uma esposa capturada era exibida não era apenas qualquer cavalo roubado, mas um cavalo roubado de uma corda atada ao lado da tenda de um inimigo. O invasor não simplesmente parou do lado de fora do acampamento do inimigo, onde os cavalos estavam circulando, mas foi descaradamente debaixo do nariz do proprietário adormecido e fugiu com o cavalo. Nada acerca de um cavalo roubado dessa maneira é intrinsecamente melhor do que um cavalo roubado de fora de um acampamento, no que diz respeito à sua capacidade de carregar um cavaleiro. Mas um tal cavalo é melhor como um significante da *apropriação* como uma qualidade de ação, que também é central ao rapto de esposas: a surpreendente perturbação do senso de pertencimento seguro dos outros em relação às posses ou pessoas que eles mantêm por perto.

Em um nível mais amplo, também é útil perguntar o que mais ocorre na mesma posição que *toda a instituição* do rapto de esposas. Uma resposta é que, em grande medida, encontra-se na mesma posição que o casamento normal. Durante a exibição de uma mulher capturada, ela usa os mesmos ornamentos e se veste como uma noiva (pp. 190, 214; Bauerle et al., 2003, p. 108)[32].

32. Bauerle et al. (2003, p. 112) relatam um caso complexo de um homem cuja dramática queda de prestígio seguiu-se, em parte, ao reencontro transgressivo com sua esposa depois de terem

Mas, embora a união entre o raptador e a raptada seja como um casamento, o rapto de esposa perturba transgressivamente o casamento normal e viola suas normas. É um casamento normal com uma reviravolta.

Uma regra do rapto de esposa que o define em contraste com o casamento normal é a já mencionada estipulação de que os cônjuges originais nunca podem se reunir. Outra dessas regras concerne a quais homens podem raptar quais mulheres. Um raptador não pode simplesmente aproximar-se de qualquer mulher casada com um membro do clube oposto, mas pode tão somente aproximar-se de uma mulher de quem anteriormente tenha sido amante (Lowie, 1935, p. 186). "Tomar a esposa de outro" remete a histórias de namoro antes de as pessoas se estabelecerem com cônjuges de longa data. O rapto de esposas traz modos anteriores de romance e sexualidade transitórios de volta ao presente, substituindo o casamento estável.

Casamento estável	Namoro transitório; romance como "caça" e seguir em frente
Amor, parentesco	Guerra, intrusão, apropriação
Domesticidade, gravidez	Lutar contra inimigos, matar búfalos
Apego à vida, parentes	Imprudência para com a morte
Inverno	Verão

Figura 2.5 Uma polaridade de valores da vida dos Crow na década de 1860

Fonte: Autor.

Atravessando esses diferentes detalhes, há um padrão mais abstrato, uma polaridade de valores e visões contrastantes das relações sociais, que tento esquematizar na Figura 2.5. Ao longo da vida dos Crow neste período, há um conflito entre um ideal de apego conjugal estável e a valorização da vida com parentes, e um ideal de apropriação transitória. A regra contra a reunião de cônjuges anteriores afirma que o desapego e o viver para o momen-

sido separados por um outro homem que a "levou". Quando o raptador anterior inesperadamente encontra o par novamente casado mais tarde, o homem caído, dirigindo-se à esposa, refere-se ao ex-amante como "seu marido".

to transitório de apropriação é o bem maior. Da mesma forma, a organização mais geral da sociedade Crow em torno da competição de verão entre os dois clubes afirma que a apropriação transitória na guerra, na caça e na sedução é um modo de ação social mais valorizado do que as uniões domésticas estáveis e outras formas de vínculo de parentesco em torno das quais a sociedade também gira. Na experiência emocional dos homens em particular, a superioridade hierárquica dos valores da direita na Figura 2.5 sobre os da esquerda era reforçada por uma resposta socialmente exigida de um homem cuja esposa estivesse sendo abduzida. Embora em muitos casos esse homem estivesse realmente sentindo um grave sofrimento emocional, ele era obrigado não a objetar, mas, em vez disso, a aguardar, desempenhando um comportamento de impassível desapego (pp. 55, 186, 188, 191). Da mesma forma, esperava-se que os homens eleitos no início da primavera para os cargos de "dirigentes" de cada clube morressem naquele verão, como consequência da exigência de seu papel de que corressem para a frente de um confronto e permanecessem lá (pp. 177-178, 183-185, 228). Também ligando a solidariedade do clube aos valores da coluna da direita na Figura 2.5 está o padrão de que o luto de um viúvo era menosprezado por companheiros de clube com piadas junto ao túmulo como, "você não vai ter uma esposa hoje, vai?" (p. 179). Em outras formas de maestria verbal, valores apoiados pelo clube, de desprendimento masculino imprudente da própria vida e apropriação corajosa e sem hesitação da vida de outros, eram contrastados pejorativamente com os processos corporais femininos da menstruação e do parto, ligados à reprodução (p. ex., Lowie, 1935, pp. 116, 184).

Embora o rapto de esposa esteja na mesma posição que o casamento e seja uma forma alterada dele, vimos anteriormente que também está na mesma posição que roubar cavalos, guerrear, subtrair um companheiro Crow de sob um golpe inimigo, tocar um inimigo na batalha e enfrentar inimigos com a expectativa de morrer. O rapto de esposas é um tipo de amor e romance centrado não no apego estável um ao outro ao longo do tempo, mas na "caça": no prazer e no amor de primeiro cruzar a fronteira entre a distância e a proximidade romântica e sexual. Lowie relata, por exemplo:

> O excesso de virtude marcou um homem para o escárnio. Se ele viveu por tempo demais com uma esposa, seu parente brincalhão poderia dizer: "Você está como se estivesse perto de uma

> coisa morta" [...]. Pois, explicou Gray-bull, as mulheres são como uma manada de búfalos, e um marido que se apega a uma esposa é como um caçador que matou o último dos animais fugitivos e permanece ao lado da carcaça porque lhe falta espírito para perseguir outros (p. 48).

Evidência do que está esquematizado na Figura 2.5 também ocorre na sanção que se segue quando um casal *efetivamente* infringiu a regra contra reunir-se após separação por um episódio de rapto de esposa, qual seja que os homens do outro clube cortaram os cobertores não apenas do casal, mas de todos os homens no clube do marido (p. 189). Se um homem Fox se reunisse com a sua ex-mulher, todos os homens Fox poderiam, portanto, fugir com seus cobertores de pele de búfalo, para tentar impedir que Lumpwoods os cortassem. É provável que a sanção assuma esta forma porque o que ocorre na mesma posição que os cobertores é a proximidade corporal dos cônjuges (p. 188). A sanção ataca exatamente o que o casal afirmou ao se reunir, e aquilo contra o que o rapto da esposa é planejado em primeiro lugar. O casal afirma o valor das relações conjugais de longo prazo como um espaço separado da sociedade em geral, enquanto o ataque aos cobertores reafirma que a vida do clube é superior, afinal.

Parte da "posição" dos elementos culturais é onde eles incidem no tempo. "Tomar a esposa de outro" ocorreu na primavera, logo após os clubes terem retornado à vida organizacional por meio da eleição de novos dirigentes. Foi após o breve interlúdio da captura de esposa que os Crow então começaram a atacar os inimigos ou a serem atacados por eles, com a bravura nessas lutas externas também sendo uma arena da competição entre os clubes. O fato de o rapto de esposas incidir no tempo *perto da* luta contra inimigos sugere que rapto de esposas e ataques são formas alternativas de uma única categoria, o valor da apropriação transitória. Essa qualidade de ação relacional está ascendente durante o período de verão. Quando a neve chega, os clubes ficam inativos e a vida familiar doméstica é dominante.

No que concerne à subjetividade das mulheres, Lowie dá exemplos de mulheres específicas que se esconderam do acampamento para evitar serem raptadas e, portanto, separadas de seus maridos, e dá exemplos de cônjuges cujos casamentos foram terminados contra seus desejos, para sua grande angústia pelo resto da vida (1935, pp. 53-54, 59, 186-188). Mas ele também relata que, quando os clubes voltavam à vida no início de cada primavera, normalmente era uma mulher casada que sinalizava para o seu ex-amante no outro clube que ele deveria raptá-la na próxima temporada (p. 191). O próprio período de rapto de esposas terminaria, Lowie relata, "quando todas as esposas passíveis de captura mudassem de marido", e ele cita os exultantes exibidores de uma mulher capturada anunciando: "Uma das garotas dos Lumpwood se casou com um de nós, Foxes, de livre e espontânea vontade!" (pp. 189-190)[33]. Ele também relata que as mulheres eram geralmente – embora nem sempre – capazes de rejeitar um rapto indesejado por meio de súplicas emocionais (p. 189). Essas tendências de as mulheres serem agentes parciais de eventos de rapto de esposas sugerem que as mulheres em sua própria experiência subjetiva da instituição não apenas viveram as tensões esquematizadas na Figura 2.5, mas também às vezes compartilharam com os homens a classificação hierárquica dos valores da coluna direita como sendo superiores aos da esquerda.

Superinterpretação *versus* a arte etnográfica de rastrear conexões

Seria instrutivo considerar uma etnografia Crow adicional e desenvolver generalizações mais matizadas do que as que propus até agora. A discussão acima também suscita questões sobre detalhes mais finos de diferentes experiências e práticas crow de 150 anos atrás que não são respondíveis hoje,

33. Bauerle et al. traduzem de modo semelhante as expressões crow pelas quais celebrar os homens regularmente descrevia a subjetividade volitiva das mulheres como "ela veio por sua própria vontade e livre-arbítrio", "ela se decidiu", "tudo por sua própria vontade", ou, em uma celebração cantada, "ela veio por sua própria vontade e sozinha" (2003, pp. 70, 105-107). Em um evento específico de "tomar a esposa de outro" que foi lembrado nas histórias orais em detalhes particularmente meticulosos, um intruso Lumpwood moveu-se contra o casamento de um homem Fox que havia tomado quatro esposas Lumpwood, uma humilhação excessiva. Neste caso, o intruso fez sua tentativa com base em um princípio ampliado de que "alguém poderia reivindicar mesmo se tivesse interpretado marido e mulher ou fingido ser amantes quando crianças", em vez de alguma vez ter se envolvido sexualmente. A abertura do intruso para a esposa do homem Fox é citada como: "Aquele cara [o atual marido da destinatária] continuará fazendo certas coisas até que seja provavelmente demais. Vamos, você e eu, tentar algo nós mesmos". A isso, a esposa do homem Fox respondeu: "Assim será" (2003, p. 106).

talvez limitando a possibilidade de algum dia produzir uma interpretação satisfatória das atividades do clube dos homens que discuti. Mas espero que o meu relato tenha sido substancial o suficiente para ilustrar como a análise estruturalista pode ser realizada na prática. Também espero que esse relato tenha provocado nos leitores alguns sentimentos de serem surpreendidos e convencidos por certas conexões que fiz, bem como alguns sentimentos de resistência e ceticismo em relação a essas conexões.

Uma resposta comum a essa forma de análise é o desconforto com a possibilidade de uma superinterpretação. Por exemplo, será que não é simplesmente acidental que membros de um clube de homens Crow cortem os cobertores do outro clube? Ao conectar esse padrão à intimidade corporal dos cônjuges, será que estou fazendo declarações que os Crow da época não teriam eles mesmos reconhecido como significativas ou verdadeiras, e, portanto, impondo falsamente o meu pensamento na vida de outras pessoas?

Essa é uma resposta razoável, e as questões suscitadas nela não têm soluções simples. Existem alguns pontos gerais que eu gostaria de oferecer, no entanto, para pensar sobre essa resposta. Em primeiro lugar, a hipótese, "não há acidentes" é em si um resumo de trabalho útil dos pressupostos metodológicos do estruturalismo. Em segundo lugar, as interpretações estruturalistas não são arbitrárias, mas, ao invés disso, existe um critério robusto para avaliá-las como bem ou mal sustentadas. Esse critério consiste em que quanto mais detalhes etnográficos puderem ser ajustados em um padrão postulado, mais fortes serão as evidências de que o analista está no caminho certo. Por outro lado, é rotina que um amplo modelo generalizante seja continuamente revisado em formas mais complexas e matizadas, no curso da tentativa de ajustar uma gama cada vez mais fina e variada de detalhes empíricos a seus termos. Em terceiro lugar, embora seja bom desejar evitar fazer interpretações falsas, *abster-se* de interpretar também é uma forma de superinterpretação. Como outras superinterpretações, uma posição da forma "eu, como analista, não sou obrigado a me envolver com certos detalhes da vida das pessoas, ou não os devo colocar em qualquer enquadramento explicativo que não seja um acidente ou o que os próprios praticantes dizem", envolve uma assimilação de detalhes empíricos a um padrão geral do próprio universo mental do analista, seja uma teoria universalizante do acidente, uma teoria universalizante do próprio direito de evitar o envolvimento intelectual com material difícil, ou uma teoria universalizante segundo a qual nós indivíduos somos soberanos do nosso próprio pensamento e da nossa própria ação.

Uma forma mais positiva desses pontos é a transformação histórica da prática antropológica a que aludi no início deste capítulo, quando sugeri que os antropólogos hoje têm muitas dívidas tranquilas com o estruturalismo, embora muitas vezes o rejeitem abertamente como um arcabouço explícito. As contribuições mais duradouras de Lévi-Strauss provavelmente não foram suas ideias teóricas abertas, como as que mencionei acima. Em vez disso, sua influência mais duradoura veio por meio de como ele trabalhou com etnografia. O que muitos antropólogos hoje inconscientemente devem a Lévi-Strauss é a apreciação metodológica das interconexões entre as práticas socioculturais. Devem a ele a ideia de que "a verdade está nos detalhes", por assim dizer: de que, ao se trabalhar com materiais socioculturais, a base de um *insight* original e preciso é a peneiração fina de dados e o reconhecimento imaginativo de padrões não óbvios de articulação entre eles. Na esteira do estruturalismo, tornou-se rotina traçar ligações entre narrativas, rituais, formas arquitetônicas, práticas de produção e consumo de alimentos, práticas de adorno corporal, geografia, cosmologia, instituições formais de ordem política e muitas outras áreas da vida. O estruturalismo deu à antropologia um novo alcance ao ver categorias ou princípios abstratos em particularidades etnográficas.

Conclusão: desvendando a separação entre *langue* e *parole*

Se muitas escolas de pensamento antropológico de fato compartilham com o estruturalismo o compromisso de rastrear "conexões" etnográficas não óbvias no sentido amplo que acabou de ser descrito, isso significa que elas também compartilham implicitamente com o estruturalismo uma compreensão de seus objetos de estudo como sendo, em certo sentido, padronizados, ordenados ou sistemáticos. No entanto, existem boas razões para os adeptos da maioria das escolas de pensamento subsequentes se verem rompendo fundamentalmente com as orientações estruturalistas sobre a natureza ou a localização dessa ordem.

Um relato das diferentes maneiras pelas quais os antropólogos se afastaram do estruturalismo seria uma descrição de quase toda a disciplina, o que não posso tentar. No entanto, é notável como muitos dos afastamentos feitos ao longo do último meio século podem ser atribuídos ao recuo de suposições contidas na separação original de Saussure de *langue versus parole*. A "prática" (*parole*) é ela mesma uma categoria de múltiplas camadas, e, portanto, existem muitas camadas interconectadas para o que se entende ser aquilo em relação a que o "sistema" (*langue*) se torna autônomo, quando a prática é separada dele. Eu agora concluo mapeando brevemente alguns aspectos da vida humana que são marginalizados pela dicotomia de Saussure, e que a maioria dos antropólogos, desde Lévi-Strauss, tem, em vez disso, se esforçado para reconhecer como *centrais* para seus objetos de estudo. Há uma ligação estreita entre separar "prática" de "sistema" e o *insight* estruturalista de que o "sistema" existe como relacionalidade "estática" pura de elementos uns com os outros. Desenrolar a distinção entre *langue* e *parole*, enquanto se permanece comprometido com o estreito engajamento analítico com a interconexão relacional de elementos socioculturais, não é simples.

Uma área que tem parecido particularmente urgente integrar com relatos da ordem sistemática da vida das pessoas é a consciência ou subjetividade. Embora o estruturalismo ofereça um corretivo valioso contra a ideia de que os humanos escolhem e expressam de maneira transparente a forma das suas próprias vidas, há fortes motivos para reconhecer que os processos de consciência desempenham papéis importantes na criação ou reconstrução dessa forma. A investigação antropológica é malservida por uma dicotomia rígida de autoconhecimento transparente *versus* ordem inconsciente, uma polarização de possibilidades que certa retórica estruturalista parece encorajar. Em vez disso, o trabalho antropológico requer uma compreensão do consciente como frequentemente constituído de múltiplas camadas ou oblíquo. Muitas das generalizações interpretativas que apresentei acima sobre o "rapto de esposa" dos Crow parecem ter sido expressas no discurso dos Crow, embora muitas vezes como implicações e vinculações semitácitas nas bordas das proposições enunciadas, em vez de no centro dessas proposições. Talvez um Crow da época realmente reconhecesse algumas dessas interpretações, se colocadas da forma correta. Um dos benefícios mais valiosos dos modos estruturalistas de raciocínio para pesquisadores de campo é exatamente poderem levar a questões e proposições que *realmente* fazem sentido para os interlocutores de uma pesquisa, levando o pesquisador de campo a um envolvimento mais profundo com as nuanças de seu pensamento.

Uma abordagem teórica para integrar consciência e sistema que emergiu do meio teórico altamente estruturalista foi o modelo de "interpelação" do filósofo marxista Althusser (1971), que preservou uma versão forte da autonomia do "sistema", mas meramente descreveu a consciência pessoal como uma internalização de categorias dessa ordem mais ampla (cf. cap. 3). Antropólogos de décadas recentes, em contraste, têm geralmente evitado modelos da interface entre subjetividade e ordem mais ampla que retrate essa interface como tão inconsútil e unidimensional. Os antropólogos linguistas, por exemplo, atribuíram papéis positivos e complexos a "reflexividade" ou "ideologia" por parte dos usuários da linguagem, ao moldarem suas línguas e outros aspectos de seus sistemas de vida (Schieffelin, Woolard, & Kroskrity, 1998; Agha, 2007). Os últimos trabalhos de Foucault têm sido amplamente aceitos por muitos autores que agora trabalham na tradição da "antropologia da ética", como oferecendo um arcabouço etnograficamente fecundo para explorar variações comparativas no que é um sujeito pensante e atuante, enquanto também considerando possível que as pessoas possam refletir acerca das suas próprias condições estruturais de vida, engajar-se criticamente com possibilidades alternativas dentro dessas estruturas, e, portanto, fazer seu mundo além de serem feitas por ele (Foucault, 1978; Faubion, 2001; Laidlaw, 2014). Incontáveis formas de preocupação antropológica com "agência" também fundamentalmente se esforçam para quadrar o círculo da dicotomia saussureana (Ahearn, 2001; Ortner, 2006).

Intimamente relacionada ao *status* teórico e etnográfico do sujeito agente está toda uma gama adicional de características da "prática" como algo que se desdobra em um tempo e um lugar determinados, entre pessoas determinadas, que vivem em corpos e também em mentes, e estão *cientes* da própria prática como algo que estão fazendo. Bourdieu (1977), em uma crítica a Lévi-Strauss que seguiu estreitamente uma das críticas bem iniciais de Voloshinov (1972 [1929]) a Saussure, chamou a atenção para as próprias posturas dos atores em relação à contingência performativa aqui-e-agora de suas práticas, como sendo ela mesma uma fonte de valor e eficácia dessas práticas e um nível de sua organização ordenada. Mesmo no exemplo da linguagem, verifica-se que existem muitos aspectos da estrutura da linguagem que *codificam* situações de prática. Por exemplo, os pronomes *você* e *eu* codificam uma situação de uso da linguagem, onde uma pessoa é codificada na gramática da língua como tendo o papel de "aquele que fala", e uma outra pessoa presente na cena é codificada como tendo o papel de "aquele com quem se fala" (Benveniste, 1971 [1956]). Em outras palavras, a própria estrutura linguística contém uma imagem de uma cena social de ação ou uso, em um aqui e agora de *performance* discursiva em um tempo específico entre pessoas específicas; a *parole* está dentro da *langue*, por assim dizer, contra os termos das premissas de Saussure. Portanto, também acontece que muito da cultura e da sociedade em geral consiste em modelos gerais ou estrutura de como *usar* signos: convenções de gêneros de uso de fala e gêneros de interação, como realizar uma palestra, ou realizar uma partida esportiva, ou realizar uma eleição. A *prática* ou *ação* não pode ser destilada da *estrutura*, porque a estrutura é um modelo da ação em ação. Trata-se de um senso reflexivo de fazer coisas em um aqui e agora. Minha leitura quase-estruturalista do rapto de esposa dos Crow, acima, levou muito rapidamente a um modelo de valores contrastantes e hierarquizados que eram qualidades de *ação*: impingir transacionalmente a alguma pessoa em um momento e lugar *versus* formar uma parceria duradoura com alguém em uma solidariedade amorosa por sucessões extremamente longas de diferentes momentos. Uma estrutura é uma estrutura *de* e *acerca de* uma atividade, e vice-versa.

Questões de temporalidade são particularmente complexas e urgentes. Basta uma reflexão ínfima para se perceber que as pessoas geralmente não vivem em um tempo imediato, mas vivem através de modos de entendimento que versam eles próprios sobre o fluxo do tempo e sobre outros tempos que não o presente. Fenômenos como memória, luto, consciência histórica ou expectativas do apocalipse, utopia, sucesso profissional ou incerteza são formas estruturais. São formas de ordem sincrônica, por assim dizer, que mantêm uma relação interna com a diacronia. Processos de mudança e reprodução ao longo do tempo estão "dentro" da ordem, de maneiras culturalmente organizadas, de modo que, estritamente falando, não existe ordem *sincrônica*. Em vez disso, há uma ordem e um padrão que é *de* temporalidade, constituído de processos temporais e dos entendimentos culturais que as pessoas têm da vida no tempo, do início ao fim. É nesse sentido, bem como por outras razões teóricas, que, desde os anos de 1980, os antropólogos passaram a endossar fortemente a incorporação de perspectivas históricas e pesquisa histórica no centro do trabalho etnográfico. Essa mudança geral tem sido frequentemente promovida em oposição explícita ao estruturalismo, que a maioria dos estudiosos estereotipou como tendo sido uma estrutura a-histórica ou anti-histórica (cf., p. ex., Sahlins, 1985; Gow, 2001).

Também entrelaçados com essas outras dimensões da vida prática estão o valor e o poder. No breve exemplo do "rapto de esposa", vimos que a ordem das categorias complexamente em jogo ao longo da vida dos Crow da época não era uma questão apenas de diferença, mas de hierarquia: do que as pessoas entendem como sendo mais importante do que o quê. Uma atenção antropológica ainda maior na esteira do estruturalismo tem se concentrado em "quem se beneficia?": a questão de como ordenações específicas de categorias favorecem o bem-estar de grupos distintos de pessoas dentro de uma sociedade ou rede, ou somente podem ser mantidas ou promovidas por pessoas e instituições específicas.

Também implicada nessas mesmas linhas de complexidade está a questão das contradições, heterogeneidade, pluralidade ou abertura de um sistema. Em certa medida, há uma correlação lógica entre a ideia de um elemento sociocultural sendo constituído por sua interdependência relacional com elementos circundantes e uma suposição de que as ordens socioculturais têm um certo grau de unidade e delimitação. Para que um elemento seja analisável como tendo uma composição relacional estável, seria necessário haver um campo relacional estável e limitado no qual ele se situasse (Merlan, 2005,

p. 173). No entanto, vidas humanas reais e até ações singulares são geralmente vividas em uma pluralidade de ordens. A estabilidade ou significância do que é heuristicamente identificável como um "sistema" muitas vezes parece repousar em seus contrastes e articulações com o que está "fora" dele ou é "outro" para ele (uma área de investigação antropológica às vezes inspirada por Bakhtin, p. ex., 1981).

Existem muitas outras áreas de preocupação teórica que os antropólogos abriram extensamente no rescaldo do estruturalismo. No que concerne às poucas que acabamos de tocar aqui, meu propósito não foi mapear os conceitos que foram efetivamente desenvolvidos nessas áreas, nem mapear as fraquezas teóricas e empíricas que esses conceitos resolvem ou perpetuam. Em vez disso, meu principal objetivo foi dar uma ideia das maneiras como as diferentes camadas de "prática" estão conectadas umas às outras. Quando uma dessas questões que foram postas entre parênteses pela estrutura conceitual de Saussure (e pelas adaptações metafóricas que Lévi-Strauss fez delas) é levada novamente em consideração, como parte integrante de uma ordem ou de um sistema, também todas as outras voltam correndo.

Lidar seriamente com essas complicações teóricas e empíricas não significa necessariamente deixar de ver como os elementos socioculturais são definidos por suas posições relacionais. Significa, entretanto, não localizar essas relacionalidades em uma esfera transcendental nelas mesmas à parte da prática e da heterogeneidade de diferentes lógicas de sistema, o que torna mais difícil e complexa uma abordagem de rastreamento de conexões relacionais.

Referências

Agha, A. (2007). *Language and Social Relations*. Cambridge: Cambridge University Press.

Ahearn, L. M. (2001). Language and agency. *Annual Review of Anthropology 30*: 109-137.

Althusser, L. (1971). Ideology and ideological state apparatuses. In *Lenin and Philosophy and Other Essays* (pp. 123-173). Londres: Monthly Review Press.

Bakhtin, M. M. (1981). *The Dialogic Imagination: Four Essays.* Austin: University of Texas Press.

Bauerle, P. (ed.). (2003). *The Way of the Warrior: Stories of the Crow People.* Comp. e trad. por H. O. Coyote e B. O. Coyote Jr. Lincoln: University of Nebraska Press.

Benveniste, É. (1971 [1956]). The nature of pronouns. In *Problems in General Linguistics* (pp. 217-222). Miami: University of Miami Press.

Bourdieu, P. (1977). *Outline of a Theory of Practice.* Trad. De R. Nice. Cambridge: Cambridge University Press.

Durkheim, É. (1995 [1912]). *The Elementary Forms of Religious Life.* Trad. de K. Fields. Nova York: The Free Press.

Engler, R. (2004). The making of the Cours de linguistique generale. In C. Sanders (ed.). *The Cambridge Companion to Saussure* (pp. 47-58). Cambridge: Cambridge University Press.

Faubion, J. D. (2001). Toward an anthropology of ethics: Foucault and the pedagogies of autopoiesis. *Representations 74*(1): 83-104.

Foucault, M. (1978). *The History of Sexuality, Vol. I: An Introduction.* Trad. de R. Hurley. Nova York: Vintage.

Gow, P. (2001). *An Amazonian Myth and its History.* Oxford: Oxford University Press.

Jakobson, R. (1978). *Six Lectures on Sound and Meaning.* Trad. de J. Mepham. Hassocks: Harvester Press.

Jakobson, R. (1984). La théorie saussurienne en rétrospection. *Linguistics 22*: 161-196.

Jakobson, R. (1990). Langue and parole: Code and message. In L. R. Waugh, & M. Monville-Burston (eds.). *On Language* (pp. 80-109). Cambridge, MA: Harvard University Press.

Joseph, J. E. (2012). *Saussure.* Oxford: Oxford University Press.

Laidlaw, J. (2014). *The Subject of Virtue: An Anthropology of Ethics and Freedom.* Cambridge: Cambridge University Press.

Lévi-Strauss, C. (1963). *Totemism*. Trad. de R. Needham. Boston: Beacon Press.

Lévi-Strauss, C. (1969 [1949]). *The Elementary Structures of Kinship*. Trad. de J. H. Bell, J. R. Sturmer, & R. Needham. Boston, MA: Beacon Press.

Lowie, R. H. (1935). *The Crow Indians*. Nova York: Farrar and Rinehart.

Merlan, F. (2005). Explorations towards intercultural accounts of socio-cultural reproduction and change. *Oceania 75*(3): 167-182.

Ortner, S. B. (2006). *Anthropology and Social Theory: Culture, Power, and the Acting Subject*. Durham, NC: Duke University Press.

Sahlins, M. (1985). *Islands of History*. Chicago: University of Chicago Press.

Saussure, F. (1916). *Cours de linguistique générale*. Lausanne: Payot.

Saussure, F. (1959). *Course in General Linguistics*. Trad. de W. Baskin. Nova York: Philosophical Library.

Saussure, F. (1972). *Cours de linguistique générale*. Paris: Payot.

Saussure, F. (1993). *Troisième Cours De Linguistique Générale (1910-1911): D'après Les Cahiers D'Emile Constantin = Saussure's Third Course of Lectures on General Linguistics (1910-1911)*. E. Komatsu (ed.). Trad. de R. Harris. Oxford: Pergamon.

Saussure, F. (1996). *Premier Cours de Linguistique Generale (1907): d'apres les cahiers d'Albert Riedlinger = Saussure's First Course of Lectures on General Linguistics from the Notebooks of Albert Riedlinger (1907)*. E. Komatsu (ed.). Trad. de G. Wolf. Oxford: Pergamon.

Schieffelin, B. B., Woolard, K. A., & Kroskrity, P. V. (eds.) (1998). *Language Ideologies: Practice and Theory*. Oxford: Oxford University Press.

Voloshinov, V. N. (1972 [1929]). *Marxism and the Philosophy of Language*. The Hague: Mouton.

Leituras complementares

Douglas, M. (1966). *Purity and Danger: An Analysis of the Concepts of Pollution and Taboo*. Londres: Routledge and Kegan Paul.

Dumont, L. (2006). *An Introduction to Two Theories of Social Anthropology: Descent Groups and Marriage Alliance*. Oxford: Berghahn Books.

Holdcroft, D. (1991). *Saussure: Signs, System and Arbitrariness*. Cambridge: Cambridge University Press.

Lévi-Strauss, C. (1963). *Structural Anthropology*. Trad. de C. Jacobson e B. G. Schoepf. Nova York: Basic Books.

Lévi-Strauss, C. (1966). *The Savage Mind*. Chicago: University of Chicago Press.

Lévi-Strauss, C. (1969). *The Raw and the Cooked*. Trad. de J. e D. Weightman. Nova York: Harper and Row.

Lowie, R. H. (1959). Back to the Crow. In *Robert H. Lowie, Ethnologist: A Personal Record* (pp. 41-66). Berkeley: University of California Press.

Ricoeur, P. (1974). Structure and hermeneutics. In D. Ihde (ed.). *The Conflict of Interpretations* (pp. 27-61). Evanston: Northwestern University Press.

Robbins, J. (2004). *Becoming Sinners: Christianity and Moral Torment in a Papua New Guinea Society*. Berkeley: University of California Press.

Sahlins, M. (1976). *Culture and Practical Reason*. Chicago: University of Chicago Press.

Shapiro, J. (1988). Gender totemism. In R. Randolph, D. Schneider, & M. Diaz (eds.). *Dialectics and Gender: Anthropological Approaches* (pp. 1-19). Boulder: Westview.

Stasch, R. (2009). *Society of Others: Kinship and Mourning in a West Papuan Place*. Berkeley: University of California Press.

Valeri, V. (2000). *The Forest of Taboos: Morality, Hunting, and Identity among the Huaulu of the Moluccas*. Madison: University of Wisconsin Press.

3
Marxismo e neomarxismo

Caroline Humphrey

Em meados da década de 1960, a antropologia na Grã-Bretanha e nos Estados Unidos fervilhava, preocupada com as suas próprias questões disciplinares. O funcionalismo (cf. cap. 1), o estruturalismo e a semiótica (cf. cap. 2) estavam sendo questionados criticamente na Grã-Bretanha e substituídos por novas ideias de Edmund Leach, Mary Douglas, Frederick Barth (cf. cap. 4) e muitos outros, enquanto nos Estados Unidos, uma "explosão de paradigmas" (Geertz, 2002) estava começando a irromper, incluindo a antropologia interpretativa (cf. cap. 8), a sociobiologia, a antropologia cognitiva (cf. cap. 7) e a "etnografia da fala". Mas os eventos de 1968 – revoltas por toda a Europa, a Primavera de Praga e os protestos pelos direitos civis na América – mudaram o clima. Muitos antropólogos voltaram sua atenção para os problemas econômicos e políticos do mundo. O marxismo, com o seu alcance histórico mundial e a promessa de libertação, parecia a saída de debates que agora pareciam paroquiais. O "neomarxismo", o termo para o movimento teórico que nasceu nessa época, foi uma série de reinterpretações radicais de Marx inspiradas por dois motivos: primeiro, a necessidade de adaptar o pensamento marxista para resolver problemas contemporâneos como a descolonização, o capitalismo desenfreado e a desigualdade e a exploração que afligem as pequenas sociedades não capitalistas e, segundo, o desejo de repensar o marxismo estrito incorporando elementos de outras tradições intelectuais, como a teoria crítica, a psicanálise ou o existencialismo. O movimento propriamente dito, isto é, a ocupação da vanguarda da moda por um determinado conjunto de ferramentas e vocabulário analíticos, teve vida relativamente breve. Keith Hart afirmou que ele subitamente "abandonou a antropologia" com a eleição de Margaret Thatcher e Ronald Reagan em 1979 a 1981[34]. No entanto, este não foi um desaparecimento completo, e não aconteceu antes de o neomarxismo ter feito uma transformação radical dos horizontes da antropologia. Campos inteiros, como são entendidos hoje, são impensáveis sem o ímpeto teórico fornecido pelos neomarxistas - antropologia econômica, feminismo, gênero e parentesco, colonialismo/estudos pós-coloniais, antropologia da cidade e antropologia histórica. Além disso, como sugerirei no final deste capítulo, os antropólogos continuam a extrair percepções de Marx tanto direta quanto *indiretamente* - por meio de disciplinas periféricas que empurraram o pensamento marxista para novas direções.

"Marxismo"

Karl Marx (1818-1883) disse no final da vida que não era marxista, reconhecendo assim que um *corpus* separado cresceu em torno do seu trabalho (incluindo simplificações com as quais ele não se identificava inteiramente). O "marxismo" tem muitas vertentes, mas a versão dele que alcançou a antropologia foi uma interpretação econômica da história que enfatizou quatro elementos teóricos centrais:

a) a realidade física da vida humana, a centralidade do trabalho e a dinâmica constante das práticas;

b) a organização sistêmica das relações sociais de produção;

c) o conflito entre as diferentes formas dessa organização; e

d) a evolução histórica de diferentes estágios de desenvolvimento, para culminar na derrubada do capitalismo pelo comunismo.

---

34. Disponível em http://openanthcoop.ning.com/group/theoryinanthropology/forum/topics/from-marxist-anthropology-to Hart estava correto apenas a respeito de um certo *zeitgeist*. A importante reunião da *American Anthropological Association* sobre a abordagem marxista foi realizada em 1984, e livros influentes tais como *Marxism and Anthropology: The History of a Relationship* [Marxismo e antropologia: a história de um relacionamento] (1983), de Maurice Bloch, e debates continuaram na década de 1980.

Antes que o neomarxismo entrasse em cena, os antropólogos americanos baseados na Universidade de Colúmbia assumiram a preocupação de Marx com as condições enfrentadas pelos trabalhadores e então aplicaram uma abordagem amplamente marxista usando a quantidade massivamente maior de informações que se tornara disponível desde seus dias. Leslie White, em *The Evolution of Culture* [A evolução da cultura] (1959), propôs uma teoria sobre as maneiras pelas quais a base técnica dá origem à estrutura social que dá origem à ideologia. Os alunos chamaram isso de "bolo de camadas cultural" (Sahlins, 2000, p. 515). Sidney Mintz havia começado a escrever sobre trabalhadores na plantação de cana-de-açúcar, escravidão e camponeses caribenhos ainda antes. Sua preocupação de toda a vida com o colonialismo e o sistema mundial capitalista resultou em uma série de trabalhos, sendo o mais conhecido *Sweetness and Power: The Place of Sugar in World History* [Doçura e poder: o lugar do açúcar na história mundial] (1986). Eric Wolf, um colega de Mintz em Colúmbia, também se concentrou nos camponeses da década de 1950 em diante, publicando *Peasants Wars of the 20th Century* [Guerras camponesas do século XX], em 1969. Wolf mais tarde voltou-se para abordar a metodologia antropológica e sua história de fundo no imperialismo e colonialismo. Seu *Europe and the People Without History* [A Europa e os povos sem história] (1989) foi escrito para corrigir o preconceito de uma perspectiva de "primeiro mundo", enfocando o comércio de peles na Rússia, o comércio de prata e o comércio de escravos no Atlântico. Amplamente evolucionista, o argumento de Wolf – de que atores históricos isolados e amplamente esquecidos são parte da história mundial – foi inspirado por suas próprias ruminações sobre a relação entre poder e ideologia e as maneiras pelas quais diferentes tipos de teoria marxista abordam tanto as leis gerais quanto a etnografia situada (cf. tb. cap. 5).

Enquanto isso, na Grã-Bretanha, o historiador e comunista de longa data, Eric Hobsbawm, vinha abordando outros assuntos não convencionais ("rebeldes primitivos"/"bandidos sociais", trabalhadores industriais sob o imperialismo ou problemas enfrentados pelos movimentos operários da classe trabalhadora). Seu trabalho era pouco conhecido no enclave disciplinar separado da antropologia e a maioria dos antropólogos era cética em relação à teoria marxista (Firth, 1972). Talvez seja essa a razão pela qual, quando em 1965 Hobsbawm publicou sua “Introdução” seminal à tradução inglesa do pouco conhecido *Grundrisse* de Marx, intitulado *Pre-Capitalist Economic Formations* [Formações econômicas pré-capitalistas], o mundo antropológico a princípio o ignorou em grande medida. O “Neomarxismo” ainda não tinha entrado em cena. No entanto, alguns anos depois, como bem me lembro, muitos alunos se debruçaram sobre ele. O assunto ostensivo do livro, o delineamento de uma série de estágios ou épocas de sociedades primitivas comunais, escravistas, romanas, alemãs, feudais, burguesas e assim por diante, não era o que nos interessava, e o próprio Hobsbawm advertiu contra a aceitação de qualquer uma dessas categorias ou sua sequência de forma acrítica (1965, p. 19). Em vez disso, o que era teoricamente inovador era uma série de outras ideias amplamente aplicáveis que Hobsbawm havia extraído de Marx: o papel da troca no processo histórico e a “individualização” de grupos e pessoas; a noção de “apropriação” (de “pedaços” de corpos, terra, abrigo, comida, trabalho, tecnologias etc.) e sua relação com a ideia de propriedade; o foco na habilidade artesanal, no orgulho e na organização e sua transformação em um tipo de propriedade com a industrialização; a noção de “contradições internas” e a distinção entre sistemas que resistem e aqueles que favorecem a transformação histórica; a teoria de que um colapso em uma forma de sociedade abre não um, mas caminhos *alternativos* na história subsequente; e, de fato, o pensamento cauteloso de que, ao contrário das interpretações historicistas grosseiras de Marx, “não há nada em Marx que nos autorize a procurar alguma ‘lei geral’ de desenvolvimento que possa explicar sua tendência a desenvolver-se no capitalismo” (p. 43). Uma grande ideia emerge da versão hobsbawmiana de Marx: estabelecer uma distinção entre os modos de produção constituídos por relações específicas observadas em um contexto e a teorização das “formas” abstratas de tais relações, que podem existir em uma variedade de períodos ou contextos socioeconômicos (p. 59). Esta última ideia, não necessariamente derivada apenas de Hobsbawm (cf. abaixo), foi uma das marcas do neomarxismo.

Neomarxismo

Os antropólogos neomarxistas derivaram certas ideias-chave dos escritos de Marx[35] e as usaram como uma hermenêutica para analisar (ou reanalisar criticamente) a etnografia em várias partes do mundo contemporâneo. Esses conceitos-chave incluem[36]:

- "Forças de produção" (também conhecidas como "base") – os materiais, tecnologias e energias, inclusive o trabalho humano bruto, que entram na produção dos meios de vida. A "infraestrutura" é a base material organizada da produção, mas não inclui o trabalho.
- "Relações de produção" – a organização social em que as forças, e especificamente o trabalho, são sistematizadas por meio de direitos, propriedade etc.
- "Modo de produção" – a unificação sistematizada das forças e das relações, uma totalidade que possui uma ideologia historicamente específica (esta última, que inclui a lei e a religião, é chamada de "superestrutura").
- "Valor de uso" – o valor prático que os itens têm na vida quotidiana e no consumo.
- "Valor de troca" – o valor adquirido quando os objetos são trocados entre si; a quantidade de outras mercadorias que um objeto vale; nas sociedades complexas, o valor de troca é expresso em dinheiro/preço.
- "Teoria do valor-trabalho" – a ideia de que o verdadeiro valor de um produto é criado pelo trabalho (juntamente com os materiais) que entram em sua fabricação. O capitalista não recompensa o trabalhador com o valor total do trabalho e, portanto, é capaz de extrair um lucro ("mais-valia").

Uma palavra de cautela é necessária antes que eu discuta como essas ideias foram postas em prática para discutir problemas contemporâneos. A

35. Essas ideias são encontradas e elaboradas em Marx, mas têm uma longa genealogia e muitos significados anteriores. O pensamento de Marx derivou muito de Hegel (1770-1832), Morgan (1818-1881) e Engels (1820-1895). Firth (1972) oferece um claro resumo dos conceitos marxistas.

36. Para um esboço vívido dessas ideias, formuladas como uma polêmica contra o "materialismo cultural" de Marvin Harris, cf. Friedman (1974).

maior parte do ímpeto para o neomarxismo na antropologia veio de Paris para a Grã-Bretanha. É importante perceber que por volta de meados da década de 1960, embora o Partido Comunista fosse forte na França e certos filósofos fossem partidários políticos da URSS e/ou da China maoista, a elaboração antropológica do marxismo estava divorciada das ideologias de Estado empregadas nesses países. Em outras palavras, você poderia ser um "antropólogo marxista" sem referência às maneiras – muitas vezes turbulentas, destrutivas e confusas – como esses partidos comunistas tentavam colocar em prática versões das mesmas ideias. O neomarxismo, no entanto, não era apenas uma teoria acadêmica, uma vez que surgiu como uma espécie de imperativo moral em relação às injustiças do mundo, e especificamente como uma reação à própria escola da qual muitos de seus praticantes surgiram: o estruturalismo de Lévi-Strauss (cf. cap. 2). Afastando-se dos campos relativamente contidos (mitologia, ritual e estética) nos quais o estruturalismo parecera se estabelecer, os neomarxistas pretendiam abordar questões de economia política e o progresso histórico das diversas formas sociais. No entanto, ao fazê-lo, o arsenal de ideias que os antropólogos usaram para pensar sobre mudança foi, em muitos casos, refratado pelo seu uso anterior por Lévi-Strauss (Nugent, 2007). E empurrando para a complicada cena antropológica parisiense estava a crítica proposta pelo filósofo Louis Althusser, autor do influente *Reading Capital* [Ler O capital] (1965; tradução para o inglês, 1970). Althusser argumentou que vastos hectares dos escritos de Marx podem ser deixados de lado (aqueles afligidos pelo idealismo, pelo humanismo, pelo evolucionismo e por uma teleologia da história) em favor de uma "leitura sintomática" dos últimos trabalhos. Essa leitura revelaria uma teoria da qual o próprio Marx mal tinha consciência e só foi capaz de expressar obliquamente, e, portanto, um espaço seria liberado para a "prática teórica" – interpretações inovadoras capazes de prestar serviço no reino do pensamento, liberadas de suas amarras tanto nos primeiros escritos quanto no mundo empírico.

Muitos antropólogos franceses entenderam que essa liberdade brinca com o que podemos chamar de "ideias epimarxistas", mas, no seu caso, eles estavam interessados em sua aplicação em situações reais. Traduções para o inglês foram seguidas pela publicação de volumes editados como manuais de teorias e debates neomarxistas (p. ex., Hindess & Hirst, 1975; Clammer, 1978; Seddon, 1978). O que se segue é um guia para alguns dos conceitos que eles empregaram, os quais são formulações com um toque neomarxista e que refletem novas preocupações. Portanto, eles estão mais distantes dos próprios escritos de Marx do que da lista de conceitos dada anteriormente.

- "Dialética" – não mais vista abstratamente como o choque produtivo de "opostos" conceituais, a dialética foi virada (ou revirada) para explicar o conflito dentro de um "modo de produção" entre as "forças" e as "relações" restritivas, resultando no surgimento de um novo modo. "Dialética" pode referir-se ao conflito de classes nas mãos de alguns praticantes, mas muitos esforçaram-se para não a reduzir ao "materialismo dialético" (a fórmula amada dos soviéticos), que pressupõe o papel decisivo da economia nessas lutas, em vez da política, da lei ou da ideologia.
- "*Praxis*" – não apenas o processo pelo qual uma ideia ou habilidade é executada ou realizada, no neomarxismo, a palavra tende a ser usada para denotar uma ação que molda e muda as relações sociais.
- "Reprodução" – não apenas a reprodução da vida biológica, mas a sua incorporação na reprodução sociopolítica de todas as formas de dominação.
- "Formação social" – um todo socioeconômico identificável no qual mais de um modo de produção coexiste.
- "Articulação" – a maneira pela qual os interesses de um grupo social (ou modo de produção) se conectam com os de um outro grupo ou modo diferente, mais frequentemente usado para analisar a relação entre o capitalismo e algum modo de produção não capitalista; mais abstratamente usado para referir-se à forma assumida pela produção de unidade a partir de diferentes elementos.
- "Em última instância" – a ideia, proeminente em Althusser, mas não universalmente seguida pelos antropólogos, de que a prática econômica determina as relações entre outras esferas, sendo assim o elemento causal subjacente na determinação daquele outro aspecto de uma dada

sociedade (o político, o religioso etc.) que domina a sociedade como um todo.

Modos de produção

"Modo de produção" era uma ideia-chave e fornece uma maneira privilegiada de compreender outros termos do debate. Nas mãos de antropólogos neomarxistas, "modo de produção" era uma ideia radical. Oferecia uma maneira de pensar sobre a organização político-econômica que não estava ligada aos esquemas convencionais quase evolutivos e/ou funcionalistas (p. ex., tribos, chefes, estados). Acima de tudo, rejeitava a perspectiva implicitamente europeia sobre o progresso linear da história – embora isso estivesse claramente presente nos próprios escritos de Marx, como os *Grundrisse*. Portanto, o "modo de produção escravista" não precisava ser pensado como um estágio entre a sociedade "comunal primitiva" e a "feudal" e podia ser investigado em qualquer lugar, a qualquer momento. Essa liberdade de repensar foi retomada por Emmanuel Terray (1969; 1974) em sua análise das formações sociais pré-coloniais da África Ocidental. Já se reconhecia que muitas dessas sociedades combinavam fazendeiros organizando seu trabalho comunalmente e aristocracias guerreiras, cuja riqueza estava baseada no controle do comércio de longa distância. Terray argumentou que esta imagem subestimou o papel dos escravos: os cativos em Gyaman e Ashanti que produziram o excedente a partir do qual os meios de dominação da aristocracia foram obtidos. O comércio de longa distância permitiu à aristocracia "lucrar" com esse excedente. Isso foi feito por meio de sua aquisição exclusiva de bens de prestígio exóticos (pagos por produtos do trabalho escravo) e seu controle da distribuição de tais objetos de alto valor. A formação social como um todo foi, portanto, constituída por uma conjunção ("articulação") de um modo de produção baseado em parentesco com um modo de produção baseado em exploração do trabalho escravo. Argumentou-se que esta análise era mais sistemática e mais inclusiva do que os relatos anteriores da África Ocidental pré-colonial.

Mais influente do que Terray, pelo menos na antropologia britânica, foi *Maidens, Meal and Money* [Donzelas, refeição e dinheiro] (1981 [1975]) de Claude Meillassoux, uma vez que assumiu o coração estrutural-funcionalista da sociedade de linhagem da África Ocidental. Reimaginada, esta tornou-se a noção de comunidade agrícola autossustentável, uma ideia baseada em minucioso trabalho de campo entre os Gouro da Costa do Marfim. "La communité d'auto-subsistence", também conhecida como "modo de produção doméstico", baseava-se na igualdade de acesso aos meios de produção, na autossuficiência doméstica e nas formas de circulação ligadas à Antiguidade e ao prestígio. O casamento exogâmico era essencial para o seu funcionamento, porque a circulação das mulheres era o meio necessário para reproduzir as condições sob as quais a produção poderia ocorrer. A outra relação fundamental era a senioridade dos mais velhos sobre os juniores, o que lhes dava o controle da circulação de bens de prestígio que contrabalançavam o movimento das mulheres. A lógica da terminologia de parentesco e da genealogia não era uma esfera moral independente (como em Fortes, 1949), mas o efeito ideológico dessa forma de organizar o trabalho doméstico e o papel dos idosos na aquisição e distribuição de bens valiosos. Não é difícil ver a influência de *The Elementary Structures of Kinship* [As estruturas elementares do parentesco], de Lévi-Strauss, nesta formulação. No entanto, a abordagem neomarxista de Meillassoux trouxe um salto conceitual: mais notavelmente na ideia de "reprodução". As "donzelas" no título de seu livro não existiam por acaso. Elas (e outros tipos de pessoas) tiveram que ser produzidas socialmente, juntamente com grãos e dinheiro. A tarefa antropológica era descobrir e especificar os circuitos de reprodução pelos quais o sistema como um todo era reproduzido. Observe, entretanto, que em Meillassoux, a noção de reprodução não implica estase; tensões no funcionamento do sistema de linhagem, por exemplo, levaram à divisão deste último em classes e ao surgimento de estruturas semelhantes a estados. Ainda mais radical foi seu argumento de que há uma conexão lógica entre as estruturas de parentesco que controlam a reprodução e as formas de exploração encontradas no capitalismo.

A obra de Maurice Godelier impressionou ainda mais amplamente do que a de Meillassoux, pois ele estava interessado não tanto na caracterização de um tipo particular de sociedade – no seu caso, os Baruya da Papua

Nova Guiné – quanto em como a antropologia poderia ajudar a responder questões teóricas amplas, tais como "Será que existe uma lógica oculta nos sistemas econômicos?", "Como as realidades materiais, as naturais e as feitas pelo homem, impactam o pensamento humano?" e "Quais são as condições de nossa compreensão da realidade social?" Nas décadas de 1960 e 1970, o marxismo, interpretado de maneira *muito* ampla, deu a Godelier uma maneira de fornecer algumas respostas. Em décadas posteriores, à medida que seu trabalho abordava cada vez mais a desigualdade de gênero e a sexualidade, ele abandonou o marxismo e agora se autodenomina um ex-marxista. Aqui, descrevo brevemente seus primeiros escritos, especialmente suas coleções seminais de ensaios, *Perspectives in Marxist Anthropology* [Perspectivas na antropologia marxista] (1977 [1973]. Este livro torna central a hipótese do papel determinante das relações sociais de produção. Pensar nessa ideia em relação a sociedades não capitalistas levou Godelier a pegar e sacudir o entendimento marxista convencional de que a base/infraestrutura tem um papel determinante relativamente à superestrutura.

A questão que a antropologia colocou para o marxismo, observou Godelier, foi: qual é o papel da economia em sociedades onde o parentesco, e não a economia, é o princípio organizador dominante da organização social? A mesma questão, interpretada de forma mais ampla, atormentou a análise marxista de todas as sociedades pré-capitalistas. Como Kahn observa em sua resenha crítica do livro de Godelier (1978, p. 486), vários autores do século XX, inclusive Godelier, usaram a seguinte citação de Marx como uma maneira de formular o problema:

> [Que] o modo de produção determina o caráter da vida social, política e intelectual em geral, tudo isso é muito verdadeiro para os nossos próprios tempos, nos quais os interesses materiais preponderam, mas não para a Idade Média, na qual é o catolicismo, nem para Atenas e Roma, onde a política reina suprema [...]. Com tudo isso, no entanto, é claro que a Idade Média não poderia viver do catolicismo, nem o mundo antigo da política. Ao contrário, é o modo como ganhavam a vida que explica por que aqui a política, e ali o catolicismo, desempenharam o papel principal (Marx, 1887 [1867], p. 82n.).

A resposta de Godelier no caso de sociedades dominadas pelo parentesco, como a Baruya, é que o parentesco funciona como relações de produção, relações políticas e como ideologia. Em outras palavras, ele atua tanto como superestrutura quanto como infraestrutura (cf. a primeira lista de termos marxistas acima). A ideia de que o parentesco organiza a obtenção de um meio de vida não invalidou, entretanto, a teoria do valor-trabalho. Um dos capítulos mais originais de Godelier em *Perspectives* foi sua discussão das noções de valor não como uma ideia abstrata, mas por meio da etnografia. O sal que os Baruyas produziam, tendo um valor inicial determinado pelo trabalho que as famílias empregavam em adquiri-lo, refiná-lo e transportá-lo, adquiriu um "valor de troca" diferente quando trocado externamente por outros objetos, e, devido à demanda intertribal, também tornou-se um meio de troca como "dinheiro de sal". Desnecessário dizer que esses valores foram manipulados pelos mais velhos, os bichos-papões de tantas análises dos modos domésticos.

A reinterpretação de Godelier do modo de produção asiático (MPA) ressoou de uma maneira diferente, porque o debate ocorreu em grande parte fora dos domínios da antropologia. Na década de 1960, qualquer menção ao MPA havia se tornado um tabu político nos partidos comunistas dominantes do mundo. Consequentemente, revivê-lo era visto como um ato de agressão no tenso confronto de ideologias da Guerra Fria. O próprio Marx, pensando afigurar-se sobretudo da Índia, descreveu o MPA como um remanso estagnado na evolução social. Sua combinação de produção comunal autossustentável fechada, ausência de propriedade fundiária e governo despótico era resistente à evolução. Os vários governantes, que iam e vinham como nuvens de tempestade no céu, homenageavam projetos que glorificavam a unidade de uma dada formação social (cerimônias extravagantes, sistemas de irrigação, pirâmides, guerras), mas não usavam o excedente extraído de tal maneira que mudasse ou promovesse a evolução das relações sociais. Essencialmente, as unidades comunais poderiam funcionar perfeitamente bem por conta própria e foram autorizadas a fazê-lo (Hobsbawm, 1964, pp. 33-34). Na década de 1950, o pensamento horripilante de que esse sistema estagnado, comumente associado ao "despotismo oriental", pudesse aplicar-se à União

Soviética, tornou o MPA inominável na Rússia. Godelier recuperou o MPA e deu-lhe vida tornando a questão uma questão teórica: sistemas que parecem permanecer os mesmos por séculos precisam de tantas explicações quanto aqueles que mudam, escreveu ele – então quais são, de fato, os fatores que mantêm ativamente a estase? Novamente, ele usou etnografia e história específicas para abordar essa questão, olhando, neste caso, para um sítio clássico do MPA, impérios nômades da Ásia Interior. Sua conclusão, de que no longo prazo eles não estavam afinal tão estagnados e evoluíram de várias maneiras diferentes, fez pouco para torná-lo querido para os ideólogos soviéticos. Em sua opinião, eles haviam resgatado os nômades do atraso, seja caracterizado como torpor imemorável ou não, e esse fato mesmo demonstrava que seu sistema nada poderia ter a ver com o MPA.

O historiador neomarxista Perry Anderson descartou o MPA como uma ideia impraticável em 1974. No entanto, ele vive até o presente como uma estrutura recorrente para a discussão de uma série de temas, como hierarquia, diferença, casta, colonialismo, o Estado e eurocentrismo. É pertinente a este capítulo que os debates sobre o MPA sejam especialmente animados na Índia (Jal, 2014) porque isso sublinha que tais categorias marxistas não são meramente acadêmicas: são maneiras pelas quais as pessoas entendem a sua própria história – e a história insultuosa que lhes é imputada pelos outros. Em nenhum lugar este ponto é mais adequado do que no caso do modo de produção camponês (MPC). O estudo dos "camponeses" surfou uma onda envolvente na década de 1970, que, entretanto, varreu a antropologia, a sociologia, os estudos agrários, a história, a geografia e a teoria social. No entanto, mesmo na época, para mim o título da *Journal of Peasant Studies* [Revista de estudos camponeses], fundada no período, soava engraçado – e isso deve ter sido porque, após um trabalho de campo em fazendas coletivas soviéticas, conheci pessoas legalmente classificadas como "camponeses" que sabiam história demais para se identificarem dessa forma[37].

37. O termo "camponês" tem uma história política pesada, que foi sofrida e compreendida nas sociedades que eram classificadas nesses termos no século XX. Na China e na Rússia, esses julgamentos implícitos dão uma vantagem à análise histórica e às autodescrições ainda hoje. Cf. a discussão estendida em Leonard e Kaneff (2002).

A primeira formulação, na década de 1920, do que veio a ser conhecido como o modo de produção camponês foi tão dinamite política quanto o MPA se tornaria mais tarde. Seu autor, o agrônomo Alexander Chayanov, foi preso em 1930 e baleado em 1937. Seu crime foi que sua teoria ia contra os escritos de Lenin. Chayanov argumentou com base em estudos empíricos detalhados que o MPC se baseava no equilíbrio entre trabalho e consumo na família camponesa. Quanto maior a proporção de dependentes para trabalhadores na família, mais labor os trabalhadores tinham de exercer a fim de alimentá-los. Essa situação funcionava como um ciclo, no qual o nascimento de mais filhos e a sobrevivência de dependentes idosos seriam sucedidos por períodos com muitos adultos saudáveis ou pela formação de novas pequenas famílias. Pessoas com muitos dependentes expandiriam suas fazendas e trabalhariam tão duro quanto fosse necessário para abastecer a casa, mas quando os membros estivessem satisfeitos, eles não perpetuariam a labuta a fim de produzir um excedente. Porque o modo estava divorciado da precificação de mercado e sem contabilidade precisa, o modo podia ser descrito como "irracional", isto é, "autoexploração" consistente em longas horas apesar de taxas de retorno declinantes (cf. discussão em Donham, 1981). Lenin, por outro lado, embora admitisse que os camponeses independentes do tipo Chayanov existiam na Rússia, argumentou que eles eram uma minoria em rápido desaparecimento. A cena rural deveria antes ser entendida como um campo de batalha no qual vorazes proprietários de terras protocapitalistas estavam criando uma massa proletária agrária, estando esta última madura para a revolução. A publicação de *The Theory of Peasant Economy* [A teoria da economia camponesa], de Chayanov, em inglês em 1966 coincidiu com *Peasants* [Sociedades camponesas] (1966), de Eric Wolf. De repente, o mundo antropológico despertou para a existência de faixas antes desconsideradas de agricultores tediosamente não exóticos. O problema da "transição agrária", o processo ao qual Lenin se referiu, tornou-se subitamente interessante. O MPC, ainda que apenas como algo contra o que argumentar, acendeu debates acalorados sobre as várias ocorrências da agricultura familiar ao redor do mundo, questionando se elas eram ou não obstáculos ao "desenvolvimento", eram ou não uma força revolucionária potencial e as maneiras pelas quais se envolveram, ou não, com movimentos políticos, mercados, empreendedorismo e capitalismo.

Críticas neomarxistas: a favor e contra

Muito do impacto do neomarxismo está em sua "crítica" (uma nova palavra da moda no vocabulário) de outras posições. Enquanto isso, o marxismo em geral e o neomarxismo em particular sofreram alguns contra-ataques pesados. Como um exemplo de crítica positiva neomarxista, deixe-me citar a reformulação de Jonathan Friedman de *Political Systems of Highland Burma* [Sistemas políticos da Alta Birmânia], de Edmund Leach. Friedman argumentou que a oscilação descrita por Leach entre formas sociais igualitárias e estratificadas era apenas "aparente"; se os Kachin são considerados em termos de um modelo teórico mais amplo, essa oscilação superficial era apenas parte de um desenvolvimento multilinear gerado por uma estrutura particular de reprodução social, que tendeu em uma história mais longa ao surgimento de uma hierarquia centralizada (1975, pp. 161-163). Usando toda a panóplia do aparato marxista, Friedman tentou demonstrar que várias atividades técnicas necessárias (envolvendo uma tecnoecologia de tamanhos de campo, distâncias, densidade populacional, regeneração florestal etc.) são organizadas socialmente, em vez de a organização social ser determinada por essas atividades. Essas "relações de produção" se manifestavam em uma estrutura unificada que era tanto vertical (comunidade, chefes, espíritos) quanto horizontal (aliança e troca). As contradições do sistema derivavam do aumento da demanda por excedentes por parte dos chefes contra as restrições da tecnologia e a dificuldade de expansão territorial, resultando nas revoltas igualitárias mencionadas por Leach. No entanto, as mudanças nos padrões de dominação só poderiam ser explicadas adequadamente levando-se em consideração toda a formação social e suas transformações no longo prazo. As críticas bem argumentadas de Friedman (e de outros) aos sistemas políticos não destruíram a significância do livro, mas, pelo contrário, aumentaram o interesse duradouro nas ambiguidades da "oscilação estrutural" de Leach, que continua a suscitar novas questões empíricas e teóricas (Robinne & Sadan, 2007).

Marshall Sahlins ocupa um lugar estranhamente intersticial na batalha das críticas. Ele esteve em Paris em 1968 e absorveu muito do estruturalismo e do marxismo franceses. No entanto, suas próprias versões de "troca generalizada" e do "modo de produção doméstico" (1972) diferem acentuadamente das respectivas teorias de Lévi-Strauss e Meillassoux. Sahlins não argumenta contra as teorias francesas, mas simplesmente propõe as suas próprias ideias ecléticas. O modo de produção doméstico (MPD) em suas mãos consiste na produção familiar autossustentável caracterizada por necessidades limitadas, sem nenhum mercado de estilo capitalista, mas com troca entre as unidades produtoras. Aparentemente inofensiva, a ideia era de fato provocativa. Meillassoux ponderou um ataque: o MPD de Sahlins é muito inespecífico, nunca indica se as famílias são caçadores-coletores, pescadores, pastores ou fazendeiros, e não indica o tipo de sociedade ou período histórico (1981 [1975], pp. 6-7). Donald Donham (1981) argumentou que, apesar da etiqueta "modo de produção", Sahlins foi inspirado não pelo marxismo, mas por Chayanov, e, além disso, que o trabalho de ambos os escritores era, em certos aspectos cruciais, consistente com a economia neoclássica. Ambos trabalharam a partir da base neoclássica de análise – tomada de decisão individual sob restrições estruturais. Onde Sahlins diferia de Chayanov era que atribuía à cultura a falta de interesse do produtor doméstico na acumulação/lucro, ao passo que Chayanov nunca escreveu que os camponeses não querem mais e melhores bens, apenas que não os podiam obter, uma vez que não tinham outro recurso a não ser o seu próprio trabalho (Donham, 1981, p. 529). Quanto à troca entre famílias, Donham argumentou que o MPD de Sahlins falhou em especificar a estrutura político-econômica geral naquilo que aconteceu e não levou em consideração que as dívidas entre famílias poderiam envolver trabalho e não apenas bens (p. 531). Em outro comentário sobre o MPD de Sahlins, eu sugeri (Humphrey, 1998) que a produção agrícola doméstica exigiria condições especiais para as famílias serem "autônomas" e "centrífugas", como

Sahlins presume, e que a existência de atividades comunais e hierarquias aninhadas de direitos exige que o modelo seja repensado.

Sahlins deu o melhor que conseguiu. Seu livro, *Culture and Practical Reason* [Cultura e razão prática] (1976), começa com uma diatribe contra o determinismo econômico da crítica extraordinariamente detalhada de Peter Worsley, inspirada em Marx, do trabalho de Fortes sobre os Tallensi (1956)[38]. Invectivando contra a "teoria da práxis" e o papel determinante da prática, Sahlins insiste que a compreensão da vida econômica deve começar com a cultura. Mas "cultura" para Sahlins não é uma questão do simbólico/intelectual *versus* o material. A cultura é compreendida de forma abrangente como *incluindo* as relações sociais e, de fato, a "lógica racional-cultural do concreto" (2000, p. 18). A linguagem da superestrutura e da base econômica não ajudou, uma vez que as duas pareciam estar emaranhadas. Aludindo ao problema de que a superestrutura pode ter que incluir a base econômica, Sahlins zombou dos neomarxistas:

> Algo como essa possibilidade também estava afligindo a teoria marxista, o que a levou a produzir epiciclos de influências recíprocas da ideologia na economia ou outras complicações ptolomaicas do original. (Este foi o período da "descoberta do verdadeiro Marx", do que Marx realmente disse, ou então do Marx, ele mesmo, "ele mesmo" sendo aquele cuja teoria realmente cobria todas as exceções aparentes e era conhecida apenas pelo autor do comentário demonstrando isso, ao contrário dos outros que conheciam Marx, mas não ele mesmo.) (p. 17).

Se tanto a matéria quanto a forma são percebidas como estruturas por meio da mediação de esquemas culturais, Sahlins então pergunta, o que resta da "primazia das infraestruturas"? Ele saiu de tudo isso com a ideia de que "a atividade econômica ou a práxis todo-determinante era uma expressão funcional particular de uma lógica *cultural* mais geral" (p. 19). A práxis não

38. Sahlins foi um tanto injusto com Worsley, cuja análise sutil é dirigida principalmente contra a noção de Fortes de que o parentesco Tallensi é irredutivelmente seu próprio sistema moral. Worsley argumenta que isso é inadequado: uma moralidade que impõe harmonia é uma parte essencial de uma estrutura social abrangente que evoluiu sob condições históricas e econômicas específicas (1956, p. 63).

era uma experiência direta do mundo por meio do imediatismo do trabalho; ela sempre foi mediada[39].

A contínua relevância da antropologia marxista/neomarxista

Na academia ocidental de hoje, quase nenhum antropólogo usa as categorias dos anos de 1960 e 1970, no entanto seria profundamente equivocado dizer que o neomarxismo é irrelevante para a prática contemporânea. Alguns de seus proponentes ainda estão escrevendo (Sahlins e Godelier) e é claro que as primeiras camadas "marxistas" em seu pensamento foram trampolins essenciais para o desenvolvimento teórico deles e de outros. E será que deveríamos considerar os estudos substantivos feitos no modo neomarxista como superados, da mesma maneira que uma proposição da física é descartada em favor de outra que explique melhor a mesma questão? A antropologia é, ou deveria ser, cumulativa, mas de uma forma diferente. É por isso que os brilhantes estudos baseados em etnografia feitos no passado continuam a inspirar novas pesquisas, apesar do fato de que quase sempre têm sido submetidos a inúmeras críticas nesse ínterim (como demonstrado pelo sucesso da revista *HAU*, que se dedica a esta ideia). Isso também é verdadeiro acerca das proposições teóricas. Na verdade, ainda que tenham sido denunciados como "mitos" (Firth, 1972, p. 192) e destruídos milhares de vezes, os robustos "modos de produção" dos *Grundrisse* ainda são ideias que podem ser viradas do avesso e colocadas em novos usos – a saber, o ensaio de David Graeber (2006) sobre por que o modo de produção capitalista é uma transformação do modo escravista.

Uma maneira de entender a relevância do marxismo é perceber sua influência em genealogias de pensamento que se ramificam e acabam em lugares bem diferentes. Um exemplo disso deverá bastar: a trajetória de Terence Turner – embora relatos semelhantes pudessem ser oferecidos de pelo

39. *Culture and Practical Reason* [Cultura e razão prática], de Sahlins, foi fortemente criticada por Roger Keesing (1980), com o argumento de que reifica a "cultura" como um monólito maldefinido, criando assim ilusões das quais Sahlins parece não ter consciência.

menos um caminho proeminente da antropologia feminista[40] e igualmente da trilha da geografia marxista de Lefebvre a David Harvey. Retrospectivamente: Turner é conhecido agora por ter sido um antropólogo politicamente engajado e ativista dos direitos civis, renomado por seus escritos e filmes sobre a resistência do povo Caiapó da Amazônia à usurpação de seu modo de vida. No entanto, sua teorização sobre as maneiras pelas quais os Caiapó lutavam em suas batalhas foi possibilitada pelos *insights* da antropologia estética e feminista; estes, por sua vez, foram possibilitados pela compreensão subjacente de que produzir comida, abrigo, técnicas de luta ou ornamentação são todos elementos de processos produtivos mais amplos que moldam as pessoas sociais e as relações entre elas. O brilhante ensaio de Turner sobre a "pele social" Caiapó (2012 [1980]) discute a pintura corporal, os significados das cores, marcas simbólicas, bainhas do pênis e assim por diante como um filtro social que manifesta as estruturas conceituais pelas quais homens e mulheres socialmente adultos são tornados evidentes para si próprios e para os outros. Essas marcas constituem valores para as pessoas – uma conclusão que remonta às primeiras pesquisas de Turner, bem como às posteriores (2008) sobre a questão do valor como tal, e como isso pode ser teorizado para uma sociedade não capitalista (cf. discussão em Graeber, 2006, pp. 71-73). O trabalho de Turner tem sido notavelmente consistente e, ainda assim, demonstra como uma abordagem marxista pode levar a *insights* em campos muito diversos, de questões estéticas a confrontação política.

Ainda assim, talvez seja o potencial revolucionário do marxismo e sua capacidade de autotransformação que o tornam uma fonte sempre viva para os oponentes do neoliberalismo. As objeções dos antropólogos ao marxismo foram delineadas há muito tempo por Firth (1972, p. 206): seus "esquemas evolutivos ultrapassados, determinismo econômico, visão apocalíptica e demanda por total comprometimento intelectual". Mas foram exatamente esses xiboletes que foram derrubados pelas investigações etnográficas neomarxistas e o consequente repensar nas décadas de 1960 e 1970. Nas últimas déca-

40. A trajetória aqui começaria com o ímpeto dado pelo modo de produção camponês, por meio da indagação do caráter "natural" da família, para uma nova agenda de pesquisa preocupada com as mulheres e o patriarcado (cf. cap. 12).

das, o pensamento influenciado pelo marxismo na antropologia tem estado aberto a ("do lado de" ou "parte de") novas teorias – que surgem da filosofia, do feminismo, da psicanálise e da geografia radical – que expandem maneiras de compreender a humanidade e, acima de tudo, amenizar a injustiça na própria sociedade do escritor. Nesta obra, o marxismo pode ser apenas um estrato profundo – e criticamente examinado. Mas ele está aí.

Referências

Anderson, P. (1974). *Passages from Antiquity to Feudalism.* Nova York: Verso.

Clammer, J. (1978). *The New Economic Anthropology.* Londres: Macmillan.

Donham, D. (1981). *Beyond the domestic mode of production. Man NS 16*(4): 515-541.

Firth, R. (1972). The sceptical anthropologist? Social anthropology and Marxist views on society, Proceedings of the British Academy. www.britac.ac.uk/pubs/proc/files/58p177.pdf

Fortes, M. (1949). *The Web of Kinship Among the Tallensi.* Londres: Oxford University Press.

Friedman, J. (1974). Marxism, structuralism and vulgar materialism. *Man NS 9*(3): 444-469.

Friedman, J. (1984 [1975]). Tribes, states and transformations. In M. Bloch (ed.). *Marxist Analyses and Social Anthropology* (pp. 161-202). Londres: Routledge.

Geertz, C. (2002). An inconstant profession: The anthropological life in interesting times. *Annual Reviews in Anthropology 31*: 1-19.

Godelier, M. (1977) [France 1973]. *Perspectives in Marxist Anthropology.* Trad. de R. Brain. Cambridge: Cambridge University Press.

Graeber, D. (2006). Turning modes of production inside out; Or why capitalism is a transformation of slavery. *Critique of Anthropology 26*(1): 61-85.

Hindess, B., & Hirst, P. (1975). *Pre-Capitalist Modes of Production.* Londres: Routledge.

Hobsbawm, E. (1964). *Pre-Capitalist Economic Formations.* Londres: Lawrence & Wishart.

Humphrey, C. (1998). The domestic mode of production in post-Soviet Siberia? *Anthropology Today 14*(3): 2-7.

Jal, M. (2014). Asiatic mode of production, caste and the Indian left. *Economic and Political Weekly XLIX*(19): 41-49.

Kahn, J. (1978). Perspectives in Marxist anthropology (review). *Journal of Peasant Studies 5*(4): 485-496.

Keesing, R. (1980). Review of Sahlins' Culture and Practical Reason. *American Anthropologist 82*(1): 130-131.

Leonard, P., & Kaneff, D. (eds.) (2002). *Post-Socialist Peasant? Rural and Urban Construction of Identity in Eastern Europe, East Asia and the Former Soviet Union.* Nova York: Palgrave.

Marx, K (1887 [1867]). *Capital.* Vol. 1. Trad. de S. Moore e E. Aveling. Ed. de F. Engels. Moscou: Progress. www.marxists.org/archive/marx/works/download/pdf/Capital-Volume-I.pdf

Meillassoux, C. (1981 [1975]). *Maidens, Meal and Money: Capitalism and the Domestic Economy.* Cambridge: Cambridge University Press.

Nugent, S. (2007). Some reflections on anthropological structural Marxism. *Jrai 13*(2): 419-431.

Robinne, F., & Sadan, M. (eds.) (2007). *Social Dynamics in the Highlands of Southeast Asia.* Leiden/Boston: Brill.

Sahlins, M. (1972). *Stone Age Economics.* Nova York: De Gruyter.

Sahlins, M. (1976). *Culture and Practical Reason.* Chicago: University of Chicago Press.

Sahlins, M. (2000). *Culture in Practice: Selected Essays.* Nova York: Zone Books.

Seddon, D. (ed.) (1978). *Relations of Production.* Londres: Frank Cass.

Terray, E. (1969). *Le Marxisme devant les sociétés "primitives".* Paris: Maspéro.

Terray, E. (1974). Long-distance trade and the formation of the state: The case of the Abron kingdom of Gyaman. *Economy and Society 3*(3): 315-345.

Turner, T. (2008). Marxian value theory. http://ant.sagepub.com/content/8/1/43.short

Turner, T. (2012 [1980]). The social skin. *HAU, Journal of Ethnographic Theory 2*(2): 486-504.

Wolf, E. (1966). *Peasants.* Nova York, NY: Prentice Hall.

Worsley, P. (1956). The kinship system of the Tallensi: A re-evaluation. *Jrai 86*(1): 37-75.

4
Do transacionalismo à teoria da prática

David Sneath

No final dos anos de 1970, a antropologia anglófona viu um crescente interesse em posições teóricas que emergiram em reação ao pensamento social estruturalista; denominadas "teoria da prática" por Ortner (1984, p. 144). O mais influente desses teóricos foi Pierre Bourdieu, cujo *Outline of a Theory of Practice* [Esboço de uma teoria da prática] foi publicado em tradução inglesa em 1977. A antropologia transacionalista de Fredrik Barth foi uma alternativa anterior ao estruturalismo que se concentrava nos atores e em suas escolhas. Em cada caso, essas perspectivas "orientadas para o ator" emergiram em reação a, e em conversação com paradigmas teóricos que enfatizavam noções de "estrutura" na explicação da vida social.

Problemas com a estrutura

O estrutural-funcionalismo herdou as concepções durkheimianas de estrutura social como padrões de relações sociais que de alguma forma reproduzem a si mesmas e/ou a ordem social mais ampla (cf. cap. 1). A sociologia era, para Durkheim, a ciência das "instituições" – as crenças e modos de comportamento instituídos pela sociedade e reproduzidos por indivíduos, seja a língua francesa, sejam apertos de mão. O objeto adequado da sociologia não era o indivíduo, que era mais bem estudado pela psicologia e por outras disciplinas, mas os "fatos sociais", isto é, as "maneiras de agir ou pensar e sentir externas ao indivíduo, que são investidas de um poder coercitivo em virtude do qual exercem controle sobre ele" (Durkheim,

1982 [1895], p. 52). Assim, em seu estudo clássico, *Suicide* [O suicídio], por exemplo, Durkheim (1897) aceita a singularidade dos casos individuais, mas busca identificar as forças "estruturais" mais amplas que aumentam a probabilidade de alguém tirar a própria vida, como a ruptura dos vínculos sociais e morais que ele chamou de *anomia*. O marxismo ortodoxo também apresentou um relato estrutural da sociedade, enfocando classe e estruturas duradouras de exploração.

Em contraste, Max Weber concebeu a sociologia como a compreensão interpretativa da ação social. Embora preocupado com a estrutura, Weber defendia uma sociologia *verstehen* (interpretativa) que incluía os significados subjetivos que os indivíduos atribuíam à ação social. Na sociologia, o interesse na atribuição individual de significado foi desenvolvido pela Escola de Interacionismo Simbólico, popularizada por Herbert Blumer e inspirada na obra de George Mead (1863-1931). Em vez de estudar dados estatísticos para detectar "fatos sociais" abstratos, ou assumir a estabilidade e uniformidade de "representações coletivas" e seus significados sociais, os interacionistas simbólicos estavam preocupados com os significados que os indivíduos atribuem às coisas e acontecimentos. Além disso, esses significados não são estáveis ou essenciais, mas surgem de processos de interação social e interpretação pessoal que são fluidos e mutáveis (Blumer, 1969, pp. 86-89). Essa perspectiva interacionista compartilhava muito terreno comum com a escola fenomenologicamente informada de etnometodologia fundada por Harold Garfinkel (1967), que examinou as manciras pelas quais as pessoas ativa mente davam sentido às suas experiências para produzir uma ordem social compartilhada.

Na antropologia social, Raymond Firth criticou gentilmente noções funcionalistas de estrutura social que refletiam suposições acerca da importância relativa de diferentes conjuntos de relações sociais, o que realizam e para que fins (1951, p. 35). Firth distinguiu "estrutura social" – conjuntos duradouros de relações – e "organização social", que ele definiu como "a ordenação sistemática das relações sociais por atos de escolha e decisão" (1951, p. 40). Enquanto definições de estrutura social enfocavam instituições formais, regras e normas, descrições de organização social referem-se a padrões de ação "na prática". Por exemplo, em uma determinada sociedade, a residência virilocal após o casamento pode ser uma norma dominante ou "costume", mas por toda sorte de razões, a maioria das famílias pode não seguir a regra. O padrão efetivo de residência, então, contaria como organização social.

Enquanto Malinowski tinha sido crítico de alegações econômicas universalistas, Firth viu potencial na aplicação mais ampla de noções economicamente informadas de escolha racional: "A maioria das relações sociais tem um aspecto econômico. O exercício da escolha em situações sociais envolve economia de recursos em tempo e em energia" (p. 130). Na obra de Firth, vemos vários dos elementos-chave desenvolvidos posteriormente no transacionalismo – que atos individuais de escolha podem ser vistos como um mecanismo que cria padrões sociais mais amplos; que tais escolhas ocorrem dentro de um conjunto de valores socialmente específicos e são condicionadas por eles[41]; e que muitas escolhas podem ser vistas em termos "econômicos" como refletindo uma racionalidade interessada. Como veremos, neste último ponto, e em sua crítica ao estruturalismo como preocupado com normas e regras, Firth também antecipou questões que Bourdieu colocou ao propor sua teoria da prática.

O transacionalismo de Fredrik Barth

Enquanto Firth contentava-se com a sua noção de "organização social" orientada para a escolha para complementar a análise estrutural, Fredrik Barth desenvolveu uma alternativa mais axiomática ao estrutural-funcionalismo. Convidado por Firth para dar uma série de palestras, Barth as publicou em 1966 como *Models of Social Organization* [Modelos de organização social], expondo sua perspectiva teórica em termos formais e marcando o

41. Em algumas passagens, a posição de Firth parece assemelhar-se àquela dos interacionistas simbólicos. Ele enfatiza, p. ex., que "a sociabilidade é de vital importância. A escolha, o comportamento, os valores de qualquer pessoa são todos condicionados por outras pessoas. [...] as ações dessas outras pessoas dão sentido ao sistema conceitual e simbólico do indivíduo" (Firth, 1951, p. 124).

que Kapferer (1976, p. 2) descreveu como uma "mudança de paradigma" na antropologia social britânica.

Em vez de assumir formas estruturais gerais, argumentou Barth, os antropólogos deveriam desenvolver o que ele chamou de "modelos generativos" (1966, p. v), uma explicação dos mecanismos específicos de interação que produzem os padrões sociais mais amplos que observamos. Esta deveria ser uma descrição de como a sociedade é continuamente produzida "de baixo para cima", por assim dizer, por ações individuais, em vez de uma descrição da "estrutura social" como um plano abstrato.

> O modelo estrutural-funcional busca generalizar a forma aberta de uma sociedade e mostrar sua coerência com as próprias representações culturais das pessoas. Um modelo generativo tenta identificar conjuntos de eventos regulares, processos, que levam ao surgimento de tal forma observada em um sistema social local ou regional (Barth, 2007, p. 8).

Para Barth, a sociedade era um processo, em vez de um objeto, e a tarefa do antropólogo era descrever regularidades no comportamento social, atendendo aos acontecimentos concretos que produziram as regularidades da vida social.

Muitos dos elementos dessa abordagem são encontrados no trabalho anterior de Barth. Seu trabalho de 1959, *Political Leadership among Swat Pathans* [Liderança política entre os pathans do Swat], apresentou uma análise da organização política no Vale do Swat, Paquistão, como um resultado das escolhas e estratégias dos atores envolvidos, em vez de uma estrutura baseada em regras e normas.

Barth sobre a política Swat

Na época do trabalho de campo de Barth, em 1954, Swat era um antigo Estado principesco que manteve uma autonomia considerável dentro do Paquistão recém-independente. Os "pathans", ou mais propriamente pashtuns, eram um estrato de proprietários de terras dentre uma série de grupos hereditários estratificados que Barth descreve como "castas" porque eram amplamente endogâmicos (1959, p. 10). A "pequena aristocracia rural"[42] pashtun constituía algo entre 10 e 20% da população em diferentes regiões (pp. 30, 112; Asad, 1972, p. 75), mas Barth considerou os "quatro quintos" restantes da população do Swat abrangidos no sistema político que ele descreveu, porque os membros das ordens inferiores eram todos "alocados como clientes políticos de algum pashtun" (1959, p. 30). A região foi dividida em distritos, aldeias e subaldeias que geralmente eram governados por um proprietário de terras pashtun com título de nobreza (*nababo*, *cã* ou *malak*), todos os quais Barth denomina "chefes" (p. 72).

A análise de Barth deve ser vista no contexto da influente etnografia estrutural-funcionalista africanista da época. O célebre relato de Evans-Pritchard sobre os Nuer (cf. cap. 1) parecia mostrar uma sociedade composta de grupos de descendência corporativa e um sistema político acéfalo que era produto de uma estrutura de parentesco segmentar. No Swat, Barth não encontrou grupos de descendência corporativa nem um sistema político baseado em uma estrutura de parentesco estendida (pp. 3, 22), apesar da falta de autoridade centralizada na memória relativamente recente. Em vez disso, ele encontrou uma série aparentemente fluida de facções políticas que, no entanto, exibiam regularidades. Os "grupos primários" na política do Swat não eram clãs ou linhagens, argumentou ele, mas "chefes" ou "santos" muçulmanos e seu séquito de proprietários de terras pashtun com sua comitiva.

Barth enfatizou a natureza voluntarista das relações políticas (p. 3). O cã local, ou "chefe", era "confirmado em sua posição por todos os proprietários de terras da comunidade" (p. 11) e o tamanho de seus seguidores refletia sua posição relativa e popularidade. Os principais proprietários de terras mantinham "casas de homens" e se engajavam em pródiga hospitalidade, que Barth (p. 12) explicou em termos de uma competição por consideração análoga às "instituições potlatch" que ele via como orientadas para ganhos políticos em vez de econômicos. Os proprietários de terras podem perder inquilinos ou atrair mais, dependendo de sua popularidade. As relações políticas eram em grande parte contratuais. No caso de disputas, e o conflito por terra era co-

42. Barth, 1959 (p. 9).

mum, esperava-se que os proprietários locais mobilizassem seus dependentes para, se necessário, defender seus interesses pela força. A maioria desses dependentes teria uma relação contratual com seu senhorio como inquilinos que cultivavam suas terras e/ou viviam em uma de suas casas (a maioria das quais era propriedade da "pequena nobreza"). No caso do séquito de "santos" muçulmanos, os seguidores tinham uma relação "contratual" na qual exibiam lealdade em troca de "tutela religiosa" (p. 3).

Apesar da falta de uma estrutura formal governando as relações entre os "chefes", Barth descobriu que as numerosas facções locais pareciam consistentemente coalescer em "duas alianças ou blocos grandes, dispersos e coordenados internamente, como resultado das atividades e escolhas dos líderes individuais" (p. 3). Esses campos políticos em todo o Swat nunca foram instituídos de qualquer maneira formal, e ainda assim todos sabiam sobre eles. Como isso poderia ser explicado?

Barth voltou-se para as teorias da escolha racional que encontrou na obra de Neumann e Morgenstern de 1944, *Theory of Games* [Teoria dos jogos]. Seu modelo de um jogo de aliança com várias pessoas apresentava uma coalizão bipartidária generalizada como um resultado lógico da estratégia de atores engajados em um jogo sujeito a regras. Nesse modelo, faz sentido para qualquer líder se alinhar com aliados mais distantes em disputas com uma facção local rival por recursos como terras. Quanto maior a aliança, melhor, porquanto o tamanho aumenta a chance de sucesso. O resultado lógico é a formação de dois enormes blocos. Essas duas alianças opostas seriam características estáveis porque, à medida que uma facção aumentava de tamanho, os despojos disponíveis para cada membro encolhiam. Isso limitava as deserções de um lado para o outro e impedia que uma das facções subjugasse inteiramente a outra.

Essa, então, era a alternativa de Barth às explicações da estrutura social; em vez de o comportamento dos atores políticos ser ditado por sua posição estrutural em, digamos, uma estrutura de parentesco, Barth tentou mostrar como as formas políticas foram produzidas pelas escolhas feitas pelos atores envolvidos.

A modelização do processo social

De uma teoria dos jogos, Barth passou ao que ele chamou de "um modelo processual de interação" (1966, p. 5). Seu objetivo não era fazer uma descrição perfeita da realidade social, mas modelá-la de modo a ser capaz de fazer afirmações que pudessem ser testadas contra a realidade observável. Para fazê-lo, Barth propôs um conjunto de termos e princípios analíticos. Como Barth mais tarde empenhou-se em salientar (1981, p. 85), a unidade de escolha mais básica *não* era o indivíduo, mas o *status*, o conjunto de direitos e obrigações vinculados a uma dada posição social. Uma pessoa era, neste sentido, uma combinação de *status*, e a perspectiva de Barth permitia que os *status* fossem tratados como *ativos* (pp. 122-125) nos processos sociais.

O passo seguinte foi construir regras sobre como os vários *status* interagem:

> Uma base para tais regras pode ser encontrada na natureza transacional da maioria das relações interpessoais, na reciprocidade que impomos a nós mesmos e aos outros. Em qualquer relação social, estamos envolvidos em um fluxo e contrafluxo de prestações, de bens e serviços apropriados e valorizados (Barth, 1966, p. 3).

Por *transação*, Barth denotava "aquelas sequências de interação que são sistematicamente governadas pela reciprocidade" (p. 4). Além disso, essa noção de reciprocidade é de um tipo particular. Para Barth, as partes de uma transação "tentam sistematicamente garantir que o valor ganho para elas seja maior ou igual ao valor perdido" (p. 4). Os *status* envolvidos na interação podem ser tratados como elaborando estratégias de maximização de valor subjetivo. Barth admite que algumas relações sociais não são dessa forma "transacional" (p. 8), mas dá a impressão de que as relações sociais importantes são.

Muitos dos pontos de Barth ressoaram com a posição formalista no debate formalista-substantivista no âmbito da antropologia econômica. Para aqueles como Herskovits (1952 [1940]), Cook (1966) e Schneider (1974), alguma forma de comportamento de maximização individual poderia ser tratada como universal, e tal comportamento "econômico" – a busca racional de fins dados meios limitados – poderia ser estudado usando-se elementos da teoria microeconômica formal. Claro, as escolhas das pessoas refletiam preferências pessoais que diferiam em vários cenários culturais e históricos. Mas a ideia de que os indivíduos escolhem entre meios alternativos para maximizar fins desejados foi vista como uma heurística aplicável transculturalmente.

Em vez da teoria microeconômica, no entanto, Barth olhou para a sociologia de Erving Goffman (1959) e extraiu a noção de *gerenciamento de impressões*, o processo pelo qual as pessoas tentam controlar a maneira como os outros as percebem. Para Goffman (p. 17), a interação social é uma *performance* pela qual os atores tentam gerenciar as impressões que os outros têm deles de maneiras que sejam consistentes com os seus objetivos desejados. Para Barth, isso fornecia regras pelas quais padrões sociais mais amplos podiam ser vistos surgindo. "Podemos, portanto, construir um modelo pelo qual padrões complexos e abrangentes de comportamento (papéis) podem ser gerados a partir de especificações mais simples de direitos (*status*), de acordo com um conjunto de regras (os requisitos do gerenciamento de impressões)" (1966, p. 3).

O outro termo crucial no esquema analítico de Barth era *prestação*, tomado emprestado de Mauss para descrever o que foi nocionalmente trocado em transações – isto é, quase qualquer coisa dita ou feita concebida para ter significado para os outros, de bens e serviços a comentários e expressões faciais. Ele usa o termo prestações "simbólicas", onde esses atos ou objetos comunicativos são oferecidos como sinais de intencionalidade e segurança. A noção de transação, Barth (p. 5) argumenta:

> dá-nos um modelo logicamente consistente de um processo social observável. É um modelo pelo qual pode-se gerar formas de acordo com as regras da estratégia, dados os parâmetros de valor; e essas formas geradas pelo modelo podem então ser comparadas aos padrões empíricos que observamos.

Transacionalismo aplicado: os barcos de arenque de Barth

Barth (pp. 6-11) ilustra sua abordagem com uma análise da dinâmica social das tripulações dos barcos de arenque noruegueses. Os arenques chegam à costa da Noruega no final do inverno em grandes cardumes e, se um barco de pesca conseguir encontrar um cardume, a tripulação pode pescar o equivalente a grandes somas de dinheiro. No início da década de 1960, barcos de pesca procuravam cardumes usando sonar. Se fosse encontrado arenque, dois barcos menores eram lançados para manobrar redes, coordenados por um especialista chamado de chefe de rede em uma lancha. Barth argumenta que o comportamento das tripulações dos barcos de arenque geralmente obedecia a certos estereótipos, e propõe-se a explicar seu comportamento.

Os *status* formais da tripulação são definidos em costume e contrato da seguinte forma:

a) O *comandante* é o capitão do navio e tem, formalmente, o comando quase total da tripulação. Ele recebe o dobro ou o triplo da parte dos lucros dos pescadores que trabalham sob sua supervisão.

b) Os *pescadores* fazem o trabalho manual especializado no navio. Cada um recebe uma parte do bruto da pesca.

c) O *chefe de rede* controla a complicada operação de rede e recebe de duas a cinco vezes a parte dos pescadores – às vezes mais do que o comandante.

O comportamento real das tripulações é um tanto surpreendente. Os comandantes evitam relações de comando e subordinação com seus tripulantes, e em vez de a ponte funcionar como domínio privado do comandante, a tripulação tende a reunir-se ali, olhando para o sonar, buscando o horizonte com binóculos e ouvindo rádio. Os comandantes tendem a ser taciturnos, exalando um ar de profunda experiência e julgamento ponderado. Em contraste, entretanto, o chefe de rede é, de maneira estereotípica, extrovertido e espontâneo, contando piadas e se gabando de suas escapadas.

Barth explica os padrões de comportamento em termos de transação. Cada membro da tripulação está empenhado em gerenciar as impressões das pessoas ao seu redor, de modo a parecer estar aumentando a chance de sucesso no empreendimento conjunto. Os pescadores amontoados vigilantemente na ponte estão fazendo prestações simbólicas, indicando sua vontade de trabalhar. O comandante dá uma impressão de competência e sabedoria porque é isso que a tripulação deseja para fazer uma boa pesca. O chefe de rede deve ser capaz de impor o respeito da tripulação quando é preciso fazê-lo, mas sua maneira extrovertida sugere liderança de uma maneira que não compete com o ar de autoridade discreta do comandante. Esse comportamento, no entanto, é transformado durante o processo de lançamento da rede, quando os chefes de rede são notórios por seus furiosos palavrões. Todo esse comportamento "transacional", então, tem a ver com gerar e manter relações de confiança.

A decisão mais importante, no entanto, é para onde o navio deve ir, e, no final, a reputação do comandante depende de ele saber como encontrar peixes. Dado que os cardumes de arenque podem aparecer em quase qualquer lugar ao longo de uma vasta extensão do oceano, pode-se esperar que os navios de pesca se espalhem para maximizar as chances de encontrar um. Mas não é isso que acontece. Em vez disso, a maioria dos barcos se aglomera em grupos e muito esforço é gasto tentando seguir outras embarcações. Por quê?

Barth explica que isso também é o resultado do gerenciamento de impressões. Os comandantes de maior reputação podem contratar os melhores membros de tripulação e terão a confiança deles para navegar onde quiserem. A maioria dos comandantes, entretanto, não está nesta posição. Eles precisam cultivar a confiança da sua tripulação, e navegar sozinhos e então fracassar em encontrar peixe representa um risco de uma prejudicial perda de reputação. Se, no entanto, seu barco se juntar a um grupo no qual *todos* fracassam em encontrar arenque, então o comandante não se mostrou menos competente do que os outros capitães do grupo. E se os peixes forem encontrados, então o julgamento do comandante é justificado. O padrão resultante confirma a si mesmo. Os comandantes de grande reputação saem em busca de arenque e são então seguidos por comandantes menos confiantes. Ser o primeiro no grupo significa que os comandantes líderes têm as melhores chances de uma grande pesca, reforçando assim a sua reputação.

O método de Barth enfatizava a interpretação "econômica" do comportamento como refletindo as avaliações dos atores dos ganhos e perdas relativos na interação social. Isso, ele argumentou, oferecia a perspectiva de explicar os processos de mudança e integração cultural por meio de ações concretas de indivíduos, em vez de fazer reivindicações em termos de abstrações generalizadas.

Em economia, o papel do empreendedor – o inovador que busca lucros – é bem reconhecido. Novos produtos surgem no mercado como resultado de indivíduos empreendedores que criaram formas de colocá-los lá. Os maiores lucros encontram-se onde existem grandes disparidades de valores; onde o empreendedor pode comprar barato e vender caro. E ao estabelecer um novo fluxo de mercadorias, argumenta Barth, o empreendedor inicia um processo que acaba reduzindo essa disparidade. Processos de integração cultural, Barth argumenta, podem ser abordados da mesma maneira: os empreendedores podem ser vistos como agentes de mudança, criando novos fluxos de valor e novos padrões de preferência e produção.

Isso não se limita à economia; podemos reconhecer empreendedores políticos que reúnem novas combinações de valor na tentativa de atrair seus eleitores. Barth descreve a situação do pós-guerra dos falantes de sámi ("lapão") na Finnmark, uma minoria economicamente empobrecida e politicamente desorganizada dentro da Noruega como um todo. No início, a mobilização política foi alcançada por um político prometendo trazer o Estado de Bem-estar Social para a região; mas isso exigia a representação da Finnmark como uma periferia desprivilegiada. Esta imagem, argumentou Barth, ameaçava a identidade sámi, então um segundo empreendedor político emergiu com um "produto" eleitoral de orgulho étnico, afirmação cultural e escolaridade bilíngue. Esses diferentes "pacotes" de valores (p. 19) foram apresentados aos eleitores ao longo da década de 1950 por políticos rivais com um interesse em manipular a identidade sámi para os seus próprios fins. Este foi um mecanismo de mudança cultural.

A posição de Barth provocou críticas por vários motivos diferentes. Sua análise Swat foi desconstruída por Asad (1972), que reanalisou seu material etnográfico desde uma perspectiva vagamente marxista. Barth aplica uma espécie de "modelo de mercado" à sociedade, observa Asad, em que indivíduos maximizadores fazem escolhas livres no âmbito de certas regras. Mas isso dá uma ilusão de escolha em uma situação que é amplamente governada por herança e descendência. Como apenas os pashtuns podem possuir terras, os quatro quintos restantes da população são forçados a tornarem-se inquilinos e/ou clientes de um ou outro proprietário.

> Se a organização política do Swat deve ser vista como uma atividade consensual estruturada por regras, surge a pergunta: quem define e aplica as regras do jogo? [...] a resposta de Barth é bastante clara: são os proprietários de terras pashtun que realizam essas funções [...] coletivamente, em relação ao resto da sociedade, ocupam a posição de autoridade governante, classe soberana, com interesses, privilégios e poderes distintos [...]. Isso significa que o sistema não se autorregula, por assim dizer, depois de obtido o consentimento de todos os participantes. É regulado por uma classe dominante de proprietários de terras que exploram os sem-terra (p. 82).

Barth descreve os proprietários de terras pashtun hereditários como uma "'pequena nobreza' cosmopolita e dominante", e observa que eles receberam entre três quartos e quatro quintos da safra bruta cultivada por seus inquilinos – a "população paroquial subordinada e a serviço de uma sucessão de diferentes senhores" (Barth, 1959, p. 10)[43]. Assim, quando Barth afirma que "a maioria dos *status* e direitos geralmente é definida por acordos contratuais entre pessoas – isto é, eles são alcançados" (p. 23) –, Asad aponta que isso não se aplica aos *status* mais fundamentais de casta e linhagem. Ao elaborar um modelo das escolhas individuais dos proprietá-

43. Barth admite que o nível de exploração era extremo, uma vez que "os não proprietários de terra já viviam pouco acima do nível de subsistência e estariam abaixo dele se uma parte dos impostos que pagam não lhes fosse devolvida na forma de hospitalidade nas casas dos homens" (1959, p. 68).

rios de terras, ignorando deliberadamente as classes, então, Barth perdeu as características mais reveladoras da vida no Swat.

A análise de Barth também atraiu o fogo de Ahmed, que conhecia bem o Swat porque sua esposa era parente do governante, e considerou a etnografia de Barth imprecisa e etnocêntrica[44]. A análise foi uma espécie de relato de faz de conta da política do Swat em um equilíbrio anistórico. O "modelo generativo", por exemplo, presumia que os cãs maiores não eliminavam as facções rivais expulsando-as, mas, historicamente, esses líderes frequentemente o faziam (Ahmed, 1976, p. 28). E em vez dos dois blocos (*dalla*) previstos pela teoria dos jogos, parece que havia quatro naquela época (p. 144). O Swat passou por mudanças históricas contínuas no século XX, mas Barth mantém o cenário temporal de sua análise nebuloso e inespecífico (p. 23). Mas o erro mais sério, observa Ahmed, foi que Barth ignorou a importância do governo centralizado e do Estado.

O Swat estivera sujeito aos esforços de centralização e construção de Estado de governantes de fora e dentro do Raj Britânico e das estruturas estatais paquistanesas. Para Ahmed (p. 131), Barth apresentara uma "vista panorâmica da política do cã" que ignorava a importância das estruturas de poder central e exagerava o papel dos principais proprietários de terras. Estrutural-funcionalistas foram criticados por deixar o Estado colonial fora de seus relatos das sociedades africanas (Asad, 1973, p. 18; cf. cap. 2), mas para Ahmed (1976, p. 15), "minimizar o impacto do uale [governante] na organização sociopolítica do Swat como epifenômeno é um equívoco mais sério do que aquele de que os funcionalistas são acusados ao omitir os agentes políticos e os comissários distritais. Barth presumiu que o Estado foi imposto a uma "estrutura tribal" distinta da autoridade central. Essa distinção, observa Ahmed, é insustentável. "Autoridade centralizada no Swat não é um compromisso com formas tribais acéfalas, mas um substituto para elas com todas as suas ramificações sociais e estruturais" (p. 26).

---

44. Ahmed aponta que a noção de "santo" de Barth, p. ex., era confusa (1976, p. 17, 56) e que ele cometeu erros na tradução de termos locais (1976, p. 148) (cf. tb. 1976, pp. 9, 13, 59).

A visão da tribo acéfala como o sujeito antropológico ideal, então, enquadrou o estudo de Barth. Para desafiar o modelo de Evans-Pritchard de uma sociedade sem Estado, Barth teve que criar o seu próprio, baseado em uma reconstrução de uma era desaparecida na história do Swat. Mas isso significava ignorar o poder centralizador e o Estado, por um lado, e minimizar a importância das relações de casta/classe subjacentes, por outro.

Estudiosos preocupados com teorias de processo, transação e interação também criticaram a posição de Barth. Kapferer (1976) apontou que o método de modelagem de Barth assume a aplicabilidade transcultural de certas noções de racionalidade autointeressada, reciprocidade e maximização. Mas e se estas forem produtos de tradições intelectuais particulares, em vez de princípios universais? Em segundo lugar, ao estabelecer princípios formais de modelagem *a priori*, Barth exacerba a tendência do modelo de informar o material que o antropólogo coleta no campo. E quando se trata de análise, o axioma de que a interação social pode ser tratada como uma transação de maximização de valor parece preocupantemente circular e autoconfirmadora. Kapferer cita Cancian a este respeito:

> Se [o analista] não pode ver o ato como maximização, ele imediatamente assume que a sua declaração de normas, motivos etc., e as condições, ainda não estão corretas, e procura "equilibrar a equação" para que funcione. Ele não rejeita a ideia de que as pessoas maximizarão, pois é a base de sua estratégia científica (Cancian, 1968, p. 231, apud Kapferer, 1976, p. 4).

Finalmente, a abordagem de Barth requer a especificação de preferências de valor relativo (para mostrar que alguns cursos de ação trazem mais valor para um ator do que outros). Mas as pessoas podem não ter objetivos claramente classificados, e, muitas vezes, reinterpretar os seus próprios motivos à luz de circunstâncias mutáveis. Assim, "motivos declarados e escalas de valor, em vez de gerar suas relações, podem ser produzidos retroativamente por essas relações" (Kapferer, 1976, p. 7).

Evens (1977) criticou o foco metodológico de Barth no "indivíduo", que envolvia um conjunto de suposições sobre autointeresse e racionalidade. Nesse sentido, "o 'indivíduo' do interacionista é tão grandiosamente abstrato quanto o 'grupo' do funcionalista" (Evens, 1977, p. 585). O método transacional de Barth falhou em "ir de um indivíduo essencialmente pré-social a um fenômeno sociocultural genuíno ou objetivado" (p. 589). Este estilo de modelagem poderia apenas tentar e considerar "como e de que forma as normas são acionadas, mas não como e de que forma elas são construídas" (p. 589)[45].

Pensando bem, o transacionalismo de Barth tinha muito em comum com a antropologia estrutural-funcionalista de sua época. Ambos estavam preocupados em construir modelos de algo concebido como uma sociedade "tribal", e Barth também estava engajado em um projeto de "salvamento" – tentando reconstruir formas sociais que se pensava que já estivessem desaparecendo em face da interferência colonial e estatal[46]. Além disso, ambos os tipos de modelos tratavam as sociedades como sistemas fechados em uma espécie de equilíbrio atemporal que ignorava o processo histórico em vigor, se não em teoria (Asad, 1972, p. 90; Kapferer, 1976, p. 6; cf. cap. 1 e 5).

Em sua visão de dois blocos políticos em equilíbrio perpétuo dentro de um sistema político aparentemente acéfalo, Barth quase parece estar tentando corresponder ao modelo de oposição segmentar de Evans-Pritchard. Na verdade, não é difícil imaginar como um modelo poderia ser traduzido no outro. Se entre os Nuer, por exemplo, o "valor" ganho por um ator por apoiar outro em uma disputa era maior para parentes agnatícios mais próximos, então algo

45. Barth respondeu a algumas dessas críticas em um trabalho posterior, rejeitando a acusação de que ele deixou de reconhecer a importância do poder ou de prestar atenção em fatores extraindividuais. Em vez disso, ele viu esses fatores como "mobilizados *por meio* da ação social" (Barth, 1981, p. 88).

46. Quando se tratou de testar seus modelos contra a realidade observada, Barth – talvez decepcionantemente – explicou as discrepâncias (como novos padrões de comportamento entre os cãs), não modificando o seu modelo, mas invocando a mudança de "fatores estratégicos" externos a ele, como a expansão dos mercados de grãos e o aumento do poder do governante. Barth observa que em uma nova visita ao Swat em 1960, ele encontrou "casas dos homens servindo principalmente como lugares para a demonstração de riqueza para com comembros da elite rica, e a clientela desaparecendo como uma relação vital" (1966, p. 17). Isso remove uma parte fundamental do modelo original, no qual a hospitalidade da casa dos homens pelos "chefes" era um mecanismo central de sustentação de seu séquito clientelista. No entanto, para Barth, a disparidade era relativamente sem importância, porque ele se propusera a explicar a política tribal "tradicional", assim como muitos estrutural-funcionalistas o haviam feito, não o Swat atual. Sua determinação de tratar o Swat como se fosse uma sociedade "tribal" segmentária acéfala levou a muitas das características de seu trabalho que foram posteriormente criticadas.

como o modelo de oposição segmentar de Evans-Pritchard poderia parecer um resultado de escolha e tomada de decisão, em vez de "regras e normas". A "matriz de valores e *status*" (1966, p. 15) concebida pelo analista começa a parecer bastante estrutural[47].

Embora sua excursão pela modelagem transacionalista não tenha resultado em uma escola teórica duradoura, a contribuição de Barth não deve ser subestimada. Sua abordagem inspirou outros trabalhos, como o de Bailey (1969; 2001), que abordou os sistemas políticos como análogos aos jogos. E ao oferecer uma crítica ao estruturalismo e propor uma alternativa analítica em grandes termos, Barth estimulou um debate mais amplo. Como acadêmico, a contribuição mais conhecida de Barth foi seu trabalho sobre etnicidade. A introdução concisa ao seu volume editado *Ethnic Groups and Boundaries* [Os grupos étnicos e suas fronteiras] (1969) tornou-se um clássico em seu campo, enfatizando que são "as fronteiras étnicas que definem o grupo, não as coisas culturais que ele encerra" (p. 15). Foi, talvez ironicamente, um dos textos menos transacionalistas de Barth. No entanto, sua rejeição do essencialismo e seu interesse pelo instrumentalismo prepararam o caminho para uma nova geração de estudos críticos da etnicidade e do nacionalismo (Brubaker, 2009, p. 29).

A teoria da prática de Pierre Bourdieu

Pierre Bourdieu é amplamente reconhecido como um dos principais teóricos sociais do século XX. Ao invés de tentar um tratamento abrangente de seu trabalho, este capítulo se concentrará na posição teórica que ele estabeleceu em seu trabalho de 1972, *Outline of a Theory of Practice* [Esboço de uma teoria da prática], publicado em tradução para o inglês em 1977. Bourdieu compartilhou algum terreno com o transacionalismo. Assim como Barth, ele argumentou que o comportamento poderia ser tratado como sen-

47. De modo semelhante, o trabalho feito pela noção de *status* de Barth em seu modelo do Swat se parece muito com uma estrutura social. Os *status* do proprietário de terras Pashtun e do inquilino sem terra informam os recursos, objetivos, valores e opções dos atores tão profundamente que em uma teoria dos jogos de suas "transações" parece nos dizer menos sobre sua vida social do que as estruturas que definem *status*.

do, em certo sentido, "econômico" – refletindo avaliações de custos e benefícios. Ele também tomou emprestados conceitos da economia para propósitos analíticos – não a figura do empreendedor, como Barth o fez, mas o conceito mais institucional de "capital". No entanto, Bourdieu não era metodologicamente individualista, e era criticamente preocupado com estruturas de classe e as práticas simbólicas do poder.

Ao observar a vida social dos outros, argumentou Bourdieu, os antropólogos são como historiadores da arte – escrevendo sobre arte, mas não a fazendo eles próprios – e, portanto, "condenados a ver toda prática como espetáculo" (p. 1). Como não praticantes, tiveram que adotar modos de representação usados por atores que carecem de um domínio prático de algo; eles tinham que fazer "regras" sobre como as coisas eram feitas, deduzidas do que observavam. Assim como um estranho que não sabe se locomover em um lugar pode fazer um mapa, os antropólogos acabaram descrevendo a "cultura" como uma espécie de mapa social. O que era necessário, então, era uma compreensão da sociedade como *prática* em vez de representação.

Modos de conhecimento teórico

Bourdieu fundamentou a sua própria abordagem em uma densa crítica à teoria social existente, recorrendo a uma variedade ocasionalmente assustadora de pensamento intelectual e filosófico. Ele começa com um exame das condições do conhecimento sociológico, identificando três modos de conhecimento teórico do mundo social.

O conhecimento fenomenológico, que ele identificou com a etnometodologia na sociologia, "pretende explicitar a verdade da experiência primária do mundo social [...] que, por definição, não reflete sobre si mesma e exclui a questão das condições da sua própria possibilidade" (p. 3). Essa forma de conhecimento baseado na experiência não pode, então, explicar as condições que o produziram, ou as influências sobre o pensamento que o pensador desconhece. A experiência pessoal do trabalho fabril, por exemplo, não inclui em si os processos históricos que produziram o capitalismo industrial.

O "conhecimento objetivista", por outro lado, "constrói as relações objetivas (p. ex., econômicas ou linguísticas) que estruturam a prática e as representações do mundo [...]. Esta construção pressupõe uma ruptura com o conhecimento primário" (p. 3). Esta forma de conhecimento dá sentido à experiência pessoal em termos de estruturas e processos gerais "objetivos" que não podem ser experimentados diretamente como tais. Esta "lacuna" entre representação e experiência impede que tratamentos "objetivistas" sejam relatos completos da prática social. Para Bourdieu, isso inclui várias escolas estruturalistas de teoria social, incluindo a antropologia estruturalista de Lévi-Strauss e o marxismo ortodoxo.

Tendo elaborado a sua própria teoria da teoria social, Bourdieu propõe sua teoria da prática como o terceiro modo de gerar conhecimento teórico do mundo social. Esta deve ser uma "ciência das relações dialéticas entre as estruturas objetivas às quais o modo objetivista de conhecimento dá acesso e as disposições estruturadas dentro das quais essas estruturas são atualizadas e tendem a reproduzi-las" (p. 3). Assim, as estruturas de classe e capital produzem as condições para o trabalho fabril como experiência vivida, e as práticas dos operários fabris, por sua vez, produzem formas de capital e classe.

Exemplos: troca de dádivas, honra e casamento entre primos paralelos

Bourdieu ilustra a deficiência da análise estruturalista (que ele denomina "objetivista") ao abordar o tópico antropológico clássico da *troca de dádivas*. Desde Mauss, a análise antropológica tem tentado identificar princípios que expliquem a explicação "nativa" da oferta de dádivas. Para Lévi-Strauss (1963), esse era o princípio inconsciente da obrigação de dar, de receber e de retribuir. Mas, Bourdieu aponta, a explicação objetivista ou estruturalista contradiz diretamente a explicação fenomenológica ou nativa. Para os atores envolvidos, se uma dádiva *deve* ser retribuída (ou é "reversível" na terminologia de Bourdieu), não é realmente uma dádiva, mas algum tipo de suborno ou empréstimo. O objetivo de uma dádiva é que ela seja vista como generosa ("irreversível") e não autointeressada.

Bourdieu argumenta que o intervalo – a demora – é o fator crucial que separa a dádiva de outros tipos de transações.

Os atores precisam ter algum senso de obrigação de retribuir, mas, ao tornar isso explícito na forma de uma lei ou princípio geral, o antropólogo está deturpando a prática. É o senso de *timing* da dádiva e da contradádiva que é essencial, assim como o *tempo* é essencial para a música. O *timing* muda o sentido dos atos envolvidos. Esta é uma boa sensibilidade, saber não retribuir uma dádiva cedo demais ou deixar passar demasiado tempo. Além disso, não há claramente nenhuma lei que determine a reciprocidade; a dádiva pode não ter o efeito desejado, pode não ser retribuída. Não é suficiente para o analista concluir que esse é apenas um exemplo de uma "dádiva falhada". Devemos reconhecer que os atores estão envolvidos na "arte" da *necessária improvisação* da vida social (1977, p. 8). As tentativas de formular regras para esta improvisação são, com efeito, retrospectivas, os resultados presentes como "necessários" por alguma regra geral, ao passo que os resultados não eram certos. A base da troca de dádivas, conclui Bourdieu, é "*o desreconhecimento institucionalmente organizado e garantido* [...] destinado a transmutar, pela ficção sincera de uma troca desinteressada, as relações inevitáveis, e inevitavelmente interessadas, impostas pelo parentesco, pela vizinhança ou pelo trabalho, em relações de reciprocidade eletivas" (p. 171).

Bourdieu examina o "senso de honra" entre os cabilas no norte da Argélia, onde fez pesquisa etnográfica na década de 1950. A honra masculina cabila, ele argumenta, não pode ser descrita adequadamente em termos de regras e normas. Como Barth, Bourdieu faz uso da noção de "estratégia" e invoca a teoria dos jogos (p. 12) para explicar padrões sem recorrer a regras. Mas, ao invés de almejar um modelo simplificado de comportamento baseado na lógica da teoria dos jogos, Bourdieu se move na direção oposta, construindo um rico senso das sensibilidades e sutilezas da honra. Então:

> a força motriz de todo o mecanismo não é um princípio abstrato [...] ainda menos o conjunto de regras que podem ser derivadas dele, mas o senso de honra, uma disposição inculcada nos primeiros anos de vida e constantemente reforçada.

> [É esta] disposição cultivada, inscrita no esquema corporal e em esquemas de pensamento, que permite a cada agente engendrar todas as práticas coerentes com a lógica de desafio e resposta" (pp. 14-15).

Para promover sua causa, Bourdieu critica a análise estruturalista do casamento entre primos paralelos, considerada uma forma preferencial na sociedade árabe e berbere. A suposição de que os padrões de casamento são resultados de sistemas de regras de casamento preferenciais ou prescritivas, ele argumenta, pode ser enganosa:

> Considerar a regularidade [...] como o produto de uma decisão conscientemente estabelecida e conscientemente respeitada [...] ou como o produto de uma regulação inconsciente por um misterioso mecanismo cerebral e/ou social, é deslizar do modelo de realidade para a realidade do modelo (p. 29).

Quando se trata de casamento, Bourdieu argumenta, "longe de obedecer a uma norma que designaria um cônjuge obrigatório dentre todo o conjunto de parentes oficiais, o arranjo do casamento depende diretamente do estado das relações práticas de parentesco" (p. 52).

Como Barth, Bourdieu usa a analogia do jogo e emprega a metáfora do mercado para explicar os processos de escolha e tomada de decisão.

> O jogo matrimonial é semelhante a um jogo de cartas, no qual o resultado depende em parte da distribuição das cartas, das cartas recebidas [...] e em parte da habilidade do jogador: isto é, em primeiro lugar, do capital material e simbólico possuído pelas famílias envolvidas [...] e, em segundo lugar, da competência que permite aos estrategistas fazerem o melhor uso desse capital, sendo o domínio prático da axiomática econômica (no sentido mais amplo) a precondição para a produção das práticas consideradas "razoáveis" dentro do grupo e positivamente sancionadas pelas leis do mercado de bens materiais e simbólicos (p. 58).

Essa lógica não pode ser explicitada. Os agentes podem empregar "estratégias de oficialização" (p. 40) para descrever suas ações como estando em conformidade com uma norma aprovada.

Em vez de deixar de lado as explicações estruturais da distribuição de poder e riqueza, como Barth costumava fazer, Bourdieu tentou explicar como elas moldavam tanto os atores quanto as suas escolhas, e como essas práticas, por sua vez, criavam e reproduziam as estruturas mais amplas. Ele viu as estruturas "objetivas" de classe, por exemplo, como internalizadas por atores que então as reproduziam em suas vidas diárias. Sua teoria da prática visava a ser "uma ciência experimental da dialética da internalização de externalidade e da externalização de internalidade, ou, mais simplesmente, de incorporação e objetificação" (p. 72).

Habitus e *conhecimento dóxico*

Para explorar "incorporação e objetificação", Bourdieu introduziu uma série de termos analíticos. Talvez o mais importante deles tenha sido *habitus*, termo usado por Mauss (1935) e Elias (1978 [1939]), entre outros, para designar hábitos arraigados do corpo e caráter aprendido. Para Bourdieu, *habitus* referia-se às disposições incorporadas criadas por processos de socialização, que, por sua vez, podiam ser vistas estruturarem a socialização das gerações seguintes. Portanto, "as estruturas constitutivas de um determinado tipo de ambiente (p. ex., as condições materiais de existência características de uma condição de classe) produzem *habitus*, sistemas de *disposições* duráveis, transponíveis, estruturas estruturadas predispostas a funcionar como estruturas estruturantes" (1977, p. 72). Por meio do *habitus*, então, o passado está presente nas práticas atuais e molda o futuro. Isso produz características duradouras da vida social que são identificadas pela análise estruturalista/objetivista, mas que não podem ser adequadamente explicadas por ela.

Habitus também tem a ver com corporificação, e Bourdieu usa o termo *hexis corporal* para designar a maneira pela qual nossos corpos são condicionados a se mover, repousar, gesticular e falar. Nossa educação é um "aprendizado estrutural que leva à corporificação das estruturas do mundo, isto é, a apropriação pelo mundo de um corpo assim habilitado a se apropriar do mundo" (p. 89). Crescer em uma casa cabila, por exemplo, forma as pessoas de maneiras específicas. A organização do espaço doméstico reflete uma ordem social que se torna internalizada. A casa é "o principal *locus* da objetificação dos esquemas generativos [...] este sistema classificatório tangível inculca e reforça continuamente os princípios taxonômicos subjacentes a todas as disposições arbitrárias desta cultura" (p. 89).

O conceito de *habitus* dá muito trabalho para Bourdieu, em parte porque ele o define de tal maneira que é obrigado a realizar os processos de internalização e externalização que ele propõe. Também, por definição, por assim dizer, explica regularidade sem regras. *Habitus* envolve:

> princípios de geração e estruturação de práticas e representações que podem ser objetivamente "regulados" e "regulares" sem serem de maneira alguma o produto de obediência a regras [...] coletivamente orquestrados sem serem o produto da ação orquestradora de um maestro" (p. 72).

Tal como acontece com o *jazz*, os papéis que os atores desempenham na sociedade são, em certo sentido, espontâneos, mas obedecem a uma certa ordem e a um senso do que é apropriado. O *habitus* fornece esse sentido, é "o princípio generativo instalado de forma duradoura de improvisações reguladas" (p. 78).

O *habitus* não dita a prática social, mas a orienta e restringe, particularmente por meio de expectativas e de um senso dos limites do possível. "Por meio do *habitus*, a estrutura que o produziu governa a prática, não pelo processo de um determinismo mecânico, mas pela mediação das orientações e limites que atribui às operações de invenção do *habitus*" (p. 95). A experiência de classe social, idade ou gênero, por exemplo, impõe limites ao que é considerado possível, dentro dos quais os agentes improvisam suas práticas sociais.

Ao explorar os limites do pensável, Bourdieu introduz os conceitos de *doxa*, o universo do indisputado. Dentro do universo do argumento, ou do discurso, pode-se identificar uma gama de posições, desde as mais ortodoxas, por um lado, até as mais heterodoxas, por outro. Fora do espectro do discutível, entretanto, está o universo do indisputado e do indiscutido; aquilo que é pressuposto por todos. Ele assim define *doxa*:

> Toda ordem estabelecida tende a produzir [...] a naturalização da sua própria arbitrariedade [...]. Sistemas de classificação [...] fazem a sua contribuição específica para a reprodução das relações de poder das quais são um produto [...]. Chamaremos essa experiência de *doxa* [...]. Os instrumentos de conhecimento do mundo social são neste caso (objetivamente) instrumentos políticos que contribuem para a reprodução do mundo social [...] para o mundo da tradição experimentado como um "mundo natural" e pressuposto (p. 164).

Bourdieu acha a noção marxista de ideologia estreita demais para captar os diversos processos que legitimam a ordem estabelecida. Além de formas "ideológicas" explícitas, como códigos de leis, Bourdieu está preocupado com os poderosos significados implícitos dos símbolos, e com as formas institucionais que estão por detrás das alegações de conhecimento e induzem respeito (p. 188). Mas ele pensa na luta de classes como um processo histórico importante, como Marx o fez. Mesmo a crítica mais radical do *status quo* compartilhará uma certa quantidade de conhecimento dóxico com a ordem estabelecida. No entanto, as classes dominadas têm interesse em rechaçar os limites da *doxa* e desafiar o que é pressuposto – os privilégios da aristocracia, por exemplo. Diante da crítica, os defensores do *status quo* podem ter que produzir justificativas explícitas para o que antes havia sido aceito sem questionamento. Desse modo, aquilo que era *doxa* inquestionada pode entrar no campo da opinião e do argumento, e tornar-se objeto de visões ortodoxas e heterodoxas.

> Somente quando os dominados dispõem dos meios materiais e simbólicos de rejeitar a definição do real que lhes é imposta [...] ou seja, quando as classificações sociais se tornam o objeto e o instrumento da luta de classes, é que os princípios arbitrários da classificação prevalecente podem aparecer como tais e, portanto, torna-se necessário empreender o trabalho de sistematização consciente e racionalização expressa que marca a passagem da *doxa* para a ortodoxia (p. 169).

Formas de capital

Bourdieu pega uma noção vagamente marxista de capital e a amplia para ser aplicada a sociedades não industriais e "arcaicas", e a arenas imateriais e simbólicas de modo geral. A dominação social é mantida através de formas de capital – instrumentos que permitem a apropriação duradoura do trabalho, serviços e deferência de outros agentes. A forma de riqueza que consideramos capital econômico, então, é apenas uma forma de recurso social duradouro dentre muitas. Bourdieu usa o termo *capital simbólico* para indicar formas de prestígio, autoridade e legitimidade política que permitem o "exercício legítimo da violência" (p. 41). Em sociedades que não são totalmente monetizadas, a riqueza econômica pode não ser o recurso mais importante. Assim, na Cabília, por exemplo, o patrimônio de uma família ou linhagem proeminente inclui não apenas o "capital econômico" de suas propriedades e bens materiais, mas também sua clientela, seus parentes e suas redes de alianças com todos os direitos e deveres inerentes a essas relações. Assim:

> O capital simbólico, que na forma do prestígio e do renome vinculado a uma família e um nome é facilmente conversível em capital econômico, é talvez *a forma mais valiosa de acumulação* em uma sociedade na qual a severidade do clima (os principais trabalhos – arar e colher – que têm de ser feitos em um espaço de tempo muito curto) e os recursos técnicos limitados (a colheita é feita com a foice) exigem mão de obra coletiva (1977, p. 179).

Seguindo Polanyi, Bourdieu considera a noção de economia desembutida, enquanto um campo distinto e delimitado, um produto histórico do capitalismo. Essa segregação nos deixou com uma concepção restrita de "interesse econômico" e a suposição de que avaliações racionais de meios e fins só se aplicam à atividade econômica. Como Barth, no entanto, Bourdieu deseja aplicar a lógica de lucros e perdas de forma mais ampla; "ao contrário das representações ingenuamente idílicas de sociedades 'pré-capitalistas' (ou da 'esfera cultural' das sociedades capitalistas), a prática nunca cessa de se conformar ao cálculo econômico, mesmo quando oferece toda a aparência de desinteresse" (1977, p. 177). Ao tratar as relações de autoridade e prestígio como bens vinculados a determinados agentes, Bourdieu estende o cálculo do benefício aos tipos de comportamento rejeitados pelos economistas como irracionais. Se pudéssemos construir um "*balanço abrangente* dos lucros simbólicos", poderíamos ver a "racionalidade econômica da conduta" (p. 181).

Bourdieu também desenvolve a noção de *capital cultural*, ativos no campo da produção cultural. Isso implica um certo tipo de prestígio: "as qualificações acadêmicas são para o capital cultural o que o dinheiro é para o capital econômico" (p. 187). Mas uma mala de dinheiro é de pouca utilidade sem um meio de gastá-lo, e tais ativos requerem sistemas mais amplos para operar:

> Assim como a riqueza econômica não pode funcionar como capital até que esteja ligada a um aparato econômico, também a competência cultural em suas várias formas não pode ser constituída como capital cultural até que esteja inserida nas relações objetivas entre o sistema de produção econômica e o sistema que produz os produtores (que é ele próprio constituído pela relação entre o sistema escolar e a família) (p. 186).

Bourdieu associa isso à literacia e, em particular, aos sistemas educacionais que permitem a formalização e a transmissão de competências culturais. Assim, escolas particulares de prestígio podem converter o capital econômico dos ricos no capital cultural de seus filhos, mas isso é um ativo somente em certas condições sociais. As qualificações acadêmicas podem então ser interpretadas como uma demonstração de que a elite "merece" seus melhores empregos. O sistema educacional ajuda a fornecer à classe dominante o que Max Weber chama de "uma teodiceia do seu próprio privilégio" (p. 188).

Reflexões críticas

O pensamento de Bourdieu levou a inúmeros engajamentos críticos, tanto dentro da antropologia quanto fora dela. Edward Said (1989, p. 223) acusou-o de ignorar o colonialismo e o Estado argelino na maneira como tratou de Cabília[48]. O argumento de Said ecoa a crítica de Michael Herzfeld na qual observa que Bourdieu:

> separa hermeticamente os valores da comunidade local daqueles das instituições burocráticas e religiosas que a rodeiam

48. Go (2013, p. 49), no entanto, argumenta que Bourdieu tinha uma teoria do colonialismo.

> [...]. Sua tese parte do pressuposto de que as sociedades locais carecem de hierarquia permanente [...] [por trás disso reside] um argumento que trata os valores das sociedades locais como características relativamente simples sobreviventes de uma era pré-estatal (1987, p. 8).

A este respeito, a abordagem de Bourdieu se assemelha à de Barth e Evans-Pritchard. Ele buscou em Cabília lições sobre como a sociedade operava na ausência das instituições entrincheiradas do capitalismo industrial e do Estado-nação. Desde que a teoria social evolucionista caiu em desgraça, este aspecto da obra de Bourdieu parece cada vez mais datado.

O aparato teórico de *Esboço* também provocou críticas[49]. Brubaker (1985, pp. 749-753) observa o agrupamento que Bourdieu faz de uma série de diferentes problemas sob seus termos genéricos "objetivismo" e "subjetivismo". A noção de *habitus* funciona de maneira tão abrangente para Bourdieu que corre o risco de se tornar uma espécie de faz tudo explicativo. "Dúvidas surgem inevitavelmente sobre a utilidade de qualquer conceito tão vago e versátil" (p. 760). Para Free, a caracterização do *habitus* como "estruturas estruturadas predispostas a funcionar como estruturas estruturantes" é, em última análise, opaca; "tais fórmulas são disparates que obscurecem as questões não só de como exatamente algo é causado [...] mas também, talvez mais significativamente, de quem ou o que especificamente o causa" (1996, p. 400).

Além disso, os conceitos de Bourdieu de capital "simbólico" e "cultural" efetivamente reificam o *status* ou a estima, de modo que "uma série de relações e discursos avaliativos que são denominados *status* por Weber são tratados por Bourdieu em termos de 'capital', uma quase-coisa que é detida em vez de ser imediatamente dependente de reconhecimento" (1996, p. 402). Apresentar o capital simbólico e cultural como "objetivo" disfarça diferenças de opinião sobre, por exemplo, quanto prestígio um indivíduo ou grupo pode ter. Com efeito, a noção de Bourdieu da ação simbólica como "econô-

49. Throop e Murphy, p. ex., são críticos da caracterização da fenomenologia de Bourdieu, e apontam que "Bourdieu faz pouco para reconhecer o fato de que a própria consciência deve ser um pouco estruturada para que haja a própria possibilidade de internalização da estrutura externa" (2002, p. 201).

mica", governada por cálculo autointeressado e competição, leva ao tipo de problema que Bourdieu criticou na análise estruturalista: o relato dos atores ainda contradiz o do analista. A oferta de dádivas baseia-se na "ficção sincera de uma troca desinteressada" (1977, p. 171), mas a noção de "desreconhecimento" parece minimizar os relatos subjetivos dos atores, como o fez a noção de Marx de "falsa consciência" (cf. cap. 3). O conceito de capital simbólico depende de uma noção de desreconhecimento que parece mistificação, e a teoria de Bourdieu às vezes parece uma tentativa de corrigir, ou talvez aperfeiçoar, o materialismo dialético de Marx. Neste tratamento, a agência é tão restringida pelas disposições que reproduzem a desigualdade estrutural que quase parece ser um veículo para elas.

A teoria da prática de Bourdieu deixou-nos uma perspectiva analítica duradoura e um novo léxico para a análise social; no entanto, de muitas maneiras, representou uma ruptura menos radical e ambiciosa com o pensamento estruturalista do que o transacionalismo de Barth. Enquanto Barth colocou a estrutura social entre parênteses, tentando modelar mecanismos que explicassem seu surgimento, Bourdieu a internalizou. Ao fazê-lo, ele direcionou a atenção para a prática, o processo e a corporificação como sujeitos do pensamento analítico e ajudou a inaugurar uma nova onda de erudição nas ciências sociais.

Referências

Ahmed, A. (1976). *Millennium and Charisma Among Pathans: A Critical Essay in Social Anthropology.* Londres: Routledge & Kegan Paul.

Ahmed, A., & Houtman, G. (2009). Swat in the eye of the storm. *Anthropology Today 25*(5): 20-22.

Asad, T. (1972). Market model, class structure and consent: A reconsideration of Swat political organisation. *Man NS 7*(1): 74-94.

Asad, T. (1973). Introduction. In T. Asad (ed.). *Anthropology and the Colonial Encounter.* Londres: Ithaca Press.

Bailey, F. G. (1969). *Stratagems and Spoils: A Social Anthropology of Politics.* Oxford: Basil Blackwell.

Bailey, F. G. (2001). *Treasons, Stratagems, and Spoils. How Leaders Make Practical Use of Beliefs and Values.* Boulder: Westview Press.

Barth, F. (1959). *Political Leadership among Swat Pathans.* Londres: Athlone Press.

Bailey, F. G. (1966). *Models of Social Organization.* Londres: Royal Anthropological Institute of Great Britain and Ireland. Occasional Papers n. 23.

Bailey, F. G. (1969). *Ethnic Groups and Boundaries: The Social Organization of Culture Difference.* Oslo: Universitetsforlaget.

Bailey, F. G. (1981). *Process and Form in Social Life: Selected Essays of Fredrik Barth.* Londres: Routledge & Kegan Paul.

Bailey, F. G. (2007). Overview: Sixty years in anthropology. *Annual Review of Anthropology 36*: 1-16.

Blumer, H. (1969). *Symbolic Interactionism: Perspective and Method.* Englewood Cliffs: Prentice-Hall.

Bourdieu, P. (1977). *Outline of a Theory of Practice.* Cambridge: Cambridge University Press.

Brubaker, R. (1985). Rethinking classical theory: The sociological vision of Pierre Bourdieu. *Theory and Society 14*(6): 745-775.

Brubaker, R. (2009). Ethnicity, race, and nationalism. *Annual Review of Sociology 35*: 21-42.

Cancian, F. (1968). Maximization as norm, strategy, and theory: A comment on programmatic statements in economic anthropology. In E. LeClair, & H. Schneider (eds.). *Economic Anthropology* (pp. 228-233). Nova York: Holt, Rinehart & Winston.

Cook, S. (1966). Maximization, economic theory, and anthropology: A reply to Cancian. *American Anthropologist 68*(6): 1.494-1.498.

Durkheim, É. (1897). *Le suicide: étude de sociologie.* Paris: Presses Universitaires de France.

Durkheim, É. (1982 [1895]). *The Rules of Sociological Method.* Nova York: The Free Press.

Elias, N. (1978 [1939]). *The Civilizing Process. Vol. 1: The History of Manners.* Nova York: Urizen Books.

Evens, T. (1977). The predication of the individual in anthropological interactionism. *American Anthropologist 79*(3): 579-597.

Firth, R. (1951). *Elements of Social Organization.* Londres: Watts and Co.

Free, A. (1996). The anthropology of Pierre Bourdieu. *Critique of Anthropology 16*(4): 395-416.

Garfinkel, H. (1967). *Studies in Ethnomethodology.* Englewood Cliffs: Prentice-Hall.

Go, J. (2013). Decolonizing Bourdieu: Colonial and postcolonial theory in Pierre Bourdieu's early work. *Sociological Theory 31*(1): 49-74.

Goffman, E. (1959). *The Presentation of Self in Everyday Life.* Nova York: Anchor.

Herskovits, M. (1952 [1940]). *Economic Anthropology: The Economic Life of Primitive Peoples.* Nova York: Norton.

Herzfeld, M. (1987). *Anthropology through the Looking-Glass: Critical Ethnography in the Margins of Europe.* Cambridge: Cambridge University Press.

Kapferer, B. (1976). Introduction: Transactional models reconsidered. In B. Kapferer (ed.). *Transaction and Meaning: Directions in the Anthropology of Exchange and Symbolic Behavior* (pp. 1-13). Filadélfia: Institute for the Study of Human Issues.

Lévi-Strauss, C. (1963). *Structural Anthropology.* Nova York: Basic Books.

Mauss, M. (1935). Les techniques du corps. *Journal de Psychologie Normale at Pathologique 32*: 271-293.

Neumann, J., & Morgenstern, O. (1944). *Theory of Games and Economic Behaviour.* Princeton: Princeton University Press.

Ortner, S. (1984). Anthropological theory since the sixties. *Comparative Studies in Society and History 26*(1): 126-166.

Said, E. (1989). Representing the colonized: Anthropology's interlocutors. *Critical Inquiry 15*(2): 205-225.

Schneider, H. (1974). *Economic Man: The Anthropology of Economics.* Nova York: The Free Press.

Throop, J., & Murphy, K. (2002). Bourdieu and phenomenology: A critical assessment. *Anthropological Theory 2*(2): 185-207.

5
Antropologia e história

Susan Bayly

Introdução

A antropologia e a história nunca foram aliadas tranquilas. Mas as tensões entre elas e as batalhas sobre como e se os antropólogos deveriam abraçar as ferramentas e perspectivas históricas produziram inovações teóricas de longo alcance. Hoje é amplamente aceito que a antropologia não pode se desenvolver conceitualmente sem fazer da história uma preocupação central, mas em termos estimulantemente diferentes daqueles da maioria dos historiadores.

O historiador pode produtivamente perguntar: por que esta ou aquela guerra, revolução ou outro acontecimento importante aconteceu da maneira como aconteceu, na época e no lugar específico em que aconteceu, e com quais consequências e efeitos? Quando os antropólogos abordam questões de tempo e mudança à luz de nossas descobertas de pesquisa de campo, tendemos a sondar e questionar o que os historiadores veem como universal e autoevidente quando testam seus tipos particulares de evidência para o que eles definem como verdade ou plausibilidade.

Nossas preocupações históricas, portanto, nos levaram a ver que, para aqueles com os quais nos envolvemos no campo, a história pode ser corporificada em ancestrais vivos, e, portanto, ser "contínua no presente" (Lambek, 2002, p. 66) em vez de impessoal, remota e finalizada. Muitos de nós trabalhamos em contextos nos quais a história pode ser constituída no reino da imaginação poética e do raciocínio moral, embora muitas vezes de maneiras que se interpenetram com cálculos objetivos e analíticos do passado. Isso nos leva a perguntar como o próprio tempo é conceituado nos contextos em que trabalhamos. Utilizamos ferramentas e modelos que nos capacitam a compreender como nossos interlocutores negociam as continuidades e rupturas de um mundo volátil e incerto, e o que reconhecem sobre os marcadores e contornos de uma vida vivida temporalmente: na e pela passagem do tempo, com um senso de momentosidade e mudança na experiência de um mundo incerto.

Como resultado, fazemos perguntas como:

- O que as pessoas que vivem em tempos de crise e deslocamento entendem sobre as maneiras como seu passado e futuro se conectam e se relacionam?
- O que significa para uma experiência ser percebida como nova e transformadora ou familiar e recorrente e, portanto, para qualquer caso particular no fluxo da vida ser entendido como um evento, ocorrência ou acontecimento?
- Que novas ideias sobre o fluxo do tempo e o significado de passados compartilhados e individuais surgem em situações de mudança dramática e incerteza, como aquelas de conquista colonial e penetração capitalista global?
- Quem detém o poder de rotular eus e outros em termos temporais, por exemplo, como modernos ou tradicionais; retrógrados ou progressivos; "primitivos" ou prospectivos; e quais são as fontes e efeitos de tal poder?

Relacionada a todas essas preocupações está a outra questão de como a autoridade pode ser construída e/ou contestada por meio do comando da narrativa histórica e da regulamentação de cronologias e regimes de tempo. O termo temporalidade é amplamente utilizado para transmitir essa noção do poder que vem do controle dos significados e marcadores do tempo. Também reflete o reconhecimento de que o tempo pode ser experimentado de formas e modos radicalmente diferentes ou interligados, para os quais os antropólogos se basearam extensivamente nos modelos de consciência do tempo dos filósofos, especialmente aqueles dos críticos e herdeiros da fenomenologia. Assim, o tempo pode ser cósmico, um entrelaçamento de vastas e numerosas escalas e níveis de duração impactando a existência cotidiana de maneiras que podem ser replicadas ou reconfiguradas por meio da realização do ritual (Kapferer, 2013). Também pode ser experimentado tanto como sequencial, progressivo e calendárico, quanto como mítico, episódico e "revelador". Foi o que Strassler encontrou na Indonésia, onde mapear o passado pode significar ter um vislumbre profético do futuro, bem como relembrar as ocorrências de tempos passados (2010)[50]. E, como a noção de "modernidades múltiplas" (Faubion, 1988; Thomassen, 2010), a preocupação com as temporalidades tem sido uma marca registrada da tentativa de adicionar ideias sobre a dinâmica de agência, fragmentação e poder às formas como conceituamos os conceitos mais fundamentais da disciplina: sociedade e cultura (Lambek, 2002).

Os antropólogos interagem com os historiadores na elaboração de nossas abordagens teóricas, e com outros campos historicamente conscientes, dentre os quais a arqueologia e a sociologia histórica[51]. Estamos especialmente próximos daqueles historiadores que se fazem perguntas epistemológicas "pós-positivistas" muito semelhantes às nossas sobre a validade de suas estratégias de conhecimento e o que constitui formas legítimas de definir e avaliar evidências (Hastrup, 2004). No entanto, como nossos predecessores, os antropólogos de hoje ainda procuram entender o que está em curso e o que é costumeiro nos contextos etnográficos que exploramos, mas sem tomar como certa a existência de sistemas, estruturas ou regularidades na vida de nossos interlocutores. Usamos uma ampla gama de estruturas teóricas em rápida mudança para compreender os escoamentos e fluxos da vida social e cultural, tanto os de curto prazo quanto os mais duradouros. E também estu-

50. Com a possibilidade de "tráfego" produtivo entre eles. Para outros exemplos, cf. Gell (1992), Munn (1992), Ssorin-Chaikov (2006) e Guyer (2007).

51. P. ex., envolvimentos com o conceito de "grande transformação" de Polanyi (1944), a teoria dos "sistemas-mundo" de Wallerstein (1976) e a sociologia histórica do nacionalismo de Anderson (1983) por antropólogos, dentre os quais Eriksen (2002), Herzfeld (2005) e Ingold (1993). Também houve uma interação fértil com o trabalho de Hayden White e outros historiadores inspirados pela crítica pós-estruturalista para desafiar os modos positivistas de análise histórica, p. ex., usando Barthes e Ricoeur para direcionar suas preocupações para processos de representação e as operações dinâmicas de narrativa, texto e discurso (Ulin, 1994).

damos o ato de estudar o passado, e temos um grande interesse em representações de vidas e épocas passadas como fontes críticas de autoridade moral e política em assuntos contemporâneos (p. ex., Humphrey, 1992).

Tornou-se axiomático para nós que, mesmo onde relógios, calendários e registros escritos sejam escassos ou desconhecidos, não existe um "povo sem história". Esta foi uma frase usada como uma rejeição irônica de pontos de vista ultrapassados por Eric Wolf em um estudo histórico que mostra que as identidades tribais africanas antes consideradas como dados etnográficos atemporais eram na verdade produtos do impacto colonial brutal da Europa sobre o continente: particularmente os deslocamentos traumáticos postos em marcha pelo tráfico de escravos do Atlântico Norte (1982). Sidney Mintz foi outro antropólogo que explorou o lado sombrio da modernidade capitalista global, lidando etnograficamente com questões de gosto e identificação de classe para documentar as maneiras como os europeus adquiriram e satisfizeram seu gosto crescente pelo açúcar produzido por escravos na era do império (1985; cf. tb. cap. 3).

Os etnógrafos de hoje estão bem cientes de que nossa disciplina tem sido acusada de negar "coevidade" a outros, isto é, ao escrever sobre aqueles que chamamos de informantes no tempo presente etnográfico. Isso, de acordo com Fabian, implica a autoperpetuação da mesmice em suas vidas e, portanto, os coloca fora do "espaço temporal" dinâmico que nós próprios habitamos (1983). Como resultado, muitos antropólogos escrevem em profundidade sobre as mudanças nas relações de poder que ocorrem ao longo do tempo em suas interações com interlocutores (p. ex., Birth, 2008). Esta tem sido uma das muitas respostas produtivas à afirmação de que a disciplina tem a sua própria história contaminada como "serva" do colonialismo, herdando e perpetuando as estratégias de conhecimento subjugadoras que sustentavam o domínio imperial (Asad, 1973; cf. tb. cap. 1).

Novas ferramentas teóricas importantes têm sido forjadas a partir dessas contestações, especialmente o uso de teorias marxistas e pós-estruturalistas da cultura e da consciência para situar a etnografia no contexto da memória de "eventos críticos" traumáticos (Das, 1995) e dos efeitos e legados do colonialismo[52]. Os principais contribuintes da área têm usado essas perspectivas para perguntar como os ambientes e as consciências em mudança são engajados e negociados em um mundo de ação, agência, desempenho e prática. Os antropólogos procuram agora compreender como os significados e as relações de poder são criados ou contestados, e com que efeitos benignos ou perniciosos. A ideia de que práticas e marcadores de identidade convencionalmente pensados como tradições antigas são realmente construtos originados em circunstâncias históricas específicas é um exemplo-chave de um conceito adquirido dos historiadores (Hobsbawm & Ranger, 1983) e remodelado para uso antropológico[53].

Os antropólogos passaram a compreender virtualmente todas as tradições e identidades como processuais e construídas, mesmo aquelas percebidas em nossos locais de trabalho de campo como atemporais e fundamentais. A tentativa de mostrar como as coletividades de classe, gênero, etnia, casta, tribo, nação e comunidade "indígena" são feitas e desfeitas, e para vantagem ou desvantagem de quem, tornou-se uma área tanto de convergência quanto de debate acirrado entre historiadores e antropólogos[54]. Existem outras arenas também onde tentamos explicar as maneiras muitas vezes surpreendentes como o temporal, o processual e o histórico são percebidos e considerados, e o que pode tornar questões de tempo, mudança e ruptura perturbadoras e destrutivas, ou capacitadoras e inspiradoras para aqueles com quem nos envolvemos em nosso trabalho de campo.

---

52. P. ex., Appadurai (1981), Werbner (2002), Comaroff e Comaroff (1991), Kaplan (1994), Luhrmann (1996), Stoler e Strassler (2000) e De L'Estoile (2008).

53. Inclusive o reconhecimento de fraturas e contestações, bem como o dinamismo e a criatividade envolvidos no manejo do "contato cultural" doloroso; p. ex. alegações de estrangeiros intrusivas sobre os supostos "traços culturais" de povos e sociedades em formas tais como o canibalismo e o assassinato ritual de viúvas (Thomas, 1992; Hawley, 1994).

54. Como nas batalhas sobre se a casta é um fato elementar da civilização indiana, uma invenção das práticas de conhecimento orientalistas ou uma construção dinâmica decorrente de "envolvimentos" coloniais e globais duradouros (Thomas, 2009; cf. tb. Bayly, 1999; Gupta, 2005; compare com Friedman, 1992; Li, 2000). Historiadores e antropólogos interagem com graus variados de entusiasmo. Antropólogos históricos e historiadores antropologicamente inclinados (p. ex., Burke, 2005) têm sido elogiados e atacados por aqueles que pensam que os historiadores tratam a antropologia como uma licença para reificar a "cultura", e que os antropólogos descontextualizam e teorizam em excesso quando discutem tendências ou episódios históricos.

Historicidade

A antropologia não aceitou essas preocupações prontamente ou sem contestação. O restante deste capítulo, portanto, explora as maneiras pelas quais as questões de mudança e historicidade foram definidas e discutidas por aqueles com visões muito diferentes sobre como adicionar mentalidade histórica ao nosso repertório teórico. Ele observa o repúdio e o subsequente renascimento da história na obra dos principais pioneiros do século XX; os modelos de tempo e mudança subjacentes aos debates sobre "cultura e prática" da década de 1980; e os alaridos de desprezo gerados pelo apelo de Marshall Sahlins para que as etnografias fossem reformuladas como "histórias estruturalistas" conscientes de eventos (1985). Ele também aborda teorizações de temporalidade, narrativa e memória dentro e além dos contextos de colonialismo, revolução e transformação pós-socialista, e as tentativas dos antropólogos de adicionar sofisticação teórica à nossa compreensão da Modernidade, da Pós-modernidade e do conceito controverso de "múltiplas modernidades".

O nascimento da antropologia em suas formas modernas ocorreu em uma arena de polêmica acerca da mentalidade histórica (cf. cap. 1). Como o funcionalismo de Malinowski, a visão de Radcliffe-Brown do que veio a ser chamado de estrutural-funcionalismo repousava em um repúdio ferrenho às obras de seus predecessores evolucionistas e difusionistas. Seu rótulo de desprezo pelo que eles fizeram era "história conjectural" (1941), um empreendimento que ele considerava mortal e equivocado, ao reduzir aqueles que os antropólogos chamavam de seus sujeitos a "ancestrais vivos" ou personificações desumanizadas de traços culturais pan-históricos. Tanto o funcionalismo quanto o estrutural-funcionalismo foram, portanto, declarações de guerra contra preocupações históricas, o que foi interpretado como significando visões de tipos ou raças humanas envolvidas em movimentos gigantes ao longo do tempo na forma de interações difusionistas ou competição neodarwiniana favorecendo o "apto" em detrimento do evolutivamente "inapto" (Carneiro, 1973).

No entanto, as tradições funcionalistas e estrutural-funcionalistas aceitaram muito do que os antropólogos agora problematizam sobre a modernidade ocidental, inclusive a ideia de que os entendimentos modernos do tempo e da mudança são calendáricos e históricos; portanto, totalmente diferentes daqueles outrora categorizados como tradicionais, "pré-literários" ou "primitivos". Esta é a visão que anima o célebre relato de Evans-Pritchard do "relógio do gado" (1940, p. 103) pelo qual dizia-se que o Povo Nuer do Sudão Nilótico regulava sua rotina diária, usando marcadores como "tempo de ordenha", em vez de unidades de medida impessoais[55].

Uma opinião intimamente relacionada defendida por Malinowski e seus sucessores era a de que, quando povos "pré-literários" pensavam sobre seu passado, eles o faziam em termos míticos. Essa também era uma noção bem adequada ao que se tornou a visão prevalecente da antropologia anglófona: que era a disciplina singularmente equipada para compreender "a história dos não eventos" (Fogelson, 1989, apud Hoffman & Lubkemann, 2005, p. 317), denotando as maneiras notáveis como as "continuidades estruturais" foram moldadas e perpetuadas na vida humana. Ser e continuar a ser social, compartilhar uma existência em comunidades, seguir um modo de vida com estrutura, princípios ordenadores e esquemas compartilhados de sentido era uma maravilha como aquelas do mundo natural não humano, e igualmente exigente de estudo e análise sofisticados.

As estórias de origem das pessoas em "sociedades simples" suscitaram, portanto, o interesse de antropólogos do início do século XX, quando

55. "Os eventos seguem uma ordem lógica, mas [...] não são controlados por um sistema abstrato" (Evans-Pritchard, 1949, p. 103). Agora é amplamente aceito que este relato exagera a distinção entre o "nosso tempo" que "passa e progride", e o das pessoas que veem o tempo em termos não mensuráveis, não sequenciais ou míticos (Adam, 2013). Radcliffe-Brown e seus contemporâneos viram a Modernidade como uma força irresistivelmente destrutiva dos povos e modos de vida "pré-literatos". O que isso significa, ele acreditava, era que o que o etnógrafo observou – estrutura, equilíbrio, todos os elementos (instituições) de uma ordem social servindo a uma função de "integração social" – perderia sua integração e entraria em um colapso estrutural, que levaria a uma forma de desorientação traumática para a qual ele cunhou o termo "disnomia social" como uma consequência do "contato com a civilização branca". Curiosamente, ele encontrou uma maneira de transformar suas noções de pensamento e prática socialmente funcionais em uma visão do surgimento de novos movimentos religiosos entre esses povos que diferia imensamente da dos seus contemporâneos, que os consideravam apenas um sinal de irracionalidade "primitiva" e colapso mental ou social perante um "contato cultural" desorientador: para Radcliffe-Brown, eles eram funcionais e positivos, "movimentos espontâneos para a reintegração" (1935, p. 399).

podia-se demonstrar que eram narrativas que serviam a fins estruturais ou funcionais: por exemplo, como "cartas" legitimando a autoridade de chefes e anciãos (Fortes, 1953). As comunidades "tribais" eram, portanto, consideradas desprovidas de um senso de historicidade em qualquer forma ocidental ou moderna: isto é, o passado entendido como uma sequência de momentos históricos definíveis relacionados e também sucedendo uns aos outros como episódios em um fluxo unidirecional de tempo calendárico ou regido por relógio. Quando as preocupações históricas voltaram à corrente antropológica dominante da década de 1970, essas suposições foram reformuladas como um meio de abordar as novas questões desafiadoras que estavam sendo abordadas por uma nova geração de etnógrafos com mentalidade histórica. Uma era: o que é a literacia como fenômeno social e quão transformadora é sua aquisição para aqueles que adquirem novas tecnologias para registrar seus relatos do ancestral e do fundacional?[56] Intimamente relacionada estava a redescoberta do trabalho de Halbwachs dos anos de 1920 sobre memória social, que suscitou um amplo interesse em processos de memorização e lembrança, como em contextos onde tanto esquecer quanto lembrar de um passado traumático pode ser entendido como formas poderosas e empoderadoras de prática moral (Connerton, 1989; Antze & Lambek, 1996).

No entanto, nem todos os crentes em estrutura e função da antropologia do início do século XX eram anti-históricos. Trinta anos antes de o estudo do colonialismo tornar-se um recurso estabelecido da disciplina, Evans-Pritchard fez uma tentativa ousada de produzir uma etnografia da mudança histórica no contexto das revoltas épicas que devastaram a região da Cirenaica da Líbia antes e depois da Segunda Guerra Mundial, lidando com o impacto e as consequências do domínio colonial britânico, bem como com as operações brutais da força de ocupação fascista italiana da região. Seu enquadramento teórico era muito do seu tempo: uma adaptação do seu

56. Goody (1977), Ong (1982) e Bloch (1989); cf. tb. Messick (1996). Sobre o estudo etnográfico da numeracia, cf. Crump (1990) e a extensa literatura sobre a implantação da estatística como uma fonte de poder-conhecimento subjugador dos governantes modernos: Scott (1998).

modelo de ordem política segmentária para explicar a transformação da estrutura "tribal" em realeza centralizada (1949)[57].

Apesar de toda a sua novidade em insistir que havia histórias reais a serem escritas sobre povos "simples" e "tribais", a base do estudo de Evans-Pritchard foi uma noção não problematizada de sociedades delimitadas como as unidades centrais do estudo etnográfico. A etnografia de 1954 de Edmund Leach da ordem política dos montanheses Kachin da Birmânia era muito mais radical em sua concepção e tem sido muito mais amplamente lida. O que Leach encontrou foi uma maneira de fazer as preocupações históricas alcançarem algo novo e atraente: um repensar do conceito de estrutura e um repúdio da compreensão de seus predecessores das sociedades como sistemas de equilíbrio estruturado, ordenados por princípio estruturante único, tal como segmentação, igualitarismo ou hierarquia.

Leach descobriu que a vida social Kachin não se autorreproduzia intemporalmente, nem era uma arena de transformação decisiva e definitiva como a Cirenaica de Evans-Pritchard. A história que ele contou foi de mudança, mas não ruptura: um padrão de oscilações contínuas entre as formas contrastantes da ordem política Kachin que ele identificou como hierárquica (*gumsa*) e igualitária (*gumlao*). Este foi certamente um mundo de dinamismo, e não de estase. Mas não era o que as gerações subsequentes de marxistas ou não marxistas procurariam em tal ambiente. Ambas as alternativas, marxista e não marxista, à versão de oscilação da mudança de Leach podem acarretar uma ruptura crítica com os modos e normas estabelecidos: resistência massiva ao domínio colonial, ou pelo menos a forjadura de novas ideologias e estratégias de subsistência em resposta ao impacto da cristianização ou aos efeitos do desmatamento, do cultivo comercial intrusivo e da devastação da

57. Em vez de ver as transformações do povo Sanusi como uma história de fragilidade nativa – ou seja, suas formas sociais indígenas obliteradas por uma modernidade ocidental todo-poderosa – Evans-Pritchard identificou a fonte de mudança na própria ordem política dos Sanusi. A segmentação, ele disse, era um princípio de ordenação animado por uma dinâmica de replicação, e o que ele afirmava era que as convulsões das suas experiências coloniais e de guerra fizeram com que essa dinâmica de replicação fosse dirigida para um modelo recém-disponível. Essa era a lógica centralizadora dos seus italianos opressores fascistas, que ele acreditava que eles tinham conseguido se apropriar e refazer para o seu próprio uso.

guerra mecanizada. Tampouco a mentalidade histórica de Leach era uma antecipação de obras como as de Marshall Sahlins, conforme discutido abaixo. Sahlins perguntou provocativamente se existem coisas como "outros tempos – outras historicidades" (1985), denotando maneiras distintas de como a história e a mudança são percebidas em contextos locais, especialmente em tempos de turbulência e transformação, quando estruturas, no sentido muito diferente em que o termo passou a ser usado – como princípios culturais predominantes ou diferenciais de poder –, podem se deslocar e mudar de maneiras dramáticas.

Portanto, o elegante modelo de oscilação de Leach não atraiu os principais contendores nas batalhas sobre prática e agência que dominaram o campo desde os anos de 1980, ou aqueles que tornaram o colonialismo e o capitalismo global centrais em suas preocupações. No entanto, é notável que houve alguns antropólogos de mentalidade histórica cujas preocupações e ferramentas teóricas ressoaram com as de Leach. Goody, Macfarlane e Gellner também perguntaram em termos ousados e abrangentes como a mudança foi padronizada nos contextos que exploraram: transformações conceituais e materiais em contextos globalizantes tanto regionais quanto mundiais[58].

Mas, em vez de abraçar as perspectivas estruturalistas que se tornaram centrais para o trabalho posterior de Leach, eles basearam-se nos grandes teóricos sociais modernistas, particularmente Weber, em suas tentativas de fornecer respostas antropológicas para as questões clássicas da teoria social sobre os princípios animadores da Modernidade. Mesmo assim, uma das obras mais provocantes de Gellner encontra sua resposta para a questão da modernidade global em um uso altamente distintivo do princípio da oscilação, que ele derivou de uma fusão de sua leitura de Weber e do historiador islâmico medieval Ibn Khaldun. Esta foi a base de seu muito desafiado relato da história do Islã como uma "oscilação pendular" de alternâncias de longa duração entre modelos dispersos e centralizados de ordem política (1981) até o momento de "desequilíbrio" quando a oscilação do pêndulo foi interrompida. Ele considerou que isso tenha sido alcançado pelos pró-

58. Goody (1983; 2012), Macfarlane (1978; 2000) e Gellner (1981).

prios muçulmanos por meio da ascensão do islamismo purista, e, portanto, que este tenha sido o momento de ruptura decisiva do mundo muçulmano, quando sua população alcançou a sua própria variante autogerada da Modernidade[59].

Essas não eram as questões históricas que atraíam os muito mais numerosos antropólogos que foram dominados pelos turbulentos envolvimentos do campo com o estruturalismo, a crítica feminista e orientalista, as teorias do poder e da subjetividade gramsciana, marxista e foucaultiana, e o impacto subsequente das teorias da cultura pós-moderna e pós-estruturalista. O efeito bombástico do estruturalismo francês dos anos de 1960, iniciado por Claude Lévi-Strauss (cf. cap. 2), foi uma declaração de guerra contra os entendimentos existentes tanto da sociedade quanto da cultura: ou seja, as ordens sociais como esquemas de papéis e *status* mapeáveis a serem documentados por meio de metodologias estrutural-funcionalistas; e "culturas" delimitadas como redes decodificáveis de sentido (Geertz, 1973).

As análises estruturalistas de Lévi-Strauss foram historicamente enquadradas, mas em um sentido altamente original. Sua preocupação não era com as culturas no plural, mas com a "cultura", a capacidade humana de criar e transmitir sentidos de maneiras padronizadas e dinâmicas. Ele aplicou o termo estrutura às regularidades estruturais profundamente arraigadas da mente humana que agem culturalmente: elas o fazem simbolizando; atribuindo sentidos ao que as mentes registram, fazendo-o dinamicamente, de maneiras temporalmente ativas por períodos muito longos de tempo, através de padrões de emparelhamentos opositivos binários intermináveis (vida-morte, natureza-cultura, cru-cozido); perpetuamente mediando e resolvendo essas oposições de modo a formar outros padrões de pares conceituais estruturados. Essa foi a história que Lévi-Strauss revelou através da análise semiótica do mito e de outros produtos da vida humana pensante e criativa: a mudança

59. Ele o seguiu com uma visão geral igualmente ousada da ascensão do nacionalismo moderno (1983) e uma representação de toda a história da humanidade como uma gigantesca sequência tripartite de transformações tomando forma como as ordens civilizacionais contrastantes do "arado, espada e livro" (1988).

estrutural contínua de longo prazo a que ele se referiu como transformações, transformação em formas tais como os fragmentos conceituais simbólicos que formaram as estruturas das narrativas míticas.

O contraste amplamente citado que Lévi-Strauss (1966) estabelece entre sociedades "quentes", ou orientadas para a mudança, e contextos baseados em estase, onde o pensamento é mítico e "frio", pode parecer muito próximo da visão estrutural-funcionalista do mítico como "primitivo", e do histórico como um modo de pensamento moderno ou ocidental. Isso tem sido frequentemente dito sobre a sua descrição da bricolagem: as operações mentais do "funileiro" ou do "ceramista", em contraste com o pensamento inovador do cientista ou do engenheiro modernos[60]. Com efeito, ele concebia isso como uma imagem da operação mental presente em cada mente humana que luta para ordenar o fluxo de vida e experiência com todos os seus dolorosos dilemas e complexidades, embora mais acessível ao antropólogo em formas culturais "objetificadas", como no mito.

Lévi-Strauss também elaborou o conceito de dialética, uma ferramenta conceitual-chave do marxismo, embora se tratasse para ele de um meio de compreender a dinâmica do pensamento humano envolvido nas sempre mutáveis padronização e recombinação do material semiótico. Portanto, esse não era, enfaticamente, um meio de fazer os tipos de perguntas históricas que um marxista poderia fazer: Em que condições materiais e sociais mutáveis o mito surgiu? Quem o criou e controlou? Aos interesses de quem servia? Quem ganhou ou perdeu com seu uso em locais e ambientes determinados? O que mudou ou não mudou como resultado?

---

60. Pensar como um *bricoleur* significa juntar elementos simbólicos existentes em diferentes padrões e configurações: como o "pau para toda obra" ou o "faz-tudo", fazendo com que tudo o que esteja ao seu alcance sirva às suas necessidades; nunca pensando, portanto, em termos verdadeiramente novos, nunca inventando uma nova ferramenta ou método para atender a uma necessidade nova e diferente. Assim, na bricolagem, os signos e símbolos existentes atendem às suas necessidades como meio de ordenar e apreender o mundo, utilizando-os e reutilizando-os em padrões e configurações em constante mudança. Isso é o que ele acreditava ter descoberto em seus estudos sobre mito e arte tribais. Para um desafio às simplificações exageradas da distinção mito-história, cf. Herzfeld (1985).

A historicização em ação

No entanto, os antropólogos encontraram maneiras de fundir métodos estruturalistas com economia política historicamente emoldurada, como no relato de Gow sobre um mito amazônico que incorpora as experiências históricas do colonialismo em sua estrutura simbólica (2001). A compreensão marxista da ideologia e da dominação de classe também foi atualizada por meio da etnografia histórica. Bloch (1989) identificou a linguagem simbólica do ritual real de Madagascar como uma fonte de poder ideológico da classe dominante disfarçando as origens históricas da dominação, fazendo assim com que a realeza parecesse atemporal e incontestável porque estava temporalmente distante do reino dos eventos históricos datáveis[61].

O estudo do simbolismo na forma estruturalista e em outras formas tem sido, portanto, uma frustração e um recurso para etnografias do colonialismo, desigualdade de gênero e os deslocamentos do capitalismo global. Seu uso também levantou questões provocativas sobre as maneiras pelas quais os antropólogos deveriam compreender e problematizar a noção de cultura. O estudo de Comaroff sobre a espiritualidade do povo Tshidi da África do Sul sob o colonialismo e o regime do *apartheid* foi um esforço inicial para lidar antropologicamente com a possibilidade de resistência em condições de opressão e subjugação, combinando a análise semiótica com as concepções gramsciano-marxistas de poder cultural e consciência subalterna (1985)[62]. Comaroff viu a distintiva reformulação do cristianismo pelos crentes Tshidi como uma "bricolagem sincrética", seu simbolismo de cores e tabus de mercadorias como expressões de uma "lógica cultural" inarticulada de resistência ao desempoderamento e à proletarização.

Outras etnografias historicamente emolduradas também buscaram mostrar que aqueles que são integrados à força em sistemas de dominação

---

61. Estudos do ritual continuam a fazer da historicidade uma preocupação central. P. ex., Lambek (2002).

62. Esta é a tradução usual para o inglês do termo-chave de Gramsci, *subalterno*, o subordinado. É uma ferramenta conceitual importante dentro e além do âmbito da antropologia, central para debates que usam e contestam as perspectivas tanto de Foucault quanto de Gramsci sobre os fundamentos culturais do poder em contextos coloniais e outros. Cf., p. ex., Gledhill (2001).

podem usar a linguagem, o ritual ou as possibilidades miméticas de imaginações eu-outro para subverter a autoridade hegemônica. Ainda existe muito debate sobre se tais desafios podem ser discernidos mesmo para aqueles que podem parecer presos e sem voz em face do poder em suas formas modernas insidiosas: em particular, aquelas formas de poder que constituem sujeitos modernos como instrumentos de sua própria subjugação (Scott, 1990; Brown, 1991; Kaplan, 1994; Sivaramakrishnan, 2005).

Marshall Sahlins fez uso ousado, mas muito diferente, da semiótica estruturalista por meio de sua implantação dos conceitos de "mitopráxis" e "estrutura da conjuntura" para explorar momentos épicos na história do império. Isso inclui seu célebre relato da morte do explorador-navegador britânico Capitão James Cook por ilhéus havaianos em 1778 (1985). Há também suas interpretações provocativas das antagônicas "cosmologias do capitalismo" que estruturam os encontros diplomáticos chineses e britânicos na corte dos imperadores Qing (Manchu) (Sahlins, 1994) e o envolvimento de missionários coloniais nas sangrentas guerras da chefatura do século XIX em Fiji (Sahlins, 2004).

Sahlins era, portanto, outro antropólogo provido de mentalidade histórica que insistia que o mundo das interações coloniais violentas deveria ser central para a disciplina, mas como a matéria-prima para algo que ele pretendia que fosse radicalmente novo: o empreendimento que ele chamou de "história estruturalista". Ele o concebeu como um meio de fazer perguntas de longo alcance sobre a história e a cultura mesmas, embora seu trabalho também tenha alimentado o debate sobre as relações de poder colonial e os meios pelos quais o império e seu legado podem ser resistidos ou expurgados.

A molduragem mais ampla do projeto de Sahlins foi o longo debate sobre "cultura e prática" (cf. cap. 4) sobre se aqueles que agem em ambientes de imprevisibilidade e mudança deveriam ser vistos como agentes criadores de mundo, sem restrições por códigos simbólicos ou sistemas de sentido. Os principais contribuintes incluíram Renato Rosaldo, cujo relato da busca intermitente de caça de cabeças pelo povo ilongote das Filipinas encontrou uma história de 400 anos de invasão colonial e guerra revivida por meio de narrativas orais recitadas enquanto o grupo atravessava sua paisagem florestal (1980). Rosaldo apresenta isso como evidência conclusiva para uma visão da cultura como uma invenção episódica contínua, em vez de "redes de significado" ou roteiros coletivos duráveis (1980).

Sahlins adotou uma abordagem radicalmente diferente. Em contraste com seus relatos do modo de produção doméstico e da "sociedade afluente original", a nova obra proclamava o nascimento de uma antropologia da cultura de base histórica, construída sobre uma fusão de estruturalismo com recursos apenas minimamente sobrepostos ao uso de Comaroff do marxismo gramsciano. Essa foi a obra de Fernand Braudel, líder do grupo de historiadores franceses conhecido como Escola dos *Annales*. As "histórias totais" de mentalidades e civilizações desses estudiosos desenvolveram uma noção de registros divergentes ou ritmos de mudança interagindo em relações temporais complexas que os *Annalistes* chamavam de conjunturas (Golub et al., 2016, p. 18). Mas sua preocupação era com o mais lento desses ritmos convergentes. Os pensadores da Escola dos *Annales* prestaram pouca atenção ao que aconteceu no ponto dessas conjunturas, tendo, portanto, um mínimo interesse pela preocupação convencional do historiador com eventos datáveis. Seu foco eram as mudanças profundas, lentas e sem eventos do ambiente e da geografia que ocorriam em uma vasta escala de "longa duração" (*longue durée*).

O que isso significou para Sahlins, no entanto, foi a possibilidade de investigar episódios de uma história global emaranhada a fim de virar o empreendimento dos *Annales* de cabeça para baixo: reformulando a noção de conjuntura e colocando a questão de saber "o que aconteceu com aquelas pessoas naquele momento" que os *Annalistes* pensavam ser superficial e sem importância. A preocupação enganosamente simples de Sahlins era precisamente com aqueles momentos únicos no tempo envolvendo atores nomeados e episódios individuais dramáticos, que em sua opinião responderiam a uma pergunta ainda mais fundamental: o que exatamente é um evento? A resposta de Sahlins era tudo o que Rosaldo repudiava: um evento é o que a cultura molda e define, "um acontecimento interpretado culturalmente"

(Strathern, 1990, p. 160); portanto, o que é percebido desde a perspectiva e a partir do roteiro que os participantes trazem para a sua compreensão de uma determinada ocorrência. Isso subjazeu ao seu relato de todas as histórias de derramamento de sangue e colisão cosmológica que ele escavou do registro arquivístico. O assassinato de Cook foi, portanto, executado em termos havaianos e por razões distintamente havaianas. Foi essa "culturologia" aparentemente determinista que tornou o seu relato tão provocativo para seus oponentes e críticos, embora sua noção de estrutura da conjuntura fosse concebida como um repensar da noção de cultura para permitir ação e mudança: as forças e energias estruturais da cultura a serem entendidas como forjadas em vez de habitadas, imbuídas de energia dialética e sujeitas a perpétuas mudanças padronizadas.

O que ele alegou foi, portanto, que as noções de cultura existentes na antropologia poderiam ser transformadas e reconfiguradas perguntando-se o que é que marca um corpo de experiências e percepções como um momento distinto no tempo. Foi com esse intuito crítico que ele cunhou o seu termo-chave "estrutura da conjuntura". Ele assim referia-se ao ponto de contato ou colisão entre um roteiro ou estrutura preexistente pelo qual as experiências são ordenadas e as ações realizadas, e a novidade de qualquer momento dado no tempo no qual tais estruturas são testadas.

A análise de Sahlins do episódio do Havaí baseou-se na alegação de que os ilhéus trouxeram uma lógica cultural distintivamente estruturada para o encontro fatal com Cook, vendo-o não nos termos mundanos de "comércio e império" como um invasor inimigo, mas como a encarnação de seu deus-rei Lono. Este ser cósmico era o garante dos havaianos da renovação perpétua da vida e da fertilidade, existindo em oposição estrutural eterna a Ku, deus da guerra e da morte, vivendo e morrendo para sempre em uma sequência interminável de finais e retornos sacrificais. O senso de tempo havaiano era, portanto, mítico, uma recapitulação cíclica de arquétipos recorrentes, em vez de ocorrências calendáricas singulares. Daí o relato de Sahlins do assassinato como a recapitulação de um evento fundacional mítico: o sacrifício generativo através do qual o mundo é eternamente feito e refeito.

Sua principal afirmação, no entanto, era que essa era uma forma altamente dinâmica de roteirização cultural, dialeticamente ativa como um momento de conjuntura entre termos de referência existentes e a novidade do que é experimentado no momento em que essas percepções são implantadas. Seu neologismo *mitopráxis* ecoou a noção marxista de práxis: o ponto crítico no qual o pensamento e a ação podem convergir para provocar a transformação de uma forma ou estrutura existente. Os havaianos vivenciavam os grandes eventos que celebravam em rituais como recorrências de arquétipos míticos, em uma recapitulação interminável de eventos fundacionais eternamente repetidos revividos no presente. Nenhum acontecimento na escala da vinda ao mundo de Lono era uma novidade: seu senso de tempo era cíclico, em vez de progressivo e direcional.

Nada disso era aceitável para os detratores de Sahlins. Para Obeyesekere, o único mito real na história de Cook era o da velha e autoglorificante visão de si mesmo do homem branco como uma figura divina maravilhosa para os "nativos" encontrados no mundo brutal da construção de um império (1992).

Strathern suscitou uma possibilidade ainda mais convincente sobre a natureza e a percepção dos eventos: a de que mesmo algo tão carregado como um primeiro encontro com estranhos de pele clara pode não ser uma ocasião para uma elaboração explicativa de qualquer tipo. Ela propõe para o contexto de Hagen que o que é trazido para tais eventos é uma percepção visual e não analítica. A experiência relevante é a de uma *performance* espetacular de dança mascarada, significando que um tal evento é registrado da maneira como uma imagem impacta um espectador. Isso denota sua capacidade de forçar o espectador a olhar, ver e registrar tudo de uma vez: como algo único, isto é, através de um impacto instantâneo no olho e na visão, ao invés de explorar a capacidade de alguém interpretar ou explicar como se faz com experiências que estejam inseridas em uma narrativa verbal, relacionando-as a outras dessas ocorrências em um fluxo de tempo duracional ou contínuo (Strathern, 1990; cf. Hirsch, 1999; Peel, 1984).

Desenvolvimentos em curso

A historicidade continua sendo uma preocupação permanente em nosso campo. A adoção de técnicas desconstrutivas extraídas da identidade pós-estruturalista e da teoria da linguagem gerou um amplo debate sobre as metodologias e práticas de conhecimento dos antropólogos historicamente inclinados. Portanto, quando os antropólogos empregam as tipologias utilizadas pelos historiadores com o propósito de distinguir entre os efeitos de diferentes formas de domínio colonial, seus esforços podem ser denunciados: por exemplo, como uma definição da diferença reproduzindo o silenciamento pelo colonizador dos sujeitos colonizados por meio da violência estrutural do "poder de nomear"[63]. Tem havido trocas igualmente ferozes sobre até que ponto as perspectivas históricas podem equipar a antropologia para defender ou desafiar o assalto a teorias antiquadas da Modernidade e da modernização por meio do envolvimento com a ideia de "modernidades" múltiplas, transversais ou vernacularizadas[64].

Para aqueles que buscam problematizar a preocupação dos antropólogos com as normas estruturadas em curso, contextos como os da cristianização têm sido explorados de maneira provocativa através de um foco em visões de ruptura e descontinuidade radical (p. ex., Robbins, 2014). Outro relato importante é a exploração de Humphrey do que ela chama de "eventos de decisão" no contexto das turbulentas convulsões revolucionárias e rupturas históricas da Mongólia. Esta é uma reflexão ricamente matizada sobre a muito debatida "morte do sujeito" alcançada por meio do envolvimento com o tratamento do filósofo Alain Badiou de eventos decisivos de transformação, como a conversão paulina (Humphrey, 2008; cf. tb. Humphrey & Hurelbaatar, 2013).

Novas possibilidades ainda estão surgindo em nossos envolvimentos com a história, e as questões abordadas por meio de nossa implementa-

---

63. Retirado de Bayly (2016, p. 6). Cf. Krautwurst (2003).

64. Miller (1994), Englund e Leach (2000), Osella e Osella (2006) e Thomassen (2010). Cf. a exploração de Donham de narrativizações divergentes da modernidade revolucionária no contexto da turbulenta história do século XX da Etiópia (1999).

ção de perspectivas históricas provavelmente continuarão produzindo ricos frutos teóricos. Certamente, há percepções poderosas a serem obtidas ao fazermos da historicidade uma preocupação-chave do nosso florescente novo trabalho sobre a antropologia da moralidade e da ética. Um exemplo notável disso é o estudo de como as histórias nacionais são percebidas e desafiadas em formas que as identificam como narrativas morais que exigem compreensões complexas da nação trans-histórica e do self como cidadão e agente ético de uma nacionalidade compartilhada ou contestada. Assim, o passado e suas imaginações são agora e certamente permanecerão um terreno crítico para a teorização antropológica: é claro que a nossa disciplina repensará continuamente o seu próprio passado, presente e futuro por meio do envolvimento com perspectivas históricas em formas produtivas e em constante mudança.

Referências

Adam, B. (2013). *Timewatch. The Social Analysis of Time.* Cambridge: Polity Press.

Anderson, B. (1983). *Imagined Communities. Reflections on the Origin and Spread of Nationalism.* Londres: Verso.

Antze, P., & Lambek, M. (1996). *Tense Past: Cultural Essays in Trauma and Memory.* Londres: Routledge.

Appadurai, A. (1981). The past as a scarce resource. *Man N.S. 16*: 201-219.

Asad, T. (ed.) (1973). *Two European Images of Non-European Rule, Anthropology and the Colonial Encounter.* Nova York: Humanity Books.

Bayly, S. (1999). *Caste, Society and Politics in India from the 18th Century to the Modern Age.* Cambridge: Cambridge University Press.

Bayly, S. (2016). Colonialism/Postcolonialism. In F. Stein, S. Lazar, M. Candea, H. Diemberger, C. Kaplonski, J. Robbins, & R. Stasch (eds.). *The Cambridge Encyclopaedia of Anthropology.* http://preview12.admin.cam.ac.uk/entry/colonialism-postcolonialism

Birth, K. (2008). The creation of coevalness and the danger of homochronism. *The Journal of the Royal Anthropological Institute 14*(1): 3-20.

Bloch, M. (1989). The disconnection between power and rank as a process. An outline of the development of kingdoms in central Madagascar. In M. Bloch (ed.). *Ritual, History and Power. Selected Papers in Anthropology* (pp. 46-88). Londres & Atlantic Highlands: Athlone Press.

Brown, M. (1991). Beyond resistance: A comparative study of utopian renewal in Amazonia. *Ethno-history 38*(4): 388-413.

Burke, P. (2005). *The Historical Anthropology of Early Modern Italy.* Cambridge: Cambridge University Press.

Carneiro, R. (1973). Structure, function, and equilibrium in the evolutionism of Herbert Spencer. *Journal of Anthropological Research 29*(2): 77-95.

Comaroff, J. (1985). *Body of Power, Spirit of Resistance: The Culture and History of a South African People.* Chicago: University of Chicago Press.

Comaroff, J. L. & Comaroff, J. (1991). *Of Revelation and Revolution: Christianity, Colonialism, and Consciousness in South Africa.* Chicago: University of Chicago Press.

Connerton, P. (1989). *How Societies Remember.* Cambridge: Cambridge University Press.

Crump, T. (1990). *The Anthropology of Numbers.* Cambridge: Cambridge University Press.

Das, V. (1995). *Critical events: An anthropological perspective on contemporary India.* Delhi: Oxford University Press.

De L'Estoile, B. (2008). The past as it lives now: An anthropology of colonial legacies. *Social Anthropology 16*(3): 267-279.

Donham, D. (1999). *Marxist Modern.* Berkeley: University of California Press.

Englund, H., & Leach, J. (2000). Ethnography and the metanarratives of modernity. *Current Anthropology 41*(2): 225-248.

Eriksen, T. H. (2002). *Ethnicity and Nationalism. Anthropological Perspectives.* Londres: Pluto.

Evans-Pritchard, E. E. (1949). *The Sanusi of Cyrenaica.* Oxford: Oxford University Press.

Faubion, J. (1988). Possible modernities. *Cultural Anthropology 3*(4): 365-378.

Fortes, M. (1953). The structure of unilineal descent groups. *American Anthropologist NS) 55*(1): 17-41.

Friedman, J. (1992). The past in the future: History and the politics of identity. *American Anthropologist 94*(4): 837-859.

Geertz, C. (1973). *The Interpretation of Cultures. Selected Essays.* Nova York: Basic Books.

Gell, A. (1992). *The Anthropology of Time: Cultural Constructions of Temporal Maps and Images.* Oxford: Berg.

Gellner, E. (1981). *Muslim Society.* Cambridge: Cambridge University Press.

Gellner, E. (1983). *Nations and nationalism.* Oxford: Blackwell.

Gledhill, J. (2001). Deromanticizing subalterns or recolonializing anthropology? *Identities 8*(1): 135-161.

Golub, A., Rosenblatt, D. D., & Kelly, J. D. (2016). Introduction. *A Practice of Anthropology. The Thought and Influence of Marshall Sahlins* (pp. 3-39). Quebec: McGill-Queen's University Press.

Goody, J. (1977). *The Domestication of the Savage Mind.* Cambridge: Cambridge University Press.

Goody, J. (1983). *The Development of the Family and Marriage in Europe.* Cambridge: Cambridge University Press.

Goody, J. (2012). *The Theft of History.* Cambridge: Cambridge University Press.

Gow, P. (2001). *An Amazonian Myth and its History.* Oxford: Oxford University Press.

Gupta, D. (2005). Caste and politics: Identity over system. *ARA* 43: 409-427.

Guyer, J. (2007). Prophecy and the near future: Thoughts on macroeconomic, evangelical, and punctuated time. *American Ethnologist 34*(3): 409-421.

Hastrup, K. (2004). Getting it right. Knowledge and evidence in anthropology. *Anthropological Theory 4*(4): 455-472.

Hawley, J. (ed.) (1994). *Sati, the Blessing and the Curse: The Burning of Wives in India.* Oxford: Oxford University Press.

Herzfeld, M. (1985). Lévi-Strauss in the nation-state. *The Journal of American Folklore 98*(388): 191-208.

Herzfeld, M. (2005). *Cultural Intimacy. Social Poetics in the Nation State.* Oxford: Routledge.

Hirsch, E. (1999). Colonial units & ritual units. Historical transformations of persons and horizons in Highland Papua. *Comparative Studies in Society and History 41*(4): 805-828.

Hobsbawm, E., & Ranger, T. (eds.) (1983). *The Invention of Tradition.* Cambridge: Cambridge University Press.

Hoffman, D., & Lubkemann, S. C. (2005). Warscape ethnography in West Africa and the anthropology of "events". *Anthropological Quarterly 78*(2): 315-327.

Humphrey, C. (1992). The moral authority of the past in post-socialist Mongolia. *Religion, State and Society 20*(3-4): 375-389.

Humphrey, C. (2008). Reassembling individual subjects. Events and decisions in troubled times. *Anthropological Theory 8*(4): 357-380.

Humphrey, C., & Hurelbaatar, U. (2013). *Monastery in Time. The Making of Mongolian Buddhism.* Chicago: University of Chicago Press.

Ingold, T. (1993). The temporality of the landscape. *World Archaeology 25*(2): 152-174.

Kapferer, B. (2013). Montage and time. In R. Suhr, & Willerslev, R. (eds.). *Transcultural Montage* (pp. 20-39). Nova York/Oxford: Berghahn.

Kaplan, M. (1990). Meaning, agency and colonial history: Navosavakadua and the Tuka movement in Fiji. *American Ethnologist 17*: 3-22.

Kaplan, M. (1994). Rethinking resistance. Dialogics of disaffection in colonial Fiji. *American Ethnologist 21*(1): 123-151.

Krautwurst, U. (2003). What is settler colonialism? An anthropological meditation on Frantz Fanon's "concerning violence". *History and Anthropology 14*: 55-72.

Lambek, M. (2002). *The Weight of the Past. Living With History in Mahajanga, Madagascar.* Nova York: Palgrave.

Lévi-Strauss, C. (1966). *The Savage Mind.* Chicago: University of Chicago Press.

Li, T. M. (2000). Articulating indigenous identity in Indonesia: Resource politics and the tribal slot. *Comparative Studies in Society and History 42*(1): 149-179.

Luhrmann, T. M. (1996). *The Good Parsi: The Fate of a Colonial Elite in a Postcolonial Society.* Cambridge: Harvard University Press.

Macfarlane, A. (1978). *The Origins of English Individualism: The Family, Property and Social Transition.* Londres: Wiley-Blackwell.

Macfarlane, A. (2000). *The Riddle of the Modern World.* Basingstoke: Palgrave Macmillan.

Messick, B. (1996). *The Calligraphic State. Textual Domination and History in a Muslim Society.* Berkeley: University of California.

Miller, D. (1994). *Modernity. An Ethnographic Approach. Dualism and Mass Consumption in Trinidad.* Oxford: Berg.

Munn, N. (1992). The cultural anthropology of time: A critical essay. *Annual Reviews of Anthropology 21*: 93-123.

Obeyesekere, G. (1992). *The Apotheosis of Captain Cook.* Princeton: Princeton University Press.

Ong, W. (1982). *Literacy and Orality: The Technologizing of the Word.* Nova York: Methuen.

Osella, C., & Osella, F. (2006). Once upon a time in the West? Stories of migration and modernity from Kerala, South India. *Jrai 12* (3): 569-588.

Peel, J. D. Y. (1984). Making history: The past in the Ijesha present. *Man NS 19*: 111-132.

Radcliffe-Brown, A. R. (1935). On the concept of function in social science. *American Anthropologist 37*(3): 392-402.

Radcliffe-Brown, A. R. (1941). The study of kinship systems. *Jrai 71*(1-2): 1-18.

Robbins, J. (2014). The anthropology of Christianity. Unity, diversity, new directions. *Current Anthropology 55*(S10): S157-S171.

Rosaldo, R. (1980). *Ilongot Headhunting.* Palo Alto: Stanford University Press.

Sahlins, M. (1985). *Islands of Hstory.* Chicago: University of Chicago Press.

Sahlins, M. (1994). Cosmologies of capitalism. In N. Dirks, G. Eley, & S. Ortner (eds.). *Culture/Power/History. A Reader in Contemporary Social Theory* (pp. 412-456). Princeton, NJ: Princeton University Press.

Sahlins, M. (2004). *Apologies to Thucydides. Understanding History as Culture and Vice Versa.* Chicago: University of Chicago Press.

Scott, J. (1990). *Domination and the Arts of Resistance. Hidden Transcripts.* New Haven/Londres: Yale University Press.

Scott, J. (1998). *Seeing like a State.* New Haven/Londres: Yale University Press.

Sivaramakrishnan, K. (2005). Some intellectual genealogies for the concept of everyday resistance. *American Anthropologist 107*(3): 346-355.

Ssorin-Chaikov, N. (2006). On heterochrony: Birthday gifts to Stalin, 1949. *Journal of the Royal Anthropological Institute 12*(2): 355-375.

Stoler, A. L., & Strassler, K. (2000). Castings for the colonial: Memory work in "New Order" Java. *Comparative Studies in Society and History 42*(1): 4-48.

Strassler, K. (2010). *Refracted Visions. Popular Photography and National Modernity in Java.* Durham/Londres: Duke University Press.

Strathern M. (1990). Artifacts of history. Events and the interpretation of images. In J. Siikala (ed.). *Culture and History in the Pacific*. The Finnish Anthropological Society, Transactions, n. 27 (pp. 25-43). Helsinki: Finnish Anthropological Society.

Thomas, N. (1992). The inversion of tradition. *American Ethnologist 19*(2): 213-232.

Thomas, N. (2009). *Entangled Objects. Exchange, Material Culture and Colonialism in the Pacific*. Cambridge, MA: Harvard University Press.

Thomassen, B. (2010). Anthropology, multiple modernities and the axial age debate. *Anthropological Theory 10*(4): 321-342.

Trouillot, M.-R. (1995). *Silencing the Past*. Boston: Beacon.

Ulin, R. C. (1994). The anthropologist and the historian as storytellers. *Dialectical Anthropology 19*(4): 389-400.

Werbner, R. (2002). Introduction: *Postcolonial Subjectivities: The Personal, the Political and the Moral*. In R. Werbner (ed.). *Postcolonial Subjectivities in Africa* (pp. 1-21). Londres/Nova York: Zed Books.

6
Do método de caso ampliado à etnografia multissituada (e vice-versa)

Harri Englund

O método como teoria

Será que existe alguma coisa que unifique uma disciplina cujos praticantes parecem tão preparados para estudar mundos online na Califórnia quanto mundos oníricos na Austrália aborígene? Para muitos antropólogos, a resposta não reside em nenhuma das teorias que os praticantes possam elaborar sobre seus diversos tópicos, mas no *método* com o qual a pesquisa antropológica procede. Olhando mais de perto, a divisão teoria-método parece um tanto suspeita, porque se o núcleo disciplinar reside nos protocolos de como ela é praticada, então certamente esses protocolos exercem maior influência na produção de conhecimento do que o fariam os métodos como meras técnicas ou habilidades. O ponto foi bem reconhecido na história das ciências sociais. Há mais de meio século, C. Wright Mills (1959, p. 216) comparou as disciplinas acadêmicas à prática de um ofício. Na antropologia sociocultural, o ofício passou a ser conhecido como observação participante.

O tópico deste capítulo – o método de caso ampliado – apresenta uma abordagem influente do método como teoria na antropologia sociocultural. Desenvolvido por antropólogos de meados do século associados à Escola de Manchester, o método de caso ampliado serve para nos lembrar da natureza recursiva das preocupações da antropologia. Entre outras coisas, prefigurou debates contemporâneos sobre como demarcar o campo no qual o antropólogo realizaria sua pesquisa. Sua ênfase nas propriedades emergentes da vida social, no acompanhamento de eventos e desenvolvimentos à medida que eles se desdobram, lançou um desafio inicial à inclinação programática do estrutural-funcionalismo a considerar as sociedades como todos estáveis (cf. cap. 1).

O método de caso ampliado foi parte integrante do fermento conceitual pelo qual a Escola de Manchester é conhecida. Conceitos como os de redes, situações, dramas sociais e campos sociais vieram aumentar o trabalho do método de caso ampliado ao apresentar a antropologia a novas possibilidades no que ela poderia e deveria estudar. A urbanização, a industrialização, as relações raciais, o colonialismo e o conflito foram algumas das questões que fizeram a inovação metodológica e a inovação conceitual correrem paralelas no trabalho desses antropólogos. As questões tanto ampliaram o âmbito da antropologia quanto tornaram seus praticantes agudamente conscientes da necessidade de reconhecer certos limites para o alcance de tal ampliação. As lições a serem tiradas desse fermento incluem reflexões sóbrias sobre a qualidade aparentemente epocal da etnografia multissituada na antropologia mais recente.

1940

Questões muito mais profundas estavam em jogo no mundo em 1940 do que a teoria e o método da antropologia sociocultural. No entanto, o ano também guarda alguma significância para a história disciplinar por causa de dois desenvolvimentos separados. Um foi o discurso presidencial que A. R. Radcliffe-Brown proferiu para o Royal Anthropological Institute. Na que veio a ser conhecida como uma das cartas fundadoras do estrutural-funcionalismo, ele afirmou a distinção entre teoria e método em termos inequívocos:

> A ciência (em contraste com a história ou a biografia) não se preocupa com o particular, o único, mas apenas com o geral, com os tipos, com os eventos recorrentes. As relações atuais de Tom, Dick e Harry ou o comportamento de Jack e Jill podem constar em nossos cadernos de anotações de campo e podem fornecer

> ilustrações para uma descrição geral. Mas o que precisamos para fins científicos é de um relato da forma da estrutura (1952, p. 192).

Contidos nesta declaração estão vários preceitos com os quais o estrutural-funcionalismo tem sido associado (cf. tb. cap. 1). A ênfase em "eventos recorrentes", por exemplo, foi reafirmada por Meyer Fortes em 1953. O quadro de referência estrutural, escreveu ele, "nos dá os procedimentos de investigação e análise pelos quais um sistema social pode ser apreendido como uma unidade composta de partes e processos que estão ligados uns aos outros por um número limitado de princípios de ampla validade em sociedades homogêneas e relativamente estáveis" (p. 39). Da opinião de Radcliffe-Brown de que a ciência está preocupada "apenas com o geral" até a ênfase de Fortes em "um número limitado de princípios de ampla validade", a consequência para a produção de conhecimento baseado em campo era clara. "As relações atuais de Tom, Dick e Harry" só poderiam ser coisas efêmeras das quais ilustrações para princípios gerais poderiam ser extraídas, mas que não se tornariam os próprios meios de produção de conhecimento. Não surpreende que o resultado seria um relato de uma "sociedade homogênea e relativamente estável" quando o método pelo qual a informação foi obtida já presumia isso![65]

Uma concepção muito diferente de pesquisa antropológica foi apresentada em um estudo cuja primeira edição foi publicada em 1940. *Analysis of a Social Situation in Modern Zululand* [Análise de uma situação social na Zululândia moderna], de Max Gluckman, republicada em 1958, teve como foco justamente um evento que *não* ocorreria novamente – a inauguração de uma ponte. O evento não foi uma celebração habitual, mas a primeira de seu tipo e algo que nenhum participante esperava que fosse realizado novamente

65. Deve-se notar, no entanto, que a visão geral de Fortes de 1953 sobre "grupos de descendência unilinear" reconheceu, com base no trabalho de antropólogos associados à Escola de Manchester, que a vida social na África Central não se conformava com o modelo de grupos de descendência corporativa (p. 37). Na verdade, poucos estudos reais foram tão servilmente ligados às declarações programáticas quanto as subsequentes destituições do estrutural-funcionalismo nos levariam a acreditar. O próprio *corpus* de Fortes (1945; 1949) sobre os Tallensi de Gana, p. ex., é um exemplo impressionante do que a observação participante pode produzir e continua sendo uma inspiração para estudos antropológicos sobre sentimento moral, parentesco, parentalidade, luto e cultos regionais.

no futuro. Para Gluckman, a inauguração oficial da ponte proporcionou uma maneira de examinar relações sociais e políticas complexas na África do Sul, que estava no auge da segregação racial. Em suma, os participantes zulus e brancos da cerimônia estavam tão interligados quanto eram antagônicos. Os zulus foram divididos, dentre outras coisas, em cristãos e não cristãos, nobres e plebeus, enquanto as tensões eram aparentes entre os oficiais sul-africanos brancos e os missionários suecos. Gluckman escreveu em detalhes sobre como essas divisões podiam ser observadas no comportamento corporal, nos modos de vestir e falar e na organização espacial da cerimônia. Ao mesmo tempo, seu envolvimento próximo com a cerimônia e seus participantes não impediu a atenção às forças sociais e econômicas além da própria cerimônia. Ele escreveu sobre a história zulu, a política racial sul-africana e a economia mundial para demonstrar como as múltiplas divisões e tensões que ele pôde observar tinham o antagonismo preto-branco dominante em seu ápice. O objetivo não era reduzir a riqueza de detalhes a um único princípio estrutural, mas, ao contrário, mostrar como a inauguração da ponte proporcionou uma perspectiva particular sobre o campo social sul-africano. Outro conjunto de eventos poderia ter gerado outra perspectiva sobre as alianças e clivagens que constituíam aquele campo social.

Antes de considerar mais a fundo como o método de caso ampliado veio a superar essa tentativa inicial de análise situacional, vale a pena comentar sobre a novidade do próprio gênero de Gluckman. Ele caracterizou seu objeto como "uma série de eventos conforme eu os registrei em um único dia" (1958, p. 8), mas foi precisamente o "eu" em sua escrita que separou a obra de qualquer outra coisa que a antropologia social britânica em particular tinha a oferecer na época. Enquanto Bronislaw Malinowski publicava em *Argonauts of the Western Pacific* [Argonautas do Pacífico Ocidental] (1922) uma fotografia da sua tenda para estabelecer a sua própria presença no campo, Gluckman não fez segredo de até que ponto a sua própria pessoa oferecia uma perspectiva particular. Ele descreveu sua jornada com vários zulus, que tiveram que comer na cozinha do estabelecimento que visitaram enquanto ele comia com outros brancos no salão. Uma sensação de discórdia racial tornou-se aparente quando ele visitou a cozinha para conversar com as pessoas que lá estavam. Não foi o "eu-testemunhando" que Clifford Geertz usou para caracterizar os "textos antropológicos altamente 'saturados de autoria', até mesmo supersaturados" (1988, p. 97) que começaram a aparecer na sequência das críticas dos antropólogos às suas próprias práticas textuais na década de 1980 (Clifford & Marcus, 1986; cf. cap. 8). A própria pessoa de Gluckman era, ao contrário, um instrumento dentre outros para explorar a situação social, não um estratagema narcisista para tornar o antropólogo o foco das atenções. Este modo de escrever, possivelmente mais bem-sucedido desde o início do que os textos subsequentes criticados por Geertz, foi pioneiro em um envolvimento mais pessoal na escrita antropológica do que era possível nas visões da ciência tanto de Malinowski quanto de Radcliffe-Brown. Esta não foi a única abordagem da qual o estudo de Gluckman de 1940 foi pioneiro. Foi também um dos primeiros estudos antropológicos a mostrar em detalhes como a etnia, a raça e a religião dependiam de situações histórica e politicamente informadas. Mas do que a sua análise situacional não foi pioneira foi o método de caso ampliado.

De situações a casos ampliados

Em 1949, Gluckman tornou-se o primeiro professor de Antropologia Social na Universidade de Manchester. Sua nomeação foi o prenúncio de décadas de intensa inovação metodológica e conceitual com base em trabalho de campo principalmente na África Austral e Central, mas posteriormente também em Israel e na Europa. Ele trouxe consigo vários antropólogos associados ao Instituto Rhodes-Livingstone na Zâmbia (então Rodésia do Norte). Gluckman havia sido seu segundo diretor, mas o instituto continuou a servir como um ponto focal para o trabalho de campo dos antropólogos de Manchester na região. O tipo de pesquisa que desejavam realizar estava se tornando cada vez mais difícil de fazer na África do Sul após a imposição do *apartheid*. Zâmbia e Malawi (então Niassalândia) forneceram condições que eram um pouco mais propícias para a pesquisa antropológica sobre tópicos emergentes, tais como urbanização e sindicalismo, bem como sobre quais eram então os interesses centrais da disciplina, como ritual, parentesco e lei.

Sua prática fez avançar a antropologia sociocultural como uma ciência de campo na qual, como Lyn Schumaker (2001) enfatizou, o papel e as contribuições dos africanos eram cruciais. Volto a seguir à interface entre política e produção de conhecimento de que os antropólogos de Manchester estavam agudamente conscientes.

O progresso desde a análise situacional, introduzida no estudo de 1940 de Gluckman, até o método de caso ampliado foi o resultado deste esforço colaborativo. Clyde Mitchell, outra figura-chave no desenvolvimento do método de caso ampliado, observou como a Escola de Manchester pode ter parecido assim de fora, mas internamente as diferenças intelectuais e pessoais eram frequentemente consideradas mais importantes (Werbner, 1984, p. 158). No entanto, o sentido de um projeto comum ficou evidente nos prefácios que Mitchell e Gluckman escreveram para as monografias de seus colegas e pupilos publicadas pela Manchester University Press, no discurso notoriamente acerbo do seminário que esperava visitantes e na insistência de Gluckman de que todos os antropólogos se reunissem em Old Trafford para assistir ao Manchester United Football Club. Como mencionado, desse fermento intelectual e social surgiu não apenas o método de caso ampliado, mas também outras inovações na pesquisa antropológica, notadamente a análise de rede que Mitchell e J. A. Barnes (1954) desenvolveram inicialmente em resposta à percebida complexidade dos novos locais de campo, mas que também permitiu que eles e outros antropólogos de Manchester combinassem observação participante com métodos estatísticos. Um tráfego de ideias e abordagens entre antropologia, sociologia, jurisprudência e psicologia social foi outro aspecto desse fermento intelectual, embora a influência precisa de abordagens cognatas, como a Escola de Chicago de Sociologia, em seus usos do método de caso, permaneça um ponto discutível. Elizabeth Colson, por exemplo, exerce seu testemunho contemporâneo quando observa, com o devido respeito à opinião contrária de David Mills (2006, pp. 171-172), que a Escola de Chicago era "menos importante do que [Mills] pensa" (2008, p. 336). Ela menciona outro pioneiro nos usos sociológicos do método de caso – George Homans, cujo livro *The Human Group* [O grupo humano] (1951) ela recomendou a Gluckman, que posteriormente convidou Homans para um período em Manchester[66].

Essas breves observações servem para indicar que o uso de estudos de caso não foi inventado pela Escola de Manchester nem era algo exclusivo dela. Certamente, a própria trajetória de Gluckman incluíra encontrar o método de caso no direito e na psicanálise. Dessas diversas influências, e não menos da prática do trabalho de campo, surgiu a percepção dele e de seus colegas de que a análise de 1940 de uma situação social estava aquém de um caso ampliado. Em suas reflexões subsequentes sobre a evolução do método de caso, Gluckman prestou homenagem a Malinowski por elevar o trabalho de campo a "uma arte profissional" (2006, p. 14). No entanto, seu trabalho girava em torno, na visão de Gluckman, do "método de ilustração apta" em vez do método de caso. Ilustrações aptas eram usadas para destacar costumes específicos ou relações sociais em um argumento baseado em alguns princípios gerais. Observe como Gluckman descreve a elaboração de argumentos antropológicos neste sentido: "Cada caso foi selecionado pela sua adequação em um ponto específico do argumento, e os casos que se aproximam no argumento podem ser derivados das ações ou palavras de grupos ou indivíduos bastante diferentes" (2006, p. 15). No método de ilustração apta, não havia nenhuma sugestão de que, prestando muita atenção em ocorrências específicas da vida social, e em pessoas ou grupos específicos, o antropólogo pudesse fazer mais do que ilustrar algo já estabelecido sem um caso. Na evolução do método de caso, Mitchell (2006) viu a análise situacional de Gluckman em 1940 como um passo importante para longe da ilustração apta (cf. tb. Van Velsen, 1967). No entanto, o seu motivo para considerar o método de caso ampliado como mais um estágio na evolução é esclarecedor. Aqui, o antropólogo está interessado em "uma sequência de eventos, às vezes durante um período bastante longo, na qual os mesmos ato-

66. Outros têm histórias semelhantes de expor Gluckman a influências que eram novas para ele. Ronald Frankenberg, um antropólogo de Manchester da "segunda geração", disse que lhe deu uma cópia de *The Presentation of Self in Everyday Life* [A representação do eu na vida cotidiana] (1956), de Erving Goffman, cinco anos antes de Goffman vir dar um seminário em Manchester (Mills, 2006, p. 175).

res estão envolvidos em uma série de situações nas quais suas posições estruturais devem ser continuamente reespecificadas e o fluxo de atores através de diferentes posições especificado" (2006, pp. 28-29). A análise de Gluckman de uma situação social na Zululândia não atendeu a esses critérios, porque não fez nenhuma tentativa de acompanhar os protagonistas além dos eventos de um único dia.

No estudo de Mitchell (1956) sobre a aldeia Yao [*The Yao Village*], por exemplo, um relato de oito páginas de acusações de bruxaria durante um período de seis anos forneceu um caso ampliado de relações pessoais e seccionais em uma única aldeia. Com efeito, o método se mostrou indispensável para estudar acusações e conflitos de vários tipos, de bruxaria (Marwick, 1965) a disputas (Gluckman, 1955; 1965) e greve (Epstein, 1958; Kapferer, 1972). O próprio Gluckman destacou *Schism and Continuity in an African Society* [Cisma e continuidade em uma sociedade africana], de Victor Turner (1957), por mostrar o método "no seu melhor" (2006, p. 19). Ele demonstrou a afinidade entre a abordagem da história de vida e o método de caso ampliado, seguindo as provações e tribulações de Sandombu, uma figura ambiciosa, mas condenada, cujo destino Turner comparou às tragédias gregas. Trata-se de um estudo que também indicou a estreita ligação que esses antropólogos estabeleceram entre o método – quer girasse em torno de uma única personalidade, quer de um conjunto de atores – e a análise das estruturas sociais. Como será discutido mais adiante, ao considerar as limitações dos casos ampliados, os antropólogos de Manchester não viram nenhuma necessidade de dispensar o conceito de estrutura social. Para Sandombu, os destinos de sua tragédia foram tratados pela contradição estrutural entre residência virilocal e descendência matrilinear.

O mesmo método poderia levar a diferentes ênfases, com Jaap van Velsen construindo seu *The Politics of Kinship* [A política do parentesco] (1964) em torno de um maior senso de manipulação e contingência do que os outros antropólogos de Manchester pareciam defender[67]. O próprio Turner

67. De maneira um tanto quanto idiossincrática, Van Velsen também chamou sua abordagem de "análise situacional", alegando que a palavra "caso havia sido usada com muitos significados diferentes" (1964, p. xxv). Uma indicação adicional da presença de personalidades fortes na Escola de Manchester, além do próprio Gluckman, pode ser encontrada no obituário de 1990 de Van Velsen.

(1968; 1974) desenvolveria sua abordagem para o estudo da *performance* em seu trabalho inovador sobre o ritual. Já em *Cisma e continuidade*, ele cunhara um conceito com ressonâncias teatrais: dramas sociais. Ele capturou tanto o interesse pelo conflito quanto o princípio metodológico de acompanhar os eventos ao longo do tempo. Na famosa definição de Turner, "o drama social é uma área limitada de transparência na superfície de outro modo opaca de uma vida social regular e monótona" (1957, p. 93). Os dramas sociais não forneceram ao antropólogo ilustrações aptas. Foram momentos investidos de potencial transformador no fluxo da vida social.

As demandas que o método de caso ampliado impôs ao pesquisador de campo foram consideráveis. Intrínseco ao método era o desejo de produzir observações e outras informações além do que o argumento poderia exigir. Para Van Velsen, um objetivo era envolver o leitor na avaliação e interpretação das conclusões do trabalho de campo:

> Por esse método, o etnógrafo não apenas apresenta ao leitor abstrações e inferências de seu [sic] material de campo, mas também fornece parte do próprio material. Isso deve colocar o leitor em uma posição melhor para avaliar a análise do etnógrafo não apenas com base na consistência interna do argumento, mas também comparando os dados etnográficos e as inferências extraídas deles. Particularmente quando vários ou a maioria dos atores aparecem repetidamente em diferentes situações, a inclusão de tais dados deve reduzir as chances de que os casos se tornem meramente ilustrações aptas (1964, pp. xxv-xxvi).

O argumento analítico, não menos do que as próprias características da vida social, era uma propriedade emergente da produção de conhecimento baseada no trabalho de campo, não uma questão de alta teoria espacialmente e temporalmente afastada dele.

Um ex-aluno lembra-se dele como "um homem gigante; elevando-se acima de pessoas que geralmente eram consideradas altas, explodindo suas críticas irreverentes em seminários. Alunos de graduação tímidos podiam pensar que ele seria capaz de comê-los no café da manhã" (Shurmer-Smith, 1990, p. 26). Uma visão divertida da antropologia como uma ciência de campo também surge da lembrança de que "os Tonga e Jaap eram, daquela maneira curiosa que tantas vezes ocorre na etnografia, perfeitamente adequados uns para os outros – 'contrários ao governo' (qualquer governo!), desprovidos de ritual, argumentativos e aventureiros".

Como as observações acima sobre as influências intelectuais da Escola de Manchester já indicaram, não foi a hostilidade à teoria em si que levou a essa inovação metodológica e conceitual. Assim como os gêneros de redação de casos ampliados podiam divergir, o mesmo acontecia com os debates teóricos que esses antropólogos queriam abordar. Em uma extremidade, espreitava o transacionalismo com a aparente compatibilidade entre o método de caso ampliado e um foco nos indivíduos (Kapferer, 1972). Em outra, estava a fenomenologia com sua atenção à corporificação, aos sentidos e à experiência, uma abordagem para a qual Turner apareceu novamente como um desbravador (Werbner, 1984, p. 177). Mais recentemente, a visão processual implicada em todas as aplicações do método tem sido recuperada como uma das primeiras respostas à negligência da antropologia com a análise histórica (cf. cap. 5). A alta teoria tem seus atrativos para certas reconsiderações da Escola de Manchester, como quando filósofos continentais são apresentados como recursos intelectuais para aumentar este ou aquele aspecto de seu legado. Uma "lógica hegeliana/marxista" é considerada "inerente aos conceitos de clivagem estrutural, contradição sistêmica etc. de Gluckman", enquanto o trabalho de Turner deve ser "reexpressado nos termos pós-estruturalistas de Deleuze e Guattari" (Kapferer, 2006, p. 136). As alturas inesperadas às quais essa antropologia pode ser alçada também incluem a maneira pela qual Martin Heidegger é empregado para revelar as implicações ontológicas radicais do método de caso ampliado (Evens, 2006). Esse entusiasmo em empurrar as fronteiras da teoria antropológica revisitando os clássicos da disciplina só pode ser elogiado. Se isso faz alguma coisa para nos lembrar das demandas que o método de caso ampliado impõe ao antropólogo como um cientista de campo é outra questão.

O modernismo da etnografia multissituada

O método, indubitavelmente, continua a deixar abertas questões metodológicas e teóricas críticas, tais como a questão de saber de quem é a definição da situação ou do evento que impulsiona o trabalho de campo – do antropólogo ou dos seus interlocutores? Em vez de procurar fornecer respostas a esta e a outras questões pendentes, vale a pena considerar, dentro dos limites deste capítulo, como o legado intelectual tem sido reconhecido em outras tentativas de inovação nas ciências sociais. A partir da década de 1970, a teoria social veio a ficar saturada com uma preocupação com a práxis, conceitualizada de várias maneiras em termos de estrutura e agência ou teoria da prática (Ortner, 1984; cf. cap. 4). Alguns desses teóricos pareciam conscientes do interesse fundamental da Escola de Manchester em assuntos relacionados. Pierre Bourdieu, por exemplo, atribuiu a Van Velsen um "regresso ao estágio pré-estruturalista do indivíduo e suas escolhas" (1977, p. 26), embora consignando em uma nota de rodapé o comentário mais generoso de que "as análises de Van Velsen são essencialmente consistentes com a minha própria análise dos usos estratégicos feitos das relações de parentesco" (1977, p. 202). No que diz respeito ao método, o desenvolvimento mais relevante veio a ser conhecido como "etnografia multissituada" (Falzon, 2009).

Recém-saído da controvérsia que ajudou a gerar a respeito da construção pela antropologia de seus próprios textos (Clifford & Marcus, 1986), George Marcus embarcou na reimaginação da prática do trabalho de campo na década de 1990. "Etnografia multissituada" tornou-se a expressão para definir a nova prática em um artigo publicado na *Annual Review of Anthropology* em 1995 e depois no livro de Marcus de 1998 sobre etnografia. A antropologia que ele procurou abordar era notável pelo seu viés americano, com um sabor adicional derivado do pós-estruturalismo francês e certos desenvolvimentos em campos antidisciplinares, tais como os estudos culturais. No entanto, seu flerte com o pós-modernismo não conseguiu esconder um verdadeiro impulso modernista no anúncio de Marcus de uma mudança epocal na forma como a antropologia deveria conceber suas práticas de pesquisa. O modernismo é inerente à sua evocação do termo "tradicional" como um epíteto para as práticas que requerem um repensar profundo, se não uma rejeição. Frequentemente menciona-se "preocupações etnográficas tradicionais" (Marcus, 1998, p. 82), "trabalho de campo tradicional" (p. 85), "temas tradicionais da antropologia" (1998, p. 87) e, é claro, "trabalho de campo tradicional unissituado" (p. 99). As palavras "admiráveis mundos novos" com as quais Marcus (p. 99) termina seu ensaio indicam uma distância irônica dos novos tópicos e assuntos que o mundo contemporâneo parece lançar à antropologia, mas pode haver pouca dúvida sobre a seriedade com que Marcus deseja reformar as práticas "tradicionais" da antropologia. Essa reforma é motivada por uma série de imperativos intelectuais e políticos, talvez o mais urgente dos quais seja inspirado pela ideia de que um "sistema mundial" e "o global" farão parte da pesquisa etnográfica. Traçando conexões e associações entre sujeitos espacialmente dispersos, o antropólogo não assume essas abstrações como contextos de estudo, mas procura precisamente torná-las etnograficamente conhecíveis e, enquanto tais, emergentes em vez de predeterminadas (p. 81).

O método de caso ampliado é colocado entre parênteses nesta campanha pela reforma metodológica, literalmente. Entre as diretrizes metodológicas de Marcus para a prática de trabalho de campo multissituado está a injunção de "seguir" sujeitos (pessoas, coisas, metáforas) em vários locais. Quando ele sugere o conflito como um outro sujeito a ser seguido pelo antropólogo viajado, o método de caso ampliado faz sua aparição sombria: "Em sociedades de pequena escala, esta tem sido uma técnica estabelecida ('o método de caso ampliado') na antropologia do direito" (p. 95). Observe os três movimentos restritivos que acompanham esta breve menção. O método de caso ampliado parece estar restrito ao estudo do *conflito* em *sociedades de pequena escala* dentro do subcampo da *antropologia do direito*. Já esbocei alguns dos desafios dos quais surgiu o método de caso ampliado e como deve ser situado tanto na inovação conceitual quanto na metodológica. Conflitos e disputas eram de fato de particular interesse para a Escola de Manchester, mas seu estudo atendia a mais do que objetivos subdisciplinares estreitos. Em questão, como mencionado, estava uma alternativa à abstração de "sociedades homogêneas e relativamente estáveis" no estrutural-funcionalismo. A pequena escala aplicada à observação participante que girava em torno dos mesmos grupos de pessoas ao longo do tempo. Não houve sugestão de que o estudo resultante seria necessariamente *sobre* uma "sociedade de pequena escala". Mesmo no uso original de Gluckman (1958) da análise situacional, os eventos observados em um único dia forneceram uma perspectiva sobre a África do Sul, onde os pretos e os brancos foram integrados em um único campo social antagônico e de grande escala.

O reformismo modernista é notório por seu zelo em expurgar vestígios do passado[68], mas pouco se ganha se a antropologia também se deixar levar por esse fervor. Perdidos, dentre outras coisas, estariam os primeiros *insights* sobre a sociedade mundial que a África Austral e Central de meados do século gerou entre os antropólogos afiliados ao Instituto Rhodes-Livingstone (cf. Wilson, 1941). Considere, por exemplo, como A. L. Epstein (1958) foi levado a desenvolver o método de caso ampliado durante seu trabalho de campo no cinturão de cobre da Zâmbia no início dos anos de 1950. Em uma situação racialmente carregada, greves, boicotes e reuniões públicas eram o assunto da vida cotidiana para muitos homens africanos em uma cidade mineira. Enquanto elaborava seus casos ampliados em torno de "rivalidades pessoais" e "frequentes mudanças de lealdade" (p. 179), Epstein não perdeu de vista o ponto mais amplo de que "os africanos urbanos estavam defendendo sua reivindicação de reconhecimento como membros plenos de uma sociedade industrial" (p. 157). Como se para dissipar qualquer suposição persistente entre seus leitores euro-americanos de que ele estivesse lidando com "homens tribais" em uma sociedade de pequena escala, Epstein acrescentou: "Com sua aceitação dos sindicatos, os africanos mostraram que estavam totalmente comprometidos com um sistema industrial, e estavam empenhados em uma luta para melhorar sua posição naquele sistema". Os africanos nas cidades tiveram que ser estudados como membros plenos, ainda que frequentemente explorados, da sociedade urbana, e não como "nativos" deslocados de seu habitat rural. Aqueles que veem a antropologia de meados do século praticada na África apenas através das lentes da subjugação colonial precisam ser lembrados da crítica de Gluckman de que "a tradição da antropologia ainda é 'tribalista', e com isso vai uma tendência a tornar a tribo e o homem da tribo o ponto de partida da análise" (1961, p. 69). Daí a sua famosa máxima: "Um citadino africano é um citadino, um mineiro africano é um mineiro".

68. Para um excelente estudo de tal zelo na África Ocidental, cf. McGovern (2013).

A pesquisa de Marcus (1998) sobre tópicos novos e emergentes que exigem uma etnografia multissituada incluem projetos de desenvolvimento e humanitários, bem como produtos de mídia. Ao confinar o método de caso ampliado ao estudo do conflito em sociedades de pequena escala, ele perde a oportunidade de considerar como tais tópicos podem beneficiar-se dele. Para usar a minha própria trajetória de pesquisa, meu trabalho inicial sobre guerra, deslocamento e repatriação na fronteira entre Moçambique e Malaui teve o método de caso ampliado em seu núcleo. Usei o método para chamar "a atenção para os refugiados e seus anfitriões locais como pessoas cujos relacionamentos tinham histórias além dos desafios imediatos de uma crise sem precedentes" (Englund, 2002, p. 164). A "crise sem precedentes" emergiu de uma geopolítica regional, senão global, na qual o regime do *apartheid* na África do Sul, com simpatizantes da direita dos Estados Unidos, encorajou a formação de um violento movimento de insurgência contra o governo marxista-leninista em um Moçambique recém-independente. Na época do meu trabalho de campo no início da década de 1990, a ajuda humanitária havia se tornado parte integrante das maneiras complexas pelas quais o parentesco e outros laços pessoais moldavam os processos de guerra, deslocamento e repatriação. Em outras palavras, esses processos tinham dimensões profundamente translocais, mas a análise de seus desdobramentos reais exigia casos ampliados de relacionamento tanto durante quanto além da crise.

Em um projeto mais recente, implantei o método de caso ampliado para estudar a produção e recepção de um programa de rádio popular pela emissora pública do Malaui (Englund, 2011). *Nkhani Zam'maboma* (notícias dos distritos) transmitia todas as noites histórias de má conduta e escândalo dos ouvintes em suas localidades. O método de caso ampliado provou ser produtivo como uma maneira de investigar não só dilemas editoriais, mas também como o produto de mídia foi tecido nas relações entre os ouvintes e as moldou ainda mais. Por exemplo, acompanhei como uma história transmitida sobre um chefe de aldeia errante influenciou uma situação semelhante em uma área rural não mencionada no programa. Aqui, o chefe da aldeia envolveu-se em transgressões sexuais e comportamento arrogante por um longo período de tempo e acabou sendo destituído de seus papéis públicos. A história transmitida coincidiu com o seu retorno à vida pública, meio contra a vontade dos moradores, e serviu para lembrar a ele e a seus súditos quão precária era a sua autoridade. *Nkhani Zam'maboma*, eu escrevi, "tinha uma presença local eficaz que provavelmente teria neutralizado o espectro de uma abordagem mais conflituosa das contravenções [do chefe da aldeia]" (Englund, 2011, p. 196). O método de caso ampliado trouxe para uma estrutura integrada conflitos locais e pessoais, transmissões de rádio de âmbito nacional e os efeitos sobre a imaginação moral de histórias de outros lugares. O método foi fundamental para a versão do antropólogo de um "estudo de recepção". Ao ampliar o foco para além de um único produto de mídia, as várias escalas de análise adquiriram um caráter processual, tão frequentemente ausente dos estudos de recepção feitos por pesquisadores de mídia.

Os limites da ampliação

Implícita nessa abordagem processual está não apenas a expansão da pesquisa em termos espaciais, mas também a atenção à temporalidade na vida social. Marcus recentemente procurou mudar a ênfase da multissituação para a multitemporalidade no trabalho de campo, mas suas fontes de inspiração permanecem curiosamente presentistas. "O estudo da globalização", escreve ele, "está associado à temporalidade da emergência ou ao contemporâneo como o estudo da mudança em um presente dinâmico que existe na intersecção do passado recente e do futuro próximo" (2010, p. 32). Como uma questão de temporalidade, a emergência, como tem sido visto, dificilmente precisou esperar pelo estudo da globalização para entrar na antropologia. Não menos do que quando consignou o método de caso ampliado ao estudo de sociedades de pequena escala, Marcus perde aqui a oportunidade de considerar o desafio preciso que estudar a globalização pode representar para os antropólogos que já tinham uma metodologia multitemporal, bem como multissituada, a sua disposição. A questão não é ser arrogante acerca das novas questões que uma abstração como "globalização" pode sugerir. A questão é que o impulso modernista e presentista da antropologia de Marcus torna impossível avaliar com qualquer precisão o que pode parecer "novo" aos antropólogos nessas questões.

Subjacente a este interesse na ampliação espacial e temporal estão outras questões. Quais são os limites para tal ampliação? Quando o antropólogo sabe que basta? Marcus (2010, p. 34) cita com aprovação Marilyn Strathern, que em suas reflexões sobre crises e imprevistos afirma que "a antropologia social tem um truque na manga: a tentativa deliberada de gerar mais dados do que o investigador está ciente no momento da coleta" (2004, p. 5). Ela descreve ainda a prática disciplinar assim: "Em vez de criar protocolos de pesquisa que purificarão os dados antes da análise, o antropólogo embarca em um exercício participativo que produz materiais para os quais os protocolos analíticos são frequentemente concebidos após o fato" (pp. 5-6). Esses são "modos abertos de estudo", que "permitem recuperar os antecedentes de crises futuras a partir de material não coletado com esse propósito" (p. 7). Advertindo contra métodos pelos quais a antecipação se torna "rotinizada", Strathern exalta as virtudes da antropologia social em antecipar "uma necessidade futura de saber algo que não pode ser definido no presente" (p. 7). Lembre-se da exigência de Van Velsen (1964, pp. xxv-xxvi) de "dados" além do que um argumento pode requerer. Embora seu objetivo principal possa ter sido levar o leitor a avaliar a validade do argumento – e talvez ampliá-la ainda mais –, o método de caso ampliado forneceu aos antropólogos meios para "recuperar os antecedentes de crises futuras", atendendo a eventos e relacionamentos sem a expectativa necessária de que algum deles se tornará relevante para a análise. Tanto para a análise como para o trabalho de campo, a questão é onde parar.

Inevitavelmente, o pesquisador de campo se concentrará em um número limitado de pessoas, ou conjuntos de pessoas, cujas relações ele ou ela rastreia ao longo do tempo. Como o método de caso ampliado não separa a coleta e a análise de dados em tarefas temporalmente distintas, a revisão e a reflexão são momentos importantes durante o trabalho de campo, mesmo que os seus objetivos permaneçam abertos. Os primeiros proponentes do método estavam bem cientes da necessidade de delimitar o escopo do que estudavam. Comentando sobre o conceito de rede, por exemplo, Mitchell reconheceu que "algum limite deve ser estabelecido quanto ao número de ligações a serem consideradas definitivas para qualquer rede específica; caso contrário, seria coextensiva com a rede total" (1969, p. 40)[69]. Os limites do conhecimento receberam uma discussão particularmente sofisticada no volume que Gluckman (1964) editou sobre o que seria agora chamado de "interdisciplinaridade". Embora acolhessem a colaboração entre as disciplinas, ele e seus colegas enfatizaram a necessidade de limitar o campo de estudo que qualquer uma dessas disciplinas chamaria de seu e de fazer o que chamaram de suposições "ingênuas" sobre outros campos especializados a fim de produzirem suas análises de assuntos particulares. Os contribuintes do volume explicaram "como [haviam] decidido que tinham alcançado os limites apropriados de seu próprio campo e como poderiam, ou não, interromper proveitosamente suas análises nesses limites" (Devons & Gluckman, 1964, p. 18).

É um paradoxo das reformas defendidas por Marcus e seus coortes (Clifford & Marcus, 1986; Marcus, 1998) que, embora suas críticas à escrita etnográfica possam ter prejudicado o senso de autoridade dos antropólogos, seu impulso modernista de abraçar "novos" tópicos não reconheceu limites ao que o antropólogo pode estudar. Na esteira dessas reformas, a antropologia poderia, como Matei Candea observou, "falar sobre qualquer coisa, em qualquer lugar e de qualquer maneira" (2007, p. 170). Contra esse "novo holismo", Candea asseverou o valor do local delimitado, "cuja força não está em *realizar*, mas em *diferir* perpetuamente o encerramento" (p. 179; ênfases no original). No novo holismo como no antigo, "a imaginação de totalidades é um imperativo retórico para a etnografia, uma vez que é esta imagem de totalidade que dá à etnografia uma sensação de realizar o 'encerramento' que outros gêneros realizam por diferentes meios retóricos" (Thornton, 1988, p. 286)[70]. Os limites da extensão no método de caso ampliado não efetuam um encerramento a fim de produzir uma visão de uma sociedade inteira. Em vez

69. Uma realização paralela veio mais recentemente a acompanhar o interesse na teoria ator-rede, que Strathern (1996) questionou por seu aparentemente ilimitado rastreamento de redes. Para discussões sobre "cortar e conectar" relações e redes nas antropologias da África e da Melanésia, cf. Myhre (2016).

70. Para um argumento que substitui a ideia de um holismo singular na antropologia por uma variedade de holismos, cf. Bubandt e Otto (2010).

disso, ao colocar em primeiro plano o processo e a emergência, o método impõe limites a si mesmo, a fim de "diferir perpetuamente o encerramento"[71].

É aqui que os antecedentes pessoais de alguns antropólogos de Manchester tornam-se relevantes. A segregação racial na África do Sul pairava sobre muito do que Gluckman, em particular, via como competência própria da antropologia. Sua crítica inicial do trabalho de Malinowski (1945) sobre "mudança cultural" rejeitou a visão de que a situação sul-africana era sobre culturas múltiplas e distintas em contato desconfortável umas com as outras (Gluckman, 1949; cf. tb. Kapferer, 2006, pp. 129-130). Essa linha de crítica reapareceu no ano em que ele morreu, quando atacou Edmund Leach, um antropólogo de meados do século baseado em Cambridge, por não ver nenhum meio-termo entre a ênfase na diferença radical nas culturas humanas e a insistência sentimental de que todos os humanos são iguais (Gluckman, 1975). Traçando um paralelo perturbador entre a preferência de Leach, naquele ponto de seu trabalho, por um estudo estruturalista de gramáticas culturais internamente coerentes e a atitude aparentemente benevolente de alguns protagonistas do *apartheid* para com culturas distintas, Gluckman encerrou seu ataque com estas palavras:

> É possível, na reclusão enclausurada do King's College, Cambridge, enfatizar sobretudo as diferenças obstinadas; não era possível para os sul-africanos "liberais" confrontados com a política de segregação em uma nação para a qual "os outros" foram trazidos e tratados como diferentes – e inferiores (p. 29).

Conceitos como os de campos e redes sociais foram corolários dessa ânsia acadêmica e política de fazer o método de caso ampliado ultrapassar os limites de categorias convencionais, como "sociedade" e "cultura". Assim como havia limites para o quanto os casos poderiam e deveriam ser ampliados, Gluckman também lamentou aquelas orientações que ultrapassaram os limites a ponto de qualquer análise estrutural tornar-se redundante. Em ou-

71. Como uma ilustração de como ideias relacionadas circulam entre os antropólogos, com ou sem atenção ao método de caso ampliado, considere o argumento de Liisa Malkki (2007, p. 179-186) sobre uma "tradição de improvisação" na produção de conhecimento antropológico. Fiel à sua proveniência americana, o argumento baseia-se em Geertz e não em Gluckman, mas a questão sobre improvisar dentro de certos limites também aparece lá.

tra intervenção no final de sua vida, Gluckman observou a maneira pela qual o método de caso passou a enfocar a antropologia do direito em disputas em vez de regras: "Se o estudo de disputas é erigido como um *slogan*, ele pode ser tão estultificante quanto a comunicação de regras isoladamente" (1973, p. 636). Ele observou que aqueles que viram apenas dramas sociais no famoso livro de Turner (1957) perderam algo importante: "Quase todos os antropólogos que assim usaram este livro parecem ter negligenciado as primeiras 90 páginas do livro, que contêm uma análise detalhada, e muitas vezes quantificada, do ambiente externo e da estrutura da sociedade Ndembu" (Gluckman, 1973, p. 636). Por um lado, os limites do método de caso ampliado foram estabelecidos por outros métodos igualmente importantes, cujo uso todo pesquisador de campo teve que considerar. Por outro lado, estava em questão o *insight*, incipiente na *Análise de uma situação social na Zululândia moderna*, de que mesmo as interações sociais mais fugazes e de pequena escala deviam ser entendidas dentro de um campo de relações de uma outra ordem, estruturado e, no entanto, não determinado por forças políticas, econômicas e ideológicas não imediatamente aparentes para o observador participante.

Conclusão

Discutir o método de caso ampliado no século XXI é confrontar algumas das questões que definiram a antropologia sociocultural desde seu início como uma ciência de campo. Qual é o *status* das coisas efêmeras da vida cotidiana, bem como de suas crises, quando se trata de produzir *insights* analíticos e comparativos? Como situar o pesquisador de campo na escrita que decorre do trabalho de campo? Com efeito: Quão separados estão o trabalho de campo e a escrita (ou a produção de um filme ou de um podcast) como momentos no processo de pesquisa antropológica? Se o conhecimento antropológico deve ultrapassar as fronteiras espaciais e temporais de um único local de campo, como ele reconhece os limites do que pode estudar? Essas e outras questões não são a prerrogativa dos antropólogos que utilizam o método de caso ampliado, nem o método fornece respostas exaustivas a elas. Como sempre, ao discutir o desenvolvimento da teoria antropológica, escavar a história da teoria e do método pode produzir novos *insights*. Explorar o desenvolvimento e os legados do método de caso ampliado certamente deveria moderar o impulso modernista de considerar nossa era de globalização como uma era que apresenta desafios totalmente novos ao conhecimento antropológico.

Referências

Barnes, J. A. (1954). Class and committees in the Norwegian island parish. *Human Relations 7*(1): 39-58.

Bourdieu, P. (1977). *Outline of a Theory of Practice*. Trad. de R. Nice. Cambridge: Cambridge University Press.

Bubandt, N., & Ton, O. (2010). Anthropology and the predicaments of holism. In T. Otto, & N. Bubandt (eds.). *Experiments in Holism: Theory and Practice in Contemporary Anthropology* (pp. 1-15). Oxford: Wiley-Blackwell.

Candea, M. (2007). Arbitrary locations: In defence of the bounded field-site. *Journal of the Royal Anthropological Institute 13*(1): 167-184.

Clifford, J., & Marcus, G. E. (1986). *Writing Culture: The Politics and Poetics of Ethnography.* Berkeley: University of California Press.

Colson, E. (2008). Defining "the Manchester School of Anthropology". *Current Anthropology 49*(2): 335-337.

Devons, E., & Gluckman, M. (1964). Introduction. In M. Gluckman (ed.). *Closed Systems and Open Minds: The Limits of Naïvety in Social Anthropology* (pp. 15-19). Chicago, IL: Aldine.

Englund, H. (2002). *From War to Peace on the Mozambique-Malawi Borderland.* Edimburgo: Edinburgh University Press for the International African Institute.

Englund, H. (2011). *Human Rights and African Airwaves: Mediating Equality on the Chichewa Radio*. Bloomington: Indiana University Press.

Epstein, A. L. (1958). *Politics in an Urban African Community.* Manchester: Manchester University Press.

Evens, T. M. S. (2006). Some ontological implications of situational analysis. In T. M. S. Evens, & D. Handelman (eds.). *The Manchester School: Practice and Ethnographic Praxis in Anthropology* (pp. 49-63). Oxford: Berghahn.

Falzon, M.-A. (ed.) (2009). *Multi-Sited Ethnography: Theory, Praxis and Locality in Contemporary Research*. Farnham: Ashgate.

Fortes, M. (1945). *The Dynamics of Clanship among the Tallensi*. Oxford: Oxford University Press for the International African Institute.

Fortes, M. (1949). *The Web of Kinship among the Tallensi*. Oxford: Oxford University Press for the International African Institute.

Fortes, M. (1953). The structure of unilineal descent groups. *American Anthropologist 55*(1): 17-41.

Geertz, C. (1988). *Works and Lives: Anthropologist as Author*. Cambridge: Polity.

Gluckman, M. (1949). *An Analysis of the Sociological Theories of Bronislaw Malinowski*. Oxford: Oxford University Press.

Gluckman, M. (1955). *The Judicial Process among the Barotse of Northern Rhodesia*. Manchester: Manchester University Press.

Gluckman, M. (1958 [1940]). *Analysis of a Social Situation in Modern Zululand*. Manchester: Manchester University Press for the Rhodes-Livingstone Institute.

Gluckman, M. (1961). Anthropological problems arising from the African industrial revolution. In A. Southall (ed.). *Social Change in Modern Africa* (pp. 67-82). Oxford: Oxford University Press for the International African Institute.

Gluckman, M. (ed.) (1964). *Closed Systems and Open Minds: The Limits of Naïvety in Social Anthropology*. Chicago: Aldine.

Gluckman, M. (1965). *The Ideas in Barotse Jurisprudence*. New Haven: Yale University Press.

Gluckman, M. (1973). Limitations of the case-method in the study of tribal law. *Law and Society Review 7*(4): 611-642.

Gluckman, M. (1975). Anthropology and apartheid: The work of South African anthropologists. In M. Fortes, & S. Patterson (eds.). *Studies in African Social Anthropology* (pp. 21-39). Londres: Academic Press.

Gluckman, M. (2006 [1961]). Ethnographic data in British social anthropology. In T. M. S. Evens, & D. Handelman (eds.) (pp. 13-22). *The Manchester School: Practice and Ethnographic Praxis in Anthropology*. Oxford: Berghahn.

Goffman, E. (1956). *The Presentation of Self in Everyday Life*. Edimburgo: Edinburgh Social Sciences Centre.

Homans, G. C. (1951). *The Human Group*. Londres: Routledge & Kegan Paul.

Kapferer, B. (1972). *Strategy and Transaction in an African Factory*. Manchester: Manchester University Press.

Kapferer, B. (2006). Situations, crisis, and the anthropology of the concrete: The contribution of Max Gluckman. In T. M. S. Evens, & D. Handelman (eds.). *The Manchester School: Practice and Ethnographic Praxis in Anthropology* (pp. 118-155). Oxford: Berghahn.

Malinowski, B. (1922). *Argonauts of the Western Pacific*. Nova York: Dutton.

Malinowski, B. (1945). *The Dynamics of Culture Change: An Inquiry into Race Relations in Africa*. New Haven: Yale University Press.

Malkki, L. (2007). Tradition and improvisation in ethnographic field research. In A. Cerwonka, & L. H. Malkki (eds.). *Improvising Theory: Process and Temporality in Ethnographic Fieldwork* (pp. 162-187). Chicago, IL: University of Chicago Press.

Marcus, G. E. (1998). *Ethnography Through Thick and Thin*. Princeton, NJ: Princeton University Press.

Marcus, G. E. (2010). Holism and the expectations of critique in post-1980s anthropology: Notes and queries in three acts and an epilogue. In T. Otto, & N. Bubandt (eds.). *Experiments in Holism: Theory and Practice in Contemporary Anthropology* (pp. 28-46). Oxford: Wiley-Blackwell.

Marwick, M. G. (1965). *Sorcery in Its Social Setting: A Study of the Northern Rhodesian Cewa*. Manchester: Manchester University Press.

McGovern, M. (2013). *Unmasking the State: Making Guinea Modern*. Chicago: University of Chicago Press.

Mills, C. W. (1959). *The Sociological Imagination*. Oxford: Oxford University Press.

Mills, D. (2006). Made in Manchester?: Methods and myths in disciplinary history. In T. M. S. Evens, & D. Handelman (eds.). *The Manchester School: Practice and Ethnographic Praxis in Anthropology* (pp. 165-179). Oxford: Berghahn.

Mitchell, J. C. (1956). *The Yao Village: A Study in the Social Structure of a Nyasaland Tribe*. Manchester: Manchester University Press.

Mitchell, J. C. (1969). The concept and use of social networks. In J. C. Mitchell (ed.). *Social Networks in Urban Situations* (pp. 1-50). Manchester: Manchester University Press.

Mitchell, J. C. (2006 [1983]). Case study and situation analysis. In T. M. S. Evens, & D. Handelman (eds.). *The Manchester School: Practice and Ethnographic Praxis in Anthropology* (pp. 23-42). Oxford: Berghahn.

Myhre, K. C. (ed.) (2016). *Cutting and Connecting: "Afrinesian" Perspectives on Networks, Relationality, and Exchange*. Oxford: Berghahn.

Ortner, S. B. (1984). Theory in anthropology since the sixties. *Comparative Studies in Society and History 26*(1): 126-166.

Radcliffe-Brown, A. R. (1952). *Structure and Function in Primitive Society*. Londres: Routledge and Kegan Paul.

Schumaker, L. (2001). *Africanizing Anthropology: Fieldwork, Networks, and the Making of Cultural Knowledge in Central Africa*. Durham: Duke University Press.

Shurmer-Smith, P. (1990). Obituary: Jaap van Velsen. *Anthropology Today 6*(4): 26.

Strathern, M. (1996). Cutting the network. *Journal of the Royal Anthropological Institute 2*(3): 517-535.

Strathern, M. (2004). *Commons and Borderlands: Working Papers on Interdisciplinarity, Accountability and the Flow of Knowledge*. Oxford: Sean Kingston Publishing.

Thornton, R. (1988). The rhetoric of ethnographic holism. *Cultural Anthropology 3*(3): 285-303.

Turner, V. (1957). *Schism and Continuity in an African Society: A Study of Ndembu Social Life*. Manchester: Manchester University Press.

Turner, V. (1968). *The Drums of Affliction: A Study of Religious Processes among the Ndembu of Zambia*. Oxford: Clarendon Press.

Turner, V. (1974). *Dramas, Fields, and Metaphors: Symbolic Action in Human Society*. Ithaca: Cornell University Press.

Van Velsen, J. (1964). *The Politics of Kinship: A Study in Social Manipulation among the Lakeside Tonga of Nyasaland*. Manchester: Manchester University Press.

Van Velsen, J. (1967). The extended-case method and situational analysis. In A. L. Epstein (ed.). *The Craft of Social Anthropology* (pp. 129-149). Londres: Tavistock.

Werbner, R. P. (1984). The Manchester School in South-Central Africa and beyond. *Annual Review of Anthropology 13*: 157-185.

Wilson, G. (1941). *An Essay on the Economics of Detribalization in Northern Rhodesia, Part II*. Manchester: Manchester University Press for the Rhodes--Livingstone Institute.

7
A antropologia cognitiva como crítica epistemológica

Richard D. G. Irvine

Perdendo a cabeça

Em 1898, quando Haddon partiu em sua pioneira expedição etnográfica ao Estreito de Torres com uma equipe de cientistas de Cambridge, três dos participantes (W. H. R. Rivers, C. S. Myers e W. McDougall) eram psicólogos e levaram consigo experimentos para testar no campo (cf. Richards [1998], para um relato deste trabalho). Rivers, por exemplo, trouxe consigo instrumentos para medir a acuidade visual e a percepção das cores, com o objetivo de determinar se a percepção das cores variava entre as populações[72].

É interessante refletir sobre a abordagem adotada pela equipe neste momento icônico em que se pensa que a antropologia britânica levantou da poltrona. Metodologicamente, havia uma ânsia de combinar investigação etnológica e psicológica e um desejo de incorporar métodos experimentais à pesquisa de campo. Teoricamente, havia um desejo de compreender o papel da mente na vida social e investigar o que era universal e o que era particular: Quais são as características universais gerais dos processos mentais e das experiências

72. Rivers (1901), procedendo com cautela, restringe amplamente as alegações de diferença na percepção das cores à sugestão de que os ilhéus do Estreito de Torres mostram uma insensibilidade à cor azul; uma análise subsequente dos resultados dos experimentos encontrou pouco para apoiar qualquer reivindicação de particularidades na percepção de cores dos ilhéus (Titchener, 1916), e, em geral, os resultados da expedição podem ser vistos como um enfraquecimento significativo das alegações evolucionistas sobre as principais diferenças entre as aptidões psicológicas de diferentes populações (Richards, 1998).

humanas, e quais evidências existem de variação entre as populações? Da mesma forma, é interessante refletir sobre o que aconteceu com essa linha de abordagem. O método genealógico de Rivers tornou-se uma preocupação dominante na antropologia social, mas, apesar de suas principais contribuições para o campo da psicologia, suas preocupações experimentais e seu desejo de compreender os processos mentais como parte da investigação antropológica não tiveram o mesmo impacto em nosso campo. A razão pela qual começo com esta reflexão é perguntar: O que aconteceu? Como podemos explicar essa aparente perda de interesse nos fenômenos mentais? Para onde foi a mente?

Uma explicação, é claro, está no afastamento dos modelos evolutivos de explicação e na perda associada de interesse em relatos gerais da humanidade à medida que a antropologia do século XX avançava para os estudos das pessoas em sua particularidade. Como Bloch (2005, p. 7) argumentou, para os antropólogos que rejeitam o evolucionismo, "não são as características essenciais fundamentais dos seres humanos que explicam a história, mas os acidentes de com quem estamos e com quem estivemos" – e, dessa maneira, as histórias sociais particulares das pessoas estudadas se tornam desarticuladas da história natural dos humanos como espécie (cf. cap. 1).

Juntamente com o particularismo etnográfico, um fator adicional que moldou o senso da antropologia de sua zona de operação (especialmente no contexto da antropologia social britânica) foi a influência de Émile Durkheim e sua afirmação de que a sociedade é uma realidade *sui generis*. Em seu *Rules of Sociological Method* [As regras do método sociológico], Durkheim afirma que os fatos sociais "consistem em maneiras de agir, pensar e sentir externas ao indivíduo" (1982 [1895], p. 52), e, "portanto, quando o sociólogo se compromete a investigar qualquer ordem de fatos sociais ele deve se esforçar para considerá-los de um ponto de vista em que se apresentem isolados de suas manifestações individuais" (pp. 82-83). Isso leva, com efeito, a uma declaração de independência disciplinar. Durkheim insiste que as explicações dos fenômenos sociais, por sua própria natureza, devem estar separadas das explicações psicológicas: uma tentativa de explicação psicológica de um fato social

> não é aplicável [...] a menos que se distorça sua natureza [...]. Visto que sua característica essencial é o poder que possui de exercer pressão externa sobre as consciências individuais, isso mostra que ele não deriva dessas consciências e que, consequentemente, a sociologia não é um corolário da psicologia (p. 127).

Ele formula sua proposição de que o estudo da sociedade se destaca da psicologia como regra: "A causa determinante de um fato social deve ser buscada entre os fatos sociais antecedentes e não entre os estados da consciência individual" (p. 134).

Que Durkheim nem sempre seguiu a sua própria regra tem sido apontado, dentre outros, por Evans-Pritchard (1965, p. 68). Em *Elementary Forms of Religious Life* [As formas elementares da vida religiosa], Durkheim (1915 [1912], p. 216) descreve a "efervescência" experimentada durante o ritual religioso como a força que une o grupo social, e aqui pode-se objetar que sua explicação da força unificadora dos ritos religiosos baseia-se na psicologia da excitação emocional do indivíduo no meio de uma multidão. No entanto, seja o que for que se diga sobre a consistência de Durkheim neste ponto, o importante a observar aqui é o efeito da regra no desenvolvimento da teoria antropológica. Radcliffe-Brown, cuja abordagem estrutural-funcionalista teve uma influência modeladora na antropologia social britânica na primeira metade do século XX (cf. cap. 1), reitera Durkheim quando afirma que "os fenômenos sociais constituem uma classe distinta de fenômenos naturais" (Radcliffe-Brown, 1940, p. 3). "Os seres humanos como indivíduos são objetos de estudo para fisiologistas e psicólogos"; mas para a antropologia, o objeto de estudo não é o ser humano como indivíduo, mas como uma pessoa, "um complexo de relações sociais" (p. 5).

Portanto, uma divisão de trabalho entre a psicologia e as ciências sociais pode ter levado a uma cegueira para a mente na antropologia social britânica no início do século XX; mas será que, à medida que a disciplina passou a abraçar uma heterodoxia teórica maior, certamente outras influências poderiam ter sido pensadas para trazê-la de volta ao primeiro plano? Por exemplo, o surgimento da antropologia simbólica geertziana (cf. cap. 8) anunciou um afastamento do pensamento durkheimiano em direção a uma busca com sabor de Weber por sentido em "redes de significado" humanas (Geertz, 1973, p. 5); e, de fato, Geertz se envolveu longamente com a evolução da cognição como uma condição para o pensamento simbólico em seu ensaio "The growth of culture and the evoltution of mind" ["O crescimento da cultura e a evolução da mente"]. No entanto, sua abordagem veio com o seu próprio senso das limitações de se concentrar na mente ao tentar compreender a cultura humana. Em resposta àqueles que podem sugerir "que a cultura é composta de estruturas psicológicas por meio das quais indivíduos ou grupos de indivíduos guiam seu comportamento" (p. 11), Geertz insiste que é necessário distinguir a cultura dos processos mentais e físicos – da mesma maneira que é necessário distinguir uma apresentação musical das ações dos intérpretes e dos instrumentos nos quais a *performance* ocorre (p. 11-12). Para Geertz, o estudo dos humanos é o estudo do "universo imaginativo no qual seus atos são signos" – nosso trabalho é prestar atenção nos símbolos, e não nos cérebros que processam esses símbolos. No entanto, o problema aqui é que, ao desacoplar a cultura humana da cognição humana, corremos o risco de superestimar a plasticidade da mente humana ao acomodar a variação cultural; e, além disso, corremos o risco de supor que as representações sejam expressões diretas de como as coisas são experimentadas pela mente humana. Podemos facilmente entrar em um mundo onde vale tudo.

Consumadamente social?

A crítica cognitiva nos convida a examinar nossos pressupostos epistemológicos. Em primeiro lugar, temos de perguntar se fornecer uma descrição da vida social independente de uma descrição dos processos mentais individuais leva a uma ignorância dos próprios processos que tornam essa vida social possível. Em segundo lugar, temos de perguntar até que ponto nossas análises antropológicas presumem que a mente humana seja uma *tabula rasa* – uma lousa em branco – marcada apenas pelos processos de interação social ao longo do curso de vida humano.

Esta linha de ataque é bem-ilustrada por Bloch (1977) em sua análise do ensaio de Geertz "Person, time and conduct in Bali" ["Pessoa, tempo e conduta em Bali"]. Aqui, Geertz parte da proposição de que "o pensamento humano é consumadamente social: social em suas origens, social em suas funções, social em suas formas, social em suas aplicações" (1973, p. 360). Uma maneira pela qual ele demonstra isso é observando o modo como o tempo é emoldurado como um conceito na vida balinesa. Ele descreve um calendário permutacional que consiste em roda dentro de roda, funcionando concomitantemente: um ciclo de dez dias de nomes; um ciclo de nove dias de nomes de dias; um ciclo de oito dias; e assim por diante até um ciclo de um dia, "o último de uma visão 'contemporizada' do tempo" (p. 392). A interação dos ciclos produz conjunções particulares que têm uma significância qualitativa, determinando festivais, celebrações de templos, indicando dias bons ou ruins para construir uma casa ou realizar um *show* de marionetes e assim por diante. Em tal sistema de cômputo, o tempo não é duracional, mas pontual. Os calendários, diz-nos Geertz, não são para marcar a quantidade de tempo que passa, mas para lhe dizer o que significa o tempo. "Os ciclos e superciclos são infinitos, não ancorados, incontáveis e, como sua ordem interna não têm nenhuma significância, sem clímax. Eles não se acumulam, não constroem e não são consumidos" (1974, p. 393). Através disso, ele discerne no balinês o que ele denomina uma concepção "destemporalizada" do tempo (p. 398), "que pulveriza o fluxo do tempo em partículas desconectadas, adimensionais e imóveis" (p. 399), ligando-o ao "estado estacionário" da vida social balinesa mais amplamente, na qual as pessoas não são concebidas como vivendo vidas historicamente únicas. Em suma, o que Geertz expõe aqui é um senso de tempo radicalmente diferente daquele da sua própria cultura americana, para a qual o tempo é duracional e cumulativo.

Bloch (1977) é altamente crítico dessa abordagem. Ele a vê como uma visão empobrecida da vida social precisamente *porque* se baseia em uma visão empobrecida do pensamento humano. Ele considera que a origem do problema seja a ideia de que o conhecimento é determinado socialmente. Ao assumir que "o pensamento humano é consumadamente social", Geertz trabalha de uma representação social do tempo (o calendário permutacional) para um modelo de como o tempo é processado e vivenciado na mente. Ao fazê-lo, ele parece dar a impressão de que a percepção do tempo é altamente maleável e variável de cultura para cultura. Em oposição a isso, Bloch aponta para as várias áreas da vida social nas quais os balineses realmente recorrem a conceitos temporais que são duracionais e cumulativos; onde baseiam-se na "seta do tempo", medem duração de tempo e antecipam que uma causa leve a um efeito em um tempo previsível; em particular, atividades práticas como a agricultura dependem dessa noção de tempo muito mais familiar. Para Bloch, então, a tarefa não é simplesmente estabelecer o tempo balinês como de alguma forma "diferente", mas sim observar que em contextos práticos os conceitos de tempo "são baseados em universais cognitivos" (p. 285), ao passo que os contextos rituais envolvem um "tipo especial de comunicação" (p. 284). Existem, portanto, limites para a determinação social do conhecimento: as formas rituais podem obscurecer "os sistemas pelos quais conhecemos o mundo" (p. 290), mas não devem ser confundidas *com* esses sistemas[73].

Até que ponto Bloch está justificado em aproveitar as declarações de Geertz sobre o tempo como uma apologia do relativismo cognitivo é discutível. Gell é mais cauteloso:

> Geertz está fornecendo uma interpretação de certos temas proeminentes na cultura balinesa, não um relato positivo da psicologia e da cognição balinesas [...]. O relativismo de Geertz não é uma questão de dogma, mas um subproduto do artifício literário (1992, p. 82).

No entanto, ao questionar o que ele vê como suposições não examinadas sobre a "determinação social do pensamento", Bloch levanta uma questão crucial que permanece importante. Em que medida a antropologia desvinculou a vida social dos processos mentais que tornam essa vida social possível? E em que medida nossas análises presumem que a mente humana seja uma lousa em branco?

---

73. É importante notar que a abordagem de Bloch aqui é caracteristicamente marxista (cf. cap. 3), bem como caracteristicamente cognitivista. Ele está sugerindo que o processo econômico (agricultura) é compreendido por meio da realidade universal da cognição do tempo, mas mistificado por meio do calendário ritual – uma distinção entre conhecimento e ideologia.

Essa ideia foi dramaticamente posta em causa pela revolução chomskyana na linguística. Noam Chomsky tomou como questão central o problema da aquisição da linguagem e a relação entre os dados à disposição da criança (ou seja, toda a linguagem que é encontrada na infância) e o conhecimento da linguagem que a criança desenvolve:

> A competência de um adulto, ou mesmo de uma criança pequena, é tal que devemos atribuir-lhe um conhecimento da linguagem que vai muito além de tudo o que ele aprendeu [...]. Portanto, os dados disponíveis como entrada são apenas uma pequena amostra do material linguístico que foi completamente dominado (Chomsky, 1967, pp. 3-4).

O argumento de Chomsky era que a aquisição rápida e uniforme da linguagem só poderia ser explicada se algum aspecto da nossa capacidade de montar a linguagem fosse inato – parte da arquitetura do cérebro. Ele, portanto, postula um "dispositivo de aquisição de linguagem" (1965) como uma capacidade inata específica com a qual contamos para montar o conhecimento aprendido. Tal abordagem tem implicações importantes além da linguística, levando a um exame mais amplo do papel das características inatas. Como Bloch (2012, p. 60) argumenta, "As implicações evolutivas da diferença entre ver a mente como uma tábula rasa ou como já predisposta para certos tipos de informação não poderiam ser mais fundamentais". Com efeito, o psicólogo e linguista Stephen Pinker (2002, p. 37) expõe as implicações de uma maneira que pode soar bastante provocativa para os antropólogos: "Mecanismos mentais universais podem subjazer a variações superficiais entre as culturas".

Uma antropologia cognitiva, então, é aquela que se baseia nas capacidades específicas do cérebro humano tal como ele evoluiu, reconhecendo as bases mentais universais que tornam a vida social possível. Como escreveu a psicóloga Leda Cosmides em colaboração com os antropólogos John Tooby e Jerome Barkow: "A cultura não é sem causa e sem corpo. Ela é gerada de maneiras ricas e intrincadas por mecanismos de processamento de informações situados nas mentes humanas. Esses mecanismos são, por sua vez, o produto elaboradamente esculpido do processo evolutivo" (Cosmides et al., 1992, p. 3).

Mais uma vez, eles apontam para Geertz a fim de provar o seu ponto de vista, vendo-o como o próprio epítome de uma suposição implícita dentro das ciências sociais de que "a natureza humana é um vaso vazio esperando para ser preenchido por processos sociais" (Tooby & Cosmides, 1992, p. 29). No trabalho de Geertz, eles veem uma flecha causal clara na qual a mente individual é influenciada e totalmente moldada pelo mundo sociocultural. Adotar a opinião de que os processos sociais dependem de mecanismos universais do cérebro humano – de que a vida social é gerada por capacidades específicas da mente, em vez de tentar mostrar como a mente é moldada pela vida social – é, portanto, inverter isso. Uma maneira útil de imaginar a visão da mente que eles propõem é a analogia com o "canivete suíço", "competente em tantas situações porque tem um grande número de componentes [...] para resolver um problema diferente" (Cosmides & Tooby, 1994, p. 60). Esta é uma arquitetura da mente que consiste em módulos inatos distintos que evoluíram para executar funções específicas, como o dispositivo de aquisição de linguagem discutido anteriormente. Esta abordagem da "modularidade da mente" tem seus críticos; cf. esp. Karmiloff-Smith (1992) que, embora reconhecendo as disposições inatas da mente humana, no entanto rejeita a ideia de "módulos" pré-especificados de domínio específico, sugerindo em vez disso que a modularização ocorre como um produto do desenvolvimento. Uma linha de argumento importante aqui, significativa para as preocupações antropológicas com a variação cultural, é que tal abordagem mina nosso reconhecimento da flexibilidade do cérebro: Como podemos reconciliar uma crença literal em módulos mentais com papéis fixos com o nosso reconhecimento da plasticidade neurológica humana? (Buller, 2005). Como Hamilton (2008) argumentou, "de uma perspectiva evolutiva, pode-se argumentar que tal flexibilidade é ela mesma a adaptação distintivamente humana".

Um ponto importante que vale a pena ressaltar aqui é que cognitivistas como Cosmides e Tooby apontam que o modo de vida para o qual este *kit* de ferramentas é uma adaptação não é necessariamente um modo de vida atual. Em vez disso, ele evoluiu para atender aos desafios da época do Pleistoceno na qual emergimos como humanos anatomicamente modernos (Tooby & Cosmides, 1992, p. 109), e "é importante reconhecer que o comportamento gerado por mecanismos que são adaptações a um modo de vida antigo não será necessariamente adaptável no mundo moderno" (Cosmides et al., 1992, pp. 5-6). Isso é altamente significativo, pois reconhece que o processo de compreensão da vida humana contemporânea não pode ser reduzido à dedução simplista do que nossa psicologia evoluída nos "predispõe" a fazer. Algumas críticas antropológicas dessa abordagem evolutiva, como a de Susan McKinnon (2005), argumentam que ela lê na nossa história natural uma presunção econômica contemporânea da teoria da escolha racional - tomando a ideia de que o indivíduo é "automaximizador" como uma base da seleção - e naturaliza certas suposições culturais sobre os papéis sexuais, em particular, a dominação masculina. No entanto, embora uma tal linha de argumento certamente urgisse maior cautela na interpretação das evidências acerca da história da nossa espécie, certamente seria um erro de categoria pegar um argumento sobre a construção científica de visões particulares do nosso passado evolutivo e tornar isso uma rejeição do papel do próprio passado evolutivo na formação de quem somos hoje. Dessa perspectiva, a chamada mais ampla a prestar atenção na cognição lembra-nos que "sociedade" e "cultura" não são realidades flutuantes, mas baseadas em capacidades mentais específicas, e que uma compreensão adequada de nosso cérebro adaptado permanece essencial se quisermos entender muito do tecido da vida social humana.

Religião explicada?

A fim de entendermos esta afirmação de que "a cultura não é sem causa e sem corpo" e o que isso pode significar para a antropologia, talvez seja útil nos voltarmos para um domínio específico da vida social onde tal argumento tem sido desenvolvido. Justin Barrett, em um livro que sintetiza abordagens cognitivas do estudo da religião, começa afirmando: "A cultura não pode explicar a cultura, e a religião não pode explicar a religião" (Barrett, 2004, p. ix). Seu argumento é que uma descrição da religião como uma forma social precisa ser fundamentada em uma compreensão das propensões mentais por meio das quais a forma social é moldada. O trabalho na "ciência cognitiva da religião" - muito do qual é construído com base nos *insights* de antropólogos – é amplo[74] (cf. Barrett, 2004; 2007, para revisões deste trabalho), mas aqui vamos nos concentrar em alguns conceitos-chave a fim de ilustrar como as abordagens cognitivas do estudo da religião podem proceder.

Pascal Boyer descreve a religião como "parasitária" em nossa estrutura cognitiva. Ou seja, faz uso de capacidades que as pessoas têm de qualquer maneira e usam em outros domínios de atividade (Boyer, 2001, p. 231). A que tipo de capacidades se está referindo aqui? Uma sugestão nesse sentido vem do trabalho de Stuart Guthrie (1980). Notando a recorrente observação de que aos deuses nos quais os humanos acreditam são dadas características humanas, Guthrie procura fazer disso não apenas uma característica da religião, mas o seu fundamento: "as religiões são exemplos de antropomorfismo generalizado e sistematizado" (p. 192)[75]. Seu argumento (desenvolvido posteriormente em seu livro *Faces in the Clouds* [Rostos nas nuvens] [1993]) é que nossa tendência a encontrar características humanas no mundo deriva de uma estratégia perceptual profundamente arraigada; na incerteza faz sentido assumir agência. Como outros agentes são nossas maiores ameaças, e também nossas maiores oportunidades de sobrevivência, ele argumenta que um viés perceptual a favor da detecção de agência conferiria vantagens de sobrevivência, e, portanto, poderia ser considerado evolutivamente vantajoso.

Barrett (2000) baseia-se nessa teoria e, observando estudos clássicos da avidez humana por atribuir agência até mesmo a pontos e formas (Heider & Simmel, 1944), e evidências experimentais que sugerem que bebês de 5 meses parecem reconhecer movimento autopropulsado e aparentemente proposital como agentivo (Rochat et al., 1997), refere-se a um "dispositivo de detecção de agência" na cognição humana, que é propenso a encontrar agentes ao nosso redor a partir de evidências modestas (portanto, "dispositivo de detecção

74. E, apesar do efeito unificador da bandeira "ciência cognitiva da religião", é caracterizada por "uma abordagem fragmentada" (Barrett, 2007, p. 768), de modo que não se deve assumir que todo o trabalho realizado sob este nome seja integrado ou mesmo puxe na mesma direção.

75. Aqui, Guthrie (1980, p. 193) explicitamente observa que sua abordagem é intelectualista, fundamentando a religião em processos mentais, ao contrário da definição durkheimiana que a trata como um fenômeno fundamentalmente social baseado em associação (Durkheim, [1912] 1915).

de agência hiperativo"). A tendência a atribuir agência sobre-humana – aqui considerada como característica da religião – é, portanto, baseada nas propriedades da cognição humana.

Boyer (2001, pp. 147-148) reconhece que o registro antropológico está repleto de tais atribuições de comportamento agentivo. Por exemplo, baseando-se no seu próprio trabalho etnográfico com os Fang de Camarões, ele observa a maneira como ocorrências são atribuídas às ações dos espíritos dos mortos (*bekong*). No entanto, aqui é importante notar que o conceito anterior confere sentido à experiência: o sentido de que *bekong* existe não emerge da atribuição de agência em um estado de incerteza, mas a precede – e, de fato, pode existir na mente das pessoas sem que as pessoas alguma vez tenham tido uma experiência de tê-los encontrado. Boyer, portanto, concorda com Guthrie e Barrett que uma compreensão intuitiva da agência é importante; no entanto, ele insiste que, se quisermos explicar um fenômeno *social*, é necessário explicar como os conceitos nos quais as pessoas se baseiam assumem uma forma estável que pode ser transmitida de pessoa para pessoa.

Para Boyer, a chave para esse processo de transmissão é a violação de intuições sobre objetos e seres em nosso ambiente. Ele sugere que os sinais mais memoráveis na comunicação são aqueles que são "minimamente contraintuitivos"[76] (MCI): realizando suposições intuitivas sobre uma determinada classe de objetos, mas também violando algumas dessas suposições de pequenas maneiras que tornam os conceitos resultantes particularmente atraentes. Considere os seguintes exemplos: A montanha eleva-se sobre nós [...] *e nos ouve*. Uma mulher dá à luz [...] *sem ter feito sexo*. Ambos correspondem a suposições intuitivas em um domínio, mas as violam em outro, e para Boyer, tais sinais estão prontos para uma transmissão bem-sucedida, porque, em muitos aspectos, eles ativam nossas expectativas (assim permitindo-nos entender sem muita explicação), embora ao mesmo tempo contenham um elemento que é memorável *porque* viola nossas expectativas. Dessa forma, o próprio antropomorfismo pode ser visto como um conceito MCI (Boyer,

---

76. O próprio termo "Minimamente Contraintuitivo" (MCI) foi cunhado por Barrett (2000) em uma discussão da teoria de Boyer.

1996)[77]. Por exemplo, tratar uma árvore como uma coisa que escuta e se comunica[78] é recorrer a conceitos intuitivos sobre biologia (a árvore continua a ser uma árvore, com todas as suposições botânicas que vêm junto com isso) e recorrer a conceitos intuitivos sobre psicologia (nosso senso do que as mentes humanas podem fazer) – ao mesmo tempo em que violamos a intuição ao aplicar essa psicologia a um organismo que normalmente não seria visto como tendo uma "mente" dessa maneira. "As projeções da psicologia intencional intuitiva fazem uso do mais rico domínio de inferências disponíveis para as mentes humanas, enquanto violam aspectos centrais da ontologia intuitiva" (p. 96). O trabalho experimental com alunos do American College (Barrett & Nyhof, 2001) apoiou as afirmações de Boyer sobre a memorização dos conceitos MCI, e o mesmo foi encontrado transculturalmente em estudos com os Fang do Gabão e monges budistas no Tibete (Boyer & Ramble, 2001), dando peso à alegação de que os efeitos da memória podem ser universais.

Portanto, uma abordagem cognitiva busca dar conta das causas materiais subjacentes a uma forma social (neste caso, a religião), fundamentando-a em "mecanismos" universais no cérebro. A questão permanece: até onde isso nos leva? Laidlaw (2007), embora concorde que a ciência cognitiva nos fornece um relato de algumas operações mentais que estão envolvidas no pensamento e na ação religiosa, recomenda cautela. Ele sugere que a contribuição da ciência cognitiva é aproximadamente equivalente àquela que a ciência dos materiais pode dar à estética e à história da arte. Certamente é útil conhecer a base material de uma forma particular – o reconhecimento de que algumas coisas são subprodutos da arquitetura evoluída de nossos cérebros –, mas isso não explica a maneira histórica e culturalmente contingente como tal base material é posta para funcionar. Com base no trabalho antropológico sobre o jainismo e o budismo teravada, Laidlaw sugere que muitas das características fundamentais de tais tradições religiosas eludem uma caracterização por uma ciência cognitiva. Assim, por exemplo, embora a detecção de

77. Observe aqui que a explicação de Boyer segue em uma direção um pouco diferente de Guthrie, que trata o antropomorfismo como intuitivo.

78. A título de ilustração, Boyer (2001, pp. 62-63, 69-70) discute longamente a "adivinhação de ébano" entre os povos de língua uduk do Sudão, conforme descrito por James (1988).

agência e a proeminência de sinais minimamente contraintuitivos possam ser maneiras de explicar o papel de divindades, fantasmas e espíritos que figuram nessas tradições, seria um erro considerar tais características como centrais para a "religião" tal como os praticantes a entendem. O que é central, de acordo com Laidlaw, é como e por que as pessoas visam certos valores e virtudes – e aqui, sugere-se que uma abordagem cognitiva terá dificuldade em fornecer uma explicação adequada. A abordagem cognitiva pode buscar *explicar* os mecanismos, mas isso não leva necessariamente a uma *compreensão* das "criações históricas contingentes da razão, da imaginação e da vontade" (2007, p. 223).

Uma crítica semelhante é oferecida por Jenkins (2014), que endossa explicitamente a declaração de Durkheim da independência das ciências sociais da psicologia, discutida acima. A explicação cognitiva, observa Jenkins, procede identificando dispositivos mentais, mas não procura explicar como o pensamento é traduzido em ação significativa. Ela olha para os mecanismos envolvidos em uma crença, mas não para os propósitos para os quais tal crença é colocada.

Essas críticas suscitam preocupações importantes sobre a adequação de qualquer abordagem que busque explicar os fenômenos sociais com referência apenas aos mecanismos cognitivos. Mas não nos apressemos em reforçar o corta-fogo disciplinar. Ao dizer, como Laidlaw (2007, p. 242) faz, que "as ciências cognitivas nunca serão mais do que auxiliares para [...] o que estudantes de antropologia e/ou história da religião têm que fazer", existe o perigo de que possamos superestimar gravemente até que ponto a autocompreensão *explícita* pode ser desacoplada do funcionamento *implícito* do nosso cérebro evolutivamente adaptado. Para explorar as maneiras pelas quais uma compreensão da relação entre tais níveis explícitos e implícitos de pensamento pode ser tanto necessária quanto produtiva para a antropologia, voltemo-nos para as discussões antropológicas em torno da teoria da mente.

Leitura da mente

"Teoria da mente" é o termo usado para a capacidade de atribuir estados mentais – pensamentos, crenças e intenções – a si mesmo e aos outros, com o reconhecimento de que os estados mentais de outras pessoas são distintos dos seus[79]. Como Rita Astuti (2012) coloca:

> [T]er uma Teoria da Mente equivale a ter uma maneira não behaviorista de ver o mundo. Quando você vê alguém correndo, você não vê apenas um corpo físico em aceleração – você vê a intenção ou o desejo de pegar o ônibus ou ganhar uma medalha; quando você vê uma mão alcançando um objeto, você não vê apenas uma trajetória através do espaço – você vê o objetivo de pegar aquele objeto; e assim por diante.

Acredita-se que as crianças demonstrem teoria da mente desde por volta dos 3 aos 4 anos de idade. Dentro da psicologia do desenvolvimento, o surgimento de teoria da mente em crianças pequenas foi testado de forma robusta por testes de "crença falsa", uma abordagem experimental iniciada por Wimmer e Perner (1983) concebida para descobrir se uma criança é capaz de prever o comportamento de outra pessoa com base no que essa outra pessoa acredita, em vez do que a criança sabe. Uma forma clássica do teste (Baron-Cohen et al., 1985) envolve dois bonecos, "Sally" e "Anne", representando a seguinte peça: Sally pega uma bola de gude e a esconde em sua cesta. Ela então sai da sala. Enquanto está fora, Anne tira a bola de gude da cesta de Sally e a coloca em sua própria caixa. Sally é então reintroduzida e pergunta-se à criança: "Onde Sally procurará sua bola de gude?" A resposta a esta pergunta destina-se a revelar se a criança reconhece que Sally detém um estado mental distinto do da criança. Se a criança reconhece que Sally ainda acredita que a bola de gude está na sua própria cesta (embora a criança saiba de uma maneira diferente), isso indica uma capacidade de reconhecer estados mentais diferentes dos seus. Embora muitas variações do teste tenham sido desenvolvidas, eles continuam a apoiar a afirmação de que, em crianças neurotípicas, a teoria da mente é aparente desde por volta dos 3 aos 4 anos de idade. (Discutirei posteriormente esse uso de "neurotípico".)

79. Este uso da "teoria da mente" foi introduzido por Premack e Woodruff (1978). É interessante notar que se origina na primatologia e na tarefa de discernir se os primatas não humanos são ou não capazes de conceitualizar os estados mentais do eu e dos outros. A pergunta que eles fizeram – "Será que o chimpanzé tem uma teoria da mente?" – continua estimulando o debate (Call & Tomasello, 2008).

De acordo com a abordagem modular da arquitetura da mente, conforme descrita acima, Baron-Cohen (1995) vê isso como o ponto-final do amadurecimento de um módulo da teoria da mente (ToMM – *Theory of Mind Module*) inato, emergindo como parte da trajetória do desenvolvimento da criança com base em capacidades anteriores. É sugerido, com base em evidências experimentais, que bebês muito pequenos têm tanto um "detector de intencionalidade" quanto um "detector de direção do olhar". Estes convergem no "mecanismo de atenção compartilhada" (seguindo a atenção de alguém em direção a um objeto específico) que constrói representações triádicas – isto é, representações que envolvem:

1) um agente;

2) o self;

3) um objeto

ao usar as informações disponíveis sobre o estado perceptivo de outra pessoa. A teoria da mente emerge do mecanismo de atenção compartilhada, considerando e agindo de acordo com disposições que se tornam aparentes por meio de representações triádicas.

Ora, pode-se pensar que o uso de "neurotípico" que vimos acima – a ideia de que a teoria da mente surge na infância como parte de uma trajetória de desenvolvimento-padrão – destaque exatamente os tipos de preocupações que a antropologia deve ter com uma abordagem cognitiva que parece definir "normalidade" em termos de uma trajetória de desenvolvimento cognitivo universal. Por quais padrões estamos definindo tipicidade? Essa é uma preocupação particular, dada a tendência da literatura psicológica de se concentrar apenas em amostras do que Henrich et al. (2010) chamam de populações "Weird" – isto é, *Western* [ocidentais], *Educated* [educadas], *Industrialized* [industrializadas], *Rich* [ricas] e *Democratic* [democráticas]. Por essa razão, como veremos, uma importante tarefa da investigação antropológica tem sido explorar como a teoria da mente se manifesta em diversos contextos culturais. E, de fato, ao considerar o desenvolvimento da teoria da mente, é obviamente importante considerar as formas de interação social fora desta aparente "tipicidade", como, por exemplo, no trabalho etnográfico de Ochs e

Solomon (2010) sobre a sociabilidade autista. Dessa perspectiva, suposições de normalidade podem ser invertidas (embora, significativamente, isso esteja sendo feito por meio da compreensão de uma base neurológica específica de variação cognitiva), como no relato de Bagatell (2010) de uma paródia de uma entrada no Manual Diagnóstico e Estatístico de Transtornos Mentais para "síndrome neurotípica", escrita por alguém no espectro autista.

No entanto, pode-se pensar que o hipotético "módulo da teoria da mente" ocupe um papel central em muitos dos comportamentos sociais mais fundamentais que preocupam os antropólogos. Afinal, o papel que desempenha é crucial em nossa evolução como espécie que depende de relações sociais. Por exemplo, a teoria da mente é crucial para o pensamento simbólico (Hobson, 2000; Zunshine, 2006), que envolve o reconhecimento das representações de outras pessoas; e pode-se pensar que desempenhe um papel central na reciprocidade (Sally & Hill, 2006; Takagishi et al., 2010), permitindo que se atribua estados mentais a um parceiro de troca.

Mas será que uma descrição dos mecanismos mentais envolvidos na interação nos diz alguma coisa sobre o caráter dessas interações e o significado e a forma das vidas sociais que emergem delas? Em outras palavras, voltando à metáfora da história da arte de Laidlaw, quão relevante é o conhecimento do material para uma compreensão adequada do que é feito do material? Dois pontos merecem ser esclarecidos aqui. O primeiro é que, quando falamos sobre a vida social (e os processos mentais que a tornam possível), estamos falando sobre algo que faz parte da história biológica da nossa sobrevivência como espécie. Nossa sociabilidade não é independente de uma explicação biológica da nossa espécie; pelo contrário, é parte integrante dela. A coordenação significativa da interação social e a capacidade de construir laços sociais aumentaram a aptidão adaptativa do *Homo sapiens* (Dunbar, 1998), e o aumento no tamanho do cérebro dos hominídeos nos últimos 3 milhões de anos está amplamente associado à necessidade de maior inteligência social: poderosos dispositivos mentais foram necessários para lidar com as complexidades do comportamento em grandes grupos (Baron-Cohen, 1995, pp. 13-20). Como Laidlaw (2007) corretamente afirma, os fenômenos sociais são fenômenos históricos, não simplesmente os subprodutos de mecanismos cognitivos; ainda assim, tal história é definida dentro, não apartada da nossa história evolutiva, e o problema crucial é, portanto, "a relação da história com a natureza e, portanto, a escala do tempo evolutivo" (Jenkins, 2014, p. 188). Por essa lógica, seria um erro isolar relatos dos diversos objetivos e sentidos da vida humana do relato biológico da evolução da nossa espécie, porquanto *constituem* a sociabilidade fundamental que é crucial para a nossa história natural.

Em segundo lugar, uma compreensão da base cognitiva da interação social na teoria da mente pode desempenhar um papel crucial na tarefa de comparação antropológica. Como essa capacidade de atribuição de estados mentais se manifesta transculturalmente? Uma linha frutífera de investigação tem sido explorar aqueles contextos nos quais a "leitura da mente" é aparentemente confundida por um entendimento de que "você não pode saber o que está na mente de outra pessoa, mesmo que ela afirme dizê-lo a você no discurso" (Robbins, 2008, p. 422). Com base no trabalho etnográfico com os Urapmin de Papua Nova Guiné, Joel Robbins fala da "opacidade da mente": a ausência de atos de fala que presumam que o conhecimento dos estados mentais de outras pessoas faça parte da comunicação (tais como desculpar-se e mentir), e uma concepção ampla de que "as mentes das pessoas são lugares privados" (2008, p. 426), com uma reação de "quase medo ou nojo" de que se possa saber o que as outras pessoas estão pensando[80]. Observações semelhantes sobre a "opacidade da mente" foram feitas alhures na Melanésia; cf., p. ex., Schieffelin (2008) sobre o Bosavi de Papua Nova Guiné. Então, será que a teoria da mente se manifesta de maneiras diferentes em contextos culturais diferentes?

A fim de explorar esta questão, Tanya Luhrmann reuniu cerca de 30 estudiosos – principalmente antropólogos – para compartilhar evidências de modelos etnograficamente distintivos da mente, considerando diferenças em uma série de dimensões, tais como: Qual a importância da interioridade? Quão "limitada" ou "porosa" é a mente? Quais sentidos são considerados

80. Assim, no contexto da conversação com o cristianismo, a chegada de novas expectativas associadas à "demanda protestante de se tornarem sujeitos que falam sinceramente sobre o que conhecem em suas mentes e que também podem ler as mentes dos outros" (Robbins, 2008, p. 425) foi particularmente perturbadora.

importantes? Os modelos apresentados pelos participantes foram agrupados em seis "diferentes teorias da mente" (Luhrmann, 2011):

1) *A moderna teoria secular euro-americana da mente*, na qual as pessoas consideram haver uma fronteira clara entre o que está na mente e o que está no mundo.

2) *A moderna teoria sobrenaturalista euro-americana da mente* (manifestada em contextos como o cristianismo carismático e as crenças da nova era), na qual a fronteira mente-mundo é permeável a entidades como Deus, ou os mortos, ou a "energias" agentivas específicas.

3) *A teoria da opacidade da mente* (conforme discutido acima), particularmente evidente na Melanésia.

4) *A teoria da transparência da linguagem*, da qual exemplos são retirados da América Central (cf. Danziger, 2006), nos quais a linguagem é entendida em termos de sua relação de verdade com o mundo, em vez de sua relação com a intenção do falante.

5) *Teoria do controle da mente*, da qual um exemplo é extraído do budismo tailandês (cf. Cassaniti, 2006), no qual pensa-se que a intencionalidade das outras pessoas tenha um efeito direto sobre a própria mente, e a preocupação mais importante da mente seja, portanto, quão bem ela é controlada por meio de uma forte consciência da influência dos outros.

6) *Perspectivismo* (mais intimamente associado à etnografia amazônica), no qual a interioridade é determinada pela relacionalidade (cf. cap. 14).

Um argumento central aqui é que esses diferentes modelos não devem ser subsumidos em um; isto é, a moderna teoria secular euro-americana da mente modela o mundo de uma maneira particular que pode conter suposições que vão de encontro a outros modelos da mente (p. ex., a mente é considerada limitada em vez de porosa, e os estados internos da mente são considerados independentes da representação desses estados). Se ignorarmos as variações de como a mente é compreendida e do que se acredita que ela seja capaz, corremos o risco de distorcer os próprios fundamentos sobre os quais as pessoas interagem. Mas isso não nos traz simplesmente de volta à afirmação de Geertz de que "o pensamento humano é consumadamente social: social em suas origens, social em suas funções, social em suas formas, social em suas aplicações"? (1973, p. 360).

Aqui é onde é útil retornar à relação entre os modelos *explícitos* e os funcionamentos *implícitos* do nosso cérebro evolutivamente adaptado. Astuti (2012) alerta seus colegas antropólogos para que não sejam ingênuos quanto ao alcance desse tipo de evidência. As pessoas no curso da reflexão podem expressar diferentes teorias populares como reflexões explícitas sobre como suas mentes operam no mundo, mas isso não deve ser confundido com aquilo a que os psicólogos se referem como teoria da mente, que opera implicitamente, "quando indivíduos, automática e inconscientemente, seguem o olhar de alguém, interpretam suas declarações ou predizem seu próximo movimento com base em seus desejos, emoções ou crenças" (Astuti, 2015).

A forma mais extrema dessa posição, conforme estabelecida por Scholl e Leslie (1999) – que Astuti não adota sem reservas, mas diz, entretanto, que é importante ter em mente ao considerar a evidência etnográfica –, é que qualquer que seja a teoria popular explícita sobre a mente que as pessoas tenham, não fará nenhuma diferença para as habilidades implícitas de leitura da mente tornadas possíveis pela teoria (universal) da mente. Assim, por exemplo, quando os Urapmin afirmam que é impossível saber o que está na mente de outra pessoa, isso pode nos dizer muito sobre suas ideias de propriedade e o valor que atribuem à autonomia individual. No entanto, relutância em especular sobre o estado mental de outra pessoa não é o mesmo que ter "cegueira mental" e não ter nenhum conhecimento de outras mentes[81]. Seguindo essa lógica, uma compreensão da teoria da mente como um potencial inato e um produto da evolução da nossa espécie permite-nos reconhecer as variações culturais pelo que elas são: diferenças na representação. No entanto, como Astuti (2015) argumenta, continua sendo essencial que sigamos as pessoas fora do laboratório até os mundos onde vivem, interagem e colocam os mecanismos mentais para funcionar. Desta forma, uma explicação da teoria da

81. Tal posição está de acordo com Stasch (2008, p. 448) em seu relato da "opacidade da mente" entre os Korowai de Papua Ocidental: "negações da capacidade de conhecer as intenções de outra pessoa [...] não resumem com precisão o alcance total das compreensões Korowai da mente, tanto quanto indicam onde residem as principais sensibilidades culturais".

mente como uma adaptação evoluída no nível da espécie não deve impedir uma análise da mente em configurações etnográficas particulares: em vez disso, fornece um contexto no qual podemos ver como a teoria da mente acontece em trajetórias particulares de desenvolvimento, e um fundo contra o qual podemos compreender a natureza excepcional de alegações como da opacidade da mente.

Conclusão

A antropologia cognitiva é, fundamentalmente, uma forma de materialismo[82]. É caracterizada pelo reconhecimento de que a vida social é possibilitada pela atividade do cérebro e pelo entendimento de que essa atividade depende de uma arquitetura cognitiva que é produto de nossa evolução como espécie social. Ela se recusa a tratar a cultura como algo desencarnado, mas a fundamenta em nossas capacidades mentais.

Um compromisso sério com a cognição requer que examinemos os fundamentos epistemológicos da nossa disciplina. Será que a "declaração de independência" que estabelece os processos sociais como um objeto de análise por direito próprio levou a uma cegueira mental dentro da disciplina – uma ignorância dos processos mentais que estão no cerne da interação humana? E, na medida em que nos interessamos pela mente, será que imaginamos que ela seja culturalmente determinada, o produto da socialização? Uma abordagem cognitivamente informada da antropologia pode ajudar-nos a confrontar nossa dependência obstinada do modelo "tábula rasa" da mente, e, ao fazê-lo, superar a tendência de exagerar demais a extensão da variabilidade cultural.

Claro, não há necessidade de ser chauvinista quanto a até que ponto as abordagens cognitivas tornarão outras formas de investigação antropológica obsoletas. Uma compreensão da nossa arquitetura cognitiva não fornece uma descrição exaustiva do propósito e do significado, e não pode excluir a tarefa de explorar como os mecanismos mentais são colocados em funcionamento.

82. Cf. tb. Sperber (1996) sobre "como ser um verdadeiro materialista".

Certamente, devemos atentar para a trajetória historicamente contingente da vida das pessoas – mas precisamos reconhecer que essa história não pode ser isolada de nossa história natural.

Referências

Astuti, R. (2012). Some after dinner thoughts on theory of mind. *Anthropology of this Century* 3. http://aotcpress.com/articles/dinner-thoughts-theory-mind/

Astuti, R. (2015). Implicit and explicit theory of mind. *Anthropology of this Century* 13. http://aotcpress.com/articles/implicit-explicit-theory-mind/

Bagatell, N. (2010). From cure to community: Transforming notions of autism. *Ethos 38*(1): 33-55.

Baron-Cohen, S. (1995). *Mindblindness: An Essay on Autism and Theory of Mind*. Cambridge: MIT Press.

Baron-Cohen, S., Leslie, A. M., & Frith, U. (1985). Does the autistic child have a "theory of mind"? *Cognition 21*(1): 37-46.

Barrett, J. L. (2000). Exploring the natural foundations of religion. *Trends in Cognitive Sciences 4*(1): 29-34.

Barrett, J. L. (2004). *Why Would Anyone Believe in God?* Lanham: AltaMira.

Barrett, J. L. (2007). Cognitive science of religion: What is it and why is it? *Religion Compass 1*(6): 768-786.

Barrett, J. L., & Nyhof, M. A. (2001). Spreading non-natural concepts: The role of intuitive conceptual structures in memory and transmission of cultural materials. *Journal of Cognition and Culture 1*(1): 69-100.

Bloch, M. (1977). The past and the present in the present. *Man 12*(2): 278-292.

Bloch, M. (2005). *Essays on Cultural Transmission*. Oxford: Berg.

Bloch, M. (2012). *Anthropology and the Cognitive Challenge*. Cambridge: Cambridge University Press.

Boyer, P. (1996). What makes anthropomorphism natural: intuitive ontology and cultural representations. *Journal of the Royal Anthropological Institute 2*(1): 83-97.

Boyer, P. (2001). *Religion Explained: The Evolutionary Origins of Religious Thoughts*. Nova York: Basic Books.

Boyer, P., & Ramble, C. (2001). Cognitive templates for religious concepts: Cross-cultural evidence for recall of counter-intuitive representations. *Cognitive Science 25*(4): 535-564.

Buller, D. J. (2005). *Adapting Minds: Evolutionary Psychology and the Persistent Quest for Human Nature*. Cambridge: MIT Press.

Call, J., & Tomasello, M.(2008). Does the chimpanzee have a theory of mind? 30 years later. *Trends in Cognitive Sciences 12*(5): 187-192.

Cassaniti, J. (2006). Toward a cultural psychology of Buddhism in Thailand. *Ethos 34*(1): 58-88.

Chomsky, N. (1965). *Aspects of a Theory of Syntax*. Cambridge: MIT Press.

Chomsky, N. (1967). Recent contributions to the theory of innate ideas. *Synthese 17*(1): 2-11.

Cosmides, L., Tooby, J., & Barkow, J. H. (1992). Evolutionary psychology and conceptual integration. In J. Barkow, L. Cosmides, & J. Tooby (eds.). *The Adapted Mind: Evolutionary Psychology and the Generation of Culture* (pp. 3-15). Nova York: Oxford University Press.

Cosmides, L., & Tooby, J. (1994). Beyond intuition and instinct blindness: Toward an evolutionarily rigorous cognitive science. *Cognition 50*: 41-77.

Danziger, E. (2006). The thought that counts: Understanding variation in cultural theories of interaction. In N. Enfield, & S. Levinson (eds.). *Roots of Human Sociality: Culture, Cognition and Interaction* (pp. 259-278). Oxford: Berg.

Dunbar, R. I. M. (1998). The social brain hypothesis. *Evolutionary Anthropology 6*(5): 178-190.

Durkheim, É. ([1895] 1982). *The Rules of Sociological Method*. Ed. de S. Lukes. Trad. de W. D. Halls. Nova York: The Free Press.

Durkheim, É. ([1912] 1915]). *The Elementary Forms of the Religious Life*. Trad. de J. W. Swain. Londres: George Allen and Unwin.

Evans-Pritchard, E. E. (1965). *Theories of Primitive Religion*. Oxford: Clarendon Press.

Geertz, C. (1973). *The Interpretation of Cultures*. Nova York: Basic Books.

Gell, A. (1992). *The Anthropology of Time: Cultural Constructions of Temporal Maps and Images*. Oxford: Berg.

Guthrie, S. (1980). A cognitive theory of religion. *Current Anthropology 21*(2): 181-203.

Guthrie, S. (1993). *Faces in the Clouds: A New Theory of Religion*. Nova York: Oxford University Press.

Hamilton, R. (2008). The Darwinian cage: Evolutionary psychology as moral science. *Theory, Culture and Society 25*(2): 105-125.

Heider, F., & Simmel, M. (1944). An experimental study of apparent behavior. *The American Journal of Psychology 57*(2): 243-259.

Henrich, J., Heine, S. J., & Norenzayan, A. (2010). The weirdest people in the world? *Behavioral and Brain Sciences 33*(2-3): 61-83.

Hobson, P. R. (2000). The grounding of symbols: A social-developmental account. In M. Peter, & K. Riggs (eds.). *Children's Reasoning and the Mind* (pp. 11-36). Hove: Psychology Press.

James, W. (1988). *The Listening Ebony: Moral Knowledge, Religion, and Power among the Uduk of Sudan*. Oxford: Clarendon Press.

Jenkins, T. (2014). The cognitive science of religion from anthropological perspective. In F. Watts e L. P. Turner (eds.). *Evolution, Religion, and Cognitive Science: Critical and Constructive Essays* (pp. 173-190). Oxford: Oxford University Press.

Karmiloff-Smith, A. (1992). *Beyond Modularity: A Developmental Perspective on Cognitive Science*. Cambridge: MIT Press.

Laidlaw, J. (2007). A well-disposed anthropologist's problems with the "cognitive science of religion". In H. Whitehouse, & J. Laidlaw (eds.). *Religion, Anthropology, and Cognitive Science* (pp. 211-246). Durham: Carolina Academic Press.

Luhrmann, T. (2011). Toward an anthropological theory of mind. *Suomen Antropologi 36*(4): 5-69.

McKinnon, S. (2005). *Neo-Liberal Genetics: The Myths and Moral Tales of Evolutionary Psychology*. Chicago: Prickly Paradigm.

Ochs, E., & Solomon, O. (2010). Autistic Sociality. *Ethos 38*(1): 69-92.

Pinker, S. (2002). *The Blank Slate: The Modern Denial of Human Nature*. Nova York: Viking.

Premack, D., & Woodruff, G. (1978). Does the chimpanzee have a theory of mind? *Behavioral and Brain Sciences 1*(4): 515-526.

Radcliffe-Brown, A. R. (1940). On social structure. *The Journal of the Royal Anthropological Institute of Great Britain and Ireland 70*(1): 1-12.

Richards, G. (1998). Getting a result: The Expedition's psychological research 1989-1913. In A. Herle, & S. Rouse (eds.). *Cambridge and Torres Strait: Centenary Essays on the 1878 Anthropological Expedition* (pp. 136-157). Cambridge: Cambridge University Press.

Rivers, W. H. R. (1901). Colour vision. In W. H. R. Rivers (ed.). *Reports of the Cambridge Anthropological Expedition to Torres Straits. Vol. II: Physiology and Psychology* (pp. 48-96). Cambridge: Cambridge University Press.

Robbins, J. (2008). On not knowing other minds: Confession, intention, and linguistic exchange in a Papua New Guinea community. *Anthropological Quarterly 81*(2): 421-429.

Rochat, P., Morgan, R., & Carpenter, M. (1997). Young infants' sensitivity to movement information specifying social causality. *Cognitive Development 12*(4): 537-561.

Sally, D., & Hill, E. (2006). The development of interpersonal strategy: Autism, theory-of-mind, cooperation and fairness. *Journal of Economic Psychology 27*(1): 73-97.

Schieffelin, B. B. (2008). Speaking only your own mind: Reflections on talk, gossip and intentionality in Bosavi (PNG). *Anthropological Quarterly 81*(2): 431-441.

Scholl, B. J., & Leslie, A. M. (1999). Modularity, development and "theory of mind". *Mind and Language 14*(1): 131-153.

Sperber, D. (1996). *Explaining culture: A naturalistic approach.* Oxford: Blackwell.

Stasch, R. (2008). Knowing minds is a matter of authority: political dimensions of opacity statements in Korowai moral psychology. *Anthropological Quarterly 81*(2): 443-453.

Takagishi, H., Kameshima, S., Schug, J., Koizumi, M., & Yamagishi, T. (2010). Theory of mind enhances preference for fairness. *Journal of Experimental Child Psychology 105*(1-2): 130-137.

Titchener, E. B. (1916). On ethnological tests of sensation and perception with special reference to tests of color vision and tactile discrimination described in the reports of the Cambridge Anthropological Expedition to Torres Straits. *Proceedings of the American Philosophical Society 55*(3): 204-236.

Tooby, J., & Cosmides, L. (1992). The psychological foundations of culture. In J. Barkow, L. Cosmides, & J. Tooby (eds.). *The Adapted Mind: Evolutionary Psychology and the Generation Of Culture* (pp. 19-136). Nova York: Oxford University Press.

Wimmer, H., & Perner, J. (1983). Beliefs about beliefs: Representation and constraining function of wrong beliefs in young children's understanding of deception. *Cognition 13*(1): 103-128.

Zunshine, L. (2006). *Why We Read Fiction: Theory of Mind and the Novel.* Columbus: Ohio State University Press.

8
Antropologia cultural interpretativa
Geertz e os críticos da sua "escrita da cultura"

James Laidlaw

O modo de fazer antropologia que agora conhecemos como "interpretativa" foi a expressão, no âmbito da antropologia, de uma tendência muito mais ampla, que afetou uma ampla gama de disciplinas de artes e humanidades. Uma expressão comum usada na época para este fenômeno mais amplo era "a virada linguística", e referia-se em particular à influência, primeiro dentro da filosofia e depois além dela, da "linguagem ordinária" ou filosofia analítica "da linguagem". Embora a frase "filosofia da linguagem ordinária" derive de G. E. Moore, a fonte de ideias mais influente foi o pensamento posterior de outro filósofo de Cambridge, Ludwig Wittgenstein. A fonte mais importante foi *Philosophical Investigations* [Investigações filosóficas] (1953), de Wittgenstein, junto com outras de suas publicações, a maioria póstumas, e em particular como interpretadas por seguidores como Gilbert Ryle (1949) e J. L. Austin (1962). Uma série de ideias de outros filósofos, tanto anglófonos como continentais, também fez parte do quadro, assim como, de vez em quando, algumas ideias e conceitos da linguística técnica. Nunca houve uma única doutrina filosófica coerente que tenha sido então "aplicada" em outras ciências humanas; além do mais, a exegese do pensamento de Wittgenstein era misteriosa e controversa demais para isso. Mas, além disso, as ideias não foram todas na mesma direção. Esta foi uma época em que estudiosos de outras disciplinas também olharam para a antropologia e aprenderam com ela. E o antropólogo mais influente a esse respeito foi Clifford Geertz (1926-2006).

Houve outros cuja influência dentro da antropologia era comparável – notavelmente Marshall Sahlins e David Schneider (e de maneiras diferentes e em um registro diferente, Edward Evans-Pritchard) –, mas nenhuma outra figura desta época articulou tão claramente uma visão da antropologia que a situasse tão centralmente na virada linguística, ou fizesse com que parecesse tão instrutiva, enquanto tal, para estudiosos de outras disciplinas. E quando a oposição à antropologia interpretativa começou a ser manifestada, foi frequentemente articulada como crítica a Geertz. Portanto, não é absurdo contar a história da antropologia interpretativa e do que lhe aconteceu, com referência substancialmente a Geertz e suas ideias.

Geertz recebeu seu treinamento antropológico com Clyde Kluckhohn em Harvard, como parte do interdisciplinar Departamento de Relações Sociais dirigido pelo teórico social Talcott Parsons, cuja síntese de sociologia weberiana, funcionalismo durkheimiano (cf. cap. 1) e fenomenologia shutziana proveu um arcabouço bastante amplo. O trabalho de campo para o doutorado de Geertz foi realizado na Indonésia, principalmente em uma pequena cidade javanesa, e ele posteriormente fez trabalho de campo em outro lugar da Indonésia, sobretudo em Bali, e no Marrocos. Seu trabalho inicial, após sua tese e primeira monografia sobre a religião javanesa (1960), preocupou-se muito com questões de desenvolvimento político e econômico, conforme proposto pelo programa de relações sociais, em relação às "novas nações" (1963a; 1963b; 1965), e nessa época também escreveu uma comparação histórica do Islã indonésio com o marroquino (1968). Mas durante a década de 1960, ele passou por uma reorientação intelectual considerável, progressivamente recorrendo mais aos aspectos filosóficos do que aos econômicos do *corpus* de Max Weber, e construindo sobre o já rico relato de Weber sobre o que distingue a ação humana de outros eventos no mundo; a saber, sua dimensão simbólica e o fato de ser inerentemente significativa e intersubjetiva. Nisso, e na gama de pensadores filosóficos e outros aos quais recorreu para fazê-lo, Geertz estava cada vez mais envolvido em uma conversa que cruzava as fronteiras disciplinares, bem como a fronteira entre o pensamento anglo-saxão e o continental. Os frutos dessa reorientação foram coletados em um volume de ensaios que deve ter a pretensão de ser a coleção individual mais influente de um antropólogo durante o século XX: *The Interpretation of Cultures* [A interpretação das culturas] (1973). Nesses ensaios, juntamente com aqueles publicados uma década depois em *Local Knowledge* [O saber local] (1983), Geertz sintetizou a compreensão da ação humana como constitutivamente significativa e inerentemente social que caracterizou a virada linguística, com o conceito de cultura desenvolvido na tradição boasiana da antropologia americana. Essa foi uma visão com a qual ele permaneceu consistentemente comprometido, e que foi reiterada em seus ensaios, palestras e memórias posteriores (1995; 2000; 2012). Assim, o cerne da antropologia de Geertz pode ser elucidado examinando-se simplesmente o que ele quis dizer, respectivamente, com "interpretação" e com "culturas".

Ao dizer que o que a antropologia deve fazer é *interpretar*, Geertz estava afirmando que o tipo de explicação que ela deveria procurar oferecer é qualitativamente diferente daquele perseguido nas ciências naturais, o qual fornecera modelos e inspiração para outras escolas de pensamento sociológico e filosófico, mais proximamente na antropologia da época, nas abordagens divergentes de A. R. Radcliffe-Brown (1952; cf. cap. 1), Leslie White (1949) e Claude Lévi-Strauss (1962 [1953]; cf. cap. 2). A distinção entre interpretação e explicação causal tem raízes no pensamento histórico alemão, na ideia de que as formas possíveis de sucesso explicativo são fundamentalmente diferentes nas ciências, respectivamente, da natureza e do espírito (*Naturwissenschaften* e *Geisteswissenschaften*). A afirmação fundamental é que os seres humanos são, na frase ressonante de Charles Taylor, "animais autointerpretantes" (1985). Segundo essa visão, as ideias e os valores que as pessoas têm informam suas autodescrições, e essas autodescrições não estão meramente em uma relação causal externa com o que fazem, mas são internamente *constitutivas* de quem são e do que estão fazendo. Se for assim, então a explicação da conduta humana em termos de leis causais, no modelo das ciências naturais, deve ser uma ambição falha. Não é apenas que tais ambições sejam impossíveis de alcançar na prática; é um erro de princípio até mesmo visá-las. Um conjunto inteiramente diferente de critérios é necessário para o sucesso em uma empresa interpretativa. Isso era muito comum na virada linguística, e Geertz expressou a posição geral com vigor. Além disso, ele argumentou que é um fato acerca da evolução humana que nós nos desenvolvemos de tal maneira que ser moldado pela cultura é agora parte da "natureza" humana, de modo que, sem cultura, os humanos seriam radicalmente incompletos e inviáveis. Portanto, para Geertz, havia uma sólida explicação científica de *por que* a conduta humana, sendo inerentemente significativa, não podia ser submetida a uma explicação científica.

De influência mais pragmática sobre a prática antropológica, ele desenvolveu um relato abrangente de quais deveriam ser os objetivos específicos da interpretação *antropológica*: a quais formas de excelência ela poderia aspirar e o que exigia de seus praticantes. O argumento alinhava a antropologia com outras ciências humanas, como a análise literária ou textual e o estudo histórico, e a distanciava das "ciências sociais", como a economia e a sociologia. O que a interpretação antropológica deveria visar, argumentou Geertz, tomando emprestado do filósofo de Oxford Gilbert Ryle, era a "descrição densa": descrição circundante de quaisquer atos ou práticas específicas (digamos, inicialmente intrigantes ou aparentemente sem sentido), com informações contextuais suficientes sobre crenças locais, costumes, valores e práticas relacionadas, de modo a permitir ao leitor apreender o *sentido* que essas práticas têm, como parte da forma de vida ou da "cultura" a que pertencem.

Ao dizer que os objetos da interpretação antropológica são *culturas*, Geertz estava se alinhando com a tradição boasiana da antropologia cultural americana (cf. cap. 1). Ao contrário das abordagens tylorianas, lévi-straussianas ou cognitivistas, a preocupação não era com as características gerais do pensamento humano – não, portanto, com a "cultura" como uma característica universal da vida humana –, mas com os modos de vida distintivos, relativamente integrados internamente e relativamente distintos e autônomos em lugares e tempos específicos – daí "culturas" no plural. Onde Geertz diferiu do programa boasiano e o desenvolveu, e o integrou intelectualmente na virada linguística de um modo mais geral, foi em deslocar os idiomas psicológicos dos expoentes mais proeminentes da geração anterior (as preocupações de Mead, Benedict e outros com a *personalidade* modal de uma cultura e com processos de "enculturação") em favor de uma visão wittgensteiniana do significado dos símbolos não como representações na mente, mas como *uso* na prática social. Os argumentos que Wittgenstein e outros fizeram contra a possibilidade de uma linguagem privada (cf. Kripke, 1982) foram usados para informar uma visão da cultura como localizada "na praça pública" em ações e práticas que, convenientemente, são observáveis pelo antropólogo.

Um outro argumento afastou ainda mais o objeto da interpretação antropológica da psicológica. Se o significado é o uso da linguagem e de outros símbolos na prática e na interação social contínua, como Wittgenstein e outros argumentaram, como pode então o antropólogo, observando essa interação contínua, distinguir o que pertence aos indivíduos particulares participantes ou à ocasião específica observada, do que está institucionalizado na vida social e cultural? E quanto a esta refeição específica, este seminário, este corte de cabelo, esta partida de tênis, este sacrifício ou esta viagem de compras; deve-se ao fato de tratar-se desse tipo de evento ou prática nessa cultura particular, e seria mais ou menos verdadeiro a respeito de todas as suas outras refeições, seminários, corte de cabelo etc.? O que, por outro lado, é uma circunstância [*happenstance*]? Como se tria o cultural do idiossincrático? Geertz adaptou sua resposta para essa questão de uma sugestão do filósofo francês Paul Ricoeur (1973). O social ou o cultural, sugeriu Ricoeur, pode ser entendido segundo o modelo do texto escrito. A ideia de Ricoeur era que ao se tornar social ou culturalmente institucionalizado – na medida em que este ato de comer é "uma refeição", ou esta discussão "um seminário" – o significado da interação é *inscrito*; é transformado aproximadamente da mesma maneira que o discurso falado muda quando se torna texto escrito. E dentre as características dessa transformação, a mais importante é que o significado se torna *menos* ancorado do que no discurso falado pelas intenções do falante. O que um texto escrito significa pode afastar-se mais das intenções do falante do que no caso do discurso falado. As práticas sociais estabelecidas ou institucionalizadas, o "cultural" neste sentido, são, portanto, em aspectos importantes, como os textos.

Geertz não endossou o argumento de Ricoeur sem reservas, e ainda enfatizou a utilidade de outros modelos para o cultural ou o social, como o jogo (seguindo Wittgenstein e Irving Goffman) e o drama (seguindo Kenneth Burke e Victor Turner). Mas o modelo do texto era crucial para ele porque a sua concepção do que distinguia uma interpretação antropológica boa de uma menos boa era essencialmente a da excelência na leitura de um texto. Seu relato de como uma boa interpretação antropológica normalmente procede – alinhavando entre observações de detalhes e caracterizações do todo – é explicitamente análogo à leitura de um poema. E sua ideia de como a linguagem teórica deve ser usada – um equilíbrio entre os conceitos de "experiência próxima" e "experiência distante" – foi igualmente baseada em uma visão da prática literária-interpretativa. E assim como em uma leitura literária, conteúdo e estilo são inseparáveis. É muito importante como um antropólogo escreve. Para Geertz, seguiu-se que as habilidades e capacidades exigidas genericamente para a interpretação antropológica – e qualquer outra coisa que pudesse ter sido necessária para o trabalho de campo em lugares específicos – eram as mesmas que para o comentário literário ou a interpretação de textos históricos, e crucialmente não, como alguns outros supuseram, quaisquer poderes muito extraordinários de empatia interpessoal ou *insight* psicológico. Porquanto os significados culturais estão por aí na prática pública e não "na cabeça" dos indivíduos, os antropólogos não precisam ser telepatas, psiquiatras ou espiões.

Assim, enquanto Geertz ecoava a célebre injunção de Malinowski aos antropólogos para que compreendessem "o ponto de vista do nativo", ele insistia que isso *não* envolvia "entrar" na sua cabeça. Em vez disso, no seu ensaio provavelmente mais influente ("Deep play" ["Um jogo absorvente"], de 1973), Geertz afirmou que é preciso ler os textos culturais que são importantes na vida dos nossos informantes – os costumes, práticas e instituições que são importantes em seu modo da vida – e que isso envolve olhar "por cima dos seus ombros". Uma grande preocupação na cultura balinesa é a distinção entre humanidade e animalidade. Em quase todos os aspectos da vida cotidiana tem havido grande dificuldade em conter e reprimir as expressões da animalidade, sendo-lhe atribuídas todas as condutas perturbadoras e repreensíveis. No entanto, um dos eventos intermitentes mais poderosos na vida de uma aldeia balinesa, realizado em desafio a uma proibição policial vigorosamente imposta, é a luta de galos: uma demonstração dramaticamente encenada de ferocidade animal bruta, que reúne toda a aldeia em uma ávida audiência, todos apostando no resultado. A leitura de Geertz é que este evento compele os balineses tão completamente precisamente porque representa o que seria se render à animalidade. Geertz argumenta que essa representação tão vivamente experimentada da violação das suas virtudes mais cardeais e da subversão da ordem moral é uma parte institucionalizada da educação moral balinesa. Ele a compara a *Macbeth*, que mostra aos habitantes de uma cultura individualista o que acontece quando sua competitividade motriz não é mantida dentro de limites; o que é ganhar o mundo inteiro, mas perder a própria alma. Assim, a vida balinesa consiste, em parte, em eventos repetidos nos quais os balineses comuns se envolvem em uma "leitura" emocionalmente carregada e vivenciada coletivamente do texto desta prática cultural fundamental. E a interpretação antropológica envolve interpretar esse processo de interpretação. A comparação com *Macbeth*, mesmo que signifique pouco ou nada para a maioria dos balineses, é parte do que Geertz vê ao olhar por cima do seu ombro, e o que permite a seus leitores, se a comparação for justa, compreender o significado do que ele vê ali nos textos do seu modo de vida.

Obviamente, e como o próprio Geertz insistiu veementemente, nenhum acúmulo de interpretações desse tipo alguma vez resultará em hipóteses testáveis ou leis preditivas sobre a cultura balinesa ou a vida humana em geral. Então, para que servem essas interpretações senão para prover uma familiaridade agradável e edificante com modos de vida exóticos? Qual é o objetivo de uma disciplina dedicada à sua produção? A resposta de Geertz foi que a antropologia visa "ao alargamento do universo do discurso humano". Ela traz outras e novas culturas "para a conversa". Ele nunca foi muito explícito sobre quem exatamente está tendo essa conversa ou do que ela trata, mas parece claro o bastante que ele quis dizer, *grosso modo*, que "nossos" antropólogos, seja quem for exatamente "nós", capacitam-nos bem o bastante para entendermos os valores e as ideias, o *ethos* e a visão de mundo, de outros modos de vida, os quais tornam-se valores e ideias com os quais podemos pensar, e deles participar, além de os apreciar imaginativamente. Da mesma forma que durante séculos a familiaridade com a Grécia e a Roma clássicas fez parte do mobiliário mental dos europeus educados, as interpretações antropológicas de outras culturas, neste modo geertziano, as tornariam parte do "universo do discurso" dos educados membros cosmopolitas das sociedades modernas. Isso é, bastante evidentemente, um estado de coisas assimétrico. Pode de fato incluir os balineses no âmbito da "nossa" conversa, mas não os inclui, por si sós, como participantes (embora igualmente, em princípio, também não os exclua, ou impeça os antropólogos balineses de escreverem sobre os Estados Unidos, p. ex.). Geertz geralmente presumia que as pessoas sobre as quais os antropólogos escrevem (ao contrário de antropólogos como ele, talvez?), habitam suas crenças e práticas culturais como uma vida quotidiana banal. A condição autoconsciente e cosmopolita de fazer antropologia é considerada incomum. Se a interpretação antropológica supera um mal-entendido ou uma incompreensão da diferença cultural, ela o faz apenas para aqueles aos quais as interpretações se dirigem; isso implicitamente deixa aqueles que foram descritos da maneira como estavam. Conforme veremos, esta é uma de um conjunto de características por conta das quais uma geração de antropólogos veio a considerar a antropologia interpretativa deficiente, mas, na época, muitos a sentiram como uma alternativa liberal e civilizada às ambições de "comando e controle" das ciências sociais orientadas para o desenvolvimento que se envolveram com partes distantes do mundo com base na premissa de que o aprendizado e a adaptação precisavam ser feitos de outra maneira: especialistas modernos ensinando sociedades "tradicionais" a "desenvolverem-se". A antropologia Geertziana foi uma escritura para "nós" aprendermos com "eles", em vez de os desenvolver, reformar ou melhorar.

Isso ajuda a explicar a influência de Geertz, tanto dentro quanto fora da antropologia, porque a "conversa" para a qual ele procurou contribuir era interdisciplinar e, de fato, estendeu-se além da academia para um público leitor mais educado. Depois de vários anos ensinando na Universidade de Chicago, Geertz tornou-se um dos poucos professores permanentes no Centro de Estudos Avançados de Princeton, que hospeda acadêmicos visitantes por períodos limitados, muitas vezes enquanto terminam um livro ou projeto de pesquisa. Ele claramente floresceu nesse papel, e por décadas sua influência foi reconhecida por uma sucessão de estudiosos em uma série de disciplinas das ciências humanas, figuras como Robert Darnton

(1984), Stephen Greenblatt (1980), William H. Sewell (1980) e Natalie Zemon Davis (1983). Para muitos, "descrição densa" tornou-se um termo preferido para o que se propuseram a realizar em sua construção imaginativa de mundos históricos e literários específicos. E como revisor prolífico na *New York Review of Books*, Geertz também se tornou guia, para um grande número de leitores instruídos, das obras de antropologia que deveriam chamar sua atenção. Monografias etnográficas volumosas nem sempre são tão atraentes para os outros quanto podem sê-lo para antropólogos profissionais, e a habilidade de Geertz como ensaísta sem dúvida explica em parte sua influência. Depois de suas primeiras monografias sobre Java, ele publicou um livro em coautoria com sua primeira esposa, Hildred Geertz, sobre o parentesco balinês (Geertz & Geertz, 1975), e uma grande etnografia colaborativa com ela e Laurence Rosen em seu trabalho de campo no Marrocos (Geertz, Geertz, & Rosen, 1979), mas estes não foram tão amplamente lidos quanto *The Interpretation of Cultures* [A interpretação das culturas] e *Local Knowledge* [O saber local]. Os ensaios nessas coleções foram muito amplamente citados, e muitas das etnografias mais influentes do final dos anos de 1970 e de 1980 se apresentaram mais ou menos explicitamente como estando no modo interpretativo, como Geertz o havia definido (p. ex., Ortner, 1978; Meeker, 1979; Rosaldo, 1980; Lambek, 1981; Rosen, 1984).

A monografia etnográfica final de Geertz, *Negara* (1980), foi um trabalho de etnografia histórica, uma reconstrução imaginativa do Estado pré-colonial indígena em Bali. E também foi realmente um ensaio longo, com a erudição técnica confinada a notas finais excepcionalmente longas. O argumento alegava que a deslumbrante teatralidade daquelas políticas balinesas não era um aspecto superficial ou ilusório, mas a própria essência do poder nesses sistemas. A compreensão "mecânica" realista que o cientista político ou o sociólogo têm do poder não era a realidade material subjacente universalmente aplicável que eles consideravam que fosse; ela simplesmente não alcançava a realidade. Não existe fato político não cultural, e tampouco há alguma diferença entre isso e uma glosa "cultural" disso. Compreender como os estados indígenas altamente ritualizados de Bali pré-colonial funcionavam nos ajudaria a ver que o exercício do poder nas "nossas próprias" sociedades também acontece por meio de um significado simbólico. Isso tanto nos ensinaria que existem maneiras profundamente diferentes de "fazer o Estado" em diferentes culturas, mas também que a política como a praticamos é mais "cultural" do que sabemos. Portanto, a alegação de Geertz era que o caso balinês nos permite ganhar distância suficiente para que possamos ver a linguagem simbólica na qual os nossos próprios "textos" de poder estão escritos: "o real é tão imaginado quanto o imaginário".

Como as mudanças na orientação teórica dentro de uma disciplina costumam dar-se à maneira edipiana, dentre os que lançaram os ataques mais prejudiciais contra o tipo de antropologia interpretativa que Geertz havia defendido contavam-se alguns de seus próprios ex-alunos e seguidores. O texto principal foi a coleção *Writing Culture* [A escrita da cultura] (Clifford & Marcus, 1986), um livro que teve um efeito extraordinariamente desorientador em muitos antropólogos na década seguinte à sua publicação, provocando conversas generalizadas sobre crise intelectual, juntamente com medos (e, para alguns, esperanças) de que a antropologia fosse dominada e eclipsada pelos estudos culturais e por alguns textos extraordinariamente ruins. Muito se falou de uma "crise de representação" geral na qual dois conjuntos de ideias foram combinados, e às vezes confundidos, para questionar a possibilidade e a política de interpretação cultural como Geertz e outros a conceberam. Primeiro, argumentos do empreendimento recém-autoconsciente da "teoria literária" – um amálgama (Eagleton [1983] foi uma síntese inicial e influente) de marxismo e abordagens pós-estruturalistas, tais como o desconstrucionismo de Derrida e a teoria psicanalítica lacaniana – foram desenvolvidos para enfatizar a impossibilidade de uma referência estável em meio ao jogo anárquico de *différance* e disseminação, e assim minar a confiança geertziana em padrões compartilhados e um julgamento razoavelmente consensual sobre o conteúdo e a qualidade das interpretações. E, em segundo lugar, uma versão inicial das ideias de Michel Foucault, tendenciosamente simplificadas por Edward Said (1978), levou a que se questionasse não tanto a possibilidade quanto a inocência política de qualquer ato de representação cultural. O conhecimento dos europeus sobre as sociedades não europeias havia sido sistematicamente distorcido e falsificado no interesse da dominação imperial, caricaturando e difamando os povos indígenas como uma desculpa para sua opressão e forçando-lhes classificações esquematizadas como um auxílio para a coerção e o controle. Inconscientemente, talvez, em alguns casos, mas ainda assim inevitavelmente, os escritos antropológicos sobre sociedades "exóticas" foram cúmplices da dominação política do conhecimento/poder colonial. Ora, há obviamente uma tensão considerável entre esses dois conjuntos de ideias: se uma representação estável é tão impossível quanto os desconstrucionistas alegaram, é difícil ver como poderia ser tão eficaz quanto Said e seus seguidores a acusaram de ter sido, e vice-versa. Mas isso não impediu os protagonistas de afirmarem ambos ao mesmo tempo, e seu efeito combinado foi uma sensação muito incômoda de que as ambições geertzianas de introduzir outras culturas na "nossa" conversa estavam fadadas ao fracasso e foram abominavelmente prejudiciais.

Mais de um dos capítulos substantivos de *A escrita da cultura* teve como alvo direto Geertz, e o ensaio introdutório programático de James Clifford (1986), intitulado "Verdades parciais", apresentou seu estilo de antropologia como antiquado e em processo de ser substituído por formas mais sofisticadas e politicamente corretas. Ignorando amplamente o conteúdo substantivo dos textos etnográficos examinados, Clifford apresentou uma história seletiva da disciplina como uma sucessão de gêneros dominantes de escrita etnográfica, com ênfase em como o próprio etnógrafo era representado no texto. Essa narrativa, estruturada por uma classificação de gêneros etnográficos, também era, não obstante advertências em contrário, uma história de progresso e uma classificação moral. Começou com a "etnografia de observação participante": trabalhos como os de Bronislaw Malinowski e Margaret Mead, que se apresentavam como relatos de primeira mão de pessoas que participaram do que descreveram, expressando uma atitude prescrita de relativismo cultural frouxo, demonstrando uma preocupação com problemas de linguagem e tradução, e com uma estratégia representacional holística, independentemente do enfoque temático ou da orientação teórica. Em seguida, na sequência de Clifford, vem a "etnografia interpretativa", que segundo ele, por uma série de evasões e desonestidades implacavelmente expostas no capítulo de Vincent Crapanzano (1986) sobre o famoso ensaio "Deep play" ["Um jogo absorvente"] de Geertz, lutou para escapar das consequências de sua cumplicidade política. Mas a salvação está ao alcance, ou pelo menos em via de ser elaborada, na forma de uma "etnografia dialógica", na qual a "posicionalidade" do etnógrafo é diretamente representada no texto, juntamente com as circunstâncias e processos através dos quais os "dados" são gerados no diálogo com os informantes e, crucialmente, na qual a voz desses informantes é ouvida. Isso tipicamente significava que tais etnografias eram o registro de diálogos entre o antropólogo e um ou muito poucos outros (p. ex., Rabinow, 1977; Crapanzano, 1980; Shostak, 1981; Dwyer, 1982). Embora acolhendo esse novo modo emergente de escrita etnográfica, para Clifford, sua limitação residia no fato de que o antropólogo retinha controle editorial e, portanto, a autoridade (necessariamente colonialista, opressora, distorcida) de representar a voz do outro. Assim, permaneceu cúmplice na dinâmica de poder desigual da ordem pós-colonial. Mas ele propôs (e citou alguns exemplos) maneiras de renunciar ou compartilhar o controle autoral em textos que seriam mosaicos internamente fragmentados de diferentes vozes. Clifford chamou esse novo modo emergente de escrita etnográfica de "heteroglóssico", um termo que ele tomou emprestado, junto com "dialógico", do filósofo e teórico literário russo Mikhail Bakhtin (1981). Ele previu que, à medida que se desenvolvesse, as limitações da disciplina acadêmica da antropologia seriam transcendidas em uma forma mais aberta, participativa e ativista de engajamento cultural (cf. tb. Clifford, 1988). Deve-se dizer que havia muito mais no volume de *A escrita da cultura* do que o encapsulado na introdução de Clifford – é difícil não ler a contribuição de Paul Rabinow (1986) como uma framboesa espirituosamente deflacionária soprada no resto do volume –, mas logo tornou-se amplamente aceita como provendo seus pontos essenciais.

Penso que seja incontroverso dizer que as coisas não saíram exatamente como Clifford e seus admiradores previram ou recomendaram. Os exemplares de etnografia heteroglóssica que ele apresentou para aprovação permanecem em merecida obscuridade e amplamente não imitados. A moda dos textos dialógicos seguiu seu curso: poucos antropólogos tinham a habilidade ou a disposição para escrever tão extensivamente sobre si mesmos, de uma maneira que poderiam razoavelmente esperar que os outros achassem interessante; a maioria, de fato, descobriu que o que eles queriam dizer sobre as pessoas e lugares que haviam estudado exigia estratégias textuais – notadamente o manuseio de evidências e argumentos, e o envolvimento com a literatura existente – que não podiam ser acomodadas no novo gênero proposto. E algumas decepções de alto nível (p. ex., Menchu & Burgos-Debray, 1984) tiraram o brilho da suposta santidade moral da responsabilidade autoral diferida ou dispersa. Mais amplamente, a teoria literária pós-modernista provou ser de utilidade limitada para abordar os problemas conspícuos que o mundo vomitou na década seguinte (o colapso do socialismo, novos conflitos étnicos e nacionalistas, globalização), e tornou-se difícil sustentar interesses ou reivindicações de urgência e inclusão por meio de uma escrita frequentemente rebarbativa, pretensiosa e cheia de jargões. Hoje, a maioria dos antropólogos efetivamente descreve em seus escritos mais sobre os processos de trabalho de campo e sua prática de pesquisa do que era convencional antes da década de 1980, porém menos do que as extensas lamentações que eram comuns nos anos de influência imediata de *A escrita da cultura*. O subgênero da antropologia do sofrimento (p. ex., Biehl, 2005; cf. discussão em Robbins, 2013) encontra-se provavelmente onde essa influência, no sentido de um envolvimento ainda vivo com suas principais preocupações através dos meios que salientou, é ainda mais diretamente visível.

É claro que havia críticos de Geertz de cunho totalmente diferente do grupo de *A escrita da cultura*, que pensavam que, com o opróbrio a que foi submetido naquele volume e em outros lugares, ele estava colhendo o que ele mesmo semeara. Ernest Gellner, por exemplo, começara sua carreira com um ataque generalizado contra todo o movimento da filosofia da linguagem ordinária de Wittgenstein, do qual Geertz tirou tanta inspiração (Gellner, 1959), e nesse ínterim sustentara que o relato de Geertz sobre a cultura marroquina foi tocado tanto pela idealização romântica quanto pelo idealismo filosófico (1981). Ele também acusou Geertz de abrir as comportas para os excessos do pós-modernismo e do relativismo, representados por *A escrita da cultura* (1992). Gellner argumentou que ao exagerar a diferença cultural (tanto a homogeneidade interna das "culturas" e a profundidade das diferenças entre elas) e ao ignorar a importância explicativa das duras realidades materiais políticas e econômicas, Geertz abandonara o legado do Iluminismo e com ele as grandes questões históricas e comparativas que é missão da antropologia abordar (para críticas de certa forma semelhantes a Geertz, embora primeiro de uma perspectiva marxista e depois cognitivista, cf. Bloch, 1989; 2012). Embora Gellner não tenha sido muito sutil ou perceptivo em sua leitura de Geertz, é verdade que é difícil ver a autoridade de comando que Geertz exerceu na antropologia no início da década de 1980 dando origem a uma agenda intelectual sustentada. Poucos pretensos imitadores poderiam replicar a virtuosidade de seus ensaios. E sua fidelidade à noção boasiana de culturas relativamente homogêneas e relativamente delimitadas encerrava virtualmente qualquer possibilidade de comparação sistemática. Ele de fato defendeu a noção de "sistemas culturais" – a ideia de que religião, política, senso comum, dentre outras eram áreas da vida com certas características comuns, mesmo em culturas muito diferentes –, mas essa ideia nunca recebeu mais do que uma expressão impressionista e não estava claro o que Geertz pensou em decorrência disso. Na medida em que havia um programa de pesquisa geertziano, ele consistia exclusivamente na ambição de produzir outra interpretação de outra cultura, tão boa quanto a do próprio Geertz. Não foi desenvolvido nenhum sentido de investigação sequencial ou cumulativa. E em uma das suas atuações mais notáveis, no auge da sua influência – a "Distinguished Lecture" que ele proferiu na reunião de 1983 da American Anthropological Association (Geertz, 1984) –, ele montou uma defesa da doutrina do relativismo cultural que, em outro lugar, ele admitiu ser "tola" (2000), com base no superficial fundamento de que não queria ser associado aos expoentes mais vocais e filosoficamente pouco sofisticados do universalismo, embora soubesse perfeitamente que a escolha entre essas posições é falsa. Ele permaneceu afinal relutante em abandonar sua dependência explicativa do conceito boasiano de cultura, e não há maneira convincente a partir daí de bloquear uma conclusão relativista. Nessa ocasião, uma preferência pelo rodeio e por evasivas deixou o assunto do qual ele estava tratando (estranhamente) mais confuso do que ele o havia encontrado.

Curiosamente, no entanto, naquele mesmo ano, Geertz proferiu um conjunto de palestras – desta vez em Stanford – que, embora isso tenha acontecido antes da publicação de *A escrita da cultura*, formou a base de uma resposta bastante eficaz a ela, ao ser mais tarde revisada e publicada como *Works and Lives* [Obras e vidas] (1988). Essa resposta funciona em dois níveis. No nível do livro como um todo, há uma discussão sobre a relação entre as formas de escrita etnográfica e a verdade antropológica, que se baseia em uma leitura de Foucault muito mais perspicaz e firme do que aquela que informou *A escrita da cultura*. Geertz sumariamente rejeitou a ideia de que alguma vez poderia haver uma maneira de transmitir a verdade etnográfica da qual a singularidade do antropólogo como autor pudesse ser extirpada. A ideia de abrir mão da autoria e deixar o sujeito e os dados etnográficos falarem diretamente é uma mistura de uma fantasia política ingênua (não se pode mudar o mundo tão facilmente) com um apego persistente e não reconhecido a uma concepção positivista da verdade (a ideia marxista de "ideologia" como distorção "parcial" motivada). A originalidade e a força dos maiores e mais influentes antropólogos, que Geertz procurou mostrar, consiste precisamente no fato de eles terem criado novas formas de contar e, portanto, *novas formas* de verdade antropológica. Esse argumento é ilustrado nos capítulos substantivos do livro com uma discussão dos estilos literários, respectivamente, de Lévi-Strauss, Evans-Pritchard, Malinowski e Benedict. Em cada caso, Geertz toma como seu texto um escrito que não é um exercício formal de antropologia acadêmica. A resposta implícita à pretensão de *A escrita da cultura*, em seu subtítulo, de desvelar "a poética e a política da etnografia" é que sua poética era simplista e sua política ingênua e irreal.

Mas há um segundo nível na resposta de Geertz porque as suas observações específicas sobre *A escrita da cultura* ocorrem em seu capítulo sobre Malinowski. O argumento geral que Geertz defende nesse capítulo, que concerne ao diário que Malinowski manteve enquanto conduzia seu trabalho de campo em Trobriand, e que causou um escândalo quando publicado postumamente (Malinowski, 1967), é que as ansiedades expressas tão tortuosamente no diário de Malinowski, que o veem agonizando acerca de sua falta de empatia para com seus sujeitos – sua solidão, frustrações, acessos de raiva e ressentimento, e os estereótipos e palavrões desagradáveis que usava como um bálsamo para esses ressentimentos – tiveram o peso terrível que tiveram para Malinowski porque afetavam diretamente as enfermidades da sua concepção de verdade antropológica. Seu realismo ingênuo o levou a esperar uma linguagem que correspondesse diretamente à realidade que ele desejava descrever. Seu psicologismo o levou a pensar que, para entender a cultura trobriandesa, ele devia penetrar nos mistérios das mentes individuais dos trobriandeses. Portanto, sua reivindicação de autoridade e confiança na correção de suas análises pareciam-lhe depender não da qualidade de sua observação ou argumento, mas das relações pessoais que ele era capaz de manter com trobriandeses individuais e do grau de identificação mental que ele era capaz de alcançar com eles, não em habilidades profissionais e inteligência, mas sensibilidade sem precedentes e probidade moral incontestável. E, claro, por esses últimos critérios, ele estava fadado ao fracasso. O resultado, diz Geertz, foi sua "doença do diário". Geertz ocupa muito pouco espaço no capítulo com comentários diretos sobre as ansiedades e preocupações que alimentaram *A escrita da cultura*, porque seu argumento era simples: eles se colocaram na mesma situação que Malinowski, porque têm uma ambição ingênua semelhante de obter acesso não mediado à verdade psíquica de seus sujeitos. Portanto, seus escritos também estão afetados pela "doença do diário", os sintomas agora sendo uma compulsão a tentar convencer seus leitores da profundidade de sua identificação subjetiva com seus informantes e da pureza de seus sentimentos políticos.

E, claro, a outra afirmação não dita desse livro imodesto, mas impressionante, é que, à lista de quatro grandes antropólogos que criaram suas próprias formas distintas e revolucionárias de verdade antropológica, por meio da singularidade e da força de sua maneira de escrever, um quinto deve ser corretamente acrescentado, porque Geertz, com alguma justiça, viu-se como tendo conseguido inventar uma nova maneira distintiva de escrever antropologia. Ele viu essa conquista, em última análise, como imperturbada pelas objeções desses críticos. Prefiro pensar que, com todas as suas limitações, isso também se revela um juízo da história.

Referências

Austin, J. L. (1962). *How to Do Things with Words*. Oxford: Clarendon Press.

Bakhtin, M. (1981). *The Dialogic Imagination: Four Essays*. Ed. de M. Holquist. Austin: University of Texas Press.

Biehl, J. (2005). *Vita: Life in a Zone of Abandonment*. Berkeley: University of California Press.

Bloch, M. (1989). *Ritual, History and Power: Selected Papers in Anthropology.* Londres: Athlone.

Bloch, M. (2012). *Anthropology and the Cognitive Challenge.* Cambridge: Cambridge University Press.

Clifford, J. (1986). Introduction: Partial truths. In J. Clifford, & G. E. Marcus (eds.). *Writing Culture: The Poetics and Politics of Ethnography* (pp. 1-26). Berkeley: University of California Press.

Clifford, J. (1988). *The Predicament of Culture: Twentieth-Century Ethnography, Literature, and Art.* Cambridge: Harvard University Press.

Clifford, J., & Marcus, G. E. (eds.) (1986). *Writing Culture: The Poetics and Politics of Ethnography.* Berkeley: University of California Press.

Crapanzano, V. (1980). *Tuhami: Portrait of a Moroccan.* Chicago: University of Chicago Press.

Crapanzano, V. (1986). Hermes' dilemma: The masking of subversion in ethnographic description. In J. Clifford, & G. E. Marcus (eds.). *Writing Culture: The Poetics and Politics of Ethnography.* Berkeley: University of California Press.

Darnton, R. (1984). *The Great Cat Massacre: And Other Episodes in French Cultural History.* Chicago: University of Chicago Press.

Dwyer, K. (1982). *Moroccan Dialogues: Anthropology in Question.* Baltimore: Johns Hopkins University Press.

Eagleton, T. (1983). *Literary Theory: An Introduction.* Oxford: Blackwell.

Geertz, C. (1960). *The Religion of Java.* Nova York: Free Press.

Geertz, C. (1963a). *Agricultural Involution: The Process of Ecological Change in Indonesia.* Berkeley: University of California Press.

Geertz, C. (1963b). *Peddlars and Princes: Social Change and Economic Modernisation in an Indonesian Town.* Chicago: University of Chicago Press.

Geertz, C. (1965). *The Social History of an Indonesian Town.* Cambridge: MIT Press.

Geertz, C. (1968). *Islam Observed: Religious Development in Morocco and Indonesia.* Chicago: University of Chicago Press.

Geertz, C. (1973). *The Interpretation of Cultures: Essays in Interpretive Anthropology.* Nova York: Basic Books.

Geertz, C. (1980). *Negara: The Theater State in Nineteenth-Century Bali.* Princeton: Princeton University Press.

Geertz, C. (1983). *Local Knowledge: Further Essays in Interpretive Anthropology.* Nova York: Basic Books.

Geertz, C. (1984). Distinguished Lecture: Anti anti-relativism. *American Anthropologist 86*: 263-278.

Geertz, C. (1988). *Works and Lives: The Anthropologist as Author.* Palo Alto: Stanford University Press.

Geertz, C. (1995). *After the Fact: Two Countries, Four Decades, One Anthropologist.* Cambridge: Harvard University Press.

Geertz, C. (2000). *Available Light: Anthropological Reflections on Philosophical Topics.* Princeton: Princeton University Press.

Geertz, C. (2012). *Life Among the Anthros and Other Essays.* Ed. de F. Inglis. Princeton: Princeton University Press.

Geertz, C., Geertz, H., & Rosen, L. (1979). *Meaning and Order in Moroccan Society.* Cambridge: Cambridge University Press.

Geertz, H. & Geertz, C. (1975). *Kinship in Bali.* Chicago: University of Chicago Press.

Gellner, E. (1959). *Words and Things: An Examination of, and an Attack on, Linguistic Philosophy.* Londres: Gollancz.

Gellner, E. (1981). *Muslim Society.* Cambridge: Cambridge University Press.

Gellner, E. (1992). *Postmodernism, Reason and Religion.* Londres: Routledge.

Greenblatt, S. (1980). *Renaissance Self-Fashioning: From More to Shakespeare.* Chicago: University of Chicago Press.

Kripke, S. A. (1982). *Wittgenstein on Rules and Private Language.* Oxford: Basil Blackwell.

Lambek, M. (1981). *Human Spirits: A Cultural Account of Trance in Mayotte.* Cambridge: Cambridge University Press.

Lévi-Strauss, C. (1962 [1953]). *Structural Anthropology.* Nova York: Basic Books.

Malinowski, B. (1967). *A Diary in the Strict Sense of the Term.* Londres: Routledge and Kegan Paul.

Meeker, M. E. (1979). *Literature and Violence in North Arabia.* Cambridge: Cambridge University Press.

Menchu, R., & Burgos-Debray, E. (1984). *Rigoberta Menchu: An Indian Woman in Guatemala.* Londres: Verso.

Ortner, S. B. (1978). *Sherpas Through their Rituals.* Cambridge: Cambridge University Press.

Rabinow, P. (1977). *Reflections on Fieldwork in Morocco.* Berkeley: University of California Press.

Rabinow, P. (1986). Representations are social facts: Modernity and post-modernity in anthropology. In J. Clifford, & G. E. Marcus (eds.). *Writing Culture: The Poetics and Politics of Ethnography* (pp. 234-261). Berkeley, CA: University of California Press.

Radcliffe-Brown, A. R. (1952). *Structure and Function in Primitive Society.* Londres: Cohen and West.

Ricoeur, P. (1973). The model of the text: Meaningful action considered as a text. *New Literary History 5*: 91-117.

Robbins, J. (2013). Beyond the suffering subject: Toward an anthropology of the good. *Journal of the Royal Anthropological Institute 19*: 447-462.

Rosaldo, M. Z. (1980). *Knowledge and Passion: Ilongot Notions of Self and Social Life.* Cambridge: Cambridge University Press.

Rosen, L. (1984). *Bargaining for Reality: The Construction of Social Relations in a Muslim Community.* Chicago: University of Chicago Press.

Ryle, G. (1949). *The Concept of Mind.* Londres: Hutchinson.

Said, E. W. (1978). *Orientalism.* Londres: Penguin Books.

Sewell, W. H. (1980). *Work and Revolution in France: The Language of Labour From the Old Regime to 1848.* Cambridge: Cambridge University Press.

Shostak, M. (1981). *Nisa: The Life and Words of a !Kung Woman.* Cambridge, MA: Harvard University Press.

Taylor, C. (1985). *Human Agency and Language: Philosophical Papers 1.* Cambridge: Cambridge University Press.

White, L. A. (1949). *The Science of Culture.* Nova York: Grove Press.

Wittgenstein, L. (1953). *Philosophical Investigations.* Oxford: Blackwell.

Zemon Davis, N. (1983). *The Return of Martin Guerre.* Cambridge: Harvard University Press.

9
A Escola de Frankfurt, teoria crítica e antropologia

Christos Lynteris

Livros e artigos de teoria antropológica, muitas vezes, e de uma maneira que parece em muitos casos ser apologética, mencionam que a "influência da Escola de Frankfurt na antropologia foi mínima" (Morris, 2014, p. 298). Pode então ser surpreendente encontrar um capítulo sobre ela, e sobre teoria crítica de um modo geral, em um volume que apresenta as principais tendências teóricas da disciplina. Ainda assim, talvez seja precisamente essa capacidade de permanecer e operar como se estivesse *no limite da visão* que torna a teoria crítica tão crucial para a antropologia. Este capítulo não pretende revisar as maneiras pelas quais os antropólogos têm empregado métodos ou noções derivados da teoria crítica. Nem está interessado em escavar a "influência" da Escola de Frankfurt na antropologia; sendo essa noção mesma mais astrológica do que analítica, ou aliás histórica. Em vez disso, meu objetivo aqui é iluminar o *potencial teórico crítico* na antropologia, mostrando as duas maneiras pelas quais ele tem sido fecundamente atualizado e, o mais importante, como ele forma uma das raras correntes subterrâneas inesgotáveis, não de uma disciplina restrita, mas do próprio pensamento antropológico, como uma capacidade de criar novos conceitos de mundo social e sobre o mundo social em que vivemos e atuamos.

Em seu volume de referência, *Anthropology as Cultural Critique* [A antropologia como crítica cultural], George Marcus e Michael Fischer reconheceram a Escola de Frankfurt como "talvez o mais importante estímulo para o revitalizado senso crítico cultural entre a geração mais jovem de antropólogos americanos durante as décadas de 1960 e 1970" (1986, p. 119). No entanto, eles pareciam não estar convencidos da relevância contínua da teoria crítica, vendo a natureza fragmentária de muitos de seus escritos, bem como sua orientação teórica, em vez de empírica, como limitações severas. No que se lê como uma apreciação reservada do seu legado, eles concluíram que, "embora atraentes para o temperamento da década de 1970, no entanto, as primeiras contribuições da Escola de Frankfurt deixam algo a desejar agora" (p. 122).

Com efeito, em vez de gasta, a teoria crítica estava pronta para tornar-se uma grande força na reformulação da paisagem intelectual das ciências sociais e humanas da era pós-Guerra Fria. Central para isso foi a redescoberta de Walter Benjamin, e, pela primeira vez, a tradução sistemática de suas obras para o inglês. Caracteristicamente, escrevendo duas décadas após *Anthropology as Cultural Critique*, Fischer identificaria a sua própria pesquisa como parte de "uma crescente enxurrada de trabalho" (2009, p. 27) em diálogo com a obra de Benjamin.

Mas o que é teoria crítica? Esta pergunta pode ser muito mais difícil de responder do que parece à primeira vista. À luz do espaço limitado, vou me referir aqui apenas à chamada primeira geração da Escola de Frankfurt e seus associados, deixando assim de fora de minha discussão a segunda geração de teóricos críticos, incluindo filósofos como Jürgen Habermas e Axel Honneth. Também ausentes da minha discussão estão os trabalhos de Herbert Marcuse e Erich Fromm que, embora componentes vitais da Escola em diferentes estágios de sua vida intelectual e institucional, caem melhor no âmbito de psicanálise e antropologia, ou, como pode ser o caso para o primeiro, de antropologia e o chamado freudo-marxismo.

Delineando a teoria crítica

Fundado em 1923, o Instituto para Pesquisa Social da Universidade de Frankfurt (em suma *Escola de Frankfurt*) começou sua vida como uma instituição de inspiração marxista, que sob a direção de Max Horkheimer (1930-1953) e com a ajuda de sua principal publicação, *Zeitschrift für*

Sozialforschung, floresceu em um dos mais influentes institutos de pesquisa do século XX. Ao longo das décadas, hospedou estudiosos pioneiros como Theodor W. Adorno, Erich Fromm, Herbert Marcuse, Jürgen Habermas, Franz Leopold Neumann, Leo Löwenthal e Axel Honneth, enquanto se associava e interagia com pensadores eminentes como Walter Benjamin e Siegfried Kracauer. Banido da Alemanha nazista em 1933, o Instituto mudou-se inicialmente para Genebra e, em seguida, para Nova York dois anos mais tarde, onde conduziu, dentre outras coisas, sua pesquisa histórica sobre o nazismo e sobre a "personalidade autoritária" (Adorno et al., 1951) antes de voltar para a Alemanha em 1949. Durante esses desenvolvimentos, diferentes membros e associados do Instituto seguiram trajetórias diversas, mas muitas vezes convergentes, enquanto conversavam vividamente com outros estudiosos eminentes (muitos deles também exilados), tais como Gerhard Scholem, Martin Buber, Ernst Bloch, Hannah Arendt e Bertolt Brecht. Benjamin, o único associado a permanecer na Europa, tirou a própria vida após uma tentativa abortada de fugir da França para a Espanha em 1940.

A despeito de sua configuração institucional, a teoria crítica nunca se desenvolveu em uma teoria social normativa e, portanto, seguindo Susan Buck-Morss (1977), pode-se dizer que o termo carece de precisão substancial e histórica. E, no entanto, seria ir longe demais dizer, com Martin Jay (1996, p. 41), que era simplesmente um dialógico "tavão de outros sistemas". Como Douglas Kellner (1994) argumentou, isso obscureceria o fato de que a teoria crítica se desenvolveu em relação direta com as questões sociais urgentes de seu tempo; mais claramente a ascensão do fascismo em toda a Europa.

A fim de compreender totalmente o escopo desta escola de teoria social, é convencional e de fato útil tomar como ponto de partida o ensaio programático de 1937 de Max Horkheimer "Traditional and critical theory" ["Teoria tradicional e teoria crítica"]. Aí, criticando a modelagem das ciências sociais sobre as ciências naturais (uma tendência hegemônica na época, cf. cap. 1), Horkheimer argumentou que, "Os fatos que os nossos sentidos nos apresentam são socialmente realizados de duas maneiras: por meio do caráter histórico do objeto percebido e através do caráter histórico do órgão perceptivo" (2002 [1944], p. 200). Igualmente oposto ao positivismo e às declarações preditivas em sociologia, o associado próximo de Horkheimer e filósofo extraordinário, Theodor Adorno, sustentou que a separação entre os métodos de pesquisa e o objeto de pesquisa era um processo mistificador. Em vez disso, Adorno sublinhou "que os métodos de pesquisa empregados devem sempre estar intimamente relacionados com e derivados dos fenômenos sociais que estão sendo estudados" (Morris, 2014, p. 333).

Esta abordagem estava enraizada na dialética marxiana (cf. cap. 3), na medida em que se baseava na reconfiguração materialista de Marx e Engels da ideia de Georg Hegel de que a história procedia por meio de um processo triádico de tese-antítese-síntese. Seguindo Marx e Engels, foi apenas virando Hegel de cabeça para baixo e substituindo seu foco idealista na consciência humana por um foco materialista na existência humana que o processo histórico poderia ser entendido como um processo dialético de transformação social "com um estágio social, a tese, inevitavelmente 'semeando as sementes de sua própria destruição' ao abrigar o seu oposto, a antítese" (Erickson & Murphy, 2008, p. 44). E, no entanto, a teoria crítica foi resistente a tornar a dialética em uma teoria do conhecimento, conforme promovido pelo "materialismo dialético" patrocinado pela União Soviética. Ela assim manteve em suas bases um desafio epistemológico e metodológico radical da relação entre sujeito e objeto que confrontou diretamente o "paradigma do conhecimento como uma representação teórica de um domínio de objeto totalmente independente" (Bernstein, 1994, p. 1).

O desenvolvimento de uma abordagem antropológica materialista acarretou a rejeição não apenas da ontologia objetivista, mas também do sujeito como ponto de partida e pivô "da filosofia burguesa" (Horkheimer, 2002 [1944], p. 211). Por um lado, isso levou ao reconhecimento da produção de conhecimento como um processo que exigia a superação das dicotomias sujeito/objeto que dominavam as ciências sociais da época. E, por outro lado, também levou a um reconhecimento do impacto *em andamento* da pesquisa científica social sobre seu objeto. Em outras palavras, constituindo uma base conceitual e metodológica fundamental para desenvolvimentos cruciais em antropologia 50 anos depois (cf. cap. 8), a teoria crítica inaugurou uma compreensão de que a pesquisa social, em suas muitas formas, não apenas impacta a sociedade por meio de suas produções escritas, mas como um modo de conduta que muda a sociedade ao mesmo tempo em que a estuda; o que, no caso da antropologia, significa que estamos conduzindo um trabalho de campo etnográfico.

A crítica de Adorno e Horkheimer à separação entre pensamento e realidade culminaria em sua obra principal, *Dialectic of Enlightenment* [Dialética do Esclarecimento] (2002 [1944]). Seu processo de tornar a realidade em um objeto de exame ou conhecimento estava ligado à produção de racionalismo que era, para usar o modo útil de dizer de Bruce Kapferer, "instrumental na geração do suposto irracionalismo que encontrou e muitas vezes lutou para controlar" (2007, p. 86); uma dialética que atingiu o seu ápice no nazismo. Da mesma forma, como Taussig (1989, p. 12) observa, nos vários fragmentos que compõem *Passagen-Werk* ou o "Projeto das passagens", Benjamin seguiu a fórmula investigativa crítico-teórica de procurar o irracionalismo no racionalismo a fim de expor como "a mercadoria, em sua própria modernidade e mundanidade, conjurava o arcaico e o exótico, o primitivo e o mítico" (sobre Benjamin e o mito, cf. Menninghaus, 1991; Mali, 1999). Isso foi importante não apenas à luz de sua abordagem da reversibilidade dialética (o processo da tese contendo as sementes de sua antítese, como mostrado acima) como um elemento central das sociedades modernas (Abélès, 2008), mas também porque, seguindo Adorno (correspondência em Benjamin, 2006 [1935]), permitiu uma análise do que Marx havia identificado como o caráter fetichista das mercadorias não apenas como um fato da consciência humana, mas como o que, em condições históricas específicas, produz e organiza a consciência.

Esta técnica de "identificar elementos arcaicos com os fenômenos mais modernos" (Buck-Morss, 1977, p. 58) foi fundamental para a teoria crítica em suas muitas formas, com afinidades e potenciais teóricos para a análise antropológica sendo particularmente pronunciados. Ao iluminar (em vez de "resolver" no sentido hegeliano) o caráter contraditório da Modernidade, tratava-se de um método que visava não a revelar alguma realidade autocontida, mas, para usar os termos de Benjamin, a despertar-nos *para* (não *do*) sonho que estrutura a vida moderna. Central para este projeto era o emprego de um "olhar microscópico" (uma frase que Adorno usava para Benjamin): "um meio de fazer a própria particularidade do objeto liberar uma significância que dissolveu sua aparência reificada e a revelou ser mais do que uma mera tautologia, mais do que simplesmente idêntica a si mesma" (p. 74). Este foi um olhar que reteve a particularidade dos minuciosos fenômenos sociais e culturais sob exame, enquanto ao mesmo tempo ia além de sua imediatez "dada". Enquanto também fundamental para os estudos de Adorno sobre a "produção cultural" (um campo cujo impacto sobre os estudos de mídia tem sido imenso; cf. Adorno, 2001), nenhum trabalho exemplifica esse método mais do que *The Arcade Project* [Passagens], que pode ser visto como "um léxico histórico das origens capitalistas da Modernidade, [e] uma coleção de imagens concretas e factuais da experiência urbana" (p. 33), cuja operação-chave é "telescopar o passado através do presente" (Benjamin, 2002, p. 588). Pois é aí que vemos emergir a "imagem dialética"; uma noção, ou mesmo método, cujo potencial analítico e conceitual tem fascinado, desconcertado e estimulado antropólogos interessados em iluminar as contradições constitutivas da vida moderna (para a crítica de Adorno à noção, cf. Benjamin, 2006).

Imagem dialética

A imagem dialética é uma imagem que, assumindo uma perspectiva crítico-teórica mais ampla, podemos dizer que opera como um "interruptor" na medida em que "detém fenômenos fugazes" e "põe objetos reificados em movimento" (Buck-Morss, 1977, p. 106), de modo a apresentar-nos a não identidade de um momento histórico ou etnográfico como a sua verdade não intencional:

> Não é que o que é passado projete sua luz sobre o que é presente, ou o que é presente sua luz sobre o passado; em vez disso, a imagem é aquilo em que o que foi se junta em um lampejo com o agora para formar uma constelação. Em outras palavras, a imagem é uma dialética paralisada (Benjamin, 2002, p. 462 / N2a, 3).

"Benjamin's history", de Uros Cvoro (2008, pp. 92-93) explica:

> acontece através do índice de imagens, em que o índice é tanto o reconhecimento de um momento histórico específico ao qual uma imagem pertence (*Então*) quanto o reconhecimento de um outro tempo no qual tal imagem tornou-se reconhecível pela primeira vez (*Agora*), e o local de sua confrontação.

A função-chave da imagem dialética é, portanto, "revelar as tensões subjacentes na história entre as diferentes concepções de temporalidade e diferença" (p. 89). Vejamos um exemplo cujo impacto não só na antropologia, mas também nas ciências sociais e humanas tem sido de longo alcance: o *flâneur*.

Em seu extenso trabalho sobre o poeta francês de meados do século XIX, Charles Baudelaire encontrado em *The Arcades Project* [Passagens] (para uma edição sistemática desses fragmentos, cf. Agamben et al., 2013), Benjamin explora a figura do *flâneur*; um indolente de classe média que perambula sem rumo pelas avenidas e galerias comerciais [*shopping arcades*] da capital francesa (a "capital do século XIX"), perdido na fantasmagoria da mercadoria:

> A rua passa a ser morada do *flâneur*; ele se sente tão à vontade entre as fachadas das casas quanto um cidadão se sente em suas quatro paredes. Para ele, os letreiros brilhantes e lustrados das lojas são pelo menos um ornamento de parede tão bom quanto uma pintura a óleo para o burguês em seu salão. As paredes são a mesa contra a qual pressiona seus cadernos; as bancas são suas bibliotecas e os terraços dos cafés são as varandas de onde olha de cima para a sua casa após terminar o trabalho (2002, p. 37).

Trazendo não apenas uma nova experiência da cidade, mas um novo tipo antropológico, para Benjamin, o flâneur "fornece[u] um modelo para a relação geral entre consciência e experiência que se tornou dominante nos centros metropolitanos em [...] a era do alto capitalismo" (Brand, 1991, pp. 7-8). Dessa perspectiva, por sua vez, o flâneur foi abordado na antropologia e mais amplamente nas ciências sociais como uma imagem dialética de "nosso próprio modo consumista de ser-no-mundo" (Buck-Morss, 2006, p. 35); uma figura cujo desaparecimento das ruas de nossas metrópoles deu lugar, como Adorno (1939) argumentou, à "*flâneurie* aural" da troca de estação de rádio ou mesmo, mais recentemente, da navegação na internet na forma do *ciberflâneur* (Manovich, 2001; Hartmaan, 2004; Hogan, 2016). Nestes termos, como discute Dana Brand na sua aclamada história da *flâneurie* na América, pelo prisma da imagem dialética, esta figura é muito mais do que simplesmente um modelo do que foi ou um predecessor do que é; em vez disso, funciona, na obra de Benjamin, como uma exemplificação do princípio antropológico (conforme aplicado à Modernidade) de que "toda época sonha com seu sucessor", mas também como um prisma para a nossa própria sociedade, cujo "*status* cognitivo inquestionável" (Lauster, 2007, p. 139) e potencial crítico são evidentes pelo fato de que continua visivelmente a excitar, confundir e irritar estudiosos, críticos e comentadores (Stephen, 2013; Livingstone & Gyarke, 2017).

Examinando a imagem dialética, esta noção notoriamente enigmática e, como Eduardo Cadava (1997) mostrou, "fotográfica", que "nunca alcançou consistência terminológica" (Tiedemann, 1999, p. 942), Max Pensky (2006, p. 117) explica que ela "desafia a familiar noção kantiana de entendimento como a capacidade de gerar conhecimento do mundo por meio de alguma aplicação governada por regras de conceitos a dados sensoriais". Nesse sentido, levou não apenas a uma reversão da "polaridade da relação entre sujeito e objeto" (Buck-Morss, 1977, p. 83), mas também a uma virada sem precedentes da atenção analítica para as quebras, rachaduras e estilhaços nas estruturas sociais e lógicas sob exame. Assim, para além da epistemologia relacional transitada pela abordagem de Benjamin (que também está presente na "dialética negativa" de Adorno), o que importa é notar que, sendo simultaneamente o *local* e o *método* da crítica cultural, a imagem dialética constitui "a cena, o espaço e a forma de uma certa ruptura temporal na qual o tempo e o espaço estão desconjuntados" (Richter, 2006, p. 148). É, em outras palavras, para parafrasear Sigrid Weigel (1996), o que nos permite ver e nos envolver com o que está além do *continuum* etnográfico, ou o que Vassos Argyrou (2002) identificou como a "vontade de sentido" da antropologia. "Como uma imagem piscando no agora de sua reconhecibilidade [*Erkennbarkeit*]" (Benjamin, 2002, p. 473 / N9,7), a imagem dialética emerge de fragmentos arquivísticos ou etnográficos como uma constelação que não permite um rápido recuo analítico para o "sentido", forçando-nos, em vez disso, a recorrer a outro método de criação de sentido: a montagem.

Em sua justaposição e, ao mesmo tempo, conexão de fragmentos em constelações até então não autorizadas, Marcus (1995b) mostrou que o método de montagem tem sido a chave para experimentos em escrita etnográfica. Como variavelmente desbravada e empregada por Sergei Eisenstein, os surrealistas e Bertolt Brecht, a montagem não é então simplesmente uma técnica, mas um método e, simultaneamente, um conceito teórico modernista fundamental (p. 37). Como Marcus observa, no campo da antropologia, um trabalho marcante na aplicação desse método foi o exame fundamental de Michael Taussig do "coração das trevas" colonial na Amazônia colombiana, *Shamanism, Colonialism and the Wild Man* [Xamanismo, colonialismo e o homem selvagem] (1986), onde a montagem foi habilmente empregada tanto "em sua capacidade de perturbar a narrativa ordeira dos escritos de ciências sociais quanto em sua capacidade, como um discurso performativo, de curar em resposta à história de terror e genocídio" (Marcus, 1995b, pp. 47-48).

Transportar (parafraseando Benjamin) o princípio da montagem para a etnografia é nada menos do que forjar novas, iluminadoras e, ao mesmo tempo, como Pensky (2004, p. 186) nos lembra, *necessárias* relações entre os fragmentos recuperados. Em contraste com o que podemos chamar de uma perspectiva "sistêmica" que sublinha escolas antropológicas diversas e até mesmo opostas ao longo das décadas, esse método então autoriza não apenas o reconhecimento de fragmentos geralmente esquecidos ou desvalorizados da vida social, mas também a transformação radical de seu valor de uso na medida em que fomenta uma abordagem antropológica anticontemplativa, antipanorâmica e, por conseguinte, contrarreificadora, onde o etnógrafo assume a aparência de "trapeiro"; uma figura benjaminiana que, em contraste com o *flâneur* (um personagem fundamentalmente romântico, impulsivo e rapsódico) é ao mesmo tempo "metódico, reflexivo e implacável" (Berdet, 2012, p. 425):

> Assobiando, nariz empinado, distraído por painéis iluminados, cativado pela última moda, um homem vagueia sobre as pedras da calçada de seus devaneios, escapando pensativamente da demanda capitalista de ser útil. Resmungando, carrancudo, esquadrinhando o chão, obcecado por recantos, por cantos escuros, por objetos abandonados pela sociedade, outro homem bisbilhota compulsivamente os passos do primeiro, conferindo uma nova utilidade a tudo que "não tem mais uso". O primeiro é o *flâneur*, o outro o trapeiro (p. 425; tradução minha, aprovada pelo autor).

Considerando que os defensores da etnografia "pós-moderna" (Köpping, 2005; Soukup, 2012) e alguns antropólogos urbanos (Jenks & Neves, 2000; Lucas, 2004; Kramer & Short, 2011; Nas, 2012) têm, cada um de uma perspectiva diferente, endossado a *flâneurie* como um método de pesquisa antropológica (para revisão, cf. Coates, 2017), questiona-se se o trapeiro não pode apresentar uma figura mais fecunda para a inovação metodológica. Pois o que caracteriza o trapeiro em sua trajetória sistemática é uma "atenção ao novo, sem sucumbir à loucura" (Berdet, 2012, p. 428). Sem mencionar a figura do trapeiro em sua *Anthropological Practice* [Prática antropológica], Judith Okely (2012) aproxima-se de uma formulação semelhante, quando ela emprega a noção de *disponibilité* de André Breton para descrever a necessidade de abertura do antropólogo a encontros inesperados: "Essa sede de vagar em busca de tudo, serei sustentada em comunicação misteriosa com outros seres disponíveis ou *disponibles*" (Breton, 1937, apud Okely, 2012, p. 54). Tal como acontece com a leitura de Berdet do trapeiro, essa tendência à serendipidade está condicionada à receptividade atenta da pessoa: "o buscador deve estar pronto (*guetter*), em um estado de atenção" (p. 55). Procedendo atentamente pelas fissuras do tecido social e assumindo seus detritos e ruínas como seu *habitus* empírico e ao mesmo tempo conceitual, o pensamento antropológico pode então ser capaz, repetindo Adorno, "de adquirir a densidade da experiência sem perder nada de seu rigor" (Richter, 2006, p. 148; para uma perspectiva comparativa do *historiador* como um trapeiro, cf. Wohlfarth, 1986).

Mimesis

A teoria crítica, e o trabalho de Benjamin em particular, encontrou um emprego extenso, ainda que "fragmentário", na antropologia. Embora algumas aplicações sejam inevitavelmente frívolas, vistas como um *método*, esse uso fragmentário do fragmentário levou a várias análises antropológicas bem-sucedidas e esclarecedoras, tais como a leitura crítica do furacão Katrina com a transmissão radiofônica de "Flooding of the Mississippi 1927" ["A inundação do Mississippi em 1927"] de Benjamin (Fischer, 2009), a abordagem de Arjun Appadurai da globalização por meio da noção de "reprodução mecânica" (1996) ou leituras do artista como etnógrafo pelas lentes do "autor como produtor" (Marcus, 1995a, p. 303). Igualmente fecundo tem sido o debate sobre a aplicação das noções teórico-críticas de fragmentariedade e arruinamento na discussão do lado produtivo da destrutividade em vários campos antropológicos, tanto abraçando quanto distanciando-se criticamente do fascínio antropológico "pós-moderno" pelo fragmentário (Gordillo, 2001; Navaro-Yashin, 2009; Lee Dawdy, 2010; Ladwig et al., 2012; Stoler, 2013).

Ainda assim, não há dúvida de que o pensamento antropológico atualizou esse potencial teórico-crítico da maneira mais fecunda no que diz respeito à questão da mimese. Embora os estudos de como os humanos imitam uns aos outros e o que está além deles remontem a Platão e Aristóteles e tenham sido desenvolvidos extensivamente por influentes pensadores modernos como Samuel Taylor Coleridge e Erich Auerbach, o emprego da noção na antropologia contemporânea está firmemente ancorado em um trabalho curto, mas conceitualmente rico de Benjamin, "On the mimetic faculty" ["A capacidade mimética"]; um rascunho que nunca foi publicado enquanto o autor estava vivo, e que era uma edição abreviada e retrabalhada de um trabalho anterior "The doctrine of the similar" ["A doutrina das semelhanças"] (1979).

Tratando "a poderosa compulsão a se tornar semelhante e se comportar mimeticamente" (Benjamin, 2005, p. 720) como um traço antropológico fundamental, Benjamin procurou examinar a atualização e transformação da mimese dentro da Modernidade. Pode-se dizer que "A capacidade mimética" representa um momento-chave no exame teórico-crítico da "mudança na estrutura da experiência" (Benjamin, 2003, p. 314) – um meio de grande importância antropológica.

Escrito em um diálogo agonístico com as teorias antropológicas da época (Lévy-Bruhl & Cassirer), a linguística marxista (Marr & Vygotsky), a psicanálise freudiana e o misticismo cabalista (Rabinbach, 1979; Hanssen, 2004), o ensaio refletiu mais amplamente o materialismo antropológico de Benjamin ao afirmar, como suas observações finais, que:

> a linguagem pode ser vista como o mais alto nível de comportamento mimético e o mais completo arquivo de semelhanças sem sentido: um meio no qual os poderes anteriores de produção e compreensão mimética passaram sem resíduo, a ponto de liquidarem os da magia (2005, p. 722).

Embora o ensaio seja talvez mais fielmente interpretado através do prisma da profunda e não menos complexa filosofia da linguagem materialista de Benjamin (Hanssen, 2004), sua leitura antropológica sociocultural, tentada pela primeira vez com grande aclamação por Michael Taussig (1993), baseou-se mais na recepção de Susan Buck-Morss da obra em conjunto com os escritos um tanto menos impenetráveis de Benjamin sobre a fotografia e, de maneira mais geral, a reprodução mecânica (Benjamin, 2008). "Essas tecnologias", afirmou Buck-Morss (1989, p. 267), "proveem os seres humanos de uma acuidade perceptual sem precedentes, a partir da qual, Benjamin acreditava, uma forma menos mágica e mais científica de capacidade mimética estava se desenvolvendo em sua própria era". Essa leitura conseguiu criar uma sinergia inesperada e fecunda entre diferentes movimentos (e eras) no pensamento de Benjamin. Para Taussig, ela proporcionou uma oportunidade de explorar a noção de que a cultura de massa moderna "tanto estimula como se baseia em modos miméticos de percepção" (1993, p. 20) e de perguntar de que maneiras, no contexto do colonialismo, "da mesma maneira que as histórias entram no funcionamento da capacidade mimética, assim a capacidade mimética entra nessas histórias" (p. xiv).

Embora não tenha escapado das críticas de estudiosos mais normativos da teoria crítica (p. ex., Jay, 1993), a análise de Taussig procedeu por meio de uma abordagem multicamadas e emaranhada dos fenômenos miméticos. Estes incluíam principalmente o emprego de estatuetas esculpidas na forma de europeus em rituais de cura xamânica entre os Cuna de San Blas (Panamá) e rituais Hauka de possessão de espíritos no Níger. A questão que vinculava esses casos relacionava-se à mimese como uma tecnologia do devir outro e, mais especificamente, o outro colonial. Taussig procurou iluminar as implicações disso no que diz respeito, por um lado, à resistência anticolonial e, por outro, aos encontros europeus com esses fenômenos miméticos; os últimos incluindo o próprio encontro do antropólogo com eles, e a maneira pela qual, "O próprio mimetismo corrói a alteridade pela qual [nossa] ciência é alimentada" (p. 8). Dessa maneira, Taussig engenhosamente tornou a mimese em uma imagem dialética antropológica e, ao mesmo tempo, em uma imagem dialética da antropologia.

Para os propósitos deste capítulo, discutirei brevemente o exemplo Hauka, de Taussig, uma vez que é aquele que levou sua abordagem da capacidade mimética ao mais amplo diálogo com outros antropólogos e sua obra. Examinando o movimento Hauka entre os Songai no final dos anos de 1920, Taussig se concentrou nas práticas de possessão de espíritos. Em particular, sua atenção foi atraída pela maneira como o Hauka se envolvia na imitação de figuras coloniais; um processo no qual o possesso copiava a postura e os maneirismos dos oficiais coloniais, ou mesmo, com incrível destreza coreográfica, o movimento e o som das locomotivas coloniais, ao mesmo tempo em que incluía traços corporais, como o espumar, balanços corporais ou o esbugalhar de olhos, que eram bastante distantes de uma imagem corporal europeia ou colonial.

Abordando essa contradição em termos teórico-críticos, na medida em que era vista como uma imagem dialética do colonialismo, Taussig argumentou que:

> É a capacidade de se tornar *possesso*, a capacidade que significa para os europeus uma alteridade incrível, se não uma selvageria absoluta, que lhes permite assumir a identidade do europeu e, ao mesmo tempo, ficar clara e irrevogavelmente esbugalhadamente longe dela (1993, p. 241).

Ainda assim, Taussig estava mais interessado na "captura" desse movimento pelo indiscutivelmente maior cineasta da antropologia, Jean Rouch, em seu famoso (e por décadas banido) documentário *Les maîtres fous*; um filme cujo efeito poderoso ele remonta à "interação de corpos mímicos e maquinaria mimética" (p. 244); isto é, os corpos dos possuídos e a câmera móvel usada para capturar seus movimentos.

A compreensão de Taussig do filme de Rouch como um exemplo de "uma era da região fronteiriça na qual 'nós' e 'eles' perdem sua polaridade e nadam dentro e fora de foco" (p. 246) recorre às noções de distanciamento/estranhamento dramático de Brecht (o chamado *V-effekt*) (cf. Jameson, 1998) e também ao trabalho de Roger Caillois sobre o mimetismo não como um processo de luta para ser semelhante a algo, mas apenas para ser semelhante (1984), de modo a proclamar provocativamente que, "O que está sendo mimetizado é o próprio mimetismo" (Taussig, 1993, p. 241). Seguindo a síntese de Buck-Morss do trabalho de Benjamin, Taussig então prossegue argumentando que o filme:

> recorre à prática mágica da mimese na sua própria filmagem dela [...]. Nesse mundo colonial onde a câmera encontra aqueles possuídos por deuses, podemos verdadeiramente apontar para o renascimento ocidental da capacidade mimética por meio da maquinaria mimética da Modernidade (p. 242).

Embora essa leitura da mimese, e do filme de Rouch em particular, não tenha permanecido incontestada (p. ex., Kien, 2002), a abordagem de Taussig da capacidade mimética gerou um debate duradouro nos estudos pós-coloniais e na antropologia visual, e ao mesmo tempo relacionou-se a questões antropológicas centrais na medida em que postulou que a mimese é um processo fundamentalmente sensorial.

Desenvolvido em uma época na qual a antropologia e as ciências sociais como um todo assumiam um novo e, em algumas ocasiões, rigoroso interesse pelo corpo e pela corporificação, isso forneceu um terreno fértil para discussão, levando Paul Stoller (1995) a defender um modo de "conhecimento corporal" que envolvia processos como a feitiçaria. Retornando à leitura de Taussig da noção de magia simpática de Frazer, ou à ideia de que "o mago infere que pode produzir qualquer efeito que desejar meramente imitando-o" (1993, p. 47), pela noção de mimese de Benjamin, Stoller nos dá o exemplo de um Feiticeiro Songai que fabrica cópias de arcos e flechas mágicos com os quais ele fala, "nomeando uma vítima". Atirando a flecha, escreve Stoller, no que pode ser considerado um poderoso momento de escrita mimética na literatura antropológica:

> A réplica cai inofensivamente no chão da residência ou da aldeia da vítima, mas a flecha "interior" voa pelo ar noturno. E se a pontaria de um feiticeiro for boa [...] a flecha "interior" atinge sua vítima. As vítimas vão acordar no meio da noite, gritando, com uma dor subindo pela perna. Uma vez atingidas, elas tornam-se cada vez mais fracas. E se não buscarem uma cura, certamente morrerão de uma ferida invisível (interior) (1995, p. 41).

Formando uma parte importante dos estudos antropológicos contemporâneos da corporificação, a capacidade mimética, mais recentemente, também encontrou uma aplicação nova e desafiadora em um exemplo proeminente da virada ontológica da antropologia (cf. cap. 14). Em seu livro *Soul Hunters* [Caçadores de almas], Rane Willerslev (2007) explorou a maneira como a caça aos alces entre os Yukaghirs da Sibéria é baseada no poder da mimese. Defendendo uma abordagem do "animismo como mimese", Willerslev tece uma intrincada etnografia que contesta a visão de que o primeiro é um sistema no qual os humanos tratam os animais "como se" fossem pessoas. Ir além de uma leitura metafórica do animismo requer, Willerslev argumenta, uma abordagem dele como uma prática mimética por meio da qual animais e humanos estejam implicados em uma "situação paradoxal de mimetismo mútuo" (p. 11). Em um movimento característico das tendências antropológicas da última década, Willerslev, portanto, se afasta do estudo até então dominante da mimese em relação ao colonialismo, a fim de explorar o potencial ontológico dessa capacidade.

Concentrando sua atenção na maneira como "a cópia tem que parecer com o original a fim de dominar aquilo de que é cópia" (p. 11), ele nos pede para repensarmos a mimese como um processo de duplicação imperfeita.

Willerslev, portanto, afirma que é esta imperfeição, "copidade" [*copiedness*] ou diferença, e não o contato sensorial, que é a capacidade operativa na mimese; o que, em outras palavras, permite ao imitador (caçador) exercer poder sobre o imitado (presa) ao ser capaz de manter uma dupla perspectiva – a de ser não eu e não não eu, não animal e não não animal, ao mesmo tempo. Se quisermos falar de "perspectivismo", ou da maneira como as relações humano/não humano se baseiam na diferença e na troca de perspectivas de si e dos outros (especialmente porquanto isso se aplica à Amazônia, como mostra Eduardo Viveiros de Castro; cf. cap. 14), Willerslev argumenta, no contexto dos Yukaghirs, que isso precisa ser visto como um processo de "empatia mimética" baseada não em "passar de um ponto de vista a outro", mas sim em "não se render a um único ponto de vista" (p. 110; cf. tb. Bubandt & Willerslev, 2015).

Perspectivas e perigos

Passando, portanto, da resistência política à suspensão ontológica por meio do conhecimento corpóreo e da empatia perspectiva, pode-se dizer que a noção crítico-teórica de mimese opera não simplesmente como uma imagem dialética das sociedades sob exame, mas ao mesmo tempo como uma imagem do potencial crítico-teórico do pensamento antropológico em diferentes momentos históricos. O que é único acerca desse potencial é a maneira como ele difere de outras tradições antropológicas de crítica a narrativas estabelecidas, ou as chamadas narrativas mestras, particularmente prevalentes na disciplina desde os anos de 1980. Enquanto o objetivo da primeira é "desconstruir" e "desmistificar" realidades sociais, o objetivo principal da teoria crítica não é a negação, mas a redenção: em outras palavras, "facilitar a construção de novas formas de vida social a partir dos vislumbres fornecidos de futuros alternativos quando conexões de outro modo ocultas ou esquecidas com o passado [são] reveladas" (Taussig, 1984, p. 89). Esquecer disso e ler o potencial antropológico da teoria crítica como parte ou um apêndice das abordagens "pós-modernas" ou desconstrutivas na disciplina seria desacoplar as ditas noções dialéticas tanto de sua história quanto de seu potencial emancipatório. Reduzi-las, portanto, a fetiches intelectuais, em outras palavras, a abstrações que podem ser "aplicadas" a diferentes contextos etnográficos com mais ou menos aceitação ou "sucesso", representa um perigo analítico agudo, tanto mais porque a posição da teoria crítica fora do cânone teórico social da antropologia a torna particularmente vulnerável ao uso indevido. Exemplos disso vão desde usos antropológico-políticos das ideias de "exceção" e "estado de emergência" de Benjamin (especialmente elaboradas pelo filósofo italiano Giorgio Agamben) que ignoram tanto a genealogia teórica complexa quanto o potencial dialético das noções (Jennings, 2011), até o hábito generalizado de descontextualizar e trivializar passagens complexas, poeticamente evocativas, mas também filosóficas, de *Theses on the Philosophy of history* [Sobre o conceito de história], de Benjamin, como o seu comentário sobre a imagem do *Angelus Novus* de Paul Klee, que é impelido pela tempestade do progresso "para o futuro para o qual está de costas, enquanto a pilha de destroços à sua frente cresce em direção ao céu" (1999, p. 249).

A teoria crítica e os escritos da Escola de Frankfurt e seus associados mantêm uma relação paradoxal com a antropologia sociocultural institucional. Enquanto o potencial crítico do seu método e da sua análise materialistas antropológicos permeia abordagens antropológicas socioculturais, muitas vezes tornando-se visível no emprego explícito de noções como mimese, arruinamento ou exceção, com exceção de Taussig, e em contraste com os estudos urbanos, a geografia ou a teoria política, a antropologia como disciplina não se engajou sistematicamente com o *corpus* teórico-crítico. Muito mais do que a leitura proverbial "contra a corrente", como uma grande tradição europeia de engajamento crítico com a Modernidade e as suas consequências mais sombrias, a teoria crítica permanece para a antropologia um vasto e desafiador recurso de pensamento teórico social.

Referências

Abélès, M. (2008). Anthropologie, anticipation, utopie. *Cahiers d'Anthropologie Sociale 4: Walter Benjamin, la tradition des vaincus*: 13-25.

Adorno, T. W. (1939). *Radio Physiognomik.* Frankfurt a. Maim: Adorno Estate.

Adorno, T. W. (2001). *The Culture Industry: Selected Essays on Mass Culture.* Londres: Routledge.

Adorno, T. W., Frenkel-Brunswik, E., & Levinson, D. J. (1990 [1951]). *The Authoritarian Personality.* Londres: Norton.

Agamben, G., Chitussi, B., & Härle C.-C. (2013). *Baudelaire.* Trad. de P. Charbonneau, M. Rueff, & É. Dobenesque. Paris: La Fabrique.

Appadurai, A. (1996). *Modernity at Large: Cultural Dimensions in Globalization.* Mineápolis, MN: University of Minnesota Press.

Argyrou, V. (2002). *Anthropology and the Will to Meaning: A Postcolonial Critique.* Londres: Pluto Press.

Benjamin, W. (1979 [1935]). Doctrine of the similar. Trad. de K. Tarnowski. *New German Critique 17*: 65-69.

Benjamin, W. (1999 [1940]). *Illuminations.* Trad. de H. Zorn. Londres: Pimlico.

Benjamin, W. (2002). *The Arcades Project.* Trad. de H. Hiland e K. McLaughlin. Cambridge, MA: Harvard University Press.

Benjamin, W. (2003 [1940]). On Some Motifs in Baudelaire. In H. Eiland, & M. W. Jennings (eds.). *Walter Benjamin Selected Writings.* Vol. 4, 1938-1940. Trad. de E. Jephcott et al. (pp. 313-355). Cambridge MA: The Belknap Press of Harvard University Press.

Benjamin, W. (2005 [1933]). On the mimetic faculty. In M. W. Jennings, H. Eiland, & G. Smith (eds.). *Walter Benjamin Selected Writings.* Vol. 2, part 2, 1931-1934. Trad. de R. Livingston et al. (pp. 720-722). Cambridge, MA: The Belknap Press of Harvard University Press.

Benjamin, W. (2006 [1935]). Exchange with Theodor W. Adorno on the essay "Paris, the capital of the nineteenth century". In *Walter Benjamin Selected Writings.* Vol. 3, part 2, 1935-1936. Trad. de E. Jephcott, H. Eiland et al. (pp. 50-67). Cambridge, MA: The Belknap Press of Harvard University Press.

Benjamin, W. (2008 [1936]). *The Work of Art in the Age of Mechanical Reproduction.* Londres: Penguin.

Berdet, M. (2012). Chiffonnier contre flâneur: Construction et position de la Passagenarbeit de Walter Benjamin. *Archives de Philosophie* 75(3): 425-447.

Bernstein, J. (1994). Introductory essay: Critical theory – the very idea (reflections on nihilism and domination). In J. Bernstein (ed.). *Frankfurt School, Critical Assessments*, Vol. 1 (pp. 1-40). Londres/Nova York: Routledge.

Brand, D. (1991). *The Spectator and the City in Nineteenth Century American Literature.* Cambridge: Cambridge University Press.

Bubandt, B., & Willerslev, R. (2015). The dark side of empathy: Mimesis, deception, and the magic of alterity. *Comparative Studies in Society and History 57*(1): 5-34.

Buck-Morss, S. (1977). *The Origin of Negative Dialects. Theodor W. Adorno, Walter Benjamin, and the Frankfurt School.* Nova York: The Free Press.

Buck-Morss, S. (1989). The Dialectics of Seeing. *Walter Benjamin and the Arcades Project.* Cambridge: MIT Press.

Buck-Morss, S. (2006). The flâneur, the sandwichman and the whore: The politics of loitering. In B. Hanseen (ed.). *Walter Benjamin and The Arcades Project* (pp. 33-65). Londres/Nova York: Continuum.

Cadava, E. (1997). *Words of Light: Theses on the Photography of History.* Princeton, NJ: Princeton University Press.

Caillois, R. (1984 [1935]). Mimicry and Legendary Psychasthenia. Trad. de J. Shepley. *October 31*: 16-32.

Coates, J. (2017). Key figure of mobility: The flâneur. *Social Anthropology 25*(1): 28-41.

Cvoro, U. (2008). Dialectical image today. *Continuum, Journal of Media and Cultural Studies 22*(1): 89-98.

Erickson, P. A., & Murphy, L. D. (2008). *A History of Anthropological Theory.* 3ª ed. Ontário: University of Toronto Press.

Fischer, M. M. J. (2009). *Anthropological Futures.* Durham/Londres: Duke University Press.

Gordillo, G. (2011). Ships stranded in the forest: Debris of progress on a phantom river. *Current Anthropology 52*(2): 141-167.

Hanssen, B. (2004). Language and mimesis in Walter Benjamin's work. In D. S. Ferris (ed.). *The Cambridge Companion to Walter Benjamin* (pp. 54-72). Cambridge: Cambridge University Press.

Hartmaan, M. (2004). Technologies and utopias: The cyberflaneur and the experience of "being Online". Doctoral thesis. Londres: University of Westminster.

Hogan, A. (2016). Network ethnography and the cyberflâneur: Evolving policy sociology in education. *International Journal of Qualitative Studies in Education 29* (3): 381-398.

Horkheimer, M. (2002 [1937]). Traditional theory and critical theory. In M. Horkheimer. *Critical Theory, Selected Essays*. Trad. de M. J. O'Connell et al. (pp. 188-243). Londres: Continuum.

Horkheimer, M., & Adorno, T. W. (2002 [1944]). *Dialectic of Enlightenment, Philosophical Fragments*. Trad. de E. Jephcott. Palo Alto: Stanford University Press.

Jameson, F. (1998). *Brecht and Method*. Londres: Verso.

Jay, M. (1993). Unsympathetic magic. *Visual Anthropology Review 9* (2): 79-82.

Jay, M. (1996 [1973]). *The Dialectical Imagination: A History of the Frankfurt School and the Institute of Social Research 1923-1950*. Berkeley, CA: University of California Press.

Jenks, C., & Neves, T. (2000). A walk on the wild side: Urban ethnography meets the flâneur. *Cultural Values 4*: 1-17.

Jennings, R. C. (2011). Sovereignty and political modernity: A genealogy of Agamben's critique of sovereignty. *Anthropological Theory 11*(1): 23-61.

Kapferer, B. (2007). Anthropology and the dialectic of enlightenment: A discourse on the definition and ideals of a threatened discipline. *The Australian Journal of Anthropology 18*(1): 41-62.

Kellner, D. (1994 [1973]). The Frankfurt School revisited: A critique of Martin Jay's The Dialectical Imagination. In J. Bernstein (ed.). *Frankfurt School, Critical Assessments*. Vol. 1 (pp. 1-40). Londres/Nova York: Routledge.

Kien, K. L. (2002). Of mimicry and white man: A psychoanalysis of Jean Rouch's Les maitres fous. *Cultural Critique 51*: 40-73.

Köpping, K.-P. (2005). The fieldworker as performative flâneur: Some thoughts on postmodernism and the transfiguration of doing anthropology. *Zeitschrift* für *Ethnologie 130*(1): 1-22.

Kramer, K., & Short, J. R. (2011). Flânerie and the globalizing city. *City 15*: 322-342.

Ladwig, P., Roque, R., Tappe, O., Kohl, C., & Bastos, C. (2012). Fieldwork Between folders: Fragments, traces, and the ruins of colonial archives. *Max Planck Institute for Social Anthropology Working Papers*. Working Paper n. 141.

Lauster, M. (2007). Walter Benjamin's myth of the "flâneur". *The Modern Language Review 102*(1): 139-156.

Lee Dawdy, S. (2010). Clockpunk anthropology and the ruins of modernity. *Current Anthropology 51*(6): 761-793.

Livingstone, J., & Gyarkye, L. (2017). Death to the flâneur. *New Republic*. (27/03). https://newrepublic.com/article/141623/death-flaneur

Lucas, R. (2004). Inscribing the city: A flâneur in Tokyo. *Anthropology Matters 6*(1): 1-11.

Mali, J. (1999). The reconciliation of myth: Benjamin's homage to Bachofen. *Journal of the History of Ideas 60*(1): 165-187.

Manovich, L. (2001). *The Language of New Media*. Cambridge: MIT Press.

Marcus, G. (1995a). *The Traffic in Culture: Refiguring Art and Anthropology*. Berkeley, CA: University of California Press.

Marcus, G. (1995b). The modernist sensibility in recent ethnographic writing and the cinematic metaphor of montage. In L. Devereaux, & R. Hillman (eds.). *Fields of Vision: Essays in Film Studies, Visual Anthropology, and Photography* (pp. 35-55). Berkeley, CA: University of California Press.

Marcus, G., & Fischer, M. M. J. (1986). *Anthropology as a Cultural Critique: An Experimental Moment in the Human Sciences.* Chicago: Chicago University Press.

Menninghaus, W. (1991). Walter Benjamin's theory of myth. In G. Smith (ed.). *On Walter Benjamin: Critical Essays and Recollections* (pp. 292-325). Cambridge, MA: MIT Press.

Morris, B. (2014). *Anthropology and the Human Subject.* Bloomington: Trafford.

Nas, E. (2012). The urban anthropologist as flâneur: The symbolic pattern of Indonesian cities. *Wacana, Journal of the Humanities of Indonesia 14*: 429-454.

Navaro-Yashin, Y. (2009). Affective spaces, melancholic objects: Ruination and the production of anthropological knowledge. *Journal of the Royal Anthropological Institute 15*(1): 1-18.

Okely, J. (2012). *Anthropological Practice: Fieldwork and the Ethnographic Method.* Londres: Berg.

Pensky, M. (2004). Method and time: Benjamin's dialectical images. In D. S. Ferris (ed.). *The Cambridge Companion to Walter Benjamin* (pp. 177-198). Cambridge: Cambridge University Press.

Pensky, M. (2006). *Geheimmittel: Advertising and dialectical images in Benjamin's Arcades Project.* In B. Hanseen (ed.). *Walter Benjamin and The Arcades Project* (pp. 113-131). Londres/Nova York: Continuum.

Rabinbach, A. (1979). Introduction to Walter Benjamin's "Doctrine of the similar". *New German Critique, 17*: 60-64.

Richter, G. (2006). A matter of distance: Benjamin's *One-Way Street through The Arcades.* In B. Hanseen (ed.). *Walter Benjamin and the Arcades Project* (pp. 132-256). Londres/Nova York: Continuum.

Soukup, C. (2012). The postmodern ethnographic flâneur and the study of hyper-mediated everyday life. *Journal of Contemporary Ethnography 42*(2): 226-254.

Stephen, B. (2013). In praise of the flâneur. *The Paris Review 17*. https://www.theparisreview.org/blog/2013/10/17/in-praise-of-the-flaneur/

Stoler, A. L. (2013). *Imperial Debris: On Ruins and Ruination*. Durham: Duke University Press.

Stoller, P. (1995). *Embodying Colonial Memories: Spirit Possession, Power and the Hauka in West Africa*. Nova York/Londres: Routledge.

Taussig, M. (1984). History as sorcery. *Representations 7*: 87-109.

Taussig, M. (1986). *Shamanism, Colonialism and the Wild Man. A Study in Terror and Healing*. Chicago, IL: University of Chicago Press.

Taussig, M. (1989). History as commodity. In some recent American (anthropological) literature. *Critique of Anthropology 9*(1): 7-23.

Taussig, M. (1993). *Mimesis and Alterity: A Particular History of the Senses*. Chicago: Chicago University Press.

Tiedemann, R. (1999). Dialectics at a standstill. In W. Benjamin *The Arcades Project*. Trad. de H. Eiland e K. McLaughlin. Cambridge: Harvard University Press.

Weigel, S. (1996). *Body- and Image-Space: Re-Reading Walter Benjamin*. Londres: Routledge.

Willerslev, R. (2007). *Soul Hunters, Hunting, Animism, and Personhood among the Siberian Yukaghirs*. Berkeley: University of California Press.

Wohlfarth, I. (1986). Et cetera? The historian as chiffonnier. *New German Critique, 39*: 142-168.

Leitura complementar selecionada

Adorno, T. W. (1981 [1966]). *Negative Dialectics*. Londres: Continuum.

Adorno, T. W. (1999). *Introduction to Sociology*. Trad. de E. Jephcott. Palo Alto: Stanford University Press.

Adorno, T. W. (2005). *Minima Moralia: Reflections on Damaged Life.* Londres: Verso.

Arendt, H. (1967). *Men in Dark Times.* Nova York: Harcourt Publishers.

Benjamin, A. (ed.) (2005). *Walter Benjamin and History.* Londres: Continuum.

Benjamin, W. (2009). *The Origin of German Tragic Drama.* Londres: Verso.

Bernstein, J. M. (2010). *Adorno: Disenchantment and Ethics.* Cambridge: Cambridge University Press.

Connerton, P. (1980). *The Tragedy of Enlightenment. An Essay on the Frankfurt School.* Cambridge: Cambridge University Press.

Dews, P. (2007). *Logics of Disintegration: Poststructuralist Thought and the Claims for Critical Theory.* Londres: Verso.

Gilloch, G. (1999). *Myth and Metropolis: Walter Benjamin and the City.* Londres: Polity.

Gilloch, G. (2002). *Walter Benjamin: Critical Constellations.* Londres: Polity.

Hanssen, B. (2000). *Walter Benjamin's Other History: Of Stones, Animals, Human Beings, and Angels.* Berkeley: University of California Press.

Jameson, F. (2007). *Late Marxism. Adorno: Or, the Persistence of the Dialectic.* Londres: Verso.

Jennings, M. (1987). *Dialectical Images: Walter Benjamin's Theory of Literary Criticism.* Nova York: Cornell University Press.

Leslie, E. (2000). *Walter Benjamin. Overpowering Conformism.* Londres: Pluto Press.

Lowy, M. (2016). *Fire Alarm: Reading Walter Benjamin's "On the Concept of History".* Londres: Verso.

O'Connor, B. (2004). *Adorno's Negative Dialectic: Philosophy and the Possibility of Critical Rationality.* Cambridge, MA: MIT Press.

Richter, G. (2016). *Inheriting Walter Benjamin.* Londres: Bloomsbury.

Rose, G. (2010). *The Melancholy Science: An Introduction to the Thought of Theodor W. Adorno.* Londres: Verso.

Ross, A. (2016). *Walter Benjamin's Concept of the Image*. Londres: Routledge.

Savage, M. (2000). Walter Benjamin's urban thought. A critical analysis. In M. Crang, & N. J. Thrift (eds.). *Thinking Space* (pp. 33-53). Londres/Nova York: Routledge.

Smith, C. (2006). Resurrecting Benjamin. *Anthropological Quarterly 79*(3): 541-546.

Taussig, M. (1989). Terror as usual: Walter Benjamin's theory of history as a state of siege. *Social Text 23*: 3-20.

Taussig, M. (2006). *Walter Benjamin's Grave*. Chicago: Chicago University Press.

Wheatland, T. (2009). *Frankfurt School in Exile*. Mineápolis: University of Minnesota Press.

Wolin, R. (1994). *Walter Benjamin: An Aesthetic of Redemption*. Berkeley: University of California Press.

10
As vidas antropológicas de Michel Foucault

James Laidlaw

Embora não seja ele mesmo um antropólogo, o estudioso francês Michel Foucault (1926-1984), que se autodenominou um "historiador dos sistemas de pensamento", foi uma das influências mais poderosas na teoria antropológica desde os anos de 1970. Essa influência veio em duas formas e em dois estágios, respectivamente por meio de seus primeiros e últimos escritos. Os primeiros incluem os livros publicados em inglês como *The Birth of the Clinic* [O nascimento da clínica] (1973 [1963]), *The Order of Things* [As palavras e as coisas] (1970 [1966]), *Discipline and Punish* [Vigiar e punir] (1977 [1975]) e o trabalho central que pertence a ambos os grupos, *The History of Sexuality* [História da sexualidade] (1978 [1976]). O último grupo inclui uma série de ensaios, entrevistas e palestras, juntamente com o segundo e o terceiro volumes da série História da sexualidade, que juntos constituem o projeto que Foucault chamou de sua "genealogia da ética". Um debate complexo poderia ser realizado acerca da extensão das continuidades ao longo de toda a obra de Foucault. Em uma exegese do próprio pensamento de Foucault, seria um erro sugerir uma disjunção radical demais no que é um projeto intelectual contínuo e em desenvolvimento; mas, uma vez que minha preocupação aqui é oferecer um relato dos escritos de Foucault tal como eles mais influenciaram a antropologia, organizarei minha discussão em torno dessa ruptura bastante clara e consequente, porque, em certo sentido, e apesar da unidade do projeto intelectual geral de Foucault, ele apareceu na história da teoria antropológica como dois Foucaults um tanto diferentes.

O primeiro Foucault forneceu aos antropólogos um relato da modernidade europeia que informava sua compreensão sobretudo do colonialismo e de como as sociedades que eles estudaram foram moldadas pelo domínio colonial europeu (p. ex., Rabinow, 1995; Bayly, 1996; Cohn, 1996; Inda, 2005), e associado a isso, uma compreensão da própria antropologia (p. ex., Clifford & Marcus, 1986; Marcus, 1998; Rabinow, 2003; Faubion & Marcus, 2009) e do seu lugar nos sistemas coloniais de poder (p. ex., Mitchell, 1988; Thomas, 1994; Stoler, 2005). Essa compreensão da Modernidade não foi sustentada por alguma publicação de Foucault exclusivamente, mas por certas características que eram comuns a todas as suas obras durante esse período. Cada uma de suas principais obras descreveu um aspecto de uma descontinuidade geral e radical na organização do conhecimento, à medida que o que Foucault chamou de "era clássica" deu lugar à era moderna. Em cada caso, novas formas de conhecimento foram incorporadas em novas instituições, as quais tanto regulavam quanto policiavam as novas "disciplinas" emergentes que presidiam e supervisionavam o "disciplinamento" daqueles aos quais essas novas formas de conhecimento eram aplicadas: os loucos, os doentes, criminosos e, cada vez mais, populações inteiras. Aspectos dessa mesma mudança geral no modo de governança dos estados europeus eram visíveis no "grande confinamento" dos loucos em asilos (Foucault, 2006 [1961]); em novas formas de ciência médica, incluindo a criação de novas instituições para dar efeito a um "olhar" médico distintivamente autorizado (1973 [1963]); e em uma reconfiguração caleidoscópica das disciplinas do que agora são as ciências humanas e sociais, à medida que "o humano" se constituiu como a categoria organizadora central de nosso conhecimento de nós mesmos na era moderna (1970 [1966]). Claro que o fato de todo esse regime de verdade agora poder ser apreendido, como que de fora, era para Foucault uma prova de que a era do "humano" estava começando a chegar ao fim.

Discipline and Punish [Vigiar e punir] (1977 [1975]) foi ao mesmo tempo uma recapitulação da mesma narrativa geral daquelas obras anteriores, algo atípica em seu modo de explicação, e o relato mais retoricamente eficaz e abrangente até então. Foi também o mais influente de seus livros até hoje, inclusive em antropologia. Começa com um contraste notável entre dois modos de punição: o espetacular e em múltiplos estágios consistentes em tortura pública, mutilação, execução e desmembramento de um regicida malsucedido; e o regime de uma prisão para meninos, na qual a violência física é muito menos importante do que um cronograma de atividades minuciosamente especificado, concebido para reformar e moldar a conduta dos internos, incutindo hábitos e disposições disciplinados. Apenas algumas décadas separam esses exemplares do que Foucault propõe serem modalidades radicalmente diferentes de poder e conhecimento. A exibição pública espetacular da força da vontade do soberano, exercida diretamente sobre o corpo, é substituída (embora essa força nunca seja totalmente substituída, é claro) por uma rotina concebida para reformar progressivamente os presos, por assim dizer, de dentro para fora. Essa internalização e normalização é exemplificada da maneira mais vívida no famoso projeto de Jeremy Bentham para uma prisão "panóptica", na qual a possibilidade sempre presente, mas sempre de fato incerta, de vigilância por um guarda prisional reforma a conduta do preso, treinando-o para se autovigiar. A própria forma do edifício, em conjunção com um regime diário semelhante ao da prisão de meninos, faz dele uma máquina para reformar as disposições interiores e, portanto, a conduta exterior do prisioneiro.

A prisão de Bentham nunca foi construída exatamente da forma que ele imaginou, mas foi amplamente influente no projeto da prisão e no projeto de outras instituições mais ou menos totais, como escolas e clínicas; e Foucault sugere que ela resume nitidamente o funcionamento básico da configuração prevalecente de poder e conhecimento no mundo moderno. No antigo regime, o conhecimento tinha uma relação externa com o poder, uma vez que era caracteristicamente dirigido ao soberano na forma de petição ou apelo (ou "falar a verdade ao poder"), ao passo que num regime de poder disciplinar a verdade é *constitutiva* do poder que atua sobre o sujeito e o reconstitui como objeto de reforma. Esta relação *interna* da verdade com o poder está por trás do uso da expressão "poder/conhecimento". A atenção na justiça criminal desloca-se da forma material dos atos interditos e proibidos para as "paixões, anomalias, enfermidades" e outros estados internos que revelam a natureza real de um ato. A loucura deixa de ser uma razão para se excetuar um caso do sistema judicial e passa a ser um fator a ser ponderado dentro dele, uma vez que a perícia psiquiátrica está incluída na criação do "tratamento médico-judicial". A linha entre a criminalidade e a sociedade em geral é borrada à medida que modos semelhantes de conhecimento governam e buscam reformar a população como um todo, na gestão populacional, no planejamento urbano e nas modernas "ciências sociais", e a realização madura desse modo de governança, ao qual Foucault se refere como "biopoder", é encontrado no Estado de Bem-estar Social europeu do século XX.

Uma das razões pelas quais a leitura de *Vigiar e punir* foi uma experiência tão reveladora para muitos, foi que ela convidou a uma reconsideração radical e a uma reavaliação moral do que havia sido aceito como uma simples história de reforma esclarecida e crescente humanidade. Foucault nos convida a ver a nova ênfase na "reabilitação" não simplesmente como mais branda e humana do que suas predecessoras punitivas, mas também como uma intervenção mais intransigente e intrusiva, uma reengenharia totalmente mecânica do assunto, um controle mais completo e total do que a coerção externa por si só poderia alcançar alguma vez. Ao final desse processo, afirma Foucault em uma inversão jocosa de Platão, "a alma é a prisão do corpo".

Havia sido uma característica notável dos primeiros trabalhos de Foucault que uma mudança profunda na configuração do poder/conhecimento era descrita, sem que uma explicação causal fosse oferecida de como ou por que essa mudança aconteceu. Embora em alguns aspectos agudamente atento sociologicamente, ele dispensou largamente noções de grandes forças históricas, e não reconheceu nenhuma obrigação de explicar ideias ou como elas mudavam em termos redutivos ou materialistas. Assim, o uso por Foucault do "discurso" em suas análises dos sistemas de poder/conhecimento evita conspicuamente duas ideias inerentes aos conceitos marxistas de "ideologia": que as ideias em questão eram a distorção ou inversão de uma verdade à qual nossa teoria (histórico-materialista) nos daria independentemente acesso objetivo e certo, indisponível para aqueles dentro do sistema em questão; e que essas distorções e inversões estavam invariavelmente e necessariamente a serviço de interesses identificáveis (a cuja identidade, novamente, nossa teoria nos daria acesso). Portanto, não causa surpresa que Foucault tenha frequentemente se distanciado do marxismo, e também da outra metanarrativa abrangente e arcabouço explicativo totalizante de sua época, a psicanálise freudiana. Seu modo de pensar e sua erudição eram de fato profundamente hostis a ambos os sistemas, de modo que não há razão para que ele devesse ter sentido qualquer necessidade deles, mas a força da sua antipatia era, sem dúvida, devida em parte à patologização da homossexualidade no pensamento freudiano de sua época e à sua experiência do marxismo totalitário (totalitário tanto na forma quanto no conteúdo) que Louis Althusser impôs a tanto da vida intelectual francesa, tendo Foucault o experimentado de perto em sua juventude na École Normale Supérieure. Esta última experiência foi reforçada por sua breve experiência do "socialismo realmente existente" na Polônia de 1958 a 1959 (sobre a vida de Foucault, cf. Eribon, 1991; Macey, 1993; Miller, 1993; e sobre Foucault no contexto intelectual da França, cf. Paras, 2006; Bourg, 2007). *Vigiar e punir* é uma exceção parcial a tudo isso. Influenciado na época pela sua amizade com Gilles Deleuze, esse livro admite ser lido (p. ex., Hoy, 1986) como discutindo a alegação marxista convencional de que as mudanças que descreve ocorreram porque foram funcionais para uma economia política capitalista. E muitos, inclusive antropólogos, cujo conhecimento do pensamento de Foucault tenha sido adquirido principalmente a partir desse livro, acharam natural misturar ideias foucaultianas e marxistas. No entanto, o livro que Foucault começou a escrever no mesmo dia em que Vigiar e punir foi concluído, o primeiro volume de uma projetada História da sexualidade, se seus argumentos forem aceitos, descarta isso de forma decisiva ao rejeitar o argumento marxista-funcionalista específico que pode ser visto no livro anterior, e com ele também tanto o materialismo histórico marxista quanto a psicanálise freudiana, e, de fato, a síntese desses dois sistemas que dominava os círculos intelectuais esquerdistas franceses nessa época. Se autores posteriores, inclusive antropólogos, deixaram escapar a profundidade e a significância do movimento que Foucault fez entre esses dois livros, o próprio Deleuze não o fez: ele nunca mais falou com Foucault depois de ler o livro que seria publicado em inglês como *The History of Sexuality* [História da sexualidade].

Como seu predecessor, História da sexualidade prossegue desmascarando uma narrativa amplamente aceita, mas em vez da explicação liberal-progressista de um sistema penal cada vez mais humano, desta vez o que é repudiado é uma construção freudo-marxista que Foucault chama de "a hipótese repressiva". Essa era a ideia, praticamente incontestada no pensamento esquerdista da época, e articulada por pensadores tão diferentes quanto Marcuse e Deleuze, de que o capitalismo requer para o seu funcionamento e, portanto, produziu, uma repressão sexual generalizada, como uma espécie de mecanismo monstruosamente paranoico de disciplina laboral. Seguia-se, de acordo com esta "hipótese", que a liberação do desejo sexual – tudo e qualquer coisa que desafie a repressão sexual burguesa – é um passo na direção da derrubada do sistema capitalista. Foucault tem quatro objeções decisivas à hipótese repressiva. Longe de o desenvolvimento do capitalismo ser acompanhado por uma sufocação repressiva de toda conversa sobre desejo sexual, o período viu em vez disso uma "explosão discursiva" em relação ao sexo: uma proliferação de novas disciplinas que afirmavam saber a verdade sobre o sexo e sua significância para a educação, a fertilidade e a saúde mental e física. O poder, portanto, passou a ser exercido proibindo-se a expressão do desejo sexual, mas, em vez disso, por meio de técnicas para a *elicitação* de expressões de desejo: rituais para falar a verdade sobre o self como a verdade dos desejos de alguém. Portanto, a "sexualidade" não era um bem eterno que requeria liberação, mas uma invenção desse período, uma vez que pessoas com diferentes desejos sexuais foram definidas como tipos humanos distintos, cuja verdade essencial é revelada por esses desejos. Isso significa que a ideia freudo-marxista de liberar a "sexualidade" não é uma forma de resistência efetiva às formas prevalecentes de poder/conhecimento, mas uma intensificação involuntária e cúmplice delas. Os profetas da revolução sexual estavam ampliando e completando o trabalho dos terapeutas e outros especialistas: exigindo-nos que lhes falássemos de nossos desejos e aceitássemos a verdade assim revelada como nossa natureza essencial, de modo que nossa liberdade não pode consistir em nada além da obrigação de ser fiel a essa natureza. Se a repressão sexual tivesse realmente sido essencial para o sistema capitalista, brincou Foucault, ele dificilmente teria cedido à permissividade tão prontamente.

A análise da importância das formas de conhecimento sobre sexo, reprodução, saúde e populações nas formas modernas de governança (biopolítica) desenvolvida em História da sexualidade deixou Foucault com duas novas questões. Primeiro, se a compreensão da liberdade oferecida pelos profetas da "liberação" era tão falha (e uma armadilha perigosa), como então a "liberdade" deve ser entendida? Como pode ser concebida uma liberdade digna de ser exercida? E, em segundo lugar, como é que as sociedades europeias passaram a procurar a verdade do self – de tal modo que se possa pensar que "ele" precise de libertação – no desejo sexual? De onde veio o tema da "sexualidade"? Responder a essas questões é o que transformou a "história da sexualidade", tal como concebida em História da sexualidade, em um projeto bastante diferente, como de fato pareceu nos dois volumes subsequentes da série, e que Foucault intitulou sua "genealogia da ética".

História da sexualidade continha um programa para descobrir "a ontologia histórica de nós mesmos", o processo pelo qual o sujeito desejante moderno surgiu e passou a ser experimentado como natural e necessário. O método genealógico de Foucault, descobrir a contingência do aparentemente necessário traçando os pontos nos quais seus componentes se juntaram, foi adaptado de Nietzsche (1994 [1887]). Foucault inicialmente presumiu que essa genealogia pudesse ser realizada, como todas as suas obras anteriores, amplamente dentro do período cronológico da Europa pós-renascentista. Mas ele descobriu que, a fim de encontrar o ponto em que a questão do sujeito foi colocada de uma maneira coerente e consistentemente diferente, ele tinha que retroceder muito mais no tempo. E o mesmo valia para a questão do poder e da liberdade.

Em um dos mais importantes dos seus últimos ensaios, "The subject and power" ["O sujeito e o poder"] (em Foucault, 2006), Foucault estabelece as bases para a sua investigação genealógica da liberdade ao anunciar a necessidade de desenvolver o que ele chamou de "conceito não jurídico de poder": isto é, uma concepção de poder não limitada pela imaginação da soberania, na qual o exercício do poder assume a forma de proibição, e na qual faz sentido pensar no conhecimento como externo ao poder. Este então foi um desenvolvimento direto de um tema central em obras anteriores, como a *History of Madness* [História da loucura] e *Discipline and Punish* [Vigiar e punir], e uma razão para não se ver uma descontinuidade radical entre o primeiro e o último Foucault. Ele distingue o que ele chama de poder, enquanto tipicamente exercido em relações sociais, de "capacidade", ou pura força física. Esta última, é claro, desempenha algum papel nas relações humanas, mas na maior parte não agimos sobre outras pessoas e fazemos com que ajam como desejamos pelo exercício dessa capacidade bruta (como poderíamos empurrar uma carroça ou enjaular um animal). Em vez disso, influenciamos os outros *enquanto sujeitos* com as suas próprias intenções e capacidades, de modo que *eles* realizem a ação que desejamos deles. A isso Foucault se referia como a condução de conduta; trata-se de uma questão de orquestrar ou reger, como se faz a um conjunto musical; e, portanto, o exercício do poder entre as pessoas envolve levar em conta a liberdade de cada um. Significa influenciar o que os outros fazem, *por meio* de sua liberdade. É incoerente imaginar, portanto, que pudesse algum dia haver uma sociedade sem relações de poder, ou que nos tornamos "mais livres" com a remoção do poder. A liberdade não pode ser uma ausência de poder: "o poder existe apenas sobre sujeitos livres, e apenas na medida em que são 'livres'". Infelizmente, a nossa compreensão do poder, inclusive as ideias dos profetas da "liberação", mas também as da maioria dos pensadores da tradição liberal, continuou a ser dominada pelo problema agora amplamente anacrônico de resistir ao poder coercitivo do Estado soberano. Houve algum tempo em que o nosso pensamento não tenha sido tão restrito? Quando foi que a questão da liberdade não foi equiparada à ausência de poder? Não por acaso, Foucault concluiu que a resposta para essa questão era a mesma que a resposta para a questão de quando o sujeito havia sido entendido de outra forma que não como o sujeito de desejos. Tanto o sujeito quanto a liberdade foram sistematicamente entendidos de maneiras fundamentalmente diferentes na Atenas clássica.

Essa conclusão atrasou a conclusão dos volumes seguintes da *História*, porque agora eles tinham que tomar uma forma, e concernir a um período histórico, bem diferente do que estava previsto no primeiro volume, e Foucault teve que dominar novos períodos e corpos inteiros de textos. O "último Foucault", que é a segunda influência decisiva na antropologia, é um projeto notavelmente unificado, referido por Foucault como sua "genealogia da ética". Os escritos cobrem cerca de um milênio e consistem em mais dois volumes de História da sexualidade, um sobre Atenas clássica e outro sobre o período helenístico – um quarto volume incompleto sobre o cristianismo primitivo permanece inédito, de acordo com as próprias instruções de Foucault – juntamente com vários artigos e séries de conferências associados.

No que se refere à influência desse projeto sobre a antropologia, devemos partir do conjunto de conceitos e análises que Foucault desenvolveu para realizá-lo, porque além de serem influenciados por suas conclusões substantivas sobre a história da vida ética europeia, os antropólogos adotaram e adaptaram os principais componentes desse aparato à medida que abordavam a vida ética de outras épocas e lugares. Existem três componentes principais.

O primeiro é a noção de subjetivação (*assujetissement*) para descrever os processos pelos quais um sujeito é constituído. O ponto importante aqui é que esses processos estão localizados dentro de, mas não são redutíveis a, estruturas sociais e contextos institucionais. O sujeito também, na visão de Foucault, participa ativamente da sua própria autoconstituição, notadamente por meio da sua capacidade de pensamento reflexivo ("liberdade em relação ao que se faz"): a capacidade, isto é, de estabelecer alguma distância reflexiva de si mesmo, de constituir a si e à própria conduta como objeto de conhecimento, e de agir de tal maneira a modificá-lo. O reconhecimento dessa possibilidade é um grande ponto de divergência do reducionismo materialista e do marxismo estrutural de Althusser e outros. É neste contexto que devemos ver as observações de Foucault acerca dos seus próprios estudos anteriores de asilos e prisões, de que essas obras colocaram demasiada ênfase nas técnicas de dominação em detrimento de outras dimensões das relações de poder. Existem, escreveu ele, técnicas de produção, técnicas de dominação e técnicas de significação, mas também existem técnicas de si. Seus primeiros trabalhos tenderam a enfatizar as duas primeiras, ou, em alguns casos (*The Order of Things* [As palavras e as coisas] e *The Archaeology of Knowledge* [A arqueologia do saber]), as terceiras. Mas as quartas, as técnicas pelas quais participamos ativamente da nossa autoconstituição como sujeitos, são igualmente uma parte do material da vida social, e um quadro completo de qualquer época histórica ou sistema social deve incluí-las.

O segundo componente do método de Foucault na sua genealogia da ética é uma distinção entre códigos morais e ética. Por "códigos morais", Foucault pretende referir-se a regras sobre o que se deve ou não fazer, juntamente com as questões de como estas são definidas, codificadas e aplicadas nas instituições, e juntamente também com as questões de como as pessoas, de várias maneiras, obedecem, resistem, desafiam ou evadem-se delas. Tudo isso é uma parte inegavelmente importante de qualquer forma de vida moral. Mas, além disso, segue-se do relato de Foucault sobre subjetivação e pensamento reflexivo que há também o que ele chama de "ética", que se refere às maneiras pelas quais as pessoas respondem a injunções ou abraçam projetos para se tornarem um certo tipo de pessoa. É claro que não o fazem *ab initio*; elas encontram em sua cultura ideais, valores e exemplos, e, em alguns casos, projetos bem definidos de autoformação ou autotransformação, mas é sempre, em alguma medida, uma questão para elas, a maneira como elas respondem a esses ideais. Em qualquer época histórica ou ambiente cultural, o campo do discurso e da prática morais consistirá em códigos morais e éticos nesse sentido. Não são assuntos totalmente separados, mas, em todos os casos, os "dois lados da mesma moeda". No entanto, algumas formas de vida moral são mais dominadas por códigos morais; outras dão um lugar maior à ética. E a variação histórica e cultural entre formas de vida moral é sobretudo uma variação na ética. Para onde quer que você olhe, os códigos morais (não mate; não roube) apresentam semelhanças muito grandes; é em sua ética, incluindo de fato diferenças bastante sutis em sua ética, que as sociedades diferem mais profundamente. Os códigos morais e a ética podem mudar independentemente um do outro, e as mudanças na vida moral são principalmente mudanças na ética, como é o caso ao longo do milênio descrito na genealogia da ética de Foucault, no qual, afirma ele, os códigos morais dificilmente diferem, mas a ética muda, lenta, mas decisivamente.

Que seja assim, explica a necessidade do terceiro componente do método de Foucault, que é a sua analítica para a compreensão de projetos éticos. Projetos éticos podem ser comparados e contrastados, escreve Foucault, fazendo-se quatro perguntas em relação a eles. Primeiro, qual é sua *ontologia*? Quais são as partes ou elementos do self que são de significância ética? Devo concentrar-me nas minhas ações, meus desejos, meu coração, minha alma, minhas virtudes e tentar melhorá-los? Em segundo lugar, há a questão da *deontologia*. Qual é o modo de subjetivação pelo qual reconheço uma injunção ou padrão ético? Como o que isso se aplica a mim? É porque sou racional, ou em resposta a uma ordem divina, ou porque sou um guerreiro, ou um rei, ou uma mãe, ou como um ser humano? Em terceiro lugar, há a questão da *ascese*. Quais são as técnicas e práticas específicas usadas para realizar o trabalho necessário para efetuar quaisquer mudanças que eu almeje? Devo jejuar, manter um diário, fazer confissão, praticar meditação, exercitar o corpo? E, finalmente, há a *teleologia*. Quais são as qualidades ou estado que procuro realizar, o *telos* para o qual estou trabalhando? Como concebo o ideal que norteia minha conduta?

Na medida em que existem um ou mais projetos de autoformação razoavelmente coerentes, ou sendo defendidos, em um determinado contexto social, aplicar essa analítica e responder a essas quatro questões nos permitirá extrair sua especificidade, detectar as mudanças sutis de orientação que podem ocorrer mesmo que regras e regulamentos abertos permaneçam inalterados, e fazer comparações e contrastes mesmo entre contextos culturais radicalmente diferentes. Na verdade, permite-nos dar à vaga ideia de "contexto cultural" um conteúdo bastante preciso. Embora Foucault tenha decidido chamar o seu novo projeto de "genealogia da ética", um termo que captura melhor seu escopo e alcance comparativo, ele manteve "História da Sexualidade" para os subtítulos dos dois livros que foram publicados juntos, pouco antes da sua morte, em 1984. Esses volumes apresentam uma análise dos projetos de autoformação ética que Foucault encontra articulados – nem sempre todos juntos em um só lugar, é claro – em uma série de textos polêmicos e práticos que fornecem conselhos, principalmente para homens da elite (pois era a eles que os conselhos escritos eram quase exclusivamente dirigidos) no mundo antigo. *The Use of Pleasure* [O uso dos prazeres] faz isso para a Atenas clássica, e *The Care of the Self* [O cuidado de si] para o período helenístico. E é vital notar que esses livros são contribuições para "a história da sexualidade" no sentido específico apenas de que eles descrevem um mundo em mudança no qual a "sexualidade" *ainda não existe*.

Os textos que aparecem em O uso dos prazeres e O cuidado de si concernem ao que agora veríamos como uma gama de tópicos que se sobrepõem, mas nem mesmo aproximadamente coincidem com a nossa categoria de "sexualidade": o tópico geral que eles têm em comum, e, portanto, nos termos de Foucault, o *campo de problematização* com o qual eles estão preocupados, é os *aphrodisia*: como conduzir-se em relação aos prazeres. Foucault divide os *aphrodisia* em quatro amplos campos: dietética e saúde, incluindo conselhos sobre exercícios e como responder às mudanças no clima; relações conjugais e administração doméstica, incluindo como exercer autoridade sobre a esposa, os filhos e os escravos; a "erótica", que aqui se refere especificamente a relações apaixonadas com jovens do sexo masculino; e a ideia de que a abstinência deu algum tipo de acesso especial à verdade. Para Foucault, esses quatro eram estruturados de forma semelhante no mundo antigo porque eram um campo singular de problematização e constituíam a área geral de preocupação ética da qual os homens da elite eram convidados a se ocupar em seu autocultivo. A incompleta *História da sexualidade* havia se tornado, então, um projeto para descrever como essa forma de ética foi se transformando lentamente ao longo de mais de um milênio, e como os *aphrodisia* lentamente deram lugar à sexualidade.

Todo esse aparato exegético bastante elaborado é necessário para transmitir o que Foucault via como a diferença imensamente consequente entre a ética do mundo antigo e a nossa, sob sua aparente familiaridade, especialmente em termos de códigos morais. Este era um mundo, afirmava Foucault, no qual o self não era entendido como definido por seus desejos, e, portanto, a maneira privilegiada de conhecer e reformar o self não era conhecendo e alterando seus desejos: era, portanto, "anterior à sexualidade" (cf. Halperin et al., 1990). E era, ao mesmo tempo, um mundo no qual a questão do que era ser livre não se colocava como uma questão de ausência de poder. Esses dois fatos estão intimamente conectados, uma conexão que é realçada pela descrição de Foucault da mudança entre a ética dos *aphrodisia* na Atenas clássica e a ética que primeiro toma forma na Antiguidade tardia, sendo esta última a predecessora da "sexualidade" moderna, como uma transformação de uma *estética da existência* em uma *hermenêutica do desejo*.

Este último termo, embora não seja usado aí, resume muito do que Foucault dissera quase uma década antes, em História da sexualidade: mesmo aqueles intelectuais de esquerda que reivindicam uma influência crítica sobre as nossas estruturas sociais e políticas, no entanto, pressupõem a ideia de que a verdade interior essencial do self é dada pelos nossos desejos; de que, porque esses desejos não são imediatamente transparentes para nós, podemos ser guiados ao autoconhecimento por especialistas em seu deciframento; e que a liberação consiste em sermos "fiéis" à natureza que eles revelam para nós, e requer, portanto, apenas a remoção das restrições à sua expressão. Mas para Foucault, esta "liberação" era uma espécie de servidão e uma evasão da nossa responsabilidade para conosco mesmos, porque envolve a aceitação de um fato sempre já dado da questão de quem nós essencial e necessariamente somos.

É claro que não há razão para que os antropólogos, mais do que qualquer outra pessoa, devam necessariamente concordar com as preferências pessoais e políticas de Foucault aqui, sobre o valor da autocriação em oposição ao que ele via como ficções de autodescoberta e "autenticidade". Onde o seu ceticismo fala diretamente aos antropólogos, enquanto antropólogos, é no seu ímpeto de consultar toda a gama da experiência social humana, antes de aceitar qualquer aspecto de nossa autocompreensão contemporânea como necessário e imutável, e em seu impulso de procurar tempos e lugares nos quais prevaleciam entendimentos profundamente diferentes, a fim de garantir uma melhor apreciação de nossos limites e possibilidades. E é esse impulso que motiva o exercício profundamente etnográfico que Foucault empreende, em O uso dos prazeres em particular, ao reconstruir imaginativamente o tipo profundamente diferente de projeto ético que era a antiga estética da existência.

A estética da existência recomendada aos cidadãos atenienses diferia da hermenêutica do desejo posterior, de acordo com Foucault, em todos os domínios, desde a dietética até as relações domésticas, as relações eróticas com os jovens e as questões da abstinência e da verdade. É importante ressaltar que o advento do cristianismo foi um ponto em uma reconfiguração gradual e complexa, e não uma descontinuidade dramática. A mudança gradual na substância ética central (ontologia) dos prazeres para os desejos foi uma mudança de uma preocupação *dinâmica* com quais sejam os efeitos das atividades prazerosas e como estas respondem a considerações de oportunidade, frequência, necessidade e o *status* relativo dos participantes, para um conhecimento *morfológico* dos atos permitidos e proibidos. A estética da existência exigia conhecimento na forma de *savoir-faire* e o *uso* esforçado dos prazeres visando a alcançar a liberdade, concebida não como ausência de restrição, mas como autogoverno. Envolvia um *exercício* e não uma ausência de poder, porque assim como um governante que não estivesse no controle de seus próprios prazeres seria incapaz de cuidar daqueles em seu poder, e seria, portanto, o epítome de um tirano, igualmente um homem que não estivesse no comando de si mesmo no exercício de seus prazeres se tornaria antes um escravo deles.

Nada realça a distinção de uma estética da existência, e seu distanciamento de uma ética da sexualidade, mais claramente do que a explicação de Foucault de por que e de que maneiras as relações entre pessoas do mesmo sexo eram problematizadas no sistema antigo. As relações eróticas entre homens adultos e jovens (aqueles no limite da condição de adulto) não eram, como por vezes se tem afirmado, encaradas de forma relaxada ou como uma questão amoral. Longe de serem moralmente neutras ou "toleradas", elas eram altamente problematizadas, consideradas por alguns como os relacionamentos mais elevados e belos de todos, e por outros como a corrupção da juventude. Além disso, o motivo pelo qual foram assim debatidas não era uma questão de sexualidade: as relações entre pessoas do mesmo sexo não eram, enquanto tais, nem admiradas nem condenadas. O fato de as relações serem do mesmo sexo não era em si eticamente significativo. Significativo não era *o que você desejava*, mas *se você era capaz de exercer o autodomínio* na sua fruição do que quer que você desejasse. Assim, por exemplo, na discussão dos termos nos quais um homem poderia desfrutar sexualmente dos seus escravos, o fato de estes serem homens ou mulheres não era significativo. Aí, como nas relações de um homem com a sua esposa e no seu governo da sua casa, aquilo em que geralmente se argumentava que a virtude consistia era a moderação no exercício da própria liberdade *em relação àqueles sobre os quais se tinha poder*. O que havia de diferente nas relações entre um cidadão e um jovem, no entanto, era que aqui a conduta correta consistia em *acomodar a liberdade do outro*, porque, ao contrário de uma esposa ou de um escravo, ele próprio estava destinado a ser um cidadão. Enquanto tal, ele deve aprender a ser livre e a exercer sua liberdade em relação àqueles sobre os quais tem poder. Ele deve estar apto para ocupar o seu lugar na assembleia com os seus concidadãos. A preocupação ética com as amizades pederásticas era se elas ajudavam ou inibiam a preparação de um jovem para assumir essas responsabilidades. Será que elas eram, como sustentado por aqueles que idealizavam tais relações, a etapa culminante da sua educação, ou arriscavam fixá-lo na imaturidade, como era afirmado por aqueles que as desaprovavam? E tratava-se de saber se, na relação, o jovem aprendia a ser senhor dos seus prazeres, em vez de tornar-se o objeto dos prazeres de outrem. Qualquer cidadão que não fosse o seu próprio senhor a ponto de ser escravo dos desejos de outrem era incapaz de agir como um cidadão, e em uma democracia direta como Atenas, tal homem era um perigo para a integridade e a segurança do Estado. O que era moralmente perigoso nessas relações não tinha nada a ver com sexualidade, portanto, no sentido moderno. Tinha a ver com a questão fundamentalmente política de quem está apto para exercer a liberdade.

Ora, obviamente Foucault tinha uma série de razões para achar todo esse assunto fascinante, e o cuidado com que ele explica as especificidades da erótica masculina da elite ateniense foi motivado em parte pelo seu interesse nas possibilidades experimentais das relações eróticas entre homens em seu próprio tempo. Mas a principal reivindicação de Foucault para a sua etnografia da Grécia antiga, e a contribuição que ele alegava que ela poderia fazer para o pensamento de seu tempo, era de uma ordem diferente: ela tinha algo importante a nos ensinar acerca de como deveríamos pensar sobre a liberdade. Claro, ele insistia repetidamente e com a maior veemência que podia, que a Grécia antiga não poderia, de forma alguma, ser um modelo para uma sociedade moderna. As razões para isso são tão numerosas quanto óbvias. Mas, como os antropólogos devem estar especialmente cientes, a etnografia de outras épocas e lugares pode informar e enriquecer nosso pensamento em uma ampla gama de motivos e bases além dessas. O principal ponto de Foucault é bastante focado. Os antigos gregos questionavam-se acerca do que significava ser livre e do que alguém precisa fazer para ser livre, não como uma questão de como alguém poderia remover o poder das relações humanas, ou de como alguém poderia remover a si mesmo das relações de poder, nenhuma das quais ele considerava possível, mas antes como uma questão de como *exercer* o poder. Ele não afirmou que os antigos gregos forneceram uma resposta útil para essa questão, ou mesmo que pudesse algum dia haver uma resposta definitiva. Sua afirmação era simplesmente que tínhamos algo a aprender com a própria possibilidade de *formular* essa questão.

A genealogia da ética desenvolvida nas últimas obras de Foucault tem sido formativa para o desenvolvimento da antropologia da ética e da moralidade de várias maneiras, algumas mais óbvias do que outras. Seu amplo arcabouço conceitual foi um ponto de partida importante para alguns prospectos iniciais para o empreendimento de uma antropologia da ética (p. ex., Faubion, 2001a; 2011; Laidlaw, 1995; 2002; 2014), e o tema geral de como os sujeitos são constituídos em uma interação de "relações de si consigo" e de "relações de si com os outros", inclusive, em suas duas últimas séries de conferências no Collège de France, em práticas do dizer verdadeiro (*parrēsia*) em relação a procedimentos de governo (2010; 2011), juntamente com sua analítica para a análise de projetos de autoformação: todos esses ricos recursos intelectuais informaram análises antropológicas da vida ética, em contextos tão diversos quanto tradições religiosas e movimentos de piedade (Asad, 1993; Laidlaw, 1995; Faubion, 2001b; Mahmood, 2004; Robbins, 2004; Hirschkind, 2006; Cook, 2010), vida rural cotidiana em face do desenvolvimentismo estatal (Pandian, 2009) ou ONGs de direitos humanos (Englund, 2006), paternidade (Paxson, 2004; Clarke, 2009; Kuan, 2015), vocações artísticas (Faubion, 2014) e ativismo (Dave, 2012; Heywood, 2015a; 2015b; Lazar, 2017), bem como em reflexões sobre a ética do próprio empreendimento antropológico (Faubion, 2009; Laidlaw, 2014, cap. 6).

A aparente divergência entre as duas maneiras diferentes como as ideias de Foucault têm sido adotadas e adaptadas pelos antropólogos deve-se mais aos interesses que estes últimos tiveram ao lê-lo, e às outras tradições intelectuais com as quais se engajaram ao fazê-lo, do que a qualquer profunda descontinuidade no próprio pensamento de Foucault, que procedeu em geral por passos incrementais, ocupando-se de novos problemas e questões à medida que surgiam, corrigindo o que ele pensava serem superestimações e pontos cegos em estudos anteriores, e ampliando o escopo histórico e cultural de suas indagações, para abordar, de maneira cada vez mais investigativa, questões cada vez mais fundamentais.

Referências

Principais livros de Foucault

(1961). *Folie et déraison: histoire de la folie à l'âge classique.* (Trad. primeiramente como *Madness and Civilization* (1967) e depois como *History of Madness* (2006).)

(1963). *Naissance de la clinique: une archéologie du regard medical.* (*The Birth of the Clinic* (1973).)

(1966). *Les mots et les choses: une archéologie des sciences humaines.* (*The Order of Things* (1970).)

(1969). *L'archéologie du savoir.* (*The Archaeology of Knowledge* (1972).)

(1975). *Surveiller et punir: naissance de la prison.* (*Discipline and Punish* (1977).)

(1976). *La volonté de savoir: histoire de la sexualité, I.* (*The History of Sexuality. Vol. 1: An Introduction* (1978).)

(1984). *L'usage des plaisirs: histoire de la sexualité, II.* (*The Use of Pleasure: The History of Sexuality. Vol. 2* (1985).)

(1984). *Le souci de soi: histoire de la sexualité, III.* (*The Care of the Self: History of Sexuality*. Vol. 3, 1986).)

Coleções de ensaios

As melhores coleções em inglês são os três volumes de *Essential Works*:

(1997). *Essential Works of Michel Foucault. Vol. 1: Ethics, Subjectivity and Truth*. Ed. por P. Rabinow.

(1998). *Essential Works of Michel Foucault. Vol. 2: Aesthetics, Method, Epistemology*. Ed. por J. D. Faubion.

(2000). *Essential Works of Michel Foucault. Vol. 3: Power*. Ed. por P. Rabinow.

Publicados postumamente

Os trabalhos publicados postumamente mais importantes são transcrições das palestras de Foucault no Collège de France. As mais significativas são:

Society Must be Defended: Lectures at the Collège de France, 1975-1976 (2003).

The Birth of Biopolitics: Lectures at the Collège de France, 1978-1979 (2008).

The Hermeneutics of the Subject: Lectures at the Collège de France, 1981-1982 (2005).

The Government of Self and Others: Lectures at the Collège de France, 1982-1983 (2010).

The Government of Self and Others II: The Courage of Truth. Lectures at the Collège de France, 1983-1984 (2011).

Outras referências

Asad, T. (1993). *Genealogies of Religion: Discipline and Reason of Power in Christianity and Islam.* Baltimore: Johns Hopkins University Press.

Bayly, C. A. (1996). *Empire and Information: Intelligence Gathering and Social Communication.* Cambridge: Cambridge University Press.

Bourg, J. (2007). *From Revolution to Ethics: May 1968 and Contemporary French Thought.* Montreal: McGill-Queens University Press.

Clarke, M. (2009). *Islam and the New Kinship: Reproductive Technology and the Shariah in Lebanon.* Oxford: Berghahn.

Clifford, J., & Marcus, G. E. (eds.) (1986). *Writing Culture: The Poetics and Politics of Ethnography.* Berkeley, CA: University of California Press.

Cohn, B. S. (1996). *Colonialism and its Forms of Knowledge: The British in India.* Princeton: Princeton University Press.

Cook, J. (2010). *Meditation in Modern Buddhism.* Cambridge: Cambridge University Press.

Dave, N. N. (2012). *Queer Activism in India: A Story in the Anthropology of Ethics.* Durham: Duke University Press.

Englund, H. (2006). *Prisoners of Freedom: Human Rights and the African Poor.* Berkeley: University of California Press.

Eribon, D. (1991). *Michel Foucault.* Cambridge: Harvard University Press.

Faubion, J. D. (2001a). Toward an anthropology of ethics: Foucault and the pedagogies of auto-poiesis. *Representations 74*: 83-104.

Faubion, J. D. (2001b). *The Shadows and Lights of Waco: Millennialism Today.* Princeton, NJ: Princeton University Press.

Faubion, J. D. (2009). The ethics of fieldwork as an ethics of connectivity, Or the good anthropologist (isn't what she used to be). In J. D. Faubion, & G. E. Marcus (eds.). *Fieldwork is Not What It Used to Be.* Ithaca: Cornell University Press.

Faubion, J. D. (2011). *An Anthropology of Ethics.* Cambridge: Cambridge University Press.

Faubion, J. D. (2014). Constantive Cavafy: A parrhesiast for the cynic of the future. In J. D. Faubion (ed.). *Foucault Now: Current Perspectives in Foucault Studies.* Cambridge: Polity Press.

Faubion, J. D., & Marcus, G. E. (eds.) (2009). *Fieldwork is Not What It Used to Be.* Ithaca: Cornell University Press.

Foucault, M. (2006 [1961]). *The History of Madness.* Trad. de J. Khalfa. Londres: Routledge.

Halperin, D. M., Winkler, J., Froma, J. & Zeitlin, I. (eds.) (1990). *Before Sexuality: The Construction of Erotic Experience in the Ancient Greek World.* Princeton: Princeton University Press.

Heywood, P. (2015a). Freedom in the code: The anthropology of (double) morality. *Anthropological Theory 15*: 200-217.

Heywood, P. (2015b). Agreeing to disagree: LGBTQ activism and the Church in Italy. *Hau: Journal of Ethnographic Theory 5*: 59-78.

Hirschkind, C. (2006). *The Ethical Soundscape: Cassette Sermons and Islamic Counterpublics.* Nova York: Columbia University Press.

Hoy, D. C. (ed.) (1986). *Foucault: A Critical Reader.* Oxford: Blackwell.

Inda, J. X. (ed.) (2005). *Anthropologies of Modernity: Foucault, Governmentality and Life Politics.* Oxford: Blackwell.

Kuan, T. (2015). *Love's Uncertainty: The Politics and Ethics of Child Rearing in Contemporary China.* Berkeley: University of California Press.

Laidlaw, J. (1995). *Riches and Renunciation: Religion, Economy, and Society among the Jains.* Oxford: Clarendon Press.

Laidlaw, J. (2002). For an anthropology of ethics and freedom. *Journal of the Royal Anthropological Institute 8*: 311-332.

Laidlaw, J. (2014). *The Subject of Virtue: An Anthropology of Ethics and Freedom.* Cambridge: Cambridge University Press.

Lazar, S. (2017). *The Social Life of Politics: Ethics, Kinship and Union Activism in Argentina.* Palo Alto: Stanford University Press.

Macey, D. (1993). *The Lives of Michel Foucault.* Londres: Hutchinson.

Mahmood, S. (2004). *Politics of Piety: The Islamic Revival and the Feminist Subject.* Princeton: Princeton University Press.

Marcus, G. E. (1998). *Ethnography Through Thick and Thin.* Princeton: Princeton University Press.

Miller, J. (1993). *The Passion of Michel Foucault.* Cambridge: Harvard University Press.

Mitchell, T. (1988). *Colonising Egypt.* Cambridge: Cambridge University Press.

Nietzsche, F. (1994 [1887]). *On the Genealogy of Morality.* Cambridge: Cambridge University Press.

Pandian, A. (2009). *Crooked Stalks: Cultivating Virtue in South India.* Durham: Duke University Press.

Paras, E. (2006). *Foucault 2.0: Beyond Power and Knowledge.* Nova York: The Other Press.

Paxson, H. (2004). *Making Modern Mothers: Ethics and Family Planning in Urban Greece.* Berkeley: University of California Press.

Rabinow, P. (1995). *French Modern: Norms and Forms of the Social Environment.* Cambridge: MIT Press.

Rabinow, P. (2003). *Anthropos Today: Reflections on Modern Equipment.* Princeton: Princeton University Press.

Robbins, J. (2004). *Becoming Sinners: Christianity and Moral Torment in a Papua New Guinea Society.* Berkeley: University of California Press.

Stoler, A. L. (1995). *Race and the Education of Desire: Foucault's History of Sexuality and the Colonial Order of Things.* Durham: Duke University Press.

Thomas, N. (1994). *Colonialism's Culture: Anthropology, Travel, and Government.* Cambridge: Polity Press.

11
Do "corpo" à "corporificação", com a ajuda da fenomenologia

Maryon McDonald

Introdução

No final da década de 1980 e no início da década de 1990, o estruturalismo (cf. cap. 2) parecia ter chegado e partido, mas uma festa constrangedora, que celebrava ideias, interpretações, mitos, simbolismo e outras "representações" ainda acontecia nos principais auditórios da antropologia do Reino Unido. Novas teorias já haviam tentado colocar os pés da antropologia de volta no chão – seja através do marxismo (p. ex., Bloch, 1975; cf. cap. 3), por exemplo, ou das realidades definidoras da "antropologia semântica" (p. ex., Ardener, 1982). De certa forma, a antropologia semântica prefigurou a muito mais recente "virada ontológica" (cf. cap. 14), mas grande parte da antropologia simplesmente a ignorou ou condenou na época. Enquanto as antropologias marxistas asseveravam as suas próprias realidades analíticas – sua própria linguagem de contexto, podemos dizer – a antropologia semântica procurava levar a sério as realidades daqueles que os antropólogos estudavam. Tal ambição foi sustentada por outros movimentos contra o estruturalismo neste período, particularmente aqueles que se inspiraram na fenomenologia. Embora todas essas abordagens fossem muito diferentes umas das outras, elas compartilhavam aspectos sugestivos de uma busca abrangente por um "discurso sobre a realidade" neste período – um período da antropologia que, de outro modo, poderia parecer flutuar em balões cósmicos de estruturas conceituais. Batalhas anti-idealistas e antiobjetivistas se seguiram, e foi dessa busca pós-estruturalista geral que a linguagem analítica da "corporificação" surgiu. Os corpos eram reais.

Este capítulo aponta para alguns dos aspectos inovadores da "corporificação", uma inovação que se tornou tão popular que sua banalidade generalizada e evidente faria mais tarde Bruno Latour (2004, p. 209; cf. tb. cap. 13) proclamar que "o oposto de corporificado é morto".

Do "corpo" à corporificação

"O corpo" fora há muito um objeto pressuposto em muitas análises sociais – e amiúde presumia-se que fosse um objeto universal e natural, com o qual seria melhor deixar que o biólogo e os médicos lidassem. Um interesse das ciências sociais pelo corpo foi estimulado a partir das décadas de 1960 e 1970 por vários fatores, dentre os quais a cultura de consumo do capitalismo tardio, o feminismo (cf. cap. 12), a obra de Foucault (cf. cap. 10) e a crescente "bio" indústria estão entre os mais comumente citados (Lambert & McDonald, 2009). "O corpo" – juntamente com o domínio do natural – era agora problematizado e, de acordo com os novos modos de flexibilidade no trabalho e na produção, objetivações do "corpo" começaram a favorecer uma entidade flexível e mutante (Martin, 1994). É nesse contexto mais geral de consciência corporal que parte do apelo da corporificação pode ser situado.

Uma das mais conhecidas introduções à corporificação na antropologia social veio por meio da obra de Thomas Csordas, tendo o seu volume editado de 1994, intitulado *Embodiment and Experience* [Corporificação e experiência], se tornado uma obra de referência a esse respeito. Voltaremos a isso em um momento. Csordas não foi o primeiro a chamar nossa atenção para a importância analítica do corpóreo. Mauss (1979 [1935]) e depois, muito mais tarde, Bourdieu (1977), estavam entre os que o precederam (cf. cap. 2). A "corporificação" é geralmente atribuída à influência da fenomenologia sobre as ciências sociais. Entre os filósofos aos quais geralmente se recorre encontram-se Husserl, Merleau-Ponty e Heidegger. Vários antropólogos tomaram os *insights* da fenomenologia e os combinaram com os *insights* anteriores sobre o corpo que eles encontraram na obra de Marcel Mauss. Mauss havia escrito sobre "técnicas do corpo", com o que denotava as "maneiras como os homens de uma sociedade a outra sabem usar seus corpos" (1979, p. 97). Essas "técnicas" envolvem as maneiras como caminhamos, corremos, dançamos, nadamos, andamos de bicicleta e muito mais. Para Mauss, todas essas técnicas eram "sociais", na medida em que são aprendidas e se tornam habituais ou costumeiras, formando juntas o que ele chamou de *habitus*. Os corpos são socializados, em seus termos, em um *habitus*.

Um conhecido teórico social que mais tarde adotou as ideias de Mauss – inclusive a noção de *habitus* – foi Bourdieu (1977; cf. tb. cap. 2). *Habitus* para Bourdieu era "um sistema de disposições duradouras e transponíveis que, integrando experiências passadas, funciona a cada momento como uma matriz de percepções, apreciações e ações" (1990, p. 70). Ele falava de "socialização", que era a inculcação de disposições e esquemas generativos. Bourdieu, assim como outros naquela época, estava tentando ir além do aparente idealismo e das abstrações objetivistas do estruturalismo. Usar a fenomenologia para colocar corpos sensíveis de volta em cena parecia uma maneira importante de fazer isso. Na obra de Bourdieu, os corpos desenvolviam "automatismos" por meio da "socialização" e a ordem social era, assim, naturalizada. Você fala, come, senta, escreve de maneiras específicas em momentos específicos, sem necessariamente pensar muito sobre isso: simplesmente começa a parecer natural. Bourdieu refinou a noção de Mauss de *habitus* por meio da sua obra, e Csordas sugere como ele também refinou Merleau-Ponty: enquanto este último enfatizou "ser para-o-mundo", Bourdieu injetou uma "reciprocidade de corpo-mundo" (Csordas, 2011, p. 138). No entanto, mesmo aqueles inicialmente interessados na ideia de *habitus* sentiram que ela ainda não tinha historicidade (Toren, 2012, pp. 71-72). Em vez disso, uma vez adquirido, o *habitus* parecia implicar uma fixidez de disposições, uma fixidez de costume ou tradição. Os críticos da obra de Bourdieu sugeriram que a aparente fixidez do *habitus* talvez fosse devida a um romantismo na construção de Bourdieu do mundo dos cabilas, onde ele fez o seu primeiro trabalho de campo (Roodenburg, 2004).

O próprio trabalho de Csordas foi parcialmente no campo do ritual – parte daquela tríade exótica de mito, ritual e simbolismo da qual o estruturalismo havia se apropriado. Tal enfoque poderia facilmente parecer deixar as realidades empíricas – sejam elas enquadradas como políticas, econômicas ou como o objeto de preocupação das ciências naturais – para outros. No entanto, Csordas não se contentou com essa situação. Ele estava ansioso por injetar o que considerava estar faltando. Para ele, tratava-se do corpo, mas ele não o apresentou como um "fato bruto da natureza" (1994, p. 1). Ele queria muito explicitamente que o corpo fosse visto não como objeto, mas como agente – como "um agente experimentador" (p. 2). Ele sentia que o estruturalismo havia meramente encorajado um estudo da "cultura do pescoço para cima" (p. 2). A dicotomia mente/corpo era uma dualidade central que a corporificação queria ultrapassar. Não ajudou em nada o fato de que, em face das acusações de idealismo, a objetividade cósmica de Lévi-Strauss acabara por apoiar-se em algum "cérebro humano" universal. Uma abordagem da corporificação se afastou do idealismo do estruturalismo, de sua preocupação com as ideias, e se afastou do objetivismo que nos levou a um cérebro humano universal. O corpo de Csordas não era um corpo universal, naturalizado ou essencializado desse tipo: em vez disso, era um corpo que estava sempre "localizado". As percepções são sempre corporificadas, fundamentadas em algum ponto de vista corporificado particular. Essa abordagem trazia ressalvas para outras antropologias da época, inclusive o interpretativismo (cf. cap. 8): significava aceitar sempre as "consequências interpretativas" da parcialidade, uma comunicação imperfeita ou o que Csordas chamou de o "caráter relacional" do nosso ser (p. 2). Não havia – para citar uma paráfrase de outro lugar – nenhuma interpretação não localizada, nenhuma "visão do olho de deus" (p. ex., Haraway, 1991).

Há muito tempo é citado um trabalho antropológico que sugere que "o corpo" como uma entidade distinta foi introduzido em algumas partes do mundo pelo cristianismo, pela medicina e pelo colonialismo (cf., p. ex., Leenhardt (1979 [1947]); sobre os Canaques da Nova Caledônia, cf. Csordas, 1994, pp. 6-8). A objetificação do "corpo", com a qual estamos agora tão familiarizados, tem sido moldada e encorajada pelo cristianismo, pelo consumismo e pelas ciências biológicas e médicas. Entre as consequências dessa objetificação encontra-se um encorajamento adicional à individuação e às dualidades que interpuseram obstáculos analíticos para a antropologia – dualidades que Csordas lista como "cultura e biologia, o mental e o material, cultura e razão prática, gênero e sexo" (p. 7). Essas são dualidades que resvalam para uma distinção de mente/sujeito/cultura por um lado e corpo/objeto/biologia por outro, com a primeira parecendo ser derivada ou mera "representação". A "corporificação" parecia ser uma linguagem e abordagem que oferecia um meio de sair desta estrutura, potencialmente tanto evitando quanto colapsando as dualidades envolvidas. Para Csordas e outros, "corporificação" significava mudar de marcha analiticamente para assumir as noções fenomenológicas de ser-no-mundo como prioritárias. Prestar atenção na prioridade do ser no mundo poderia transformar a corporificação em um envolvimento historicamente informado com o mundo do qual os corpos fazem parte. Nessa abordagem, dualidades tais como sujeito e objeto ou sentido e o mundo material (evocando mente/corpo) podem ser colapsadas. Elas são colapsadas no mundo da análise – mas, em vez disso, podem assumir uma realidade etnográfica como as realidades experienciais daqueles que estudamos.

Para Csordas, a "corporificação" é um "paradigma" e uma "perspectiva metodológica", em vez de uma rota para qualquer teoria distinta (2011). Dentro desta estrutura, devemos redirecionar nossa atenção etnográfica e interromper qualquer conversa sobre "o corpo" como se fosse um determinado objeto que podemos pressupor. Críticas à biologia nessa época – críticas que podemos ver como oriundas principalmente dos dois "fs", Foucault e feminismo – juntamente com estudos da doença, da dor e de seu próprio trabalho sobre a cura, deram a Csordas a confiança para ver a biologia não mais como uma "objetividade monolítica" (p. 3). Em vez disso, "o corpo" é transformado nesta abordagem, e voltamo-nos para uma "corporificação" prévia que a "antropologia do corpo" havia anteriormente pressuposto. Somente por meio da corporificação "o corpo" pode ser objetificado em primeiro lugar. São os corpos que tornam as objetivações possíveis. Se quisermos aceitar uma estrutura metodológica da corporificação, então o corpo não é invocado analiticamente como uma determinada coisa empírica ou tema interessante, mas como "o fundamento existencial da cultura e do self" (1990; 2011,

p. 4). Reconhecendo sua dívida para com Merleau-Ponty (1962), Csordas enfaticamente faz com que os corpos, dessa maneira, deixem de ser objetos para se tornarem "o fundamento de processos perceptivos que *terminam* na objetificação" (2011, p. 7). Foi esse processo de objetificação que envolveu a ontologização dessas mesmas dualidades analiticamente problemáticas, como mente/corpo ou cultura/biologia (ou cultura/natureza), gênero/sexo e assim por diante (1990; 2011, p. 7). Abordagens da "corporificação" lutaram para deixar claro que tais dualidades se tornam questões de interesse etnográfico, distinções que vemos sendo feitas, ao invés de serem uma parte pressuposta de qualquer estrutura analítica imposta pelo antropólogo. Etnograficamente, podemos notar onde e quando elas tanto estruturam quanto são confirmadas pela experiência.

Este é um ponto importante que o trabalho de Csordas, e o de outros que então adotaram a corporificação, destacou de várias maneiras. Versões de uma dicotomia conceitual/material ou mente/corpo que o estruturalismo parecia encorajar, ainda que apenas por meio dos debates que gerou, precisavam ser superadas. O trabalho do filósofo e médico Drew Leder, intitulado *The Absent Body* [O corpo ausente] (1990), ofereceu uma crítica útil da dicotomia mente/corpo como uma estrutura analítica, e Csordas fez uso explícito do trabalho de Leder. O livro de Leder afirma que, na vida cotidiana, o corpo parece desaparecer da consciência. Em casos de doença ou disfunção, no entanto, há um aparecimento indesejado do corpo, uma espécie de "dis-aparecimento" e alienação. Isso só pode ocorrer, argumenta Csordas (1994, p. 7), mediante a natureza corporificada da mente. A consciência indesejada do corpo quando doente incita a atenção para "o corpo" como uma realidade objetiva – e um senso correlativo da imaterialidade da mente e do pensamento. Esses pontos sublinham que a dualidade mente/corpo é uma realidade experiencial, não um dado natural. Csordas (p. 8) aponta que em diferentes contextos tanto a mente quanto o corpo podem parecer objetos – a mente objetificada na ciência cognitiva ou o corpo na ciência biológica, por exemplo – mas a antropologia já não pode ver o corpo como "matéria-prima biológica" sobre a qual "a mente" ou a cultura operam. Tornar o corpo um "substrato pré-cultural" dessa maneira seria simplesmente reproduzir essas mesmas dualidades, com a mente como sujeito e o corpo como objeto. Colocando de outra forma, podemos notar mais uma vez que o que os defensores da "corporificação" pareciam querer fazer aqui não era apenas ir além do objetivismo do estruturalismo, mas também encorajar-nos a tratar etnograficamente dualidades que a antropologia poderia, de outra maneira, ter sido tentada desta vez a pressupor.

Os capítulos reunidos no volume editado de Csordas, *Embodiment and Experience* (1994), exemplificam alguns de seus objetivos. Por exemplo, o capítulo de Setha Low intitulado "Metáforas corporificadas: Nervos como experiência vivida" (1994) deixa claro que estamos tentando prestar atenção nas realidades corporificadas daqueles estudados. Ela discute a doença dos *nervios* na Costa Rica, Guatemala e em outros lugares. Em situações de pobreza, migração e discriminação, por exemplo, ocorre a doença dos *nervios* – com os doentes tremendo, sentindo tonturas, fraqueza e sentindo-se incapazes de dormir. Setha Low enfatiza que falar de *nervios* ou nervos não é uma metáfora sobre o corpo, ou uma metáfora imposta ao corpo. É real, está corporificado, é uma condição na qual o que podemos querer ver como o "social" emerge na experiência corporal. Notamos aqui que falar de "corporificação" não exclui outras linguagens analíticas que de alguma forma descrevem o "contexto social" no qual os corpos estão situados. Se os corpos estão "localizados", muitas vezes será necessária uma linguagem analítica do etnógrafo para situá-los ou "localizá-los", e a corporificação não dita qual deve ser essa linguagem. Podemos introduzir uma linguagem de contexto, como "exploração" ou "alienação", por exemplo – mas, ao mesmo tempo, existe um perigo sempre presente pairando aqui, e em vários outros capítulos do mesmo volume, de tornar a corporificação secundária a este "contexto". *Nervios* ainda corre o risco de parecer uma condição que pode muito facilmente ser descartada como de algum modo uma metáfora para, ou como "representando", outra coisa que é mais real. A forma como essa questão de contexto é apresentada é importante e tem sido gradualmente aprimorada na antropologia desde a década de 1990. O que o volume de Csordas de 1994 parece estar tentando fazer é nos levar a compreender que é, de maneira prioritária, o próprio contexto das pessoas que elas incorporam, e o capítulo de Low fornece algum material que é bem-sucedido a esse respeito, com alguns doentes falando de seus *nervios* em um contexto de rupturas em seus relacionamentos familiares, por exemplo (pp. 147-148). Há, no entanto, tensões persistentes em todo o volume entre "o corpo" e corporificação, e entre "corporificação" e como falar sobre o que está sendo corporificado de forma que a corporificação ainda seja levada a sério. E há lapsos frequentes nas divisões do "corpo" e sua "construção cultural". O construcionismo social ou cultural estava entre os outros produtos da influência fenomenológica que se instalou neste momento, e eles assombram muitas das abordagens pioneiras da "corporificação". Evocando as próprias dualidades que a corporificação queria ultrapassar, esse construcionismo assumiu um objeto (p. ex., o corpo) que é então cultural ou socialmente construído (cf. cap. 13).

Corporificações

Houve muitas assimilações e refinamentos esclarecedores do paradigma da "corporificação" que Csordas, acima de todos os outros, teve sucesso em lançar. Um dos refinamentos subsequentes tanto de Bourdieu quanto de Csordas é encontrado na obra de Christina Toren. Os defensores da "corporificação" às vezes usaram noções de "intencionalidade" e "intersubjetividade" (ideias importantes no trabalho dos fenomenólogos). Csordas cita essas ideias em seus primeiros trabalhos e, na mesma década, Toren (1999) subsequentemente lhes deu proeminência. O livro de Toren de 1999 mostra com alguns detalhes como as relações hierárquicas são progressivamente corporificadas em Fiji desde a infância. Esta etnografia foi um trabalho incomum para a época, na medida em que muito claramente não considerou nada chamado de "estrutura social" ou "estrutura" como já pronto. Ela injetou historicidade, e o "desenvolvimento infantil" ganhou uma nova vida etnográfica. Toren baseia-se na fenomenologia, em Bourdieu e na corporificação. Por meio dos corpos como "mentes corporificadas" (ou "corpos mentificados"), ela repensa a sua própria formação anterior em psicologia e, acima de tudo, ela insiste na historicidade da corporificação, nos corpos como processo.

A "intencionalidade" havia sido importante para Merleau-Ponty, e Toren a cita com frequência. Para aqueles que defendiam a teoria da corporificação, a intencionalidade passou a significar que toda consciência é consciência de algo e que as coisas das quais temos consciência e podemos pressupor são trazidas à existência como uma função de nossa experiência vivida no mundo. Não há distinções mente/corpo ou sujeito/objeto dadas aqui e a fenomenologia parece ter invertido Descartes em alguns aspectos. Somos, prioritariamente, corporificados: estamos no mundo e somos do mundo, e só assim podemos pensar e refletir, e saber quem somos. O mundo é fundamentalmente parte da constituição do que significa ser humano e inerente à constituição de qualquer "self". Estar no mundo tem necessariamente uma historicidade e nós corporificamos as dimensões espaçotemporais do mundo no qual vivemos. Toren enfatiza que não é apenas uma questão de estar no tempo, mas de corporificar o tempo que vivemos (p. 13). A subjetividade pressupõe a intersubjetividade – as relações que produzem um self. Essas duas ideias, de intencionalidade e intersubjetividade, são mais explicitamente reunidas na antropologia por Toren, que cita Merleau-Ponty para esclarecer: "Estou instalado em uma pirâmide do tempo que tem sido eu" (Merleau-Ponty, 1964, p. 14, apud Toren, 1999, p. 13). A partir desse quadro fenomenológico, Toren resume a produção de um corpo-self, uma corporificação relacional, nos seguintes termos:

> Você nasceu em um conjunto de relações com outras pessoas, e as ideias mantidas por essas outras pessoas e as práticas às quais estão associadas informaram, e continuam a informar, o processo do seu devir (pp. 7-8).

Toren esforçou-se para integrar a historicidade e para ter em conta o que um colapso de dualidades como biologia e cultura pode significar. Não se trata simplesmente do fato de a própria biologia ser culturalmente produzida como um discurso. Em vez disso, se vamos mesmo usar essa linguagem, então ela sentiu que nós éramos culturalmente biológicos e biologicamente culturais. Tais *insights* apontaram-nos firmemente na direção de pensar que, se vamos falar em corporificação, então estamos falando de corpos (no plural) e corpos que são constituídos e reconstituídos ao longo do tempo (2012). Outro antropólogo que há muito trabalha em uma direção semelhante é Tim Ingold (p. ex., 1998; 2000; 2004). Ingold, no entanto, usou a fenomenologia e a corporificação de uma maneira ligeiramente diferente – e introduziu "capacitação" [*enskilment*] e "habitação" (Heidegger, 2001 [1971]). O que de outro modo poderia ter sido falado vagamente como variação cultural, e ligado à linguagem, torna-se para Ingold uma questão de uma variação nas habilidades corporificadas. Ele estava, assim como outros, em parte argumentando contra o estruturalismo e outros modelos contemporâneos de "cultura" dominados pela linguagem – mas também contra seus modelos associados de "transmissão de conhecimento". As habilidades, ele argumentou, tornam-se "incorporadas ao *modus operandi* do organismo humano em desenvolvimento por meio do treinamento e da experiência no desempenho de tarefas particulares" (2000, p. 5). As tarefas nas quais as pessoas em qualquer situação se envolvem dependem de seus modos de "habitação" – que podem ser, por exemplo, seus modos de viajar, de atividade recreativa ou seus meios de subsistência ou de ganhar a vida e assim por diante (Ingold, 2000, cap. 3; 2004; Ingold & Kurttila, 2001). Capacitação [*enskilment*] não é uma simples questão de se estar na extremidade receptora da "transmissão" do conhecimento, mas é como ser um aprendiz que precisa ajustar progressivamente a sua percepção. Isso é feito por meio de "observação e imitação", o que significa prestar atenção ativa à orientação dos outros ao seu ambiente (observação) e "alinhar essa atenção ao movimento da própria orientação prática para o ambiente" (Ingold, 2000, p. 37). O "aprendiz", o recém-nascido, o novato – ou talvez o antropólogo no campo – assim aprende a "sentir isso, provar aquilo ou prestar atenção em outra coisa" (p. 22).

Desde o final da década de 1990 proliferaram trabalhos que desenvolveram abordagens da corporificação dessa maneira (p. ex., Gieser, 2008) – mas também de outras maneiras. Este é especialmente o caso na antropologia médica, mas também em estudos antropológicos que se concentraram em tópicos específicos, como um foco comparativo em pessoas (p. ex., Lambek & Strathern, 1998; Strathern & Stewart, 2011), e há grandes compêndios exibindo uma grande variedade de mercadorias corporificadas, do neoliberalismo ao gosto (p. ex., Mascia-Lees, 2011). Certamente ocorreram refinamentos, mas nem todos os antropólogos acharam a "corporificação" útil ou apropriada.

Seguindo em frente

Uma crítica da corporificação é Aparecida Vilaça, que já trabalhou na Amazônia. Seu mentor foi Viveiros de Castro (cf. cap. 14). Vilaça repreende a corporificação desde o ponto de vista do seu material etnográfico amazônico (2009). Ela diz que a corporificação olha para os corpos como a sede da percepção e como o substrato das relações intersubjetivas. Claro, podemos entender isso como dizendo que diferenças entre corpos implicariam diferenças na percepção, constituindo objetos de uma maneira particular. Mas ela sente que, de modo geral, parece haver – em Csordas particularmente – uma suposição do indivíduo e do humano como pontos de partida.

Na Amazônia, porém, o ponto de partida teria que ser diferente: teria que ser uma noção ampliada do humano, incluindo vários tipos de animais. O humano é uma posição, um resultado temporário de um complexo jogo de perspectivas. Este é, como Viveiros de Castro (1998) apontou, um mundo perspectivista de multinaturalismo em oposição ao multiculturalismo (cf. cap. 14 para um relato mais detalhado desse argumento geral). Todos os entes têm *jam*, capacidade de *jamu* – de mudar afetos e adotar outros hábitos – possibilitando que a pessoa seja vista como semelhante por outros tipos de entes. Os entes têm uma capacidade metamórfica, uma capacidade de devirem, uma "alma" – e medidas profiláticas são tomadas para controlar essa capacidade de transformação e fixar a "alma": por exemplo, tatuar para manter uma pessoa distinta dos animais. Ao passo que, segundo Vilaça, a corporificação amiúde pressupõe sujeitos constituídos de antemão, anteriores às relações que os produzem. Na Amazônia, contextos relacionais diferentes produzem não apenas objetificações distintas de fenômenos, mas também diferentes constituições corporais do sujeito. O resultado de um contexto relacional na Amazônia pode, portanto, ser um índio, uma onça ou uma anta (2005). Este é um mundo de corpos instáveis e não há substrato estável. Vilaça (2009), portanto, rejeita a "corporificação" como inapropriada: carrega suposições específicas de contextos diferentes e amplamente "ocidentais" que traduziriam os modos de ser da Amazônia (dentre outros).

Por meio da etnografia amazônica, algumas das suposições interessantes, mas problemáticas, que a "corporificação" carregava foram destacadas. Assim como outros, Vilaça buscou subsídios para reflexões em escritos de Latour (2004) sobre o corpo. O trabalho de Latour amplia o humano de uma maneira diferente (para uma introdução ao trabalho de Latour de um modo mais geral, cf. cap. 13). De modo diverso, ele evoca Toren e Ingold em alguns aspectos, enfatizando historicidade, mudança e aprendizagem – mas ele escreve sobre um processo de "aprender a ser afetado". Podemos resumir a abordagem de Latour dizendo que ele não fala de corporificação ou capacitação, mas de *corpos que são adquiridos* (cf. McDonald, 2014). Ele recorre ao exemplo do *kit* de odores usado no treinamento de "um nariz" na indústria de perfumes da França. Nesse processo de treinamento, o *kit* torna-se coextensivo aos corpos; os corpos são trajetórias dinâmicas, e o *kit* produz uma transformação no corpo da pessoa e no universo do qual faz parte, um elemento articulando o outro, um afetando o outro. Não se trata, enfatiza Latour, de um sujeito anterior (será que o meu nariz reconhece odores com precisão?) representando um objeto (será que esta é uma representação precisa dos odores já existentes no mundo?). Trata-se antes de uma questão de "articulação" – ou, na verdade, de um processo de "articulação mútua" (McDonald, 2014). O próprio *kit* de odores já foi criado por meio de publicações, conferências, documentação, treinamento, materiais convencionais e práticas dos químicos e engenheiros que o fabricaram. Ao usarem esse *kit*, os estagiários da indústria de perfumes aprendem a ser afetados por distinções cada vez mais sutis. Eles passam de contrastes simples e nítidos para distinções sutis. O "nariz estúpido" que inicialmente só pode cheirar uma diferença agradável/desagradável torna-se um nariz em um mundo de distinções cada vez mais sutis. Os alunos aprendem a ser afetados por produtos químicos que anteriormente poderiam tê-los "bombardeado sem sucesso". "Partes do corpo" são adquiridas ao mesmo tempo que "homólogos no mundo" são registrados de uma nova maneira (Latour, 2004). Não é uma questão de uma "representação" cada vez mais precisa de odores que realmente já existam no mundo – mas sim de um processo de articulação mútua. Quanto mais sensíveis são os corpos que os estagiários adquirem, mais o mundo paga por eles – neste caso, quanto mais sutis são as fragrâncias que eles cheiram.

Nessa estrutura, então, os corpos são facilmente mutáveis e são adquiridos por meio de um mundo circundante que é constituído e reconstituído no processo.

Conclusão

Um enfoque das realidades experienciais corporificadas tornou-se uma antropologia que posou desde os primeiros dias como outra crítica à "representação" (Csordas, 1994, p. 9; cf. cap. 13 e 14). Muito frequentemente nas humanidades, o corpo era anteriormente interpretado como um "texto", um "signo" ou como o portador passivo de vários significados políticos e sociais, inclusive gênero ou etnia, por exemplo. As teorias estruturalistas (cf. cap. 2) e interpretativas (cf. cap. 8) encorajaram isso. O corpo interessava pelo seu simbolismo, ou pelas atitudes em relação a ele e pelos discursos sobre ele. Sempre houve um "isso" – o corpo. O trabalho de Bourdieu (cf. cap. 4) e, em seguida, os corretivos cada vez mais dinâmicos da teoria da "corporificação" trouxeram uma nova atenção ao corpo performático e compreensivo, o corpo ativo, o corpo vivido. Gradualmente, em vez de quaisquer disposições fixas e habituais, e em vez de "o corpo", agora emergiu um mundo de corpos que são constituídos e reconstituídos através de uma inerência em seu mundo circundante – e então corpos adquiridos através de um mundo circundante ele mesmo constituído e reconstituído no processo.

Mais do que qualquer outro antropólogo, Csordas trouxe a "corporificação" à atenção antropológica. Toren injetou historicidade e relacionalidade, e repensou aspectos da psicologia. Ingold introduziu a capacitação e a habitação e repensou ideias mais antigas de aprendizagem. Vilaça e Latour, cada um a seu modo, olharam além de um substrato estável e além do humano. Esta história é necessariamente breve, simplificada e altamente seletiva, sugerindo apenas algumas das abordagens que a "corporificação" introduziu.

Desde a década de 1990, a corporificação e seus sucessores têm sido progressivamente "integrados" à antropologia social e se tornado disseminados o bastante para não serem falados. Um interesse na corporificação também encorajou uma grande quantidade de trabalho etnográfico novo e crítico em campos relacionados, como "afeto" e sentidos (cf. apenas alguns exemplos, dentre muitos: Clough & Halley, 2007; Pink, 2009; Howes, 2011; Navaro-Yashin, 2012). Percorremos um longo caminho desde aquele objeto natural, o corpo, que foi deixado para a medicina e as ciências naturais. Os antropólogos têm sido capazes de dialogar com as ciências naturais e de repensar tanto "o corpo" quanto seu "ambiente" por meio de ideias como "biologias locais", e eles apontaram para a epigenética e os microbiomas como maneiras interessantes de colapsar velhas ideias das distinções corpo/ambiente (cf., p. ex., Lock & Nguyen, 2010; Lock, 2011). Em um sentido importante, corpos são ambientes – e eles corporificam seus ambientes (cf., p. ex., Hamdy [2011], para ilustrações etnográficas pungentes). Corporificação pode significar que você é o que você come ou como mora, ou a pessoa que seus parentes e ambientes fazem de você, e que você também faz. Não existe um "corpo humano" universal do qual corporificações relacionais dependam. Esse "corpo humano" é uma objetificação comum em arenas como a medicina ou as belas-artes – e no treinamento envolvido em qualquer um desses campos, circunstâncias particulares são corporificadas e corpos particulares têm que ser adquiridos, e então um "corpo" objetificado pode ser reproduzido em uma tela ou em um caderno.

Referências

Ardener, E. (1982). Social anthropology, language and reality. In D. Parkin (ed.). *Semantic Anthropology*. Londres: Academic Press.

Bloch, M. (ed.) (1975). *Marxist Analyses and Social Anthropology*. Londres: Routledge.

Bourdieu, P. (1977). *Outline of a Theory of Practice*. Cambridge: Cambridge University Press.

Bourdieu, P. (1990). *The Logic of Practice.* Cambridge: Polity Press.

Clough, P. T., & Halley, J. (eds.) (2007). *The Affective Turn: Theorizing the Social.* Durham: Duke University Press.

Csordas, T. (1990). Embodiment as a paradigm for anthropology. *Ethos 18*(1): 5-47.

Csordas, T. (ed.) (1994). *Embodiment and Experience.* Cambridge: Cambridge University Press.

Csordas, T. (2011). Cultural Phenomenology Embodiment: Agency, Sexual Difference, and Illness. In F. E. Mascia-Lees (ed.). *A Companion to the Anthropology of the Body and Embodiment* (pp. 137-156). Oxford: Wiley-Blackwell.

Gieser, T. (2008). Embodiment, emotion and empathy. *Anthropological Theory 8*(3): 299-318.

Hamdy, S. (2011). When the state and your kidneys fail: Political etiologies in an Egyptian dialysis unit. *American Ethnologist 35*(4): 553-569.

Haraway, D. (1991). *Simians, Cyborgs, and Women: The Reinvention of Nature.* Nova York: Routledge.

Heidegger, M. (2001 [1971]). Building dwelling thinking. In *Poetry, Language, Thought* (pp. 143-159). Nova York: Harper Perennial Modern Classics.

Howes, D. (2011). The senses. Polysensoriality. In F. E. Mascia-Lees (ed.). *A Companion to the Anthropology of the Body and Embodiment* (pp. 451-460). Oxford: Wiley-Blackwell.

Ingold, T. (1998). From complementary to obviation: On dissolving the boundaries between social and biological anthropology, archaeology and psychology. *Zeitschrift* für *Ethnologie 123*: 21-52.

Ingold, T. (2000). *The Perception of the Environment: Essays on Livelihood, Dwelling and Skill.* Londres/Nova York: Routledge.

Ingold, T. (2004). Culture on the ground: The world perceived through the feet. *Journal of Material Culture 9*(3): 315-340.

Ingold, T., & Kurttilla, T. (2001). Perceiving the environment in Finish Lapland. In P. Macnaghten, & J. Urry (eds.). *Bodies of Nature* (pp. 183-196). Londres: Sage.

Lambek, M., & Strathern, A. (eds.) (1998). *Bodies and Persons. Comparative Perspectives from Africa and Melanesia.* Cambridge: Cambridge University Press.

Lambert, H., & McDonald, M. (2009). Introduction. In H. Lambert, & McDonald, M. (eds.). *Social Bodies* (pp. 1-16). Oxford/Nova York: Berghahn.

Latour, B. (2004). How to talk about the body? The normative dimension of science studies. *Body & Society 10*: 205-229.

Leder, D. (1990). *The Absent Body.* Chicago: University of Chicago Press.

Leenhardt, M. (1979 [1947]). *Do Kamo: Person and Myth in the Melanesian World*. Trad. de B. M. Gulati. Chicago: University of Chicago Press.

Lock, M. (2011). Genomics. Embodying molecular genomics. In F. E. Mascia-Lees (ed.). *A Companion to the Anthropology of the Body and Embodiment.* Oxford: Wiley-Blackwell.

Lock, M., & Nguyen, V.-K. (eds.) (2010). *An Anthropology of Biomedicine.* Oxford: Wiley-Blackwell.

Low, S. (1994). Embodied Metaphors: Nerves as Lived Experience. In T. J. Csordas (ed.). *Embodiment and Experience.* Cambridge: Cambridge University Press.

Martin, E. (1994). *Flexible Bodies. Tracking Immunity in American Culture from the Days of Polio to the Age of Aids.* Boston: Beacon Press.

Mascia-Lees, F. E. (ed.) (2011). *A Companion to the Anthropology of the Body and Embodiment.* Oxford: Wiley-Blackwell.

Maus, M. (1979 [1935]). Body techniques. *Sociology and Psychology: Essays.* Trad. de B. Brewster. Londres: RKP.

McDonald, M. (2014). Bodies and cadavers. In P. Harvey, E. Conlin Casells, G. Evans, H. Knox, E. B. Silva, N. Thoburn, & K. Woodward (eds.). *Objects and Material* (pp. 128-143). *A Routledge Companion.* Abingdon: Routledge.

Merleau-Ponty, M. (1962). *Phenomenology of Perception*. Trad. de C. Smith. Londres: Routledge & Kegan Paul.

Merleau-Ponty, M. (1964). *The Primacy of Perception*. Trad. de J. Edie. Evanston: Northwestern University Press.

Navaro-Yashin, Y. (2012). *The Make-Believe Space: Affective Geography in a Post-War Polity*. Durham: Duke University Press.

Pink, S. (2009). *Doing Sensory Ethnography*. Londres: Sage.

Roodenburg, H. (2004). Bourdieu: Issues of embodiment and authenticity. *Etnofor 17* (1/2): 215-226.

Rutherford, D. (2016). Affect theory and the empirical. *Annual Review of Anthropology 45*: 285-300.

Strathern, A., & Stewart, P. (2011). Embodiment and Personhood. In F. M. Lees (ed.). *A Companion to the Anthropology of the Body and Embodiment*. Oxford: Wiley-Blackwell.

Toren, C. (1999). *Mind, Materiality and History Explorations in Fijian Ethnography*. Londres/Nova York: Routledge.

Toren, C. (2012). Imagining the world that warrants our imagination. The revelation of ontogeny. *Cambridge Anthropology 30*(1): 64-79.

Vilaça, A. (2005). Chronically unstable bodies: Reflections on Amazonian corporalities. *Journal of the Royal Anthropological Institute NS 11*(3): 445-464.

Vilaça, A. (2009). Bodies in perspective: A critique of the embodiment paradigm from the point of view of Amazonian ethnography. In H. Lambert, & M. McDonald (eds.). *Social Bodies* (pp. 129-147). Nova York/Oxford: Berghahn.

Viveiros de Castro, E. (1998). Cosmological perspectivism in Amazonia and elsewhere. Four Lectures given in the Department of Social Anthropology, University of Cambridge. Hau Masterclass Series, vol. 1. http://www.haujournal.org/index.php/masterclass/issue/view/Masterclass%20Volume%201

12
A antropologia feminista e a questão do gênero

Jessica Johnson

Trazendo as mulheres

Em 1974, era possível e necessário para Michelle Rosaldo e Louise Lamphere argumentar que os antropólogos precisavam "começar a pensar nas mulheres" (1974, p. vi). Na verdade, até então, muito pouco havia sido publicado em antropologia que examinasse em detalhes as vidas e as perspectivas das mulheres (cf. cap. 1). Houve algumas exceções, é claro, notavelmente o trabalho de Audrey Richards (1982 [1956]), por exemplo, e uma série de estudos impressionantes de mulheres que foram publicados pelas esposas de antropólogos do sexo masculino, geralmente não treinadas em antropologia, cujo trabalho recebeu pouca atenção de antropólogos profissionais[83]. A partir da década de 1970, inspiradas pelo movimento de libertação das mulheres, as mulheres na antropologia começaram a colocar as mulheres no centro de suas pesquisas. Elas estavam convencidas de que a antropologia como disciplina estava empobrecida por sua aparente falta de interesse nas mulheres, e argumentaram que prestar atenção à vida das mulheres levaria a relatos etnográficos mais ricos e a uma teoria mais confiável.

Um dos poucos textos antropológicos que essas primeiras pioneiras do que poderíamos chamar neste estágio de "antropologia das mulheres"

83. Talvez o mais conhecido desses textos seja Nisa (Shostak, 1981). Para uma visão geral desse gênero, cf. a introdução a Lewin (2006) e Abu-Lughod (1990).

(Moore, 1988, p. 6) em vez de "antropologia de gênero" tinham em seu arsenal era um capítulo de Edwin Ardener, "Belief and the problem of women" [Crença e o problema das mulheres] (1972). Talvez sem querer, Ardener forneceu uma referência crucial para esses primeiros debates. Ele argumentou que não foi a significância intrínseca (ou não) das atividades das mulheres que levou à sua relativa ausência dos textos antropológicos, mas sim o fato de que elas tendiam a oferecer aos etnógrafos visitantes modelos de sociedade menos satisfatórios do que os informantes do sexo masculino, e relatos menos abrangentes da vida social. Ele sugeriu que as mulheres fossem menos propensas a oferecer *insights* e explicações que atendessem às expectativas dos antropólogos homens; como resultado, as mulheres pareciam inarticuladas e constituíam entrevistadas frustrantes.

O artigo de Ardener foi retomado pelas primeiras antropólogas das mulheres como um texto seminal, na época um dos poucos textos disponíveis sobre mulheres. Certamente influenciou Rosaldo e Lamphere, cujo próprio volume marcou a chegada da antropologia das mulheres. Elas partiram do pressuposto da desigualdade generalizada entre homens e mulheres, vendo as mulheres como universalmente subordinadas aos homens[84]. Em sua opinião: "todas as sociedades contemporâneas são, em certa medida, dominadas pelos homens, e embora o grau e a expressão da subordinação feminina variem imensamente, a assimetria sexual é atualmente um fato universal da vida social humana" (1974, p. 3). De sua parte, Rosaldo argumentou que a subordinação das mulheres poderia ser explicada pelo fato de que, de modo geral, "uma boa parte da vida adulta da mulher é gasta dando à luz e criando filhos [e isso] leva a uma diferenciação das esferas doméstica e pública de atividade" (1974, p. 23). Confinadas à esfera doméstica, geralmente o lar, onde estão socialmente isoladas e ocupadas com as tarefas do trabalho doméstico e do cuidado dos filhos, as mulheres não têm acesso aos tipos de *status*, respeito ou valor cultural de que os homens desfrutam.

84. É importante notar que outro volume publicado no ano seguinte (Reiter, 1975) não compartilhava dessa abordagem. Cf. esp. o cap. de Gayle Rubin.

Escrevendo no mesmo volume, Sherry Ortner (1974) ofereceu uma análise mais simbólica (cf. cap. 8) ou estruturalista (cf. cap. 2). Ela perguntou: "O que poderia haver na estrutura generalizada e nas condições de existência, de comum a todas as culturas, que levaria todas as culturas a atribuir um valor inferior às mulheres?" (p. 71). Sua resposta foi que as mulheres eram vistas como mais próximas da natureza do que os homens, que eram considerados mais culturais. Ela não via essas associações como necessárias no sentido de que nunca poderiam ser diferentes, mas argumentou que eram universais. A associação das mulheres com a natureza, sugeriu ela, fornecia uma justificativa pronta para a subordinação feminina. Para Ortner, a cultura era "a noção de consciência humana (ou seja, sistemas de pensamento e tecnologia), por meio da qual a humanidade tenta afirmar o controle sobre a natureza" (p. 72). A cultura era, portanto, por definição, transcendente sobre a natureza.

Existem três aspectos para a proximidade relativa das mulheres com a natureza no relato de Ortner: a fisiologia das mulheres, conforme expressa na reprodução e na criação dos filhos; os papéis sociais das mulheres como mães e no cuidado dos filhos; e o que ela chama de "psique da mulher", que ela relaciona às maneiras como meninas e mulheres são socializadas para se envolverem em modos mais personalizados de se relacionar com os outros, enquanto os homens se envolvem em modos mais abstratos ou gerais de se relacionar. Portanto, tanto para Rosaldo quanto para Ortner, foram sobretudo os papéis das mulheres nos cuidados infantis e na reprodução que levaram ao seu *status* secundário. Ambas as autoras buscavam respostas universais para a questão da aparentemente universal subordinação feminina.

Embora as colaboradoras do volume de Rosaldo e Lamphere tenham partido do pressuposto da subordinação universal das mulheres, elas procuraram mostrar que a desigualdade sexual "não era uma condição necessária das sociedades humanas, mas um produto cultural [e, portanto] acessível à mudança" (1974, p. 13). Tomados em conjunto, os capítulos destacam a gama etnográfica de diferenças entre homens e mulheres, a ampla variedade de papéis sociais que as mulheres desempenham, diferenças em seu *status* público, definições culturais e atividades diárias. Eles mostram, portanto, que a vida das mulheres é mais variada e interessante do que anteriormente se havia presumido. Apesar de relacionar o *status* subordinado das mulheres ao seu papel biológico na reprodução, eles não viam a posição das mulheres como biologicamente determinada. Eles reconheceram a importância das "interpretações culturais da biologia" (p. 5); diferenças no grau em que as sociedades eram dominadas pelos homens; e a possibilidade de que "com mudanças na tecnologia, tamanho da população, ideias e aspirações, nossa ordem social possa mudar" (p. 7). "Certamente", eles dizem, "a diversidade de culturas humanas e a evidência de sociedades nas quais as mulheres alcançaram considerável reconhecimento e *status* social podem nos tornar otimistas acerca da possibilidade de realizar a igualdade sexual em nosso mundo hoje" (p. 14). A política do feminismo e a urgência das lutas das mulheres na década de 1970 foram claramente refletidas neste trabalho inicial que buscou trazer as mulheres para o rebanho antropológico.

No entanto, não demorou muito para que a ideia da associação universal das mulheres com a natureza fosse criticada. Carol MacCormack e Marilyn Strathern (1980) logo transformaram os termos do debate, argumentando que os conceitos de natureza e cultura, e os significados associados a homens e mulheres, não eram "dados" e não podiam estar "livres dos preconceitos da cultura na qual os conceitos foram construídos" (MacCormack, 1980, p. 6). MacCormack assim descreveu o argumento de Ortner como "notável por sua etnocentricidade" (p. 16). A significância de seu volume era dupla. Elas argumentaram que as mulheres não estavam universalmente associadas à natureza e, mais radicalmente, que a própria distinção natureza/cultura não era universal. Em vez disso, elas sugeriram que essa dicotomia era melhor entendida como produto de um modo particular (cultural e ocidental) de interpretar o mundo.

Esta última posição foi mais claramente articulada por Strathern (1980), que ofereceu um exame etnográfico das distinções que os Hageners das Terras Altas da Papua Nova Guiné fazem entre as categorias de doméstico e selvagem, e como estas se relacionam com suas distinções entre masculino e feminino. Ela argumentou contra a equiparação direta da "nossa" distinção cultura/natureza com a distinção selvagem/doméstico dos Hageners, mostrando detalhadamente como elas diferiam. A distinção entre selvagem e doméstico não se relacionava de maneira direta com as categorias de gênero dos Hageners. Em alguns contextos, as mulheres eram consideradas selvagens e os homens domesticados, em outros, era o contrário. O doméstico e o selvagem também estavam relacionados entre si de maneira diferente de como a natureza e a cultura estavam relacionadas na estrutura de Ortner. Elas eram opostas, mas não eram hierárquicas ou processuais uma vez que a natureza poderia tanto ser transformada em cultura quanto dominada por ela. O domínio doméstico não era visto como colonizador do selvagem, e o processo de socialização humana não era representado como a transcendência da natureza pela cultura. Tais críticas serviram para minar a confiança universalista dos primórdios da antropologia das mulheres, sugerindo que mais cuidado precisava ser tomado na generalização do *status* das mulheres ou dos significados vinculados às identidades masculina e feminina[85].

Pode-se dizer que o volume de MacCormack e Strathern marcou um ponto-chave de transição da antropologia das mulheres para a antropologia de gênero. Essa transição continuou acelerada ao longo da década de 1980 e além, à medida que o trabalho etnográfico e teórico continuava a desestabilizar as distinções fáceis entre os papéis sociais masculinos e femininos, revelando vastas diferenças nas interpretações culturais da reprodução social e nas experiências de identidades de gênero, e expôs a impossibilidade de se generalizar a respeito de "homens" e "mulheres" em um sentido significativo. Também ficou claro que o gênero é relacional e que os estudos da masculinidade, assim como da feminilidade, têm muito a oferecer à disciplina (p. ex., Ortner & Whitehead, 1981; Shapiro, 1981; Collier & Yanagisako, 1987; Cornwall & Lindisfarne, 1994; Moore, 1994). No entanto, como veremos a seguir, a desconstrução de gênero que tais estudos acarretavam nem sempre foi fácil de conciliar com os estudos feministas dedicados ao enfoque nas mulheres.

---

85. Como Heywood (cap. 14) demonstra, o argumento de Strathern também teve uma influência profunda e duradoura além dos debates antropológicos sobre gênero, em particular, em relação ao desenvolvimento do que veio a ser conhecido como "a virada ontológica".

Pode haver uma etnografia feminista?

Seguindo na esteira desses desenvolvimentos, Lila Abu-Lughod (1990), escrevendo explicitamente como uma antropóloga feminista, colocou a questão "Pode haver uma etnografia feminista?" Abu-Lughod, embora ciente dos desenvolvimentos na antropologia do gênero, manteve um interesse primordial na vida das mulheres, em toda a sua diversidade social e cultural. Seu artigo representou um tipo diferente de movimento para além da antropologia das mulheres, criticando aquele trabalho inicial por não ter questionado o objetivo científico social da objetividade. Como vimos, as primeiras intervenções argumentaram que deixar as mulheres fora dos textos etnográficos distorceu os relatos antropológicos. A sugestão era que os antropólogos obteriam um conhecimento mais objetivo, ou completo, das sociedades que eles buscavam compreender se incluíssem as mulheres de forma mais completa em seus estudos etnográficos.

Nos anos desde a publicação do volume de Rosaldo e Lamphere, antropólogas feministas começaram a questionar o objetivo da objetividade. Elas já não viam a objetividade como um alvo neutro. Essa visão foi construída com base no trabalho de antropólogos reflexivos que haviam enfatizado que os chamados fatos etnográficos eram na verdade o resultado de interações particulares em contextos específicos. Seu trabalho levou à aceitação de que não se podia esperar que dois relatos antropológicos das mesmas pessoas e lugares fossem iguais. A essa altura, os antropólogos também estavam muito mais preocupados com os processos e efeitos da escrita e da representação (Clifford & Marcus, 1986; cf. cap. 8).

Em conjunto com esses desenvolvimentos na antropologia, pesquisadoras feministas em outras disciplinas também atacaram as ideias de objetividade. Abu-Lughod mapeia esses debates e mostra que houve várias perspectivas diferentes que as feministas adotaram. Na história e na filosofia da ciência, por exemplo, Evelyn Fox Keller (1982; 1985) argumentou que as distinções feitas na ciência entre subjetividade e objetividade eram profundamente relacionadas a gênero, e que a ciência valorizava qualidades consideradas masculinas (p. ex., razão, desapego, impessoalidade). Keller, portanto, distinguiu entre "objetivismo" – a ideologia da ciência – e a verdadeira "objetividade" (Abu-Lughod, 1990, p. 13). A jurista feminista Catherine MacKinnon (1982) foi além. Ela argumentou que a objetividade era "uma estratégia de poder masculino" pela qual "os homens, sempre dominantes, criam o mundo a partir do seu ponto de vista, particularmente pela objetificação das mulheres, e então adotam uma postura epistemológica – ou seja, objetividade – que corresponde ao mundo que eles criaram" (Abu-Lughod, 1990, p. 14). Embora Abu-Lughod tenha soado uma palavra de cautela contra a natureza totalizante da posição de MacKinnon, ela destacou o ponto crucial de que, se acreditamos que há desigualdade entre homens e mulheres e que a perspectiva afeta a compreensão do mundo, então "não há realidade sem gênero ou perspectiva sem gênero" (MacKinnon, 1982, p. 636, apud Abu-Lughod, 1990, p. 15).

Refletindo sobre esses avanços em 1990, Abu-Lughod lamenta: Onde as antropólogas feministas estiveram? Onde estavam os estudos que podem "dar vida ao que significa ser mulher em outros lugares e sob diferentes condições"? (p. 27). Ela não viu muita etnografia feminista, a despeito do fato de que mudar as compreensões da disciplina da antropologia poderia muito bem ter aberto o caminho para isso. Notavelmente, por exemplo, nenhuma antropóloga feminista foi incluída no projeto *Writing Culture* [A escrita da cultura], que repensou a maneira como os antropólogos escreviam e os tipos de textos que produziam (Clifford & Marcus, 1986). Uma parte da resposta de por que as antropólogas feministas não estiveram mais visíveis, de acordo com Abu-Lughod, tem a ver com a política da academia. A segurança no emprego aumenta muito a probabilidade de um trabalho inovador, e a segurança no emprego acadêmico (naquela época e hoje em dia) é um privilégio desproporcionalmente desfrutado pelos homens (1990, p. 17).

Outra parte do problema é que os primeiros textos experimentais de mulheres, que foram frequentemente escritos por esposas sem treinamento de antropólogos, foram ignorados. Em vez de buscar inspiração nesses textos quando quiseram repensar os gêneros da escrita antropológica, os antropólogos envolvidos no projeto da escrita da cultura se voltaram para a elite, as disciplinas profissionais da filosofia e dos estudos literários. Em um contexto no qual as contribuições das mulheres foram rejeitadas como não profissionais, descritivas em vez de teóricas, baseadas na experiência pessoal em vez de na literatura autorizada e assim por diante, Abu-Lughod argumentou que as primeiras antropólogas feministas estavam tão ocupadas tentando "estabelecer sua credibilidade, ganhar aceitação e promover seus objetivos intelectuais e políticos" (1990, p. 19) como feministas que não estavam em posição de correr riscos ou experimentar em seu trabalho.

No entanto, Abu-Lughod encerrou seu artigo com uma nota de esperança. Ela identificou uma consciência crescente de que a categoria das "mulheres" era diversa e influenciada por fatores econômicos, raça, sexualidade, nacionalidade, religião e assim por diante, e notou que o reconhecimento dessa diversidade estava ocorrendo ao mesmo tempo que os próprios antropólogos também estavam se tornando mais diversificados em termos de suas origens, bem como de seu gênero. Por sua vez, distinções nítidas entre "casa" e "campo" estavam sendo abaladas e explicitamente debatidas. Abu-Lughod argumentou que:

> etnografias feministas [...] etnografias que exploram o que trabalho, casamento, maternidade, sexualidade, educação, poesia, televisão, pobreza ou doença significam para outras mulheres, podem oferecer às feministas uma maneira de substituir suas presunções de *uma* experiência feminina por um senso fundamentado de nossas semelhanças e diferenças (1990, p. 27).

Com efeito, em um esforço explícito para responder às críticas feministas à objetividade e à representação, Abu-Lughod (1993) veio a publicar um livro que deliberadamente evitou generalizações a fim de enfatizar a particularidade da experiência e o inevitável caráter situacional da narrativa, que eram duas mensagens importantes da teoria feminista.

Engajando-se com teorias da performatividade

Quando antropólogos que trabalham com gênero se inspiraram em teóricos, Judith Butler, e em particular seu livro *Gender Trouble* [Problemas de gênero] (1990), figurou proeminentemente. O livro enfatiza a importância da *performance* para a criação de identidades de gênero e pode ser visto como apresentando uma posição construcionista radical. O objetivo de Butler em *Gender Trouble* era "traçar a maneira como as fábulas de gênero estabelecem e fazem circular a denominação equivocada de fatos naturais" (p. xiii). De acordo com Butler, as categorias de sexo (masculino e feminino) constituem "uma formação discursiva que atua como uma fundação naturalizada" (p. 37), e o gênero é definido como "a estilização repetida do corpo [...] dentro de uma estrutura regulatória altamente rígida que se solidifica ao longo do tempo para produzir a aparência de substância, de um tipo natural de ente" (p. 33, apud Franklin, 2002, p. 310). Ela denomina esses processos de *performance*. Em parte, o argumento de Butler lembra a ênfase de MacCormack e Strathern na especificidade contextual do que é considerado natural. Ela postula que uma diferença binária entre masculino e feminino não existe "como um fato pré-social" (Franklin, 2002, p. 310), mas antes é alcançada ou produzida por meio de *performance* discursiva e corporificada. Assim, em um movimento radical, ela questiona a noção de sexo como uma categoria não cultural que pode ser separada e distinguida de gênero.

Trabalhos de antropólogos que esposam as ideias de Butler e expandem a teoria de gênero têm frequentemente aparecido em estudos de parentesco. Na verdade, o estudo de parentesco e o estudo de gênero têm muito em comum. Ambos são campos de investigação antropológica que enfatizam distinções entre o que é natural e o que é cultural, o que é biologicamente determinado e o que é resultado da criatividade humana (Yanagisako & Collier, 1987)[86]. Um aspecto crucial dos primeiros trabalhos sobre gênero foi a ênfase na distinção entre gênero – como um papel social – e sexo – como o corpo físico (p. ex., Ortner, 1974; Rosaldo & Lamphere, 1974; Ortner & Whitehead, 1981). Ao demonstrar que as ideias sobre os corpos eram distintas dos próprios corpos, pesquisadoras feministas postularam que os valores culturais vinculados aos corpos podem mudar, e questionaram a aparente inevitabilidade da associação das mulheres com o domínio doméstico.

Janet Carsten (2004) sugeriu que distinguir entre sexo e gênero levou rapidamente a um "impasse teórico" (p. 62). A distinção baseava-se em uma

86. Cf. Carsten (2004), para uma discussão crítica da posição de Yanagisako e Collier.

separação entre biologia e cultura, e os estudos que se seguiram enfocaram amplamente as variações de compreensões culturais e símbolos de gênero. O que não foi examinado nem teorizado foi "a questão da significância analítica dos atributos físicos reais do corpo" (p. 62). Posteriormente, os antropólogos foram acusados de ter "presumido a existência de diferenças naturais entre mulheres e homens quando deveriam ter procurado explicar como tais diferenças foram concebidas" (p. 62). Eles se concentraram na cultura (gênero) e negligenciaram a biologia (sexo). A posição de Butler desafiou essas distinções, argumentando que o sexo era uma construção discursiva tanto quanto o gênero.

Carsten examina os argumentos construcionistas, inclusive os de Butler e Michel Foucault (1978), que também valorizam o discurso cultural e historicamente situado, e argumenta que esses tipos de abordagem são, como os argumentos que elas procuraram superar, totalizantes demais, com o discurso sobre sexo e gênero tornando-se determinante no lugar das diferenças biológicas de sexo (Carsten, 2004, p. 66). Finalmente, ela argumenta que o enquadramento do debate em termos da distinção entre sexo e gênero tem restringido o trabalho antropológico, limitando as possibilidades de pesquisa. Baseando-se na sua própria etnografia malaia, Carsten mostra como a diferenciação de gênero varia ao longo do curso da vida com referência a eventos como nascimento, casamento e morte. Dessa maneira, a diferenciação de gênero interage com o parentesco, e ambos precisam ser examinados juntos.

Carsten não defende que nos livremos da biologia ou das ideias do que é fixo e dado. Ela diz que não são apenas as compreensões ocidentais que contêm um senso da diferença entre sexo e gênero, entre o que é dado e o que é adquirido ou aprendido, e sujeito a mudanças ao longo do curso da vida. Ela sugere que, em vez de assumir como essas distinções são feitas e como elas se relacionam com outros aspectos do pensamento das pessoas sobre gênero, parentesco, relacionamentos e assim por diante, devemos indagar acerca dessas categorias e processos. Por exemplo, seus informantes malaios consideram que as pessoas se tornam parentes através da convivência e da comensalidade, e, como Carsten aponta, "é difícil saber se isso deve ser considerado como um processo 'social' ou 'biológico'", uma vez que incorpora aspectos de ambos (p. 81). Para Carsten, então, o parentesco traz substância empírica e possibilidades etnográficas para o estudo do gênero, e há muito a ganhar "reunindo sexo e gênero como uma forma de reter a biologia como parte do que os antropólogos têm que entender" (p. 82). Outros estudiosos que fizeram exatamente isso, incorporando e ultrapassando as ideias de performatividade de Butler no processo, incluem Middleton (2000), Ramberg (2014), Weston (1997 [1991]) e Franklin (2002).

Antropologia e feminismo: uma relação estranha?

Vale a pena fazer uma pausa neste ponto para refletir sobre a relação entre antropologia e feminismo, cujas discussões trazem a marca de desenvolvimentos na antropologia de gênero em sentido amplo.

Em um artigo amplamente lido, Rosaldo (2006 [1980]) observou que, embora em 1980 houvesse "muitos dados 'sobre as mulheres'", quando se tratava de escrever sobre elas, poucos antropólogos sabiam por onde começar. Ela argumentou que o problema já não era mais a falta de dados, mas de questões de pesquisa (p. 108). Embora, em termos gerais, as questões sobre as origens humanas tenham caído em desgraça na antropologia, esses tipos de questões ainda dominavam os escritos feministas, onde "será que as coisas sempre foram como são hoje?" ainda era comumente perguntado (p. 108). As sociedades não ocidentais foram tomadas como fontes de respostas para questões acerca do passado distante e isso parecia ser o tipo de informação que as feministas esperavam que os antropólogos fornecessem. A preocupação de Rosaldo era que tais questões universalistas se prestassem a respostas universalistas (do tipo que ela mesma havia fornecido em 1974). Em 1980, ela argumentou que as antropólogas feministas precisavam de novas questões, em vez de relatos de "como tudo começou". Ao colocar questões diferentes, ela esperava que os antropólogos tivessem mais do que dados brutos para contribuir com os debates feministas. Em sua opinião, eles precisavam ser capazes de analisar as relações entre homens e mulheres "como aspectos de um contexto social mais amplo" (p. 120). Nesse ponto, ela quis colocar em primeiro plano as especificidades etnográficas, em vez de teorizações abstratas. Embora Rosaldo tenha deixado claro que não queria negar "que fatos biológicos como a reprodução deixam sua marca na vida das mulheres", ela queria dar mais ênfase ao contexto sociocultural e focar nas maneiras como "homens e mulheres participam e ajudam a reproduzir as formas institucionais que os podem oprimir, liberar, unir ou dividir" (p. 122)[87]. Além da preocupação com o desenvolvimento da relação entre antropologia e feminismo, também podemos ver aqui uma mudança no sentido de incorporar os homens no estudo de gênero em vez de defender uma antropologia de mulheres.

Vinte anos mais tarde, Ana Maria Alonso (2000) publicou uma resposta ao artigo de Rosaldo. Nesse ínterim, os estudos feministas avançaram significativamente e o campo dos estudos de gênero se tornou mais firmemente estabelecido. Acadêmicos como Judith Butler ganharam destaque e muitas das perguntas que eram feitas de fato mudaram. Alonso abriu seu artigo descrevendo um momento durante um grupo de leitura feminista, quando um novo membro mencionou a menstruação como um possível "'ponto de partida' para um sentimento de comunhão entre as mulheres" (p. 221). Ela foi imediatamente acusada de ser uma "essencialista" – alguém que acredita que o gênero é fixo e determinado – ao que ela respondeu que as abordagens atualmente dominantes nos estudos feministas estavam "engajadas em uma negação do corpo" (pp. 221-222).

Refletindo sobre esse incidente, Alonso perguntou se "essencialista" havia se tornado uma "etiqueta de controle" que impedia o reconhecimento de "processos corporais bioculturais" que haviam sido amplamente postos de lado na mudança teórica na direção do discurso (p. 222). Ela reconheceu o medo de muitas feministas acadêmicas de que reconhecer uma base corporal para o gênero implicaria que a desigualdade de gênero é inevitável (p. 222). De fato, muitas das próprias alunas de Alonso definiram o trabalho de Rosaldo como "essencialista". A maioria dessas alunas identifica-se como feminista liberal; para elas, "liberdade significava escolha, e o gênero não poderia ser escolhido se estivesse de alguma maneira ancorado na biologia humana – particularmente na reprodução sexual" (p. 223). Alonso ficou impressionada

87. Cf. Nicholson (1982), para uma resposta inicial (e crítica) ao argumento de Rosaldo.

com o que ela viu como o privilégio subjacente a esta posição. Essas eram mulheres que haviam se beneficiado com avanços como:

> contracepção, mamografias, cirurgia reconstrutiva da mama, fórmulas infantis, bombas de tirar leite, alternativas de cuidados infantis, absorventes higiênicos e assim por diante; para elas, era possível esquecer que seu acesso a essas coisas era o resultado das lutas das "gerações anteriores" contra o controle dos homens sobre os [corpos] das mulheres, contra o preconceito de gênero no estabelecimento médico [e] contra a regulamentação estatal da sexualidade das mulheres (p. 223).

Por outro lado, ela argumentou que as mulheres menos privilegiadas, nos Estados Unidos ou em outros lugares, tendiam a estar "mais conscientes da materialidade do corpo porque têm que lutar com as mudanças provocadas por seus ciclos, gestações e doenças de maneiras que carregam mais imediatismo sensorial" (p. 223).

Alonso postulou que o trabalho antropológico feito na década de 1970 tinha sido na verdade mais holístico do que o trabalho posterior sobre gênero, que ela considerou ter dado muita ênfase ao discurso, vendo as coisas como estando constantemente em fluxo e as desigualdades como negociadas. Em sua opinião, trabalhos mais recentes que desconstroem a ideia das "mulheres" como o sujeito do feminismo "têm pouco a oferecer às mulheres fora da academia ou [...] a ativistas que trabalham em abrigos para mulheres vítimas de violência, assistência jurídica e numerosas organizações sociais e políticas de saúde das mulheres" (p. 229). Ela concluiu que uma divisão debilitante surgiu "entre as feministas que acreditam nas mulheres e as que não acreditam" (p. 229). É evidente aqui o *status* do feminismo e dos estudos de gênero como campos contestados, caracterizados pelo debate, o desacordo e a tensão entre os estudos feministas e a ação política feminista.

Apanhando essas fricções, Strathern caracterizou de forma memorável a relação entre antropologia e feminismo como "estranha" (1987). Sua intervenção foi motivada em parte por sua observação do grau limitado em que o feminismo e a antropologia feminista haviam penetrado ou transformado a disciplina da antropologia como um todo. Ela usou o termo "estranha" para sinalizar uma tensão entre os estudos feministas e a antropologia que é, em suas palavras, "uma hesitação na soleira da porta em vez de barricadas" (p. 286). Sua tese afirma que a antropologia e o feminismo têm certas coisas em comum, notadamente uma ênfase compartilhada na experiência, entretanto são diferentes de maneiras que significam que não se confrontam ou se desafiam de frente, mas antes dão golpes tangenciais e olhares zombeteiros e enviesados por causa de suas perspectivas contrastantes.

No centro de sua discussão está uma consideração das maneiras pelas quais a antropologia e o feminismo se relacionam com seus respectivos outros. A antropologia, diz ela, lida com um outro que é socialmente ou culturalmente distinto; enquanto para o feminismo, o outro é o patriarcado: "as instituições e pessoas que representam a dominação masculina", ou, em sua forma abreviada: os homens (p. 288). Enquanto o feminismo opera em oposição ao seu outro, a antropologia está comprometida com uma postura de abertura em relação às experiências e perspectivas dos outros. O objetivo antropológico é "criar uma relação com o Outro" (p. 289). Strathern sugere que o feminismo zomba dos esforços dos antropólogos para criar colaboração, diálogo ou mesmo coautoria com seus informantes, ao apontar as inevitáveis assimetrias de poder entre os antropólogos e as pessoas com as quais trabalham e estudam. Os antropólogos estão cientes disso, mas a colaboração continua sendo a sua "situação ética ideal" (p. 290), uma ideia que o feminismo desafia porque "de uma perspectiva feminista [...] não pode haver colaboração com o Outro" (p. 290). Embora essa crítica feminista seja baseada em premissas diferentes, ela atinge a antropologia onde dói. Por sua vez, a antropologia zomba do feminismo: o feminismo contém a ideia de que as feministas vêm a conhecer o self por meio de sua diferença do outro. Para as feministas, "é uma conquista perceber o abismo [entre as mulheres e o patriarcado], e, por sua vez, uma posição ética, pois é isso que valida o compromisso das mulheres umas com as outras" (p. 290). A antropologia zomba da ideia de que as feministas podem alcançar essa separação porque o trabalho etnográfico dos antropólogos indica o quanto as feministas compartilham da sociedade que elas criticam: as feministas podem ser vistas operando "dentro das restrições socioculturais da sua própria sociedade" (p. 291).

A ideia do relacionamento estranho encapsula, para muitas antropólogas feministas, as tensões que elas sentem pessoalmente ao se esforçarem para ser feministas e antropólogas. Também atinge o cerne da questão de como as antropólogas feministas lidam com a diferença. A tese de Strathern, no entanto, suscitou críticas. Assim, Abu-Lughod sugeriu que Strathern é culpada de recuar "do problema do poder" (Abu-Lughod, 2006 [1991], p. 154). Ela aponta o contraste entre a posição relativa, em termos de poder, que antropólogos e feministas tenderam a manter em relação aos seus respectivos outros. Os antropólogos geralmente estão do lado do Ocidente, mais dominante, no encontro Ocidente/não Ocidente (sejam eles nascidos no Ocidente, educados no Ocidente ou simplesmente educados no discurso e na prática da disciplina da antropologia), enquanto as feministas estão associadas à posição subordinada em seu confronto com o patriarcado. Além disso, de acordo com Abu-Lughod, o feminismo tem lidado com a diferença dentro de suas próprias fileiras mais abertamente e com mais sucesso do que a antropologia. No entanto, ela reconheceu uma diversidade crescente dentro da antropologia na década de 1990. Ela, portanto, fala de "meio" [*halfie*] antropólogos, ela própria incluída, "cuja identidade nacional ou cultural é misturada em virtude de migração, educação no exterior ou parentesco" (p. 153)[88]. Abu-Lughod argumenta que feministas e meio antropólogos compartilham uma incapacidade de "assumir confortavelmente o self da antropologia" (p. 155). Isso lhes dá uma maior consciência das questões de poder e posicionalidade, bem como das diferenças entre os vários públicos para os quais escrevem. Ao contrário das gerações anteriores de antropólogos, eles têm que se perguntar "o que acontece quando o outro que o antropólogo está estudando é simultaneamente construído como, pelo menos parcialmente, um self?" (p. 155). O que Abu-Lughod nos aponta aqui, em parte, são debates dentro do feminismo e da antropologia feminista centrados nas diferenças de gênero, raça e classe (p. ex., Sacks, 1989).

88. "Meio" não é um termo que decolou na antropologia, mas Abu-Lughod o considera útil. Eu o utilizo aqui como referência ao seu trabalho.

Críticas pós-coloniais

Outros estudiosos não olharam tão favoravelmente para o feminismo quanto Abu-Lughod (p. ex., Amadiume, 1987; Oyěwùmí, 2003a)[89]. Aihwa Ong (2001 [1988]), por exemplo, ecoando o ponto de Strathern de que as feministas operam dentro do mesmo mundo sociocultural que o patriarcado ao qual se opõem, acusa as antropólogas feministas de aplicar inadequadamente os padrões e objetivos ocidentais de "racionalidade e individualismo" (p. 108) a outras sociedades. Além disso, ela sugere que "quando as feministas olham para o exterior, frequentemente procuram estabelecer a *sua* [própria] autoridade nas costas das mulheres não ocidentais, determinando para elas os significados e objetivos de suas vidas" (p. 108). Nesse sentido, ela argumenta que para as feministas que trabalham fora do Ocidente o outro não são os homens, como Strathern havia sugerido, mas as mulheres não ocidentais, de modo que as feministas e as mulheres não ocidentais que elas estudam mantêm uma relação de oposição entre si.

A preocupação de Ong é com as "interseções entre o discurso colonial e as representações feministas de mulheres não ocidentais" (p. 108) e ela se concentra em livros escritos sobre "mulheres em desenvolvimento" para demonstrar seu ponto de vista. Ela sugere que haja uma qualidade neocolonial nas maneiras como as acadêmicas feministas escrevem sobre mulheres não ocidentais, que são "tidas como uma categoria universal não problemática" em grande parte desta escrita, e cujo *status* é julgado em relação a "um conjunto de referências jurídicas, políticas e sociais que as feministas ocidentais consideram críticas para alcançar um equilíbrio de poder entre homens e mulheres" (p. 110). Em outras palavras, as mulheres não ocidentais são medidas pelos padrões ocidentais e comparadas com os próprios objetivos e ideais das feministas ocidentais. Como resultado, as feministas reforçam sua

89. Refiro-me aqui à comparação, discutida acima, que ela fez no início dos anos de 1990 entre antropologia e feminismo, e sua percepção, naquela época, de que as feministas vinham lidando com mais sucesso com as suas próprias diferenças internas do que os antropólogos. No entanto, como veremos a seguir, Abu-Lughod não deixa de ser crítica ao feminismo, como fica evidente em sua condenação das maneiras pelas quais muitas feministas têm retratado as mulheres muçulmanas desde 2001 (Abu-Lughod, 2002; 2013).

"crença em sua própria superioridade cultural" (p. 113). Ela exorta as antropólogas feministas a não desistirem, mas antes a alterarem sua abordagem, a fim de compreenderem as vidas e as ambições das mulheres em outras partes do mundo em seus próprios termos e "aceitarem que outros muitas vezes escolhem conduzir suas vidas independentemente de nossa visão particular do futuro" (p. 116).

A crítica de Ong ressoa com um artigo altamente influente publicado por Chandra Mohanty no mesmo ano. Mohanty argumentou que muitos escritos feministas ocidentais obliteram a variedade "material e histórica" das vidas das mulheres no terceiro mundo e acabam apresentando uma "compósita [e] singular 'mulher do terceiro mundo'" (1988, p. 62), caracterizada por sua subordinação[90]. Ela vê nessa criação da mulher genérica do terceiro mundo o funcionamento do poder na escrita feminista. As críticas de Ong e Mohanty também são consoantes com o trabalho de várias estudiosas feministas africanas, que constitui um rico recurso para aqueles que buscam se envolver com outras formas de pensar sobre gênero, tanto historicamente quanto em relação a preocupações contemporâneas. De maneiras diferentes, Ifi Amadiume (1987; 1997), Oyèrónké Oyěwùmí (1997; 2003b) e Nkiru Uwechia Nzegwu (2006), por exemplo, nos desafiam a repensar suposições profundamente arraigadas sobre a importância da maternidade para o *status* social das mulheres e destacam os efeitos prejudiciais da colonização sobre as relações de gênero na África. Eles enfatizam as experiências históricas contrastantes das mulheres europeias e africanas, e argumentam que as ferramentas da análise feminista euro-americana são insuficientes para a tarefa de compreender a vida das mulheres africanas.

Na mesma linha, o estudo de Saba Mahmood (2005) sobre as mulheres egípcias muçulmanas membros do movimento piedoso no Cairo nos apresenta um profundo desafio. As mulheres com as quais Mahmood trabalhou

90. Por "feminismo ocidental" Mohanty se refere ao feminismo que toma como seu "ponto de referência principal os interesses feministas tal como foram articulados nos Estados Unidos e na Europa Ocidental" (1988, p. 61), e sugeriu que os acadêmicos urbanos africanos e asiáticos de classe média também estão frequentemente implicados na abordagem hierárquica da escrita feminista que ela criticou.

não necessariamente compartilhavam os objetivos das feministas liberais ocidentais – ou seja, liberdade e igualdade – e, portanto, Mahmood pergunta: "será que um compromisso com a ideia de igualdade em nossas próprias vidas nos dota da capacidade de saber que esse ideal capta o que é ou deveria ser gratificante para todos os outros?" Se não, ela continua, "como certamente é o caso, então acho que precisamos repensar, com muito mais humildade do que estamos acostumados, o que a política feminista realmente significa" (2005, p. 38). Na verdade, pode-se dizer que esse desafio está no cerne da tensão entre feminismo e antropologia.

Refletindo sobre as maneiras como as vidas das mulheres muçulmanas foram submetidas ao escrutínio da mídia europeia e americana e dos comentaristas sociais, inclusive feministas, na esteira das atrocidades do 11 de setembro de 2001, Abu-Lughod emitiu duas advertências aos antropólogos feministas. Uma é que não devemos sucumbir à armadilha polarizadora de colocar o "feminismo no lado do Ocidente" (2002, p. 788). Precisamos ser capazes de pensar sobre feminismos no plural. A segunda é contra vocações de "salvar" mulheres em outras partes do mundo. Ela sugere que a própria ideia de salvar outras mulheres é paternalista e insensível a outras formas de compreender suas vidas (2002; 2013). Em vez de salvar as mulheres muçulmanas, ela pede que:

> onde procuramos ser ativos nos assuntos de lugares distantes [...] façamos isso no espírito de apoio àqueles nessas comunidades cujos objetivos sejam tornar melhor a vida das mulheres (e dos homens) [...] [e que] usemos uma linguagem mais igualitária de alianças, coalizões e solidariedade, em vez de salvação (2002, p. 789).

Conclusão

Começando com a formação da antropologia feminista a partir da década de 1970, este capítulo examinou o desenvolvimento da antropologia de gênero. Reconhecendo a exclusão das mulheres dos textos antropológicos, os pioneiros neste campo buscaram estabelecer uma antropologia das mulheres, que logo cresceu e se diversificou no estudo mais amplo das relações e identidades de gênero. Em particular, consideramos os avanços no campo dos estudos de parentesco, onde a influência mútua do trabalho antropológico e dos escritos dos teóricos de gênero é particularmente evidente. Esses debates continuam a colocar em primeiro plano ideias sobre natureza e cultura semelhantes às que animaram estudos anteriores. No entanto, o movimento para interrogar natureza/biologia (em vez de simplesmente enfocar cultura/gênero) perturbou a distinção entre sexo e gênero que era central em trabalhos anteriores. Outros desenvolvimentos importantes na antropologia de gênero que não fui capaz de considerar detalhadamente neste capítulo incluem o surgimento dos estudos da masculinidade (p. ex., Gutmann, 1997; Osella & Osella, 2000; Connell, 2005 [1995]; Simpson, 2009) e da sexualidade (p. ex., Kulick, 1997; Boellstorff, 2005; 2007; Cornwall et al., 2011; Lyons & Lyons, 2011; Tamale, 2011; Spronk, 2014). Ao longo do tempo, como vimos, os estudiosos têm lidado com a relação entre o feminismo como um compromisso político com a igualdade de gênero e o imperativo antropológico de não presumir o conteúdo ou o significado das identidades e relações de gênero em outros lugares. A tensão aparentemente inevitável ou a "estranheza" entre a antropologia e o feminismo suscita a possibilidade de a "antropologia feminista" ser uma contradição em termos, e, no entanto, de alguma maneira, uma investigação antropológica feminista sensível continua a fornecer intervenções etnográficas e teóricas provocadoras (p. ex., Arnfred, 2011; Hodgson, 2011).

Para concluir, vale a pena refletir sobre quão bem-sucedidas a antropologia feminista e a antropologia de gênero têm sido. No século XXI, é difícil imaginar um antropólogo, homem ou mulher, explicitamente feminista ou não, que venha a escrever sobre uma sociedade ou um fenômeno social sem considerar explicitamente as dimensões de gênero – sem falar com homens e mulheres, pensar cuidadosamente sobre como suas perspectivas diferem e por que isso acontece, olhar para suas várias atividades e papéis, ou as maneiras pelas quais homens e mulheres cooperam nas mesmas tarefas. Tampouco os antropólogos contemporâneos presumiriam necessariamente a relevância das categorias binárias de gênero em um determinado contexto etnográfico. Qualquer que fosse o objeto no qual eles mais estivessem interessados, e sobre o que quer que fosse a etnografia resultante, essas coisas entrariam no texto. Elas seriam embutidas nos métodos de estudo durante o trabalho de campo, a fim de encontrar maneiras de acessar vozes, perspectivas e atividades masculinas e femininas. E em situações nas quais isso não fosse possível, essas limitações seriam discutidas, assim como as implicações da própria identidade de gênero do etnógrafo. O terreno realmente mudou.

Referências

Abu-Lughod, L. (1990). Can there be a feminist ethnography? *Women & Performance: A Journal of Feminist Theory 5*(1): 7-27.

Abu-Lughod, L. (1993). *Writing Women's Worlds: Bedouin Stories.* Berkeley: University of California Press.

Abu-Lughod, L. (2002). Do Muslim women really need saving? Anthropological reflections on cultural relativism and its others. *American Anthropologist 104*(3): 783-790.

Abu-Lughod, L. (2006 [1991]). Writing against culture. In E. Lewin (ed.). *Feminist Anthropology: A Reader* (pp. 153-169). Oxford: Blackwell.

Abu-Lughod, L. (2013). *Do Muslim Women need Saving?* Cambridge: Harvard University Press.

Alonso, A. M. (2000). The use and abuse of feminist theory: Fear, dust, and commensality. In A. Lugo, & B. Maurer (eds.). *Gender Matters: Rereading Michelle Z Rosaldo* (pp. 221-231). Ann Arbor: University of Michigan Press.

Amadiume, I. (1987). *Male Daughters, Female Husbands.* Londres: Zed Books.

Amadiume, I. (1997). *Reinventing Africa: Matriarchy, Religion and Culture.* Londres: Zed Books.

Ardener, E. (1972). Belief and the problem of women. In J. S. La Fontaine (ed.). *The Interpretation of Ritual* (pp. 135-158). Londres: Tavistock.

Arnfred, S. (2011). *Sexuality and Gender Politics in Mozambique: Rethinking Gender in Africa.* Woodbridge: James Currey.

Boellstorff, T. (2005). *The Gay Archipelago: Sexuality and Nation in Indonesia.* Princeton: Princeton University Press.

Boellstorff, T. (2007). *A Coincidence of Desires: Anthropology, Queer Studies, Indonesia.* Durham: Duke University Press.

Butler, J. (1990). *Gender Trouble: Feminism and the Subversion of Identity.* Londres: Routledge.

Carsten, J. (2004). *After Kinship.* Cambridge: Cambridge University Press.

Clifford, J., & Marcus, G. (eds.) (1986). *Writing Culture: The Poetics and Politics of Ethnography.* Berkeley: University of California Press.

Collier, J. F., & Yanagisako, S. J. (eds.) (1987). *Gender and Kinship: Essays Toward a Unified Analysis.* Palo Alto: Stanford University Press.

Connell, R. W. (2005 [1995]). *Masculinities.* Berkeley: University of California Press.

Cornwall, A. & Lindisfarne, N. (eds.) (1994). *Dislocating Masculinity: Comparative Ethnographies.* Londres: Routledge.

Cornwall, A., Edstrom, J., & Greig, A. (eds.) (2011). *Men and Development: Politicising Masculinities.* Londres: Zed Books.

Foucault, M. (1978). *The History of Sexuality. Vol. 1: The Will to Knowledge.* Londres: Penguin Books.

Franklin, S. (2002). Biologization revisited: Kinship theory in the context of the new biologies. In S. Franklin, & S. McKinnon (eds.). *Relative Values: Reconfiguring Kinship Studies* (pp. 302-325). Durham, NC: Duke University Press.

Gutmann, M. C. (1997). Trafficking in men: The anthropology of masculinity. *Annual Review of Anthropology 26*: 385-409.

Hodgson, D. L. (ed.) (2011). *Gender and Culture at the Limit of Rights.* Filadélfia: University of Pennsylvania Press.

Keller, E. F. (1982). Feminism and science. *Signs: Journal of Women in Culture and Society 7*(3): 589-602.

Keller, E. F. (1985). *Reflections on Gender and Science.* New Haven: Yale University Press.

Kulick, D. (1997). The gender of Brazilian transgendered prostitutes. *American Anthropologist 99*(3): 574-585.

Lewin, E. (ed.) (2006). *Feminist Anthropology: A Reader.* Oxford: Blackwell.

Lyons, A. P., & Lyons, H. D. (eds.) (2011). *Sexualities in Anthropology: A Reader.* Oxford: Wiley-Blackwell.

MacCormack, C. P. (1980). Nature, culture and gender: A critique. In C. P. MacCormack, & M. Strathern (eds.). *Nature, Culture and Gender* (pp. 1-24). Cambridge: Cambridge University Press.

MacCormack, C. P., & Strathern, M. (eds.) (1980). *Nature, Culture and Gender.* Cambridge: Cambridge University Press.

MacKinnon, C. (1982). Feminism, Marxism, method and the state: An agenda for theory. *Signs: Journal of Women in Culture and Society 7*(3): 515-544.

Mahmood, S. (2005). *Politics of Piety: The Islamic revival and the Feminist Subject.* Princeton: Princeton University Press.

Middleton, K. (2000). How Karembola men become mothers. In J. Carsten (ed.). *Cultures of Relatedness: New Approaches to the Study of Kinship* (pp. 104-127). Cambridge: Cambridge University Press.

Mohanty, C. T. (1988). Under Western eyes: Feminist scholarship and colonial discourses. *Feminist Review 30*: 61-88.

Moore, H. L. (1988). *Feminism and Anthropology.* Cambridge: Polity.

Moore, H. L. (1994). *A Passion for Difference: Essays in Anthropology and Gender.* Bloomington: Indiana University Press.

Nicholson, L. J. (1982). Comment on Rosaldo's "The use and abuse of anthropology". *Signs 7* (3): 732-735.

Nzegwu, N. U. (2006). *Family Matters: Feminist Concepts in African Philosophy of Culture.* Albânia: State University of New York Press.

Ong, A. (2001 [1988]). Colonialism and modernity: Feminist re-presentations of women in non-Western societies. In K. Bhavnani (ed.). *Feminism and Race* (pp. 108-118). Oxford: Oxford University Press.

Ortner, S. B. (1974). Is female to male as nature is to culture? In M. Z. Rosaldo, & L. Lamphere (eds.). *Woman, Culture, and Society* (pp. 67-88). Palo Alto: Stanford University Press.

Ortner, S. B., & Whitehead, H. (eds.) (1981). *Sexual Meanings: The Cultural Construction of Gender and Sexuality.* Cambridge: Cambridge University Press.

Osella, F.; & Osella, C. (2000). Migration, money and masculinity in Kerala. *Journal of the Royal Anthropological Institute* 6(1): 117-133.

Oyěwùmí, O. (1997). *The Invention of Women: Making an African Sense of Western Gender Discourses.* Mineápolis: University of Minnesota Press.

Oyěwùmí, O. (ed.) (2003a). *African Women and Feminism: Reflecting on the Politics of Sisterhood.* Trenton: Africa World Press.

Oyěwùmí, O. (2003b). The white woman's burden: African women in Western feminist discourse. In O. Oyěwùmí (ed.). *African Women and Feminism: Reflecting on the Politics of Sisterhood* (pp. 25-43). Trenton, NJ: Africa World Press.

Ramberg, L. (2014). *Given to the Goddess: South Indian Devadasis and the Sexuality of Religion.* Durham: Duke University Press.

Reiter, R. R. (ed.) (1975). *Toward an Anthropology of Women.* Londres: Monthly Review Press.

Richards, A. I. (1982 [1956]). *Chisungu: A Girl's Initiation Ceremony among the Bemba of Zambia.* Londres: Routledge.

Rosaldo, M. Z. (1974). Woman, culture, and society: A theoretical overview. In M. Z. Rosaldo, & L. Lamphere (eds.). *Woman, Culture, and Society* (pp. 17-42). Palo Alto: Stanford University Press.

Rosaldo, M. Z. (2006 [1980]). The use and abuse of anthropology: Reflections on feminism in cross-cultural understanding. In E. Lewin (ed.). *Feminist Anthropology: A Reader* (pp. 107-128). Oxford: Blackwell.

Rosaldo, M. Z., & Lamphere, L. (1974). Introduction. In M. Z. Rosaldo, & L. Lamphere (eds.). *Woman, Culture, and Society* (pp. 1-15). Palo Alto, CA: Stanford University Press.

Sacks, K. B. (1989). Toward a unified theory of class, race, and gender. *American Ethnologist 16*(3): 534-550.

Shapiro, J. (1981). Anthropology and the study of gender. *Soundings: An International Journal 64*(4): 446-465.

Shostak, M. (1981). *Nisa: The Life and Words of a !Kung woman.* Cambridge, MA: Harvard University Press.

Simpson, A. (2009). *Boys to Men in the Shadow of Aids: Masculinities and HIV Risk in Zambia.* Basingstoke: Palgrave Macmillan.

Spronk, R. (2014). Sexuality and subjectivity: Erotic practices and the question of bodily sensations. *Social Anthropology 22*(1): 3-21.

Strathern, M. (1980). No nature, no culture: The Hagen case. In C. P. MacCormack, & M. Strathern (eds.). *Nature, Culture and Gender* (pp. 174-222). Cambridge: Cambridge University Press.

Strathern, M. (1987). An awkward relationship: The case of feminism and anthropology. *Signs 12*(2): 276-292.

Tamale, S. (ed.) (2011). *African Sexualities: A Reader.* Oxford: Pambazuka Press.

Weston, K. (1997 [1991]). *Families We Choose: Lesbians, Gays, Kinship and the New Reproductive Technologies.* Nova York: Columbia University Press.

Yanagisako, S. J., & Collier, J. F. (1987). Toward a unified analysis of kinship and gender. In J. F. Collier, & S. J. Yanagisako (eds.). *Gender and Kinship: Essays toward a Unified Analysis* (pp. 14-50). Palo Alto: Stanford University Press.

13
Sem ator, sem rede e sem teoria
A antropologia dos modernos, de Bruno Latour

Matei Candea

Introdução: identificando a TAR

Este capítulo explora o movimento teórico conhecido como "teoria ator-rede", que se originou em estudos científicos da década de 1980 e tornou-se influente nas ciências sociais de forma mais ampla no final da década de 1990. A Teoria Ator-Rede (doravante TAR) tem sido invocada com aprovação ou crítica por antropólogos que estudam não apenas cientistas em atividade (Rabinow, 1996; Houdart, 2008; Helmreich, 2009; Candea, 2013), mas também uma ampla gama de outros tópicos, desde finanças (Zaloom, 2003), arqueologia (Abu El-Haj, 1998) ou direitos indígenas (Kaplan & Kelly, 1999) a incêndios florestais (Candea, 2008; para uma revisão de parte deste trabalho e uma reflexão sobre a influência da TAR na antropologia, cf. Oppenheim, 2007).

A TAR encantou e enfureceu comentadores em igual medida, em parte devido ao estilo iconoclasta de argumentação e alegações metafísicas aparentemente ultrajantes de alguns dos seus principais proponentes, entre eles o sociólogo/antropólogo/filósofo francês Bruno Latour. É sabido que Latour (2000) argumentou, por exemplo, que, quando arqueólogos afirmam que o faraó egípcio Ramsés II morreu de tuberculose, eles estão se envolvendo em uma espécie de viagem no tempo, uma vez que a tuberculose só foi descoberta em 1882. Em uma monografia sobre o fracasso de um projeto de sistema de transporte parisiense, Latour incluiu transcrições de diálogos imaginários entre diferentes elementos mecânicos de um vagão ferroviário (1996). E em um artigo retrospectivo sobre o crescente sucesso da TAR, ele prestativamente observou que "há quatro coisas que não funcionam com a teoria ator-rede; a palavra ator, a palavra rede, a palavra teoria e o hífen!" (1999, p. 15).

Este capítulo segue a orientação do enunciado gnômico de Latour. Após um exemplo ampliado inicial da abordagem da TAR na prática, o capítulo desenvolverá os pontos negativos acima. Explicaremos por que a TAR não versa de fato sobre redes ou atores no sentido usual, e por que sua alegação potencialmente mais produtiva – e a melhor resposta dos teóricos ator-rede aos seus críticos – é que não se trata, de modo algum, de uma teoria.

Essa abordagem negativa pode parecer jocosa, mas é necessária porque uma descrição mais frontal da TAR, delineando do que se trata ou o que argumenta, é na verdade bastante difícil. De um modo muito geral, podem-se identificar alguns temas e preocupações principais associados à TAR: um interesse na materialidade e nas propriedades ativas de não humanos, uma preocupação em rastrear os efeitos de pessoas, objetos e ideias sobre múltiplos locais, uma suspeita de estruturas explicativas científicas sociais estabelecidas e de dicotomias-padrão, tais como ciência *versus* política, natureza *versus* cultura ou humano *versus* não humano. Esses temas e preocupações fazem parte de uma atmosfera teórica mais ampla na qual a antropologia e as ciências sociais têm estado imersas desde a década de 1990 (cf., p. ex., Strathern, 1988; Gell, 1998; Viveiros de Castro, 1998; Ingold, 2000; Miller, 2005, para abordagens muito diferentes de alguns ou todos esses temas).

A TAR se destaca de maneira bastante marcante nessas outras abordagens, mas, ao tentar especificar de que forma ela o faz, começa-se a encontrar uma série de problemas graves. O primeiro é que, como sugerido acima, a TAR tem sido implantada para descrever uma enorme gama de fenômenos e, portanto, é difícil circunscrevê-la por seu tópico ou objeto. Latour sozinho (ou em alguns casos com outros) escreveu livros sobre ciência (1987), tecnologia (1996), Modernidade (1993), Paris (1998), política (2004a), direito

(2009), religião (2013b) e as variedades de existência em geral (2013a). Esse ecletismo é generalizado entre os teóricos ator-rede. Como John Law – ele próprio um importante proponente da TAR – observou:

> Verdade e falsidade. Grande e pequeno. Agência e estrutura. Humano e não humano. Antes e depois. Conhecimento e poder. Contexto e conteúdo. Materialidade e sociabilidade. Atividade e passividade. De uma forma ou de outra, todas essas divisões têm sido menosprezadas no trabalho empreendido em nome da teoria ator-rede (1999, p. 3).

A segunda dificuldade é que os próprios conceitos usados pelos teóricos ator-rede estão mudando constantemente, não simplesmente de um autor para o outro, mas mesmo dentro do trabalho de autores individuais. Leitores novatos em breve serão confrontados com um conjunto desconcertante de termos e distinções: atores-redes, quase-atuantes, híbridos, móveis imutáveis, questões de fato e motivos de preocupação, intermediários e mediadores, regiões, redes, fluidos, tradução, trilha, aliança, a sociologia da tradução, a sociologia da associação em oposição à sociologia do social... Por mais confuso e irritante que isso possa ser, essa terminologia em constante mudança não é, como veremos a seguir, um bug, mas uma característica da TAR. Ela incorpora uma aversão geral ao estabelecimento de uma "estrutura" estável ou dogma conceitual. Para seus proponentes, para citar Law novamente:

> [T]entativas de converter a teoria ator-rede em um ponto fixo, uma série específica de alegações, de regras, um credo, ou um território com atributos fixos também se esforçam para transformá-la em um único local [...]. Mas isso é um absurdo, pois, na medida em que está viva, na medida em que funciona, na medida em que está inserida na prática intelectual, essa coisa que chamamos de teoria ator-rede também se transforma. Isso significa que não há *credo*. Apenas teorias mortas e práticas mortas celebram sua autoidentidade. Apenas teorias mortas e práticas mortas aferram-se a seus nomes, insistem em sua reprodução perfeita. Apenas teorias mortas e práticas mortas buscam refletir em cada detalhe as práticas que vieram antes (1999, p. 10).

Por essas razões, é de fato mais fácil, como farei no restante deste capítulo, identificar a TAR delineando o que ela não é, ao invés do que ela é.

Também irei me concentrar aqui – mais uma vez para simplificar – em uma versão particular da TAR, ou seja, aquela proposta por Bruno Latour. À luz da declaração de Law acima, no entanto, o leitor não ficará surpreso ao saber que vários outros autores associados à TAR – o próprio Law, mas também Annemarie Mol (2002), Michel Callon (1986), Steve Woolgar (1991), Helen Verran (2001), Antoine Hennion (2015) – produziram versões ou entendimentos claramente diferentes acerca dela.

A TAR pode parecer mais obviamente uma contribuição à sociologia ou mesmo à filosofia do que à antropologia. De muitas maneiras, é assim. Na verdade, Mol, um proeminente proponente da TAR, caracterizou seu próprio trabalho como "filosofia empírica" (2002, p. 1). Isso funciona como uma caracterização adequada da TAR de maneira mais geral. E, no entanto, o impulso por trás da TAR foi antropológico em um importante sentido: apoiou-se numa leitura muito particular do compromisso antropológico de "tornar o familiar estranho". Bruno Latour delineia detidamente esse compromisso em seu livro que se tornou um clássico, *We Have Never Been Modern* [Jamais fomos modernos] (1993). Aí, ele propõe que uma "antropologia dos modernos" é necessária para se ver os pressupostos mais centrais da modernidade ocidental – nomeadamente, todas as "divisões" enumeradas por Law acima – como que de fora[91]. Os pronunciamentos contraintuitivos da TAR – inclusive sua alegação de que não é uma teoria – podem todos ser vistos como uma tentativa de elaborar a linguagem conceitual para tal antropologia.

Darei neste capítulo apenas uma exemplificação etnográfica detalhada da TAR, e esta é ligeiramente paradoxal por duas razões. Primeiro, porque o livro não é a ideia de etnografia de todos. Em segundo lugar, porque o termo TAR não havia de fato sido cunhado na época em que o livro foi escrito. E, no entanto, essa monografia agora clássica – que é tanto uma das primeiras quanto é ainda, indiscutivelmente, uma das etnografias mais incisivas da ciência em ação – primeiro estabeleceu alguns dos princípios-chave do que

91. O objetivo do livro de Latour era desafiar a narrativa clássica da Modernidade e a "grande divisão" (Latour, 1993, p. 11), que muitas vezes se imagina existir entre "nós, os modernos" e os "outros". E, no entanto, de várias maneiras, esse livro também foi visto como uma restauração dessa distinção (para uma crítica sofisticada nessas linhas, cf. Strathern, 1999).

mais tarde seria chamado de TAR. O livro é *Laboratory Life* [A vida de laboratório] (Latour & Woolgar, 1979): um estudo etnográfico de um laboratório de biologia no Instituto Salk em La Jolla, Califórnia. A próxima seção examina este estudo de caso com algum detalhe, após o que o capítulo se volta para um delineamento mais amplo da TAR, concluindo com uma consideração de alguns dos limites dessa abordagem.

As primeiras insinuações da TAR: *A vida de laboratório*

Dois elementos de contexto são importantes ao considerar *A vida de laboratório*, de Latour e Woolgar. O primeiro é que esse livro foi escrito em uma época em que os antropólogos estavam cada vez mais comprometidos em trazer a disciplina "de volta para casa" (Cole, 1977). O estudo de Latour e Woolgar foi, portanto, parte de um punhado de tentativas de trazer a antropologia "de volta para casa", concentrando-se nos próprios centros de produção do poder e das narrativas ocidentais, tais como laboratórios científicos ou instituições e ideologias políticas ocidentais. *A vida de laboratório* foi, portanto, parte de um movimento mais amplo no sentido de colocar o próprio "Ocidente" em uma perspectiva etnográfica.

O segundo elemento de contexto concerne às discussões na sociologia e na história da ciência, para as quais este livro deu uma contribuição transformadora e crítica[92]. Embora o exame desses argumentos possa parecer tirar-nos de nosso foco na TAR como um recurso "teórico" geral para antropólogos, muitas das características identificadoras, pontos fortes e fracos da TAR foram desenvolvidos neste contexto, de modo que vale a pena examiná-los pormenorizadamente.

Nas décadas de 1960 e 1970, sociólogos e historiadores que estudavam ciência afirmavam cada vez mais ousadamente que os fatos científicos eram "construções sociais" e que o conteúdo das descobertas científicas poderia ser explicado em certa medida por, ou pelo menos correlacionado a, fatores tais como os interesses políticos dos cientistas, sua classe social, seu gênero, suas

92. Para um esboço mais amplo da relação entre os estudos de ciência e tecnologia e a antropologia, cf. Candea (2017).

imaginações culturais da "natureza" e, mais amplamente, suas ideologias, as desigualdades estruturais na sociedade a que os cientistas pertenciam e assim por diante. Mesmo que alguém permanecesse agnóstico quanto a se um determinado corpo de conhecimento científico era verdadeiro, o fato de que geralmente acreditava-se que sim era, seguramente, um fato social. Como o coloca o sociólogo David Bloor: "a objetividade do conhecimento reside em ser o conjunto das crenças adotadas por um grupo social" (1974, p. 76).

Esse "construcionismo social" nos estudos científicos baseou-se diretamente em uma tradição de análise antropológica da relação entre conhecimento e sociedade, em última análise, enraizada na sociologia do conhecimento lançada por Émile Durkheim no início do século XX (cf. cap. 1). Bloor novamente:

> A organização social pode, de fato, garantir que uma dada teoria seja percebida como verdadeira. Evans-Pritchard mostrou isso ao examinar a maneira como a sociedade zande é organizada em torno da premissa de que o mundo natural está repleto de forças da bruxaria. Filósofos e antropólogos têm investigado cada vez mais os processos sociais pelos quais as teorias são sustentadas e as anomalias absorvidas [...]. A organização social, então, é a variável crucial que determina a percepção da verdade e da falsidade de qualquer teoria (p. 76).

Esta abordagem levou a um foco nos detalhes e na prática do trabalho científico, para examinar sociologicamente os processos quotidianos por meio dos quais "as teorias são sustentadas e as anomalias absorvidas" (p. 76). Na antropologia, a etnografia de Sharon Traweek de físicos americanos e japoneses (1988) procurou, nesse sentido, tratar a física como uma emanação cultural de um contexto social particular, inerentemente informada pelas práticas socialmente estruturadas e de gênero dos físicos que a produziram (para uma crítica, cf. Latour, 1990).

Os primeiros sinais da TAR surgiram dentro, mas também contra esse contexto construcionista social. *Laboratory Life* [A vida de laboratório] (1979), com o subtítulo *The Social Construction of Scientific Facts* [A construção social dos fatos científicos], ofereceu um relato das práticas dos biólogos que procurou mostrar como os fatos eram – literalmente – construídos em condições de laboratório, por meio de uma série de práticas de testagem, medição e escrita. As implicações filosóficas estavam, em certo sentido, em conformidade com as da sociologia construcionista social acima: os fatos não foram "descobertos", eles foram feitos, e os processos pelos quais foram feitos eram (em parte) processos e práticas sociais humanos. Por exemplo, os autores analisaram em detalhes a maneira como a linguagem dos artigos científicos invoca diferentes níveis de certeza acerca de declarações particulares – desde declarações controversas, hipotéticas ou meramente possíveis, até aquelas solidamente fundamentadas por meio de referências a outros artigos, até verdades óbvias que "todo mundo sabe" e podem ser afirmadas sem nem mesmo exigir qualquer referência. Estabelecer um fato, eles argumentaram, é em parte uma luta para convencer os leitores por meio da produção acumulada de afirmações vinculadas por meio de práticas de citação intertextuais. Os fatos, examinados empiricamente, nada mais são do que esses conjuntos interligados de afirmações e referências, inscritos em pedaços de papel.

No entanto, Latour e Woolgar afastaram-se distintamente do construcionismo social clássico ao concentrarem-se no papel que máquinas e artefatos desempenhavam neste processo de construção. A construção de fatos científicos estáveis – a redação desses artigos – não seria possível, eles apontaram, sem uma extensa gama de "coisas" e entidades não humanas: os camundongos cujo sangue pode ser extraído, as centrífugas que separam os componentes do sangue, a série de máquinas que permite vários outros tipos de teste serem feitos nesses componentes, os computadores que permitem o mapeamento dos resultados em gráficos, que por sua vez podem ser impressos em papel e integrados em artigos nos quais sustentam afirmações. Em cada uma dessas etapas, ideias, perguntas e respostas ganham solidez material. A chave para este processo são os vários aparatos técnicos que medem e extraem dados de materiais biológicos. Latour e Woolgar os descrevem como "dispositivos de inscrição", cujo papel é "transformar pedaços de matéria em documentos escritos" (1979, p. 51). O laboratório como um todo neste retrato emerge como um "sistema de inscrição literária" (p. 52) – uma espécie de fábrica na qual os fatos são construídos através de um processo muito físico e material de "escrita" acumulada. Seu objetivo:

> era persuadir leitores de artigos [...] de que suas afirmações devem ser aceitas como fatos. Para esse fim, ratos foram sangrados e decapitados, rãs foram esfoladas, produtos químicos consumidos, tempo gasto, carreiras foram feitas ou desfeitas, e dispositivos de inscrição foram fabricados e acumulados dentro do laboratório (p. 88).

A vida de laboratório em lugar algum invocou a expressão TAR. Isso viria mais tarde como um rótulo retrospectivo, e pode-se questionar se o livro foi uma obra da TAR "propriamente dita". Mas vários dos elementos-chave da abordagem já estavam implícitos neste trabalho inicial. Vou agora destacar quatro deles e mostrar como foram elaborados mais formalmente em escritos posteriores sob o título de TAR. Aqui encontramos novamente aquela lista de coisas das quais a TAR não trata. A primeira é uma visão das entidades como redes de outras entidades (porque a TAR não tem a ver com "redes" no sentido usual). A segunda é uma preocupação com a forma como a ação é distribuída entre humanos e não humanos (porque a TAR não tem a ver com "atores" no sentido usual tampouco). A terceira é uma descrição geral da TAR como um projeto, que Bruno Latour apelidou de "uma antropologia dos modernos", e isso leva à quarta, ou seja, uma crítica aos modos clássicos de explicação sociológica. Juntos, esses dois últimos pontos mostram por que a TAR pode alegar não ser uma "teoria" no sentido usual.

Sem "redes": uma semiótica material

Desde a década de 1960 e em alguns setores ainda hoje, a noção de redes tem sido uma alternativa popular para sociólogos que buscam caracterizar a organização social de maneiras mais fluidas do que as permitidas pela noção de estrutura (cf. cap. 1 e 2). A imagem dos atores sociais ligados uns aos outros por meio de redes sociais complexas e mutáveis se tornou uma figura-chave do imaginário sociológico. Esse *não* é, de maneira alguma, o sentido em que a palavra rede é usada na TAR. Para entender o papel que esse termo desempenha na TAR é preciso começar de algum lugar bem diferente, ou seja, na interface entre conceitos e coisas.

Um dos principais efeitos das descrições de Latour e Woolgar do trabalho científico em *A vida de laboratório* foi esbater a fronteira entre processos conceituais e materiais. Na filosofia da ciência clássica, a ciência é frequentemente retratada como uma atividade mental, um processo de investigação racional. Indiscutivelmente, a abordagem construcionista social da ciência, com sua ênfase em representações coletivas e relatividade cultural, manteve essa abordagem da ciência como uma atividade essencialmente mental – uma questão de pensamentos, perspectivas, interpretações e símbolos. O relato de Latour e Woolgar, por outro lado, colocou entre parênteses a questão do que aconteceu nas mentes dos cientistas e concentrou-se, em vez disso, nas práticas materiais de cortar, misturar, comparar, falar e escrever que eles observaram ocorrendo no laboratório. Dessa perspectiva, os artigos científicos que foram produzidos no âmbito do laboratório já não podiam ser vistos simplesmente como uma condensação de pensamento abstrato acontecendo nas mentes dos cientistas (influenciados ou não por sua "cultura" ou "consciência coletiva"). Em vez disso, os artigos e os fatos que eles continham eram simplesmente o estágio final na estabilização de um processo que era, por completo, tanto conceitual quanto material.

Crucialmente, os fatos, nesta visão, já não são vistos como representações mais ou menos precisas de uma "realidade lá fora". Eles são simultaneamente entidades conceituais e materiais que são produzidas, e só podem continuar a existir, dentro de um certo tipo de *rede* feita de práticas sociais, dispositivos técnicos e enunciados. A pergunta que indaga se eles são verdadeiros ou falsos só pode ser feita dentro dessas redes. Os autores colocam o ponto muito claramente na seguinte passagem que merece uma citação estendida:

> Consideremos uma afirmação em particular: "a somatostatina bloqueia a liberação de hormônios do crescimento conforme medido por radioimunoensaio". Se perguntarmos se essa afirmação funciona fora da ciência, a resposta é que a afirmação é verdadeira em todos os lugares onde o radioimunoensaio tenha sido confiavelmente realizado. Isso não significa que a afirmação seja verdadeira em todos os lugares, mesmo onde o radioimunoensaio não tenha sido realizado. Se alguém tirar

> uma amostra de sangue de um paciente hospitalar para determinar se a somatostatina reduz ou não o nível do hormônio do crescimento do paciente, não há como responder a esta pergunta sem acesso a um radioimunoensaio para somatostatina. Pode-se acreditar que a somatostatina tenha esse efeito e até alegar por indução que a afirmação seja absolutamente verdadeira, mas isso equivale a uma crença e uma alegação, em vez de uma prova. A comprovação da afirmação exige a ampliação da rede na qual o radioimunoensaio seja válido, transformar parte da enfermaria do hospital em um anexo de laboratório a fim de realizar o mesmo ensaio. Não estamos argumentando que a somatostatina não exista, nem que não funcione, mas que não pode saltar para fora da própria rede de prática social que torna possível a sua existência (Latour & Woolgar, 1979, p. 183).

Os fatos não podem "saltar para fora" das redes nas quais existem. Indo ao ponto, pode-se dizer que os fatos *são* essas redes. Esse *insight* é tomado emprestado da lógica relacional da semiótica (cf. cap. 2), na qual o significado de qualquer termo só pode ser entendido por causa de seu lugar em uma rede mais ampla de outros termos. Imagine tentar aprender um idioma de um dicionário: cada palavra é definida por um conjunto de outras palavras (*vaca*: "uma fêmea adulta da raça bovina domesticada, criada para produzir leite ou carne"). Você pode procurar estas, por sua vez, e descobrirá que também são definidas por um conjunto de outras palavras (carne [bovina]: "a carne de uma vaca, touro ou boi, usada como alimento") e assim por diante. O significado de cada termo é essa rede de outros termos.

A TAR pega esse *insight* semiótico e aplica-o não apenas a palavras ou ideias, mas também a entidades materiais no mundo (Law, 1999, p. 4)[93]. Assim, os fatos não são simplesmente significados que consistem em uma rede de outros significados, mas sim entidades que são simultaneamente materiais e conceituais (inscrições de significado no papel) consistindo em uma rede de outras coisas, pessoas, práticas e significados (tinta, papel, ideias, hábitos humanos de escrita, evidências produzidas por máquinas etc.).

---

93. Dessa e de outras maneiras, a TAR tem mais do que uma dívida passageira para com a obra de Michel Foucault (cf. cap. 10).

O mesmo poderia ser dito, por sua vez, das máquinas e demais objetos do laboratório. Assim como os fatos que ajudam a construir, esses dispositivos materiais são eles próprios os efeitos de atividades conceituais e materiais, algumas das quais ocorreram em outro lugar. Uma centrífuga, por exemplo, é feita de pedaços de metal e plástico processados a máquina, para um projeto desenhado por técnicos, que estavam eles próprios aplicando princípios mecânicos derivados de outros estudos científicos, de força, velocidade e assim por diante. Da mesma forma, os fatos "construídos" no instituto Salk (p. ex., sobre os efeitos dos hormônios) acabariam por encontrar seu caminho, por exemplo, para as tecnologias médicas. Em outras palavras, a ciência e a tecnologia fluem uma para a outra. Mas, mais profundamente, os processos materiais e conceituais também são lados opostos uns dos outros: as máquinas são fatos e teorias materializados e estabilizados. Estes, por sua vez, permitem que novos fatos e teorias sejam estabilizados e materializados. Um espectrômetro ou um tratamento hormonal é, neste sentido particular, uma rede de outras entidades materiais e conceituais, da mesma forma que um fato.

Mais provocadoramente, isso estende-se não simplesmente a ideias ou a máquinas, mas também às próprias pessoas. Nesta visão, os "cientistas" enquanto cientistas nada mais são do que redes, cada um composto de seus corpos, é claro, hábitos, habilidades e inclinações, mas também de seus currículos (listas de artigos), das técnicas que aprenderam, dos fatos que sabem, das suas relações com outros especialistas e não especialistas, das máquinas e equipamentos de laboratório que podem utilizar e assim por diante. Essa – talvez a mais contraintuitiva – extensão da noção de redes às próprias pessoas tornou-se menos estranha, talvez, pelos desenvolvimentos tecnológicos nesse meio-tempo, tais como as mídias sociais e as novas técnicas de visualização online (Latour et al., 2012). Considere a página do Facebook: esse relato profundamente pessoal, individual, em parte público e em parte íntimo, em parte honesto e em parte artificial, de quem é seu dono. Do que é feito, além de links para outras pessoas e coisas, cada um dos quais leva a outro lugar: amigos, parentes, fotos de eventos, coisas que uma vez foram ditas, uma música da qual se gostou, notícias que levantaram polêmicas ou opiniões confirmadas? Uma página individual do Facebook não está "nessa" rede mais ampla, ela é essa rede – toda ela é inteiramente constituída por essas outras entidades, em outro lugar. Um teórico ator-rede simplesmente acrescentaria que o que é verdadeiro acerca dessa faceta online da sua pessoa também o é mais geralmente acerca de: suas roupas e bens físicos, que o distinguem como um indivíduo ao vinculá-lo a outros específicos e genéricos em outro lugar; seus hábitos, aversões e desejos, que foram eles próprios aprendidos, herdados ou produzidos intencionalmente por contraste com outras pessoas, ideias e coisas; e, de fato, seu corpo físico – que é relacionalmente constituído pelo material genético dos seus pais e dos pais deles antes deles, pela comida que você come, pelos exercícios que você faz com os outros e assim por diante... É claro que, como veremos a seguir, os críticos sugeriram que uma série de coisas cruciais podem estar faltando nessa visão radicalmente relacional das pessoas humanas.

Portanto, a TAR não tem a ver com "redes" no sentido sociológico usual. Na verdade, a distância entre a TAR e a – como os teóricos ator-rede podem vê-la – insípida e monocromática visão sociológica das "redes sociais" deve agora estar claramente visível. Os atores não estão *em* redes – eles *são* redes. E essas redes não são simplesmente "sociais" no sentido durkheimiano clássico (feitas de conexões sociais com outros atores humanos; cf., p. ex., cap. 1): elas são *heterogêneas*. Atores-redes reúnem humanos, objetos, ideias e materiais de tipos múltiplos e variados.

Sem "atores": a ação é distribuída

A contrapartida desse ponto é também que são redes, e não atores humanos autocontidos e limitados, que agem: a ação é distribuída. Uma cientista nua sozinha contemplando um rato em uma sala vazia nunca seria, com todo o poder de seu intelecto, capaz de produzir fatos científicos sobre a somatostatina. A atividade distintiva da ciência só é possível por meio de e com outros cientistas, máquinas, bancos, bisturis, papel e canetas. Todas essas outras entidades, portanto, participam da atividade do cientista. É a atividade combinada dessa rede de entidades, em vez do indivíduo humano nu, que produz o resultado que é um fato científico bem estabelecido.

A vida de laboratório mostra, portanto, os primeiros sinais do que se tornou o movimento mais famoso e contraintuitivo da TAR: estender a agência para além do humano. Na história de como os fatos científicos são construídos e estabilizados, os cientistas humanos (com sua cultura, estruturas sociais, interesses, suposições, crenças e assim por diante) surgem como apenas uma parte da imagem. As máquinas, os objetos e os materiais são igualmente importantes na história. Sem a capacidade das máquinas de manter as coisas no lugar, de documentar, inscrever, mapear e medir, nenhuma quantidade de discussão e investigação racional, nenhuma quantidade de estrutura social ou ideologia seria suficiente para produzir fatos estáveis. Mas igualmente, os objetos de estudo – o sangue, as células, os elementos químicos e assim por diante – têm que se comportar. Nem sempre está ao alcance dos cientistas (ou mesmo de suas máquinas) fazer com que esses elementos façam o que é exigido deles (para uma exemplificação radical desse ponto, no qual as bactérias desempenham um papel preponderante, cf. Latour, 1988a). O que é verdadeiro acerca dos cientistas humanos também é verdadeiro acerca das suas máquinas, células ou fatos: na medida em que cada uma dessas entidades pode "agir", é por meio de sua relação com outras entidades na rede (cf. Callon [1986]). Se os atores são redes, segue-se que as redes são atores.

Esta visão das redes como atores toma o contraponto dos modelos sociológicos clássicos de agência nos quais os agentes arquetípicos são imaginados como, por assim dizer, seres humanos "nus" com suas intenções e interesses, confrontados com e emaranhados em, ou mesmo empoderados por "estruturas" sociais, culturais, cognitivas ou políticas mais amplas (para as quais os sociólogos criaram vários rótulos convenientes – classe, gênero, idade, cultura etc.). Nessa visão clássica, a agência humana é exercida contra, dentro ou mesmo por meio dessas estruturas mais amplas, com debates infindáveis grassando sobre o respectivo equilíbrio e interação entre essas duas quantidades imponderáveis (cf. cap. 1, 2, 5 e 8). E, no entanto, as dificuldades com este par de conceitos são bem conhecidas: consideradas corretamente, as "estruturas" nada mais são do que o efeito da atividade de outras pessoas. Quanto à agência, a intencionalidade e os "interesses" aparentemente profundamente alojados nos atores humanos individuais, eles também já parecem vir de outro lugar, de algum lugar externo e estrutural. Sucessivos estudiosos procuraram resolver esse problema fundindo ou colapsando a distinção, por exemplo, por meio da noção de *habitus* de Bourdieu (cf. cap. 5 e 11), ou por meio do estudo dos contextos sociais e discursivos que permitem (em vez de simplesmente limitar) determinados tipos de liberdade reflexiva (como na obra de Foucault; cf. cap. 10). Os teóricos ator-rede, em vez disso, simplesmente optam por ignorar completamente a distinção e olhar para outro lugar: para os objetos e as coisas materiais que sustentam nossas vidas cotidianas.

Seu alarme o acordou esta manhã, porque você o configurou para fazê-lo ontem à noite e porque alguém, em algum lugar, programou seu telefone para ter um aplicativo de alarme nele, porque essa pessoa trabalha para uma empresa cuja pesquisa de mercado a leva a esperar que os compradores de telefones como o seu esperem encontrar programas de alarme neles. Pode-se, é claro, procurar analisar esse conjunto de ações e expectativas em rede na estrutura e na agência: sua conformidade com uma cultura particular do tempo do relógio? (cf. Thompson, 1967). Uma ordem global neoliberal impulsionada por empresas transnacionais de eletrônicos cujos produtos estão transformando você em um sujeito autodisciplinado? Essas são leituras possíveis, é claro, mas ao tentar descobrir onde a agência se separa da estrutura, ou a iniciativa individual do contexto, elas exigem a invocação de entidades conceituais misteriosas ("cultura" e "neoliberalismo", por um lado; "livre-arbítrio" e "o eu", por outro) que assumem um papel ativo na história, apesar de serem produções teóricas da própria sociologia (e da filosofia). Por outro lado, um teórico ator-rede pode traçar as maneiras pelas quais sua ação intencional significativa (sua decisão de acordar esta manhã) já vem mediada e estruturada pelas suas ações de ontem, pelas propensões distintivas, flexibilidades e resistências de componentes eletrônicos montados em uma fábrica na China, pelos atalhos, pela memória e pelas dependências de caminho do software escrito na Califórnia, e pelas ações (algumas intencionais, outras irrefletidas e rotineiras) de todos os outros humanos envolvidos nessas montagens.

O ponto da TAR, então, não é que máquinas, bactérias ou mesmo ratos sejam dotados de uma intencionalidade semelhante à humana. Em vez disso, o ponto é, mais uma vez, negativo: as grandes dicotomias entre a ação humana e a passividade não humana são enganosas. A iniciativa e o controle, a intencionalidade e a repetição mecânica, a atividade e a passividade devem antes ser vistas como as extremidades de um espectro, com múltiplos pontos de parada entre elas, porque:

> podem existir muitos matizes metafísicos entre a causalidade total e a inexistência absoluta. Além de "determinar" e servir como "cenário para a ação humana", as coisas podem autorizar, permitir, pagar, encorajar, consentir, sugerir, influenciar, bloquear, tornar possível, proibir e assim por diante (Latour, 2005, p. 72).

Esses tipos de ação estão tão disponíveis para uma gama de entidades não humanas quanto estão para os seres humanos. Latour sugere que, ao reintegrar essas entidades não humanas nos nossos relatos da ação humana, a falsa oposição entre agência e estrutura é dissolvida.

Essa abordagem reformula as visões sociológicas clássicas do poder. Como diz o título de um dos artigos de Latour, "Tecnologia é a sociedade tornada durável" (1991). Ou seja, os artefatos tecnológicos estáveis e resilientes que sustentam nossas vidas são eles próprios o efeito de redes estabilizadas de ações sociais (as expectativas dos *designers*, as habilidades dos construtores etc.). Por outro lado, pode-se dizer, a tecnologia torna a sociedade durável – laços sociais, normas, promessas, hábitos, interesses, preconceitos, crenças e expectativas (a panóplia clássica para explicar a estabilidade social na sociologia) são por si só um tipo fraco de cola. São nossos aparatos técnicos (desde a escrita ou despertadores até iPhones ou Facebook) que enrijecem esses padrões sociais e tornam nosso comportamento regular e – até certo ponto – previsível[94]. Ou, para ser mais direto, se a sociedade parece ter "estrutura", é em grande parte porque está repleta da atividade de armas, uniformes, passaportes, cartões de crédito, muros de prisão, dinheiro, roupas, rodovias, fronteiras etc.

94. Para uma comparação intrigante entre a vida social humana (andaimada por múltiplos objetos) e a vida social dos primatas (comparativamente livre de tecnologia), cf. Strum e Latour (1987).

Sem "teoria": a TAR como uma crítica da teoria social

Antes de passarmos à nossa asserção negativa final – de que a TAR não é uma teoria – façamos uma pausa por um momento para examinar algumas das objeções críticas que têm sido levantadas contra o relato acima. Em geral, elas seguem duas vertentes principais. A primeira ataca a TAR por sua falta de preocupação com a política e a desigualdade. A segunda, à qual retornarei na conclusão, ataca a TAR por não se comprometer etnograficamente com o que é importante para os participantes (humanos) da pesquisa.

Os primeiros exemplos da primeira vertente de crítica – segundo a qual a TAR ignora a política – vieram de sociólogos críticos da ciência da que foi conhecida como a Escola de Edimburgo (Shapin, 1988; Sturdy, 1991; Bloor, 1999), que viram na TAR uma recusa em reconhecer os interesses humanos, as classes sociais ou as forças econômicas que os sociólogos tradicionalmente usaram para explicar o conhecimento científico. Ian Hacking resume a diferença de perspectiva entre a Escola de Edimburgo e Latour com clareza característica:

> [Há] um contraste vívido entre o projeto de Latour e trabalhos derivados do forte programa de Edimburgo na sociologia do conhecimento. Ele compartilha com eles a ideia de que os fatos são feitos, não descobertos, mas abandonou qualquer pensamento de que sejam os interesses humanos, as classes sociais e as forças econômicas que os fazem. Ele chama tudo isso, com certo desdém, de "teoria do interesse". Agora, os estudiosos de sociologia (sobretudo britânica) do conhecimento científico suspeitam que Latour seja um reacionário perigoso. Isso é um lembrete de diferentes histórias nacionais. Os intelectuais franceses de uma geração anterior simplesmente viviam, falavam e respiravam o marxismo de uma forma que nunca foi verdadeira no Reino Unido. Pessoas da compleição e da época de Latour já superaram isso, enquanto para seus pensadores britânicos contemporâneos isso ainda é algo com que se fascinar, porque ainda não foi totalmente experimentado (1992, p. 511).

Preocupações análogas àquelas da Escola de Edimburgo foram suscitadas pelos acadêmicos de estudos científicos que escreviam em tradições informadas pelo feminismo, pelo pós-colonialismo e pela teoria queer, os quais consideraram o trabalho de Latour produtivo, mas ocasionalmente expressavam desconforto com a sua aparente falta de interesse na desigualdade (Haraway, 1989; Barad, 2007)[95]. Os antropólogos, em uma conversa estreita com esses outros críticos, reclamaram da falta de "um contexto histórico ou cultural mais amplo" (Partin, 1998, p. 27). A preocupação, em essência, girava em torno do que se percebia como uma falta de conteúdo crítico dos relatos da TAR. Para esses estudiosos, a crítica era o dever próprio do comentador sociológico, particularmente em um assunto tão poderoso quanto a ciência ocidental, e a crítica tinha que envolver algum engajamento com quadros explicativos ou contextualizantes, alguma habilidade de sair da própria descrição a fim de rastrear responsabilidades, efeitos e desigualdades[96]. Ao recusar-se a recorrer a tais recursos explicativos, na melhor das hipóteses, as histórias que a TAR contava sobre entidades em rede e agência distribuída pareciam fornecer pouco além de uma reafirmação, em termos abstrusos, de uma dada situação. Na pior das hipóteses, a imagem da TAR de entidades competindo pela extensão de seu alcance em rede era suspeita de um tipo de simpatia neoliberal, "uma afinidade por selfs empreendedores demiúrgicos e agonisticamente autoconstituidores" (Oppenheim, 2007, p. 473).

Latour enfrentou esse tipo de desafio com uma crítica da explicação (1988b) e uma crítica da crítica (2004b). Na segunda edição de *A vida de laboratório* (Latour & Woolgar, 1986) – na qual, de maneira sutil, mas significativa, o subtítulo fora alterado de "A construção social dos fatos científicos" para "A construção dos fatos científicos" – Latour e Woolgar já haviam adicionado um posfácio que destacava um aspecto do relato desse livro que

95. "Não se pode simplesmente colocar entre parênteses (ou ignorar) certas questões sem assumir a responsabilidade pelos efeitos constitutivos dessas exclusões [...]. Quero enfatizar da maneira mais forte possível que seria um erro pensar que o ponto principal é simplesmente uma questão de se gênero, raça, sexualidade e outras variáveis estão incluídas na análise de alguém. A questão não é simplesmente de inclusão. O ponto principal tem a ver com poder: Como o poder é entendido? Como o social e o político são teorizados? Alguns pesquisadores de estudos científicos endossam a proposta de Bruno Latour de uma nova estrutura governamental parlamentar que convide tanto não humanos quanto humanos, mas o que essa proposta faz para abordar os tipos de preocupações que teóricos e ativistas raciais críticos feministas, queer, pós-coloniais, (pós-)marxistas trouxeram para a mesa? [...] sua presença mal foi reconhecida" (Barad, 2007, p. 58).

96. Uma preocupação muito semelhante àquela levantada contra Foucault por alguns escritores marxistas. Aqui, novamente, vemos a semelhança familiar entre o trabalho de Foucault e o da TAR.

muitos leitores não pareceram notar o suficiente. *A vida de laboratório*, eles apontaram, foi uma reflexão sobre a construção de fatos científicos em biologia, mas foi também uma reflexão sobre a construção de fatos científicos em sociologia. Classe, interesses, gênero, cultura ou sociedade eram ferramentas do sociólogo e do antropólogo, e eram construídos da mesma forma que as pipetas, os espectrômetros, os gráficos e as frases usados pelos biólogos do instituto Salk para estabilizar seus fatos. Se alguém está preparado para examinar a construção destes últimos, certamente também deve examinar a construção dos primeiros. O desafio a explicações sociológicas da ciência não poderia ser mais direto. Como Callon escreveu mais ou menos na mesma época:

> Para [sociólogos da ciência], a natureza é incerta, mas a sociedade não [...]. Às vezes, o efeito pode ser tão devastador que o leitor tem a impressão de estar assistindo a um julgamento das ciências naturais presidido por um conhecimento científico privilegiado (sociologia) que foi julgado indiscutível e acima de qualquer crítica (1986, pp. 197-198).

Latour mais tarde martelou nesses pontos e os expandiu para além da sociologia da ciência por meio de um ataque implacável ao "construcionismo social" e à "sociologia crítica" (2005). Sociólogos críticos, argumentou Latour, reivindicaram para si mesmos precisamente o tipo de poder de conhecer o real ao qual recusavam-se a permitir que outros atores tivessem acesso. Isso ultrapassava o domínio da sociologia da ciência, e Latour criticou a sociologia da arte ou a sociologia da crença nos mesmos termos. Em todos os lugares, afirmou ele, o sociólogo crítico nega a existência e o poder dessas entidades não humanas que os atores afirmam que os fazem agir (moléculas no laboratório, pinturas na galeria, Deus no céu) e substitui esses poderes não humanos por dispositivos explicativos construídos por ele mesmo, feitos daquela coisa misteriosa chamada "o social"[97].

---

97. Este compromisso de "levar a sério" o que importa para os atores é outro sentido no qual os argumentos da TAR mostram uma afinidade com aqueles da virada ontológica (cf. cap. 14). Como aponto na introdução, entretanto, há uma série de discrepâncias importantes entre as duas abordagens.

Isso leva-nos finalmente ao sentido em que a TAR pode alegar não ser uma teoria. Uma teoria, nesta visão da TAR, é imaginada como um conjunto de recursos conceituais estáveis que podem ser usados para enquadrar, contextualizar e explicar qualquer situação dada; um arcabouço que já inclui suposições pré-carregadas sobre quais são as categorias e distinções relevantes (classe, gênero etc.), quais serão os prováveis problemas e tensões (dominação, falsa consciência, desigualdade, silenciamento) e qual é o elenco de personagens prováveis, inclusive prováveis suspeitos; um arcabouço que já inclui um conjunto de suposições sobre o poder relativo e a escala desses atores (indivíduos, grupos, corporações etc.). Se isso é o que a teoria é, então a TAR, afirmam seus proponentes, é exatamente o oposto. Pouco mais do que um conjunto de injunções negativas que um pesquisador deve ter em mente ao se preparar para oferecer uma explicação de um determinado tópico: não suponha que você saiba quem ou o que está agindo, quais serão os "tipos" de entidade presentes e qual é o seu poder relativo. Partindo dessa injunção metodológica para manter o mundo "plano", um teórico ator-rede deve "rastrear" meticulosamente as relações tal como elas aparecem para ele no curso da pesquisa. Isso, por sua vez, explica a profusão de termos e distinções com os quais este capítulo começou. Essa profusão desconcertante é a marca de uma maneira particular de pensar sobre os conceitos: não como os blocos de construção de um edifício teórico em crescimento progressivo, mas como uma espécie de andaime teórico que permitirá a descrição de um caso particular e pode ser posto de lado uma vez que essa descrição esteja completa. "Descrição" usando terminologia *ad hoc*, portanto, toma o lugar de "explicação" em vista de um arcabouço teórico estabelecido. É nesse sentido que a TAR é característica do que descrevi na introdução como uma "virada heurística" nas ciências sociais (cf. cap. 14, para uma discussão mais aprofundada das heurísticas).

Até agora, pode soar que a resposta de Latour para aqueles que acusam a TAR de ser apolítica ou acrítica consiste meramente em renunciar à crítica em favor de um tipo de objetividade superior ou de um empirismo mais cuidadoso. E certamente os críticos estariam certos em responder que não há nenhuma razão para se supor que o campo de jogo em qualquer situação dada será nivelado – então por que deveríamos supor metodologicamente que o seja? A essa tréplica explicitamente política podem-se acrescentar duas metodológicas. Primeiro, que a injunção metodológica delineada acima é certamente impossível – quem pode realmente alegar abordar uma situação sem quaisquer pressupostos? E, em segundo lugar, que o "método" proposto pareceria convidar ao resultado relativamente absurdo de uma descrição infinita de cadeias heterogêneas de atividade conjunta. Como Steve Shapin o coloca em uma das primeiras críticas da TAR: "há pouco a ser dito de dentro de uma rede inconsútil" (1988, p. 547).

Mas a tréplica final – e mais ousada – de Latour contra seus críticos é afirmar que a TAR é de fato ainda mais política e mais engajada do que a sociologia crítica. Com efeito, Latour afirma que a sociologia crítica pode se enfurecer contra o *status quo*, fazer gestos acusatórios e apontar injustiças e responsabilidades coletivas e individuais. Em contraste, a mesma lógica de "produção" material-semiótica de fatos como entidades reais no mundo, que Latour e Woolgar descreveram há muito tempo para cientistas do Instituto Salk, aplica-se à construção dos relatos da TAR. Os relatos da TAR não são apresentados como representações ou interpretações mais ou menos corretas, ou denúncias ou críticas de uma situação. Em vez disso, são coisas novas no mundo – intervenções empíricas nos seus leitores: eles reconfiguram relações e entidades de modo a tornar possíveis novas maneiras de ver e de ser. A TAR deve, portanto, ser vista, não como um conjunto de descrições, mas como um tipo particular de "política ontológica" (Mol, 1999) ou performativa. Nestes últimos (e posteriores) desenvolvimentos pode-se ver a integração parcial na TAR de algumas das críticas e perspectivas oriundas da tradição da tecnociência feminista (Haraway, 1989; Stengers, 2000).

Conclusão: sobre levar a sério

Eu escrevi anteriormente que havia duas vertentes principais nas críticas da TAR, a primeira das quais acabei de examinar com mais detalhes. A segunda é mais distintamente antropológica e foi esboçada acima. É nesse sentido que os relatos da TAR tendem a sofrer de um certo tipo de déficit etnográfico. De uma maneira um tanto indelicada, mas não inteiramente injusta, pode-se caracterizar muitos dos relatos da TAR como alternando entre descrições muito detalhadas – e às vezes tediosas – da prática e de detalhes técnicos, e algumas conclusões filosóficas de longo alcance, amiúde com pouco do que é convencionalmente conhecido como sociologia ou história no meio. Mais especificamente, vários antropólogos notaram que os relatos da TAR são relativamente despreocupados com as perspectivas e subjetividades dos cientistas em ação (Rabinow, 1996). Além da ciência, o relato da TAR da ação distribuída de maneira inconsútil entre humanos e não humanos tem sido criticada por evacuar esse aspecto crucial da vida humana significativa, qual seja a maneira como atribuímos responsabilidade uns aos outros (Laidlaw, 2014).

Esse é o caso, apesar da frequente afirmação de que a TAR é melhor do que a sociologia crítica em levar em consideração as entidades que verdadeiramente importam para seus objetos de estudo (Deus para os crentes, fatos para os cientistas, obras de arte para os estetas etc.), e apesar da injunção para os aspirantes a teóricos ator-rede de que o seu principal compromisso deve ser "seguir os atores". Com efeito, eu argumentaria que esse é o caso constitutivamente por causa da própria natureza do projeto de uma "antropologia dos modernos".

Há, é claro, o problema básico de identificar, para fins empíricos, "os modernos" em primeiro lugar. Na prática, a TAR tende a contornar esse problema vendo a Modernidade como não localizada e disseminada, uma questão de conjuntos globais (Collier & Ong, 2005), que contrasta com a preocupação tradicional dos antropólogos em identificar contextos específicos de conhecimento e prática (Tsing, 2010). Para alguns, eliminar os contextos dessa forma parecerá um movimento revigorante. Mas também elimina um dispositivo conceitual particular central para muitos argumentos antropológicos, qual seja o de apresentar uma perspectiva alternativa ou possibilidade conceitual como uma forma de desafiar as nossas próprias suposições – um movimento mais recentemente reinventado pela chamada "virada ontológica" (cf. cap. 14).

Outra forma de colocar isso é que na "antropologia dos modernos", tal como concebida pela TAR, a perspectiva que está sendo desafiada é também a perspectiva daqueles que estão sendo estudados. Desde o início, a TAR se comprometeu a produzir um relato que não replicasse ou presumisse as divisões centrais que são frequentemente invocadas nos tipos de ambientes ocidentais cotidianos nos quais as descrições da TAR costumam ocorrer. Essa preocupação foi explicitamente articulada já em *A vida de laboratório* na preocupação com "tornar-se nativo" e no zelo por não "reiterar os relatos dos próprios cientistas" (Latour & Woolgar, 1979, pp. 39, 44). Na obra de Latour, em particular, essa preocupação tornou-se cada vez mais lançada como um desejo não meramente de entender "os modernos", mas de desafiá-los e reformá-los, para oferecer-lhes (a nós?) um relato diferente deles (de nós?) (Candea, 2016). Se esse ainda é um projeto reconhecidamente antropológico é uma questão de perspectiva.

Referências

Abu El-Haj, N. (1998). Translating truths: Nationalism, the practice of archaeology and the remaking of past and present in contemporary Jerusalem. *American Ethnologist 25*(2): 166-188.

Barad, K. M. (2007). *Meeting the Universe Halfway: Quantum Physics and the Entanglement of Matter and Meaning*. Durham: Duke University Press.

Bloor, D. (1974). Essay review: Popper's mystification of objective knowledge. *Science Studies 4*(1): 65-76.

Bloor, D. (1999). Anti-Latour. *Studies in History and Philosophy of Science 30*(1): 81-112.

Callon, M. (1986). Some elements of a sociology of translation: Domestication of the scallops and the fishermen of St Brieuc Bay. In J. Law (ed.). *Power, Action and Belief: A New Sociology of Knowledge?* Londres: Routledge & Kegan Paul.

Candea, M. (2008). Fire and identity as matters of concern in Corsica. *Anthropological Theory 8*(2): 201-216.

Candea, M. (2013). Objects made out of action. In P. Harvey (ed.). *Objects and Materials Companion.* Londres: Routledge.

Candea, M. (2016). We have never been pluralist: On lateral and frontal comparisons in the ontological turn. In P. Charbonnier, G. Salmon, & P. Skafish (eds.). *Comparative Metaphysics: Ontology after Anthropology.* Londres: Rowman & Littlefield.

Candea, M. (2017). Science. In F. Stein, S. Lazar, M. Candea, H. Diemberger, J. Robbins, A. Sanchez, & R. Stasch (eds.). *The Cambridge Encyclopedia of Anthropology.* Cambridge: Cambridge University Press. http://www.anthroencyclopedia.com/entry/science

Cole, J. (1977). Anthropology comes part way home: Community studies in Europe. *Annual Review of Anthropology* 6: 349-378.

Collier, S. J., & Ong, A. (eds.) (2005). *Global Assemblages: Technology, Politics and Ethics as Anthropological Problems.* Londres: Blackwell.

Gell, A. (1998). *Art and Agency: An Anthropological Theory.* Oxford, Oxford University Press.

Hacking, I. (1992). Review: Science in action. *Philosophy of Science* 59(3): 510-512.

Haraway, D. J. (1989). *Primate Visions: Gender, Race and Nature in the World of Modern Science.* Londres: Routledge.

Helmreich, S. (2009). *Alien Ocean: Anthropological Voyages in Microbial Seas.* Berkeley: University of California Press.

Hennion, A. (2015). *The Passion for Music: A Sociology of Mediation.* Londres: Routledge.

Houdart, S. (2008). *La cour des miracles: Ethnologie d'un laboratoire japonais.* Paris: CNRS.

Ingold, T. (2000). *The Perception of the Environment: Essays on Livelihood, Dwelling & Skill.* Londres/Nova York: Routledge.

Kaplan, M., & Kelly, J. (1999). On discourse and power: "Cults" and "orientals" in Fiji. *American Ethnologist* 26(4): 843-863.

Laidlaw, J. (2014). *The Subject of Virtue: An Anthropology of Ethics and Freedom.* Nova York: Cambridge University Press.

Latour, B. (1987). *Science in Action: How to Follow Scientists and Engineers through Society.* Milton Keynes: Open University Press.

Latour, B. (1988a). *The Pasteurization of France.* Cambridge: Harvard University Press.

Latour, B. (1988b). The politics of explanation: An alternative. In S. Woolgar (ed.). *Knowledge and Reflexivity: New Frontiers in the Sociology of Knowledge.* Londres: Sage.

Latour, B. (1990). Postmodern? No simply amodern; Steps towards an anthropology of science. *Studies in History and Philosophy of Science 21*(1): 145-171.

Latour, B. (1991). Technology is society made durable. In J. Law (ed.). *Technology is Society Made Durable. Vol. A Sociology of Monsters: Essays in Power, Technology and Domination.* Londres: Routledge.

Latour, B. (1993). *We Have Never Been Modern.* Londres: Harvester Wheatsheaf.

Latour, B. (1996). *Aramis, Or, The Love of Technology.* Cambridge: Harvard University Press.

Latour, B. (1998). *Paris ville invisible.* Paris: Institut Synthélabo.

Latour, B. (1999). On recalling ANT. *The Sociological Review 47*(S1): 15-25.

Latour, B. (2000). On the partial existence of existing and nonexisting objects. In L. Daston (ed.). *Biographies of Scientific Objects.* Chicago: Chicago University Press.

Latour, B. (2004a). *Politics of Nature: How to Bring the Sciences into Democracy.* Cambridge: Harvard University Press.

Latour, B. (2004b). Why has critique run out of steam? From matters of fact to matters of concern. *Critical Inquiry 30*: 225-248.

Latour, B. (2005). *Reassembling the Social: An Introduction to Actor-Network-Theory.* Oxford: Oxford University Press.

Latour, B. (2009). *The Making of Law: An Ethnography of the Conseil D'Etat.* Ed. rev. Cambridge/Malden: Polity Press.

Latour, B. (2013a). *An Inquiry into Modes of Existence: An Anthropology of the Moderns.* Cambridge: Harvard University Press.

Latour, B. (2013b). *Rejoicing: Or the Torments of Religious Speech*, Cambridge: Polity Press.

Latour, B., Jensen, P., Venturini, T., Grauwin, S., & Boullier, D. (2012). "The whole is always smaller than its parts" – A digital test of Gabriel Tardes' Monads. *The British Journal of Sociology 63*(4): 590-615.

Latour, B. & Woolgar, S. (1979). *Laboratory Life: The Social Construction of Scientific Facts.* Beverly Hills/Londres: Sage Publications.

Latour, B. & Woolgar, S. (1986). *Laboratory Life: The Construction of Scientific Facts*. Ed. de J. Salk. 2ª ed. Princeton: Princeton University Press.

Law, J. (1999). After ANT: Complexity, naming, and topology. In J. Hassard, & J. Law (eds.). *Actor Network Theory and After.* Oxford/Malden: Blackwell/ Sociological Review.

Martin, E. (1998). Anthropology and the cultural study of science. *Science, Technology, & Human Values 23*: 24-44.

Miller, D. (2005). *Materiality.* Durham: Duke University Press.

Mol, A. (1999). Ontological politics. A word and some questions. In J. Law (ed.). *Ontological Politics. A Word and Some Questions, Actor Network Theory and after.* Oxford: Blackwell.

Mol, A. (2002). *The Body Multiple: Ontology in Medical Practice.* Londres: Duke University Press.

Oppenheim, R. (2007). Actor-network theory and anthropology after science, technology, and society. *Anthropological Theory 7*(4): 471-493.

Rabinow, P. (1996). *Making PCR: A Story of Biotechnology.* Chicago, IL: University of Chicago Press.

Shapin, S. (1988). Review: Following scientists around. *Social Studies of Science 18*(3): 533-550.

Stengers, I. (2000). *The Invention of Modern Science.* Mineápolis: University of Minnesota Press.

Strathern, M. (1988). *The Gender of the Gift: Problems with Women and Problems with Society in Melanesia.* Londres: University of California Press.

Strathern, M. (1999). *Property, Substance and Effect: Anthropological Essays on Persons and Things.* Londres: The Athlone Press.

Strum, S.S. & Latour, B. (1987). Redefining the social link: From baboons to humans. *Social Science Information 26*(4): 783.

Sturdy, S. (1991). Essay review: The germs of a new Enlightenment. *Studies in the History and Philosophy of Science 22*(1): 163-173.

Thompson, E. P. (1967). Time, work-discipline, and industrial capitalism. *Past & Present 38*: 56-97.

Traweek, S. (1988). *Beamtimes and lifetimes: The world of high energy physicists.* Cambridge, MA: Harvard University Press.

Tsing, A. (2010). Worlding the Matsutake diaspora, Or, Can actor-network--theory experiment with holism? In T. Otto (ed.). *Experiments in Holism: Theory and Practice in Contemporary Anthropology.* Oxford: Wiley-Blackwell.

Verran, H. (2001). *Science and an African Logic.* Chicago: University of Chicago Press.

Viveiros de Castro, E. (1998). Cosmological deixis and Amerindian perspectivism. *Journal of the Royal Anthropological Institute 4*(3): 469-488.

Woolgar, S. (1991). Configuring the user: The case of usability trials. In J. Law (ed.). *Configuring the User: The Case of Usability Trials, A sociology of monsters.* Londres: Routledge.

Zaloom, C. (2003). Ambiguous numbers: Trading technologies and interpretation in financial markets. *American Ethnologist 30*: 258-272.

14
A virada ontológica
Escola ou estilo?

Paolo Heywood

Introdução

Se há uma palavra no léxico antropológico contemporâneo que quase seguramente provoca alguma forma de reação – seja positiva, seja negativa – em ouvintes e leitores, essa palavra é "ontologia". O movimento ao qual aderiu tem gerado resenhas de artigos de resenha (Pedersen, 2012), tem estimulado uma moção no Grupo para Debates sobre Teoria Antropológica (Carrithers et al., 2010), tem sido saudado como a base de uma nova política (Holbraad, Pedersen, & Viveiros de Castro, 2014) e também tem sido desafiado como o bastião de uma antiga (Bessire & Bond, 2014; Graeber, 2015). Artigos com a palavra no título costumam aparecer perto do topo das listas dos trabalhos mais populares baixados em uma série de periódicos importantes, mas muitos desses artigos são de tom crítico, e seu uso em discussões acadêmicas é capaz de fazer revirarem até mesmo os olhos mais tolerantes. Sem dúvida, os futuros leitores acharão tal profundidade de sentimento difícil de imaginar, como podemos achar difícil acreditar que muitos dos outros movimentos teóricos neste livro pudessem ter alguma vez ocasionado paixões semelhantes (cf. cap. 1).

Invocações de uma "virada ontológica" na antropologia geralmente referem-se a um conjunto de obras – sobre contextos etnográficos díspares, e às vezes com propósitos diferentes – que emergiu por volta da última década após a publicação de um volume editado intitulado *Thinking Through Things* [Pensar através das coisas] (2006). Seus proponentes mais proeminentes são Eduardo Viveiros de Castro, Martin Holbraad e Morten Pedersen (p. ex., Holbraad, Pedersen, & Viveiros de Castro, 2014; Holbraad & Pedersen, 2017), mas uma lista de trabalhos recentes influenciados por eles de uma maneira ou de outra seria extensa (para um exemplo de tal lista, cf. Holbraad & Pedersen, 2017, p. 8), e suas raízes na antropologia são muito mais antigas. Além disso, trata-se de um fenômeno em curso, e novas e significativas contribuições estão atualmente surgindo regularmente (p. ex., Holbraad & Pedersen, 2017). Trata-se também de um fenômeno complexo, e resumi-lo em poucas linhas - mesmo em um capítulo - não é uma tarefa fácil, mas algumas das suas principais características incluem:

1) Uma rejeição do conceito de "cultura" no sentido geertziano (cf. cap. 8) como um fenômeno simbólico ou ideacional, e como um conceito explicativo em antropologia.

2) Uma rejeição relacionada da distinção entre o simbólico e o material, e um apelo por uma atenção mais estreita a este último.

3) A ideia de que a análise antropológica deve afastar-se e não explicar os conceitos às vezes estranhos e inquietantes que encontramos no campo.

Uma das coisas que pretendo sugerir neste capítulo é que há uma importante e interessante diferença de forma entre a "virada ontológica" e várias das "escolas" tratadas nos outros capítulos deste livro. Meu objetivo ao fazê-lo não é marcar uma posição histórica - e na verdade não tenho dúvidas de que estudiosos do estruturalismo mais capazes do que eu (cf. cap. 2), digamos, ou do interpretativismo (cf. cap. 8), podem contestar essa diferença - mas marcar uma posição analítica. Essa posição diz respeito à natureza e ao propósito da análise em antropologia de uma maneira mais ampla: em outras palavras, da teoria antropológica.

Ontologia, como o filósofo Willard Quine disse certa vez, grosso modo, significa o que existe, em oposição à epistemologia, que se refere ao nosso conhecimento do que existe (1948). Mas, a despeito dessas conotações profundamente metafísicas de seu nome, a "virada ontológica" não alega, de fato, ser uma teoria sobre o mundo e o que há nele. Em vez disso, seus proponentes – ou pelo menos muitos deles (Henare et al., 2006, p. 5; Pedersen, 2012; Holbraad & Pedersen, 2017) – não medem esforços para argumentar que o que estão fazendo é delinear um método, ou uma heurística (não muito diferente da teoria ator-rede; cf. cap. 13). Em outras palavras, e de uma maneira um tanto incomum, toda essa tinta e entusiasmo alegadamente concernem não a afirmações acerca da natureza do mundo, mas a argumentos acerca de como deveríamos abordar de maneira útil o que encontramos no campo.

Portanto, a própria palavra "ontologia" é um tanto enganosa. Seu uso na antropologia geralmente não concerne a declarar algo fundamental sobre a natureza do ser ou da existência, no sentido em que os filósofos costumam usá-la (p. ex., Quine, 1948; cf. tb. Heywood, 2012; Graeber, 2015), embora também seja um antônimo conveniente para o tipo de antropologia "epistemológica" ou "representacionalista" do qual a virada ontológica busca nos afastar, como discuto a seguir. Em vez de ser uma teoria, uma imagem do mundo, é uma ferramenta, como um martelo, para tomar emprestado uma metáfora fenomenológica favorita, manejada – presume-se – com objetivos específicos em mente.

Portanto, embora a maior parte deste capítulo esteja ocupada em esboçar uma breve visão geral de discussões recentes de ontologia na antropologia e debates sobre seu uso e valor, ele também tem como objetivo chamar a atenção precisamente para a questão dos objetivos – os objetivos da análise antropológica. Pois essa é uma questão que a linguagem da heurística faz surgir: dizer que algo é útil carece de significado sem referência ao propósito para o qual algo é alegado ser útil (para um envolvimento muito mais sustentado com a heurística, cf. Candea, 2016).

Vários desses propósitos vêm à mente: uma boa descrição; uma inovação conceitual; uma mudança política. No entanto, um acordo acerca de sua adequação à antropologia não é de forma alguma universal, e de fato é assim mesmo entre os defensores do uso da ontologia, alguns dos quais parecem, por exemplo, favorecer a política, e outros a criatividade intelectual (p. ex., Viveiros de Castro, 2004; Holbraad, 2017).

Desnecessário dizer que não tentarei propor tal propósito aqui. Espero apenas que uma das questões que este capítulo suscite seja o que significa pensar em termos de heurísticas e propósitos em vez de teorias, em termos de estilos ou abordagens em vez de escolas. O que vou sugerir nas seções de conclusão do capítulo é que a linguagem da heurística pode muitas vezes ter o efeito de encerrar, em vez de abrir, a discussão e o debate. Pode ser implantada como uma resposta genérica a reflexões críticas sobre a validade ou não de uma estrutura conceitual: então, por exemplo, se alguém discordar da ideia de que não há distinção séria entre humanos e não humanos, pode-se dizer simplesmente que a objeção é equivocada, pois essa ideia não é realmente uma afirmação sobre como as coisas são, mas uma maneira de pensar que pode ou não produzir resultados úteis. Se essa distinção realmente existe ou não, é irrelevante.

Essa forma de argumento é útil para excluir o que se considera serem discussões infrutíferas sobre a validade ou não de posições particulares, mas também deveria sê-lo para abrir discussões sobre a própria utilidade. Mesmo se eu admitir que a sua posição acerca da distinção entre humanos e não humanos não seja uma representação do mundo, mas uma ferramenta para intervir sobre ele, ainda posso discordar do propósito da sua intervenção, ou dos seus resultados.

Começos diferentes

A diferença, ou – em seu vocabulário preferido – a alteridade, é o ponto de partida básico para a virada ontológica. Isso pode parecer um foco estranho para um movimento antropológico que surgiu na esteira de *A escrita da cultura* (cf. cap. 10) e sua crítica ao exotismo orientalista. *A escrita da cultura* estimulou muita suspeita em relação a qualquer coisa na escrita antropológica que cheirasse ao "outramento" de nossos interlocutores, ou parecesse focar em aspectos marcantes ou surpreendentes de seu pensamento ou cultura (alguns dirigiram uma crítica muito semelhante à própria virada ontológica;

p. ex., Bessire & Bond, 2014). Por razões relacionadas, também evidenciou um ceticismo fundamental acerca da própria descrição antropológica – acerca do ato de "escrever a cultura". Mas, embora a virada ontológica esteja de muitas maneiras respondendo a um conjunto de questões semelhantes àquelas abordadas em *A escrita da cultura*, ela o faz com base em um *corpus* de literatura que levantou essas questões cerca da mesma época, mas de maneira ortogonal. As principais fontes de inspiração antropológicas da virada – Roy Wagner, Eduardo Viveiros de Castro e Marilyn Strathern – estavam e continuam eminentemente preocupadas com a política de representação antropológica. No entanto, sua resposta à nossa aparente incapacidade de representar adequadamente os outros sem impor-lhes os nossos próprios arcabouços de análise não foi desistir da diferença, mas revolucionar as maneiras pelas quais podemos pensar sobre a própria diferença.

Esses pensadores tiveram um impacto fundamental nas formas como a virada ontológica – e a antropologia contemporânea de maneira mais ampla – conceitua a articulação da diferença por meio da oposição entre natureza e cultura. Embora não seja incomum ouvir antropólogos de várias escolas afirmarem que essa oposição deve ser ou foi abandonada, pensadores como Strathern, Wagner e Viveiros de Castro demonstraram não apenas que a distinção natureza/cultura subjaz à base do projeto antropológico, não obstante alegações em contrário, mas também a algumas maneiras pelas quais ele pode ser genuinamente reconceituado.

Tome um exemplo comparativamente menor da obra de Strathern, que os leitores já terão encontrado no cap. 12: o capítulo de Strathern em *Nature, Culture, Gender* [Natureza, cultura e gênero], que ela editou ao lado de Carol MacCormack (Strathern, 1980). Ela aponta não apenas que os Hageners não possuem conceitos de natureza e cultura que correspondam aos nossos, mas que os conceitos mais próximos que abordam natureza e cultura não estão relacionados entre si por meio da mesma dinâmica de dominação (para uma discussão mais detalhada, cf. cap. 12).

Superficialmente, isso pode parecer simplesmente mais um exemplo da manobra antropológica-padrão de relativizar algo que tomamos como certo – neste caso, a distinção natureza/cultura e sua relação com masculinidade e feminilidade, e este foi de fato o papel que desempenhou em relação à antropologia feminista. Mas as implicações vão além disso. Pois a própria base dessa manobra relativizadora é a distinção natureza/cultura. Sem essa distinção, torna-se impossível dizer, como fazemos como consequência de quase todos os outros desses movimentos relativizadores, que "em sua cultura não há X". Isso nos coloca em uma espécie de dilema: para muitos antropólogos, o objetivo da manobra relativizadora é paroquializar nossas suposições acerca das maneiras como as coisas são e mostrar que são de outras maneiras em outras partes do mundo, em outras culturas; mas aqui paroquializamos o conceito de cultura e, portanto, essa manobra mesma. Se simplesmente presumirmos que estejam errados em um esforço para manter a distinção como a base de nosso relativismo, parecemos trair seu propósito; mas não podemos tratar a distinção como mais um objeto a ser relativizado, precisamente porque é a base de todos os nossos outros relativismos. Strathern, em outras palavras, está derrubando a base fundamental sobre a qual articulamos a diferença: a natureza permanece a mesma, enquanto a cultura varia. As contribuições de Strathern para os debates sobre esses tópicos continuam ainda hoje, mas mesmo este simples exemplo deveria ser suficiente para deixar claro quão importantes têm sido.

O trabalho de Viveiros de Castro sobre as concepções amazônicas de diferença marca uma posição semelhante e tem tido um efeito igualmente significativo na virada ontológica, e, de fato, ele continua a contribuir para os principais debates antropológicos em torno dessas questões (p. ex., 1998; 2003; 2004; 2014). As cosmologias "ocidentais", de acordo com o modelo de Viveiros de Castro, concebem a relação entre natureza e cultura como envolvendo semelhança natural e diversidade cultural. Então, pensamos em nós mesmos como "humanos" porque compartilhamos os mesmos corpos (naturais) uns com os outros, embora possamos pensar e acreditar em uma série de coisas (culturais) diferentes. Da mesma forma, todos nós compartilhamos o mesmo mundo (natural), mas temos várias e às vezes conflitantes ideias (culturais) sobre ele. Os ameríndios perspectivistas, por outro lado, concebem todas as pessoas (inclusive uma série de animais e objetos cosmologicamente significativos) como possuindo a mesma cultura humana ou visão do mundo: as onças, no exemplo clássico, veem-se como humanas, suas patas como mãos, o sangue que bebem como cerveja e assim por diante. A diferença está no que elas percebem que essas coisas sejam, e nos corpos que fazem a percepção: se eu tiver um corpo humano, verei as mesmas coisas que você vê quando você vê cerveja, casas e arroz; se eu tiver o corpo de uma onça, por outro lado, não verei. Além disso, corpos podem ser trocados em certos tipos de contextos, da mesma forma que falamos em trocar pontos de vista ou ideias. Em outras palavras, a diferença está localizada na "natureza", e não na "cultura". Daí suas descrições do perspectivismo ameríndio como "multinaturalismo", em vez de "multiculturalismo". Isso também evoca a mesma diferença de diferenças que Strathern, e, de fato, aponta para a distinção entre a antropologia "epistemológica" e a virada ontológica. A primeira se interessaria por diferentes ideias sobre o mundo, ou visões acerca dele, ao mesmo tempo em que presumiria o significado de "mundo"; a última, por outro lado, levanta a questão do que "mundo" ou "natureza" significam para as pessoas envolvidas. Novamente, a reviravolta vem nas implicações que essa cosmologia tem para a sua própria descrição antropológica: como no caso do exemplo de Strathern, a questão epistemológica – ou ontológica, como se tornará – aqui é como explicar essa diferença mesma sem recurso à própria noção de cultura que ela enfraquece. Não podemos dizer "na cultura deles, a diferença é natural" sem já superar a compreensão que eles têm da diferença ("natural") com a nossa própria ("cultural").

Como já deveria estar claro, esses pensadores – e outros como eles, como Roy Wagner (1975) – estão lidando, de maneira particular, com a mesma "crise de representação" à qual *A escrita da cultura* respondeu exortando a antropologia – pelo menos em suas variedades retóricas ocasionalmente extremas – a abandonar totalmente o projeto de representação em favor de um foco na "escrita" e nas ficções que ela produz. Em vez de seguir esse caminho, no entanto, eles conduziram seus herdeiros antropológicos por um caminho diferente: quando confrontados com a insustentabilidade da divisão entre representação e realidade, epistemologia e ontologia, natureza e cultura, que sustentou muito do pensamento antropológico antes deles, em vez de lavarem as mãos de ambas, eles reconfiguraram seus entendimentos sobre elas até que a divisão já não existisse. Além disso, muitas vezes o faziam recorrendo ao próprio material etnográfico que procuravam analisar. Em outras palavras, seus argumentos se instanciaram de uma maneira que agora se tornou característica da antropologia ontológica: os conteúdos de seus argumentos estão focados em colapsar a diferença entre representação e aquilo que é representado; mas a forma que esses argumentos assumem é um exemplo precisamente desse colapso, já que faz uso da etnografia a fim de modificar a teoria, produzindo assim "coisas" que são uma mistura de conceitos e objetos. Assim, por exemplo, a descrição de Viveiros de Castro do perspectivismo desafia as nossas noções de representação cultural; mas, precisamente ao fazê-lo, o próprio argumento torna-se mais do que uma representação cultural, mais do que uma descrição. Daí o título do volume editado que de muitas maneiras inaugurou a virada ontológica da antropologia: *Thinking Through Things* [Pensar através das coisas], cujo objetivo era "tratar o significado e a coisa como uma identidade" (2006, p. 3).

Ontologia, epistemologia ou ambas?

Espero que, mesmo com base neste breve resumo de alguns dos seus antecedentes mais importantes, já deva estar claro que a palavra "ontologia" não está – pelo menos não no sentido óbvio – sendo empregada aqui a fim de apontar para algum nível mais profundo de realidade do que aquele com o qual a antropologia se ocupou anteriormente. As discussões sobre "ser" ou "mundos múltiplos" podem levar aqueles com uma familiaridade ainda que passageira com a filosofia a supor que a virada ontológica esteja fazendo algumas afirmações bastante sérias e metafísicas sobre a natureza da realidade. Voltarei a este ponto ao discutir perspectivas críticas sobre a virada, mas para evitar confusão desde o início, convém deixar claro que, assim como seus progenitores, a virada ontológica visa a colapsar distinções entre ontologia e epistemologia, natureza e cultura, e não a reorientar a antropologia para um lado negligenciado dessas distinções. A palavra "ontologia" serve para distinguir este tipo de abordagem do que os defensores da virada chamariam de abordagens "epistemológicas", que eram anteriormente dominantes, mas não porque eles desejam dispensar a epistemologia em favor da ontologia. Para enfatizar o mesmo ponto de maneira mais banal: nenhum dos defensores mais significativos da virada ontológica está sugerindo que os amazônicos ou melanésios vivam de alguma maneira em universos diferentes do nosso, muito menos que pertençam a espécies naturais diferentes; tampouco estão afirmando que a nossa condição seja de solipsismo universal, na qual diferenças entre pessoas e povos sejam tão insuperáveis que impedem qualquer tipo de comunicação ou entendimento, ou que as fronteiras entre as coisas que costumávamos chamar de "culturas", mas agora devemos chamar de "ontologias", estejam em algum lugar do mundo.

Isso nos traz à questão da heurística, pois o que a virada ontológica propõe, em vez de ser uma metafísica, é um método. Esse, aliás, é um ponto útil de contraste entre as abordagens que venho descrevendo até agora e as de outro antropólogo proeminente frequentemente associado à virada ontológica, Philippe Descola. A sua obra (p. ex., 2013), tal como a de Wagner, Strathern e Viveiros de Castro, visa a perturbar o binômio natureza/cultura e, de fato, ele descreve um conjunto de materiais etnográficos muito semelhantes ao de Viveiros de Castro sob a rubrica de "animismo". Em cosmologias "naturalistas" (cosmologias "ocidentais", em termos gerais), de acordo com o seu modelo, a "exterioridade" (corpos, efetivamente) é contínua, enquanto a "interioridade" (mentes) é descontínua. No caso do animismo, a exterioridade é descontínua, enquanto a interioridade é contínua. Ele também acrescenta mais dois tipos: "totemismo", no qual ambos são contínuos, e "analogismo", no qual nenhum dos dois o é. A razão pela qual trato este exemplo muito brevemente, no entanto, é que para Descola, embora essas categorizações evitem o binário natureza/cultura como uma base explicativa, elas permanecem categorizações (ou "tipos", como Bruno Latour o coloca em uma resenha de 2009 de um debate entre Descola e Viveiros de Castro); ao passo que, para os principais pensadores com os quais nos preocupamos neste capítulo, o propósito de suas descrições (lembre-se de que são heurísticas, com propósitos) é efetuar alguma forma de alteração em nosso esquema conceitual. Em vez de versarem sobre estender nossa capacidade de classificar ou tipologizar diferentes culturas, preocupam-se em mostrar como algumas diferenças podem minar todo o edifício classificatório da própria cultura.

Pois, de novo, a questão não é substituir uma teoria por outra, mas permitir que o encontro entre a etnografia e a própria teoria gere novas formas de análise. Decidir *de antemão* que representação e realidade são distintas exclui essa possibilidade. As coisas que são geradas por esse método, chamemo-las de ontologias ou não, são sempre produtos de encontros muito específicos com a diferença e a alteridade (Henare et al., 2006; Holbraad & Pedersen, 2009; Pedersen, 2012). Elas ocorrem não simplesmente por padrão ao se fazer etnografia, ou porque cruzamos alguma barreira ontológica invisível, mas em ocasiões nas quais o repertório conceitual que temos à nossa disposição é obviamente incapaz de explicar adequadamente um fenômeno particular.

O que exatamente significa "incapaz de explicar" nem sempre está completamente claro, embora possa ser útil pensar que implique uma mistura de deturpação política à *la* falsa consciência marxista ("eles não entendem realmente o que estão fazendo" – cf. cap. 8) e fracasso explicativo ("é impossível entender o significado desse fenômeno sem recorrer a algum conceito antropológico externo"). Um exemplo frequentemente citado de tal fracasso de explicação é o emprego da palavra "crença" (p. ex., Henare et al., 2006, p. 5; Holbraad, 2012, p. 27). Desde que Needham criticou pela primeira vez o conceito (1972), os antropólogos apontaram que crença, como é usada na antropologia, é efetivamente um sinônimo de erro: "é apenas o incrédulo que acredita que o crente acredita", como o coloca Pouillon (1993, p. 26). Referir-se a algo como uma crença é opor-se ao conhecimento que nós, os antropólogos, possuímos, e também simplesmente reformulá-lo em nossos próprios termos, em vez de explicá-lo. Os Nuer podem "acreditar" que os *kwoth* são espíritos, e eles têm o direito de fazê-lo, mas ao descrever isso como uma "crença" nós estamos implicitamente afirmando nosso conhecimento de que este não é o caso, para não mencionar que estamos fazendo uma descrição incorreta dos Nuer, que não "acreditam" que os *kwoth* são espíritos, eles *sabem* que o são, e não reconheceriam ou entenderiam nossa descrição disso como uma "crença". Observe a semelhança desse problema com os casos Hagen ou amazônicos: como descrevemos um fenômeno quando ele parece minar a base de nossa descrição, sem fazer com que o fenômeno pareça ilusório ou equivocado? O que os defensores da virada ontológica argumentam é que situações como esta – nas quais parece que não podemos conferir sentido a um fenômeno indígena sem recorrer a descrevê-lo como falso – são evidências de um fracasso de nosso repertório conceitual (p. ex., Wastell, 2006, p. 87; Holbraad, 2012, p. 72).

São tais situações que constituem encontros com a alteridade e com o principal objeto de preocupação da virada ontológica. Consequentemente, a abertura de questões de ontologia é um artefato contextual desse encontro, não uma característica do mundo lá fora.

Um excelente exemplo de como esse processo funciona é fornecido por Martin Holbraad (2009; 2012), um dos editores de *Thinking Through Things*, e uma grande força por trás da virada ontológica.

O problema etnográfico que Holbraad enfrenta é o seguinte: os adivinhos cubanos afirmam que os veredictos que eles entregam aos clientes são indubitáveis. Ou seja, declarações divinatórias do tipo "você está enfeitiçado" não podem ser falsas e não estão abertas a dúvidas. Para o cético que aponta que pessoas em Cuba e em outros lugares muitas vezes, de fato, duvidam da verdade dos veredictos divinatórios, Holbraad elegantemente responde que aquilo de que elas duvidam não é a verdade do veredicto, mas sua natureza divinatória: aceitar a alegação dos praticantes de que os seus veredictos são indubitáveis significa aceitá-la como uma declaração analítica verdadeira por sua própria virtude, porque fazer qualquer outra coisa já é uma negação da alegação.

Claramente, no entanto, como Holbraad continua a mostrar, uma declaração como "você está enfeitiçado" não soa como uma verdade indubitável para nós: eu *posso* estar enfeitiçado e a declaração pode ser verdadeira, mas posso igualmente não estar enfeitiçado (2012, p. 71). Com efeito, "você está enfeitiçado" parece compartilhar todas as características de uma declaração representacional regular do fato: sua verdade depende de certos fatos acerca do mundo. Declarações regulares de fatos são, obviamente, por sua natureza, abertas a dúvidas: os fatos podem ser de uma forma ou de outra. Daí o problema: as verdades divinatórias são indubitáveis e, ao mesmo tempo, parecem representar um certo estado de coisas no mundo, colocando-se assim abertas à dúvida.

O fracasso da análise, portanto – presumindo-se que esse absurdo lógico seja de fato um fracasso –, deve residir em uma ou outra dessas facetas da verdade divinatória. Dado o ponto anterior de que não aceitar completamente a natureza indubitável dos veredictos logicamente implica reduzi-los a crenças e ficar preso ao que Holbraad chama de posição "mais inteligente do que você" em relação à prática divinatória" (2012, p. 55), a faceta a ser duvidada deve ser a própria possibilidade da dúvida.

Qualquer alegação de verdade que vise a representar um estado de coisas no mundo deve, por definição, estar aberta à possibilidade de dúvida: se eu disser que está quente em meu escritório e frio do lado de fora, ou que a "virada ontológica" é um método e não uma teoria, estou tentando – provavelmente – transmitir uma imagem do mundo, e essa imagem pode estar correta, mas pode igualmente estar errada, e é parte da natureza de tais afirmações que não haja nada nelas para torná-las *absoluta* e *indubitavelmente* verdadeiras. Portanto, segue-se que a verdade divinatória deve ser não representativa – ela não visa a transmitir uma imagem do mundo. Como esse conceito etnográfico – uma verdade que não tem relação representativa com estados de coisas no mundo, e cujo oposto não é a falsidade – não tem equivalente em nosso repertório analítico, Holbraad deve inventar um. Isso ele o faz na forma de uma "definição inventiva" ou "infinição". Sendo assim inventada, a "definição inventiva" é tanto uma descrição de veredictos divinatórios quanto uma instância de si mesma (2009).

Infinições são declarações de verdade não representacionais. Assim como o conceito de "invenção" de Roy Wagner (1975), elas derivam sua verdade não da posse de uma relação externa com as coisas no mundo às quais podem ser aplicadas correta ou incorretamente, mas dos efeitos transformadores que têm sobre os conceitos com os quais se relacionam. Assim, como em um dos exemplos de Holbraad, dizer – ou melhor, infinir – que "Wagner é um gênio" (2012, p. 44) não é conectar duas entidades preexistentes por meio de uma relação externa de significado, mas transformar ambas as entidades em algo novo ("Wagner o gênio"). Da mesma forma, os veredictos divinatórios precisamente não são suscetíveis de dúvida, porque não representam um estado de coisas no mundo, mas modificam os objetos aos quais se aplicam: "Você está enfeitiçado", "me transforme de uma pessoa que não se encontra em nenhuma relação particular com a feitiçaria em uma pessoa que está sendo enfeitiçada" (2009, p. 88).

Deve estar claro que o que está sendo descrito aqui é um método ou uma abordagem. Perto do final da monografia (2012, p. 255), Holbraad expõe explicitamente o esquema envolvido, o qual parafraseio aqui:

> Passo 1: Descreva seu material etnográfico com conceitos familiares, e o faça com o objetivo de representá-lo da maneira mais precisa possível.
>
> Passo 2: Verifique os casos em que essas descrições não parecem fazer sentido ou parecem imprecisas. Então, se você tiver que descrever pessoas sendo "irracionais" ou "acreditando" em algo que os seus leitores pensarão ser falso, seus conceitos familiares provavelmente falharam. No exemplo acima, esta situação surge porque "você está enfeitiçado" não pode ser ao mesmo tempo uma declaração representacional (como parece-nos que seja) e uma declaração indubitável (como é alegado que seja).
>
> Passo 3: Tente descobrir o que está causando a contradição ou o conflito em sua descrição e quais das suas suposições você precisa reconfigurar. No caso da adivinhação cubana, o conceito em questão é o de verdade.
>
> Passo 4: Redefina os conceitos em questão – com a ajuda de filósofos ou outros antropólogos – até que a sua descrição esteja convincente e não gere mais contradições.
>
> Passo 5: Certifique-se de que a sua nova descrição representa com precisão o seu material etnográfico. Uma definição tão inventiva, como um conceito modificado de verdade que elimina as contradições delineadas acima, baseia-se no trabalho de filósofos (como Deleuze, 1994) e an-

tropólogos (como Wagner, Strathern e Viveiros de Castro), e torna o conceito de veredictos divinatórios indubitáveis algo que podemos entender, em vez de um absurdo lógico.

Para voltar novamente à questão da heurística, observe novamente o sentido bastante claro de que este é um método, não uma descrição de um certo estado de coisas, e observe também a declaração clara de objetivos: a articulação de "representações verdadeiras". Portanto, e um tanto paradoxalmente, para Holbraad, o propósito de redefinir um conceito (neste caso, a própria verdade) em relação à etnografia é realmente fornecer imagens mais verdadeiras (no sentido claramente representacionalista) do mundo ao nosso redor.

Perspectivas críticas

Como observei no início deste capítulo, a virada ontológica tem sido alvo de uma quantidade significativa de críticos desde o início. Alguns desses críticos partem do uso da própria palavra e da confusão que ela é suscetível de gerar entre os que a usam. Por exemplo, será que se trata, como proposto por uma moção no grupo de debates em teoria antropológica, simplesmente de fazer o mesmo trabalho que a palavra "cultura"? (Carrithers et al., 2010). Em caso afirmativo, certamente sofrerá de várias das mesmas desvantagens de qualquer concepção antropológica de uma "unidade": Onde começa e termina? Quais são suas características essenciais? Alguns escritos no âmbito da virada ontológica parecem ter abraçado uma versão dessa posição. Assim, Viveiros de Castro, por exemplo, em seus escritos mais recentes, sugere que há um valor político no que ele chama de "quintessencialismo tático" (2011b, p. 165), uma espécie de versão ontológica da velha noção de "política de identidade" de "essencialismo estratégico", na qual aspectos da identidade de um grupo ou coletivo (tipicamente subalterno) são tratados como essenciais, para fins políticos. Este quintessencialismo serve a um propósito no projeto de desconstruir nossos pressupostos euro-americanos, e àquilo a que ele se refere alhures como a "teoria da autodeterminação ontológica dos povos" (2011a, p. 128).

Em outro lugar (2014), Pedersen, Holbraad e Viveiros de Castro descreveram sua abordagem como constituindo uma nova forma de política. Eles argumentam que a produção da diferença que ela precipita através do encontro entre etnografia e conceitualização deve ser pensada como a própria matéria da política, em vez de objetos mais tradicionais da antropologia política: "pensar é diferir", como eles o colocam. Nesta versão da virada ontológica, seu propósito como uma heurística é uma espécie de mistura de inovação conceitual e mudança política. Na verdade, o argumento deles afirma essencialmente que as duas são inseparáveis: política é pensar diferentemente da maneira que a virada ontológica permite.

No entanto, a política da virada ontológica também mereceu crítica. Alguns (p. ex., Bessire & Bond, 2014) questionam precisamente as maneiras pelas quais a veem como ignorando coisas que os antropólogos da política há muito apontam. Eles sugerem que sua busca por alteridade a leva a ignorar as próprias desigualdades e relações de dominação reais e materiais, tanto dentro das sociedades nas quais se concentra quanto entre essas sociedades e a nossa.

Uma crítica ligeiramente diferente, mas ainda assim politicamente inclinada, é feita por David Graeber (2015). Graeber destaca as maneiras pelas quais os relatos inspirados na virada ontológica dependem fortemente de premissas conceituais específicas. Assim, a análise de Holbraad, por exemplo, toma como ponto de partida a ideia de que os oráculos divinatórios estão sempre corretos. É claro que muitos adivinhos cubanos pensam assim, e é igualmente claro que Holbraad não está afirmando que ninguém pense de maneira diferente (cf. acima). Seu argumento alega que é simplesmente constitutivamente essencial para a adivinhação cubana que ela seja infalsificável (da mesma forma que, digamos, ter uma estrutura legal é essencial para uma democracia liberal – mesmo que às vezes as leis sejam violadas). No entanto, como Graeber aponta, isso é efetivamente argumentar que devemos tomar certos tipos de declarações como de alguma forma "autorizadas" e então tratá-las como se fossem geradoras de realidade, uma posição que é difícil de distinguir do idealismo filosófico clássico (2015, p. 23). Como uma posição, também exige que privilegiemos essas declarações autorizadas, em vez de partir do fato de que a maioria dos nossos interlocutores provavelmente discordarão uns dos outros, e muitas vezes deles próprios, acerca dessas declarações. Em outras palavras, eles geralmente são tão inseguros quanto nós quanto à natureza da realidade.

Outras críticas da virada ontológica concentram-se mais em suas implicações metodológicas e/ou metafísicas. James Laidlaw (2012), em uma resenha de uma das mais proeminentes monografias inspiradas na virada ontológica, *Not Quite Shamans* [Não exatamente xamãs] (2011), de Morten Axel Pedersen, questionou o resvalamento no significado entre "ontologia" como fato lá fora no mundo, e "ontologia" como sinônimo de cultura ou cosmologia, um resvalamento que Pedersen felizmente reconhece (2012). Como vimos, é uma premissa fundamental da virada ontológica que não deve haver nenhuma distinção entre coisas que poderíamos ter pensado como reais (fatos lá fora no mundo) e outras que teríamos pensado como representações (culturas ou cosmologias).

Em meu próprio trabalho e em outros trabalhos com Laidlaw, também questionei essa premissa (2012; 2013), sugerindo que ela está em conflito com a suposta abertura metodológica da virada ontológica e sua afirmação de ser apenas um dispositivo heurístico. Mesmo que se faça todo movimento consequente em resposta à contingência etnográfica, a afirmação básica e fundamental de que ontologia e epistemologia são de alguma forma uma e a mesma coisa não se origina de qualquer material etnográfico, e, portanto, não é senão epistemológica. Isso não apenas torna a própria afirmação um tanto autorrefutável, mas também sugere que, como abordagem, terá alguns problemas para explicar pessoas que não sejam, à sua maneira, "alter" para nós mesmos. Embora descenda de uma escola metodológica diferente – porém estreitamente relacionada –, a da teoria ator-rede (cf. cap. 13), podemos tomar o trabalho de Annemarie Mol em uma clínica holandesa de aterosclerose como um exemplo desse problema (2002). Ela adota uma abordagem "ontológica" da doença, mas, assim como seus primos antropológicos, com isso ela quer dizer que entende a doença como uma mistura processual feita de conceitos (epistemologia) e objetos (ontologia). Os médicos holandeses que ela estuda, no entanto, partem precisamente da premissa oposta: a de que a doença é uma coisa que existe no mundo, e as representações dela não.

Outra implicação deste ponto diz respeito a um argumento elaborado por Michael Scott (2014; cf. tb. 2013; Heywood, 2012): apesar de todo o seu suposto foco na diferença e na alteridade, as descrições reais que a virada ontológica produz tendem a parecer notavelmente semelhantes, apesar de virem de partes geograficamente muito distantes do mundo. Então, como é que um método cuja premissa consiste em produzir novos conceitos diretamente em relação a determinado material etnográfico deveria estar constantemente produzindo *o mesmo tipo* de conceitos (cf. a semelhança entre Holbraad sobre infinição e Wagner sobre invenção) em relação a *diferentes tipos* de etnografia?

Em resposta, Holbraad (2017) argumentou que ver tais conceitos como semelhantes, a despeito de suas diferentes fontes etnográficas, é cair precisamente no erro de distinguir entre conceitos e etnografia do qual a virada ontológica busca nos resgatar. Ele sugere que se seguirmos a injunção para vê-los consistentemente como o mesmo tipo de coisas, não se pode entender "infinição" ou "invenção" sem referência à etnografia da qual vieram e, portanto, nessa medida, como diferentes.

Pedersen adota uma posição semelhante em sua resposta tanto aos meus argumentos quanto aos de Laidlaw (2012), argumentando que ver a virada ontológica como possuindo um quadro teórico oculto e abstrato é confundir teoria com método: em vez de ter uma visão do mundo, ele reitera, a virada ontológica tem uma abordagem dele, uma abordagem bastante capaz de produzir argumentos que podem muito bem refutar os seus próprios, ou os de Holbraad, dependendo do material etnográfico em questão.

Conclusão

Este é um ponto apropriado para concluir retornando à questão que suscitei na introdução a este capítulo: o que significa pensar em uma posição analítica como uma heurística, e não como uma teoria? Uma coisa que parece implicar é ter uma única resposta para muitos argumentos críticos:

a saber, que são simplesmente equivocados, porque o conteúdo da crítica é direcionado a alguma posição substantiva que pode então ser abandonada ou contornada porque, afinal de contas, trata-se apenas de uma heurística. Acho que essa resposta encontra seu limite na própria ideia de recursividade – de que os conceitos etnográficos podem e devem alterar nossos esquemas conceituais – que certamente não pode ser abandonada como uma posição metafísica sem que a virada ontológica deixe de significar algo distintivo, mas este não é o lugar para reiterar esse argumento (cf. Heywood, 2012).

Em vez disso, desejo simplesmente apontar o que as heurísticas também devem fazer, além de permitir que aqueles que as empregam evitem críticas baseadas em posições substantivas. Eles deveriam suscitar a questão de o que exatamente pretendem alcançar e se isso é algo que desejamos que nossas conceitualizações façam. Eles deveriam fazê-lo não apenas porque tais questões decorrem logicamente do uso de heurísticas (novamente – ferramentas são objetos desprovidos de sentido sem o propósito cujo cumprimento é a razão de sua existência), mas também porque propósitos são coisas acerca das quais podemos e devemos concordar e discordar, e que podemos e devemos debater. Estimular o debate – como este livro e toda a tinta derramada sobre a virada ontológica atestam – é certamente uma das coisas que a boa antropologia, seja escola, seja estilo, deve fazer.

Referências

Bessire, L., & Bond, D. (2014). Ontological anthropology and the deferral of critique. *American Ethnologist 41*: 440-456.

Candea, M. (2016). De deux modalités de comparaison en antropologie sociale. *L'Homme 218*: 183-281.

Carrithers, M., Candea, M., Sykes, K., Holbraad, M. & Venkatesan, S. (2010). Ontology is just another word for culture: Motion tabled at the 2008 meeting of the group for debates in anthropological theory. *Critique of Anthropology 30*: 152-200.

Deleuze, G. (1994). *Difference and Repetition.* Londres: Athlone.

Descola, P. (2013). *Beyond Nature and Culture.* Chicago: University of Chicago Press.

Graeber, D. (2015). Radical alterity is just another way of saying "reality". *Hau: Journal of Ethnographic Theory 5*: 1-41.

Henare, A., Holbraad, M., & Wastell, S. (eds.) (2006). *Thinking Through Things: Theorising Artefacts Ethnographically.* Londres: Routledge.

Heywood, P. (2012). Anthropology and what there is: Reflections on "ontology". *Cambridge Anthropology 30*: 143-151.

Holbraad, M. (2009). Ontography and alterity: Defining anthropological truth. *Social Analysis 53*: 80-93.

Holbraad, M. (2012). *Truth in Motion: The Recursive Anthropology Of Cuban Divination.* Chicago: University of Chicago Press.

Holbraad, M. (2017). The contingency of concepts: Transcendental deduction and ethnographic expression in anthropological thinking. In P. Charbonnier, G. Salmon, & P. Skafish (eds.). *Comparative Metaphysics: Ontology After Anthropology* (pp. 133-159). Londres: Rowman and Littlefield.

Holbraad, M., & Pedersen, M. (2009). Planet M: The intense abstraction of Marilyn Strathern. *Anthropological Theory 9*: 371-394.

Holbraad, M., & Pedersen, M. (2017). The Ontological Turn: An Anthropological Exposition. Cambridge: Cambridge University Press.

Holbraad, M., Pedersen, M. & Viveiros de Castro, E. (2014). The politics of ontology: Anthropological positions. *Cultural Anthropology, 13*. www.culanth.org/fieldsights/462-the-politics-of-ontology-anthropological-positions

Laidlaw, J. (2012). Ontologically challenged. *Anthropology of this Century 4.* http://aotcpress.com/articles/ontologicallychallenged/

Laidlaw, J., & Heywood, P. (2013). One more turn and you're there. *Anthropology of This Century 7.* http://aotcpress.com/articles/turn/

Latour, B. (2009). Perspectivism: “Type” or “bomb”? *Anthropology Today 25*: 1-3.

Mol, A. (2002). *The Body Multiple: Ontology in Medical Practice.* Durham: Duke University Press.

Needham, R. (1972). *Belief, Language, and Experience.* Oxford: Blackwell.

Pedersen, M. (2011). *Not Quite Shamans: Spirit Worlds and Political Lives in Northern Mongolia.* Ithaca: Cornell University Press.

Pedersen, M. (2012). Common nonsense: A review of certain recent reviews of the “ontological turn”. *Anthropology of This Century 5.* http://aotcpress.com/articles/common_nonsense/

Pouillon, J. (1993). *Le cru et le su.* Paris: Le Seuil.

Quine, W. V. (1948). On what there is. *The Review of Metaphysics 2*: 21-38.

Scott, M. (2013). The anthropology of ontology (religious science?). *Journal of the Royal Anthropological Institute 19*: 859-872.

Scott, M. (2014). To be a wonder: Anthropology, cosmology, and alterity. In A. Abramson, & M. Holbraad (eds.). *Framing Cosmologies: The Anthropology of Worlds* (pp. 31-54). Manchester: Manchester University Press.

Strathern, M. (1980). No nature; no culture. In C. McCormack, & M. Strathern (eds.). *Nature, Culture, Gender* (pp. 174-222). Cambridge: Cambridge University Press.

Turner, T. (2009). The crisis of late structuralism. Perspectivism and animism: Rethinking culture, nature, spirit, and bodiliness. *Tipiti 7*: 3-40.

Viveiros de Castro, E. (1998). Cosmological deixis and Amerindian perspectivism. *Journal of the Royal Anthropological Institute 4*: 469-488.

Viveiros de Castro, E. (2003). *And.* Manchester: Manchester University Press.

Viveiros de Castro, E. (2004). Perspectival anthropology and the method of controlled equivocation. *Tipiti 2*: 3-22.

Viveiros de Castro, E. (2011a). Zeno and the art of anthropology: Of lies, beliefs, paradoxes, and other truths. *Common Knowledge 17*: 128-145.

Viveiros de Castro, E. (2011b). Zeno's wake. *Common Knowledge 17*: 163-165.

Viveiros de Castro, E. (2014). *Cannibal Metaphysics: For a Post-Structural Anthropology.* Mineápolis: University of Minnesota Press.

Wagner, R. (1975). *The Invention of Culture.* Englewood Cliffs: Prentice-Hall.

Wastell, S. (2006). The "legal thing" in Swaziland: Res judicata and divine kingship. In A. Henare, M. Holbraad, & S. Wastell (eds.). *Thinking Through Things: Theorising Artefacts Ethnographically* (pp. 68-92). Londres: Routledge.

15
Pessoas e pessoas partíveis

Marilyn Strathern

O tópico final serve como uma espécie de conclusão do livro. As controvérsias sobre a personalidade oferecem um meio de reflexão sobre a maneira como os antropólogos fazem e usam os conceitos sem os quais não haveria diálogo. Como outros capítulos deste livro, este capítulo aborda amplas áreas da teorização antropológica das quais é necessariamente apenas um resumo. No entanto, este capítulo cria um foco para o leitor ao basear-se principalmente em duas coleções recentes de ensaios: "The anthropology of personhood, redux: Views from Christianity" ["A antropologia da personalidade restaurada: visões do cristianismo"], editada por Bialecki e Daswani, e "Gender and person in Oceania" ["Gênero e pessoa na Oceania"], editado por Morgain e Taylor. Entre si, recapitulam e ampliam muito da situação, especialmente em relação às inconstantes condições de vida social; além de também oferecerem materiais etnográficos. Outras obras são referenciadas para indicar que muitos caminhos e avenidas, muitas linhas de investigação, vão e voltam até mesmo nesta pequena parte do campo.

Prólogo

Conceitos que viajam são de particular interesse para a antropologia social. Pois se é como viajantes que aparecem, então obviamente vieram de algum lugar, em contraste com aquelas formulações que parecem já estar em casa. O potencial comparativo não pode ser realizado da mesma maneira. Para torná-lo de uso comparativo, o conceito de "pessoa", familiar dentro do escopo da linguagem cotidiana, teria que ser desfamiliarizado; estranho ao uso regular do inglês, por outro lado, o conceito de "pessoa partível" precisaria explicar suas origens, e, sobretudo, qualquer outro caminho de migração. A meio caminho, as reflexões antropológicas sobre "a pessoa" como uma categoria abstrata já sugerem uma entidade em movimento, criando um campo próprio.

A pessoa tem, há muito, tecido dentro e fora do discurso das ciências sociais, ocasionalmente irrompendo como um foco explícito de atenção, notadamente por meio de Mauss em sua *Huxley Memorial Lecture* de 1938 e sua regeneração inglesa 50 anos depois (Carrithers et al., 1985; Fortes, 1987). Posteriormente, durante um período que alguns relacionam com a diminuição do interesse pelos estudos formais de parentesco, outros com um momento pós-moderno, a personalidade passou a ocupar um amplo espaço conceitual dentro da antropologia social. Teorizações diversas sobre o seu papel no processo social implicam localizações diversas que definem seus contornos analíticos em determinados moldes. Este é o problema abordado aqui. A fim de criar uma categoria analiticamente robusta, os relatos da pessoa sempre batalharam com diferentes investimentos no conceito; o debate recente sobre a pessoa partível é apenas um exemplo.

O campo da pessoa

Como conceito analítico, a pessoa habita um campo de conceitos. Para os euro-americanos, o campo floresce com toda uma gama: (em inglês) pessoa, indivíduo, self, agente, sujeito, ser humano. Estes podem ser distribuídos de várias maneiras, de acordo com a tarefa em questão; também podem ser considerados coerentes, de modo que, se for a "pessoa" que emerge como o ponto de referência abrangente, os componentes da série aparecem em termos dela, ou seja, como "aspectos da pessoa". Esses aspectos, então, organizam nosso senso do que uma pessoa é por meio de atributos específicos, como quando a uma pessoa individual é atribuída uma consciência interna ou corpo indiviso. Os atributos são organizadores na medida em que dão à construção em questão certos contornos. Um dos temas deste capítulo é a maneira como os próprios conceitos ou construções são estruturados. Assim, podemos notar que (analiticamente falando) cada componente da série – pessoa, indivíduo e assim por diante – pode igualmente ser entendido como um objeto discreto de investigação, e, portanto, de outra maneira aparece em termos relevantes para um deles, ou seja, "individualmente".

Foi com referência à ideia de universais humanos que Mauss quis mostrar que, como uma categoria da mente humana, as noções de pessoa ainda podem ter uma história social (cf. cap. 1). Ele o faz por uma dupla desfamiliarização: por um lado, citando várias inflexões etnográficas e históricas do conceito; e, por outro lado, introduzindo (no campo) variantes do próprio termo pessoa, que perduram na discussão antropológica em sua forma francesa ou latina. *Personnage*, *persona*, *personne*, seguidos pelo self (*moi*), marcam diferentes modos de conceituação; o sujeito humano de todos eles sendo denominado "um indivíduo". Esses modos são indivíduos como personagens ou intérpretes de papéis/como entidades legais ou forenses/como dotados de alma interior ou consciência/como os cultivadores da consciência, respectivamente. Ele pretende que entendamos tais conceitualizações como inteiramente sociais: a maneira como o pensamento humano avança, diz ele, por meio das sociedades e de suas metamorfoses. A sua organização do campo ainda está ela mesma em movimento.

Se, como muitos antropólogos hoje presumiriam, o indivíduo enquanto pessoa é uma entidade totalmente social – a personalidade sendo "a forma emergente do self à medida que este se desenvolve dentro de um contexto de relações sociais", e os "selfs individuais [sendo] sociais em sua própria constituição" (Ingold, 1994, pp. 744-745) –, isso se dá em parte porque eles endossam uma perspectiva a partir da vida social (i. é, como uma posição analítica, a partir da qual na verdade todos os construtos são "sociais"). No entanto, é útil distinguir esse sentido do indivíduo como uma pessoa da pessoa como um indivíduo. O individualismo deste último implica uma conceitualização histórico-cultural da pessoa ou self como dotada de atributos específicos, tais como autonomia ou dignidade humana. Isso é o "individualismo" como um valor (Robbins, 2015, após Dumont). Rapport (2010) toma um famoso argumento da Melanésia, concernente ao conceito de pessoa dos Gahuka-Gama (Leia, 1955), no sentido de que essas pessoas *carecem* de um conceito de "pessoa individual", isto é, de uma pessoa como um indivíduo, e dos atributos que o acompanham, reconhecendo apenas posições socialmente definidas nas quais personalidades distintas surgem de combinações de relações sociais. A própria opinião de Rapport é que, quer eles busquem ou não o "individualismo" como um valor, eles estão vinculados, como todos os seres humanos, por uma irredutível "individualidade" que se mostra na discrição de mente e corpo, agência e consciência.

A "falta" é esclarecedora. Será que um resultado contemporâneo do campo de conceitos de Mauss é um duplo desconforto com, por um lado, análises que cedem tudo às "relações sociais" e sua oclusão da agência individualizada, e, por outro, uma estranha admissão quanto a reinstaurar assim um dualismo moderno-tradicional? Trata-se de um desconforto frequentemente expresso. Um melanesianista o reformulou recentemente nas palavras da socióloga francesa Théry: "O que dizer então da agência do indivíduo e de sua capacidade de agir por si mesmo [...] em sociedades tradicionais nas quais o valor mais alto é o dos relacionamentos?" (2009, apud Lepani, 2015, p. 51). O que dizer da autoconsciência, da capacidade de se apropriar dos próprios atos ou palavras, de reconhecê-los como seus e responder por eles? Esta última, um atributo forense (autorresponsabilidade), também demarca a importância de proteger a "pessoa unitária" nas administrações modernas: "Em nossa cultura, a principal necessidade é a liberdade individual" (Douglas, 1995, p. 85; cf. Rapport, 2012). Dá-se a impressão de que uma espécie de opressividade pode ser lida nas relações sociais. É como se fosse em face do aprisionamento por convenção ou instituição que, como uma analítica, a pessoa devesse ser libertada para florescer em todo esse campo de construtos no qual a autoconsciência e a autonomia também crescem.

Pessoas relacionais

A expressão "pessoa relacional" servirá para resumir as abordagens que enfatizam a inserção das pessoas nas relações. Pois, concomitantemente com um interesse renovado pela personalidade, um novo tipo de espaço conceitual parece disponível para o "relacional"; um epíteto que se aplica a todos os tipos de ligações, laços e conexões, sejam concretos ou abstratos. Aqui, no entanto, as relações – inclusive, mas não exclusivamente as relações sociais – têm um aspecto benigno. Desnecessário dizer que o valor positivo frequentemente atribuído às relações é tão analiticamente inútil quanto um valor negativo; a questão é o trabalho que o conceito faz. É claro que não pode ser considerado isoladamente.

Uma breve digressão sobre a forma como os construtos participam uns dos outros pode ser útil. Já encontramos o indivíduo como pessoa e a pessoa como indivíduo: eu veria todo o campo como um conjunto de relações merográficas. O epíteto (merográfico) não precisa nos deter; ele simplesmente aponta para certas estratégias epistêmicas, maneiras de organizar o conhecimento, possibilitadas pelo inglês e outros usos da linguagem europeia. Portanto, podem-se fazer conexões entre partes da vida social de uma maneira que sustente a individualidade de cada uma, pois qualquer coisa pode ser distinguível como parte de outra coisa, então nada nunca é simplesmente parte de um todo porque uma outra perspectiva, ou interpretação, pode redescrevê-la como parte de outra coisa (Strathern, 1992, pp. 72-73). Contextualizar, adotar múltiplos pontos de vista, alternar perspectivas (p. ex., se um conceito faz parte de um campo, o campo faz parte do conceito): esses dispositivos analíticos familiares à antropologia sustentam tais relações. Com efeito, são as relações entre os construtos que os posicionam de modo que aparentemente funcionem sozinhos. Isso fica evidente no campo conceitual da pessoa. Pessoa, self, agente e assim por diante: qualquer um deles pode ser tomado como o ponto de partida singular para discutir qualquer outro. Além disso, qualquer um pode ser tornado distintivo por outras perspectivas; por exemplo, se alguém toma a pessoa como um self autobiográfico, uma pessoa física ou um ser humano reconhecido internacionalmente. Da mesma forma, o próprio campo pode ser recontornado por meio de construtos que concirnam à psicanálise, à zoologia, ao Estado etc. Qualquer coisa nessas formulações euro-americanas, ao que parece, é individualizável por meio de conexões; qualquer coisa também é assim conectável; na verdade, as relações se amotinam. Então, às vezes os antropólogos ficam perplexos com a maneira como alguém poderia ter imaginado que tudo não era já relacional.

Quanto à personalidade, pelo menos duas dimensões precisam apresentar-se para que se possa chamar uma abordagem de relacional. A primeira é o convite aos antropólogos para manterem suas mentes abertas para a interconexão dos fenômenos, seja essa abertura considerada como herdada do estruturalismo (relações entre relações; cf. cap. 2) ou como oferecendo um escape das apreensões positivistas da sociedade ou da cultura. Por exemplo, uma abordagem relacional pode representar as relações não como um "outro" para um "self" (a pessoa como self), mas como intrínsecas ao self como uma entidade intersubjetiva (o self como uma pessoa). Aqui, o conceito de social pode até mesmo ser uma distração: assim, Toren (2012) aponta antes para um aspecto irredutível da ontogenia humana, qual seja a coconstituição de pessoas ao longo de suas vidas.

Uma segunda razão por trás da prevalente implantação do relacional é o esclarecimento etnográfico, trazer para a alçada teórica as lições aprendidas de numerosos campos de estudo. Os antropólogos há muito têm compartilhado com os sociólogos diversos entendimentos de "redes sociais" (não confundir com ator redes; cf. cap. 13), e "papéis" e "*status*" do início/meados do século XX nada eram senão conceitos relacionais descrevendo como as pessoas estavam incorporadas em relações com outras. Mas a elucidação etnográfica frequentemente lhes dá uma nova ênfase. Bonnemère usa uma "abordagem relacional" em seu estudo dos processos rituais que transformam o povo Ankave ao longo de seu ciclo de vida a fim de extrair o significado teórico dos "*status* relacionais" de outras abordagens da identidade de gênero. Esses *status* são distinguíveis da pessoa ("sujeito individual") que os ocupa. (O ponto crucial para ela é que tais relações "permanecem externas à pessoa, mesmo que as mudanças no *status* da pessoa dependam delas" [2014, p. 740].) Uma outra vertente surge com a necessidade quase urgente de alguns antropólogos de especificar um "relacionalismo" em pé de igualdade – seja por paridade analítica ou privilégio analítico (Candea, 2011) – com o "individualismo" ocidental ou euro-americano. Esta última colocação ou localização de conceitos (relacionalismo/individualismo) exige uma exposição mais aprofundada.

Talvez parte da urgência do relacionalismo resida em suas implicações gerais para o reconhecimento de como todos os tipos de fenômenos afetam uns aos outros, sobretudo em um momento de crise percebida como ecológica. Com efeito, o apelo ao relacionalismo tem sido salutar de muitas maneiras por demais evidentes para enumerar aqui – tanto na tarefa de descrever realidades heterogêneas não abrangidas pelas cosmologias euro-americanas quanto na vinculação de análises, como sempre foi enfatizado pelo trabalho conceitual da análise sociocêntrica. É a suposição de que as pessoas em todos os lugares participam das identidades umas das outras que impulsiona a visão de Sahlins do parentesco e dos parentes como "relacionalmente construídos"; ele ressalta o erro de categoria do pensamento de parentesco egocêntrico (em vez de sociocêntrico) que torna "as relações de parentesco como os atributos de pessoas singulares" (2013, p. 27). Mas o "em todos os lugares" parece especialmente evidente em alguns lugares específicos. Englund e Yarrow (2013) observam o lugar central que a etnografia melanésia ocupa na exposição de Robbins do relacionalismo em oposição ao individualismo. Eles simpatizariam com o fato de que há, no entanto, mais do que isso. Por serem "relacionalistas, as culturas melanésias valorizam a criação de relacionamentos em detrimento de outras formas culturais" (Robbins, 2004, p. 292). Esse valor não é da mesma ordem que a ênfase que Robbins colocaria em "uma das premissas mais fundamentais de Dumont: a de que toda vida humana surge das relações sociais" (2015, p. 173), que é a fonte do seu holismo. Este último é o ponto de vista a partir do qual o "individualismo" (ocidental) aparece como uma ideologia específica. O holismo é, portanto, ao mesmo tempo um valor encontrado em algumas sociedades *e* um conceito teórico (para uma condição humana) que abrange tanto o individualismo quanto o relacionalismo melanésio. A investigação de qual sistema de valores parece transcendente é obscurecida pela mesma questão no vocabulário conceitual. Mas se exigirmos explicitamente que os conceitos que implantamos devam eles próprios transmitir um senso de uma interconectividade abrangente (que parece ser o papel do holismo a propósito dos níveis de valor), há muitas maneiras de fazê-lo, e tropeçamos em outro campo.

Este é o campo no qual o "social", o "sociocêntrico", o "mútuo", o "relacional" e o "holístico" (os franceses acrescentariam o "coletivo") disputam por luz. Em todos os relatos antropológicos, cada um está alinhado a outros de várias maneiras, e, como acontece com o campo da pessoa, cada um pode ser tomado como um ponto de partida para a análise. Assim, "o relacional" parece ser o centro das atenções em questões sobre se se deve descrever o relacionalismo como copresente com o individualismo ou como diagnóstico de uma cosmologia teoricamente distinguível.

Essa convocação abstrata do individualismo é o ponto no qual os campos floridos se transformam em campos de batalha. Por que alguns acham que têm que lutar contra isso, que as relações vão balançar se eles não forem mantidos juntos? É de fato desconcertante como alguém familiarizado com a ênfase que os euro-americanos colocam em estabelecer relações poderia imaginar que tudo não seja já relacional. Talvez o problema seja precisamente que tornar a suposição explícita não possa ser o mesmo que considerá-la uma suposição implícita. Para quem o procura, esse lugar implícito parece ocupado pelo individualismo. Ele aparece nos contornos das suas próprias ferramentas de análise (euro-americanas). Através das lentes organizadoras do pensamento merográfico, as relações aparentemente surgem do que está pressuposto e retornam a isso: conceitos – tais como o de pessoa – que são facilmente individualizados. Isso leva-nos a um constructo que não é exatamente o mesmo que o de pessoa relacional.

Pessoas partíveis

Se há ou não algo específico quanto às formas melanésias de relacionalismo é uma questão que só pode ser notada aqui. Continua a ser verdade que a Melanésia tem contribuído significativamente para as controvérsias acerca dos conceitos de personalidade. A controvérsia continua, e o leitor provavelmente deve considerar tudo o que se segue controverso. As duas coleções abordadas aqui – sobretudo pela maneira como mostram a importância de continuar simultaneamente a teorizar e a abordar novos empreendimentos etnográficos – figuram materiais melanésios. O artigo de Robbins veio da mesma edição que "The anthropology of personhood, redux" (Bialecki & Daswani, 2015); o outro, "Gender and person" (Morgain & Taylor, 2015), fazia parte de um projeto instigado por Jolly que também apresentou o trabalho de Théry a um público de língua inglesa.

Independentemente de como seus interlocutores formulam as coisas, os estudiosos sabem que suas análises os separam. É improvável que eles achem que as noções que as pessoas têm de "indivíduos" ou "relações" façam o que eles precisam para suas análises. Isso não significa, entretanto, que eles estejam confinados apenas a meios muito locais ou que as ideias não possam viajar através de contextos sociais ou disciplinas. Foi a literatura da Melanésia, juntamente com a da Amazônia e da Indonésia, que convenceu Théry de que uma perspectiva "relacional" "não se restringe à compreensão de sociedades distantes. Pode ser prontamente tomada em si mesma extrapolando-se a partir delas, e retrabalhada em termos de pesquisa centrada em nossa própria cultura e sociedades ocidentais" (2009, p. 5). Na verdade, essa abertura é um pré-requisito para a ideia de aprendizagem (Laidlaw, 2014). No entendimento de Théry, "o indivíduo não pode ser separado do 'todo' concreto que é a sociedade da qual participa como pessoa, como agente de atos humanos" (2009, p. 13). Ela contrasta dois posicionamentos europeus sobre o self, o "eu" que é alguém com seus atributos pessoais, juntamente com um senso de identidade pessoal, e o "eu" da interlocução, a pessoa que fala tomando posse de seus próprios atos, suas próprias palavras (um contexto das observações citadas anteriormente). Os atributos deste último não são absolutos, mas (poderíamos dizer) compostos, pois "meu" só existe em relação a "seu", "dela" e assim por diante: tal pessoa não pode ser *apenas* um "eu" na medida em que outras posições gramaticais estão implícitas. Podemos, por nossa vez, fazer essa noção viajar. Existe um tipo de "eu" melanésio que é colocado em palavras: é ouvido dos fazedores de ações, daqueles que podemos chamar de agentes. As pessoas enfatizam a autonomia de agir, de ter a ação em mente, da unicidade do ato. Um ato é, segundo este ponto de vista, como um conceito individualizado. Assim como Théry distingue o "eu" gramatical do self como uma entidade unitária, pode-se argumentar que existem cosmologias nas quais a autonomia de agir (a alegação reflexiva de que alguém fez isso) pode ser distinguida do tipo de responsabilidade subjetiva ou modelagem de si que transforma as pessoas nos autores de seus atos. Um agente pode (no discurso "melanésio") assumir um ato cuja causa esteja em outros. Lepani dá um exemplo trobriandês hodierno de tal atuação autônoma: uma mulher obstinada que "já não cuidando do filho, mas, em vez disso, cozinhando para o pai [...] [e] irmãos mais novos [...] tomou posse de sua identidade narrativa, não com palavras, mas por meio de atos de trabalho" (2015, p. 56). Na medida em que o impulso para essa ação é simultaneamente entendido como originando-se nos outros e orientado para os outros, então parece ser dentro de um tal contexto relacional que o self se torna um ponto de referência. Por outro lado, a demonstração de Lepani deixa bem claro que reconhecer as relações em questão não oblitera a individualidade ou autonomia da ação. Pode ser útil pensar nisso como uma autonomia "gramatical", carregando, portanto, uma responsabilidade "gramatical".

Isso leva-me ao *status* de pessoa partível no repertório antropológico. Como uma ex-autora da estranha expressão, coloco a questão de saber se ainda tem uso comparativo. Foi originalmente introduzida em resposta a materiais da Melanésia, mas, como Englund e Yarrow (2013, p. 133) observam a respeito da "pessoa compósita", não apenas isso – e sua forma é indicativa. Ao contrário da "pessoa relacional", a "pessoa partível" não é um amálgama. Se ela é animada, é pelo potencial antecipatório do que as suas partes podem possibilitar. Certamente não é um conceito híbrido, como se poderia derivar da reunião do relacional com o pessoal, uma sugestão de como uma antítese sociedade/indivíduo pode ser resolvida. Ele oferece uma resolução diferente.

"Partível" ocupa o seu próprio campo microcósmico, ao lado de "dividual", "distribuído", "compósito", "múltiplo", todos epítetos usados para pessoas (cf., p. ex., Mosko, 2015, p. 362), e não é nenhuma surpresa que estes participem uns dos outros e sobreponham-se uns aos outros. Juntos, eles refletem tentativas de se evitar assumir que antes de qualquer outra coisa a pessoa é um indivíduo. Abrangem estudos em que o foco de preocupação é a personalidade enquanto tal, como na abordagem antropológica do cristianismo, e aqueles nos quais o tratamento da personalidade é o diagnóstico de outras questões, como Carsten (2004) sugere a respeito do parentesco. Dito isso, o divíduo em *The Gender of the Gift* [O gênero da dádiva] (Strathern, 1988), conforme indicado pela expressão descritiva "pessoa partível", era dirigido à "sociedade". Foi uma tentativa de encontrar uma contrapartida para o indivíduo do dualismo indivíduo/sociedade. Sob o valor do individualismo, a sociedade foi imediatamente considerada como absorvendo tudo o que os antropólogos poderiam querer dizer sobre as relações e entendida como pressupondo que as relações eram "entre" os indivíduos. O conceito de indivíduo e os atributos por ele invocados afetaram, portanto, o modo como se pode implantar uma sociedade como um constructo analítico, como na ideia de socialidade. Se o tipo de indivíduo projetado por certas visões dominantes de sociedade de fato apontava para uma cosmologia particular (euro-americana), então, para outros tipos de configurações relacionais, pode ser necessário apresentar um conceito com contornos diferentes. Com relação à Melanésia, eu tomei emprestado "pessoa" do uso antropológico existente (como socialmente entendida) e "partibilidade" do fluxo de "coisas separadas e partíveis" em troca a que Wagner (1977, p. 631) se referiu. Assim como divídual, de outra localização etnográfica totalmente diferente, a estranheza da expressão resultante indicava suas origens vernáculas não (inglesas).

A pessoa partível separou-se, então, explicitamente do dualismo de (pessoa como) indivíduo e sociedade (imaginada como relações entre indivíduos). No entanto, há limites para o quão longe se pode ir contra a corrente da linguagem. Outros antropólogos adotaram o termo pessoa para conotar "um indivíduo" como em individualismo, mesmo na forma conceitual – o próprio conceito entendido como individuado, indexando "a pessoa" como uma entidade discreta e identificável, e, portanto, como um objeto de investigação independente. Isso não é ajudado pelo fato de eu ter descrito a pessoa compósita (melanésia) como uma singularidade, embora fosse contrastada com as ações individualizantes de um agente. Aqui eu estava propondo uma linguagem para falar sobre a alternância perpétua de perspectivas "entre ser o agente incompleto que é ativado em relação a um outro e a pessoa completa, um produto das interações de outrem" (Strathern, 1988, p. 287), na qual é a última que é singular, uma entidade compósita derivada de relações múltiplas. Esta condição de constituição múltipla também torna a pessoa partível, nomeadamente como uma entidade que *antecipa* a partição, como quando um agente age para se desfazer de um conjunto de relações em favor de um outro ao suscitar uma orientação para si mesmo. No entanto, o resultado geral foi que a minha linguagem aparentemente apagou o próprio fenômeno – sociedade/sociabilidade – que eu esperara redescrever.

Deixe-me transformar isso em um momento de intercâmbio: talvez tenha sido esse aparente apagamento que levou Sahlins a atribuir ao meu argumento sobre a pessoa melanésia tanto uma visão egocêntrica (fui o alvo dos comentários acima), quanto uma confusão entre partibilidade e participação. Há mais teoricamente em jogo, diz ele, do que "a composição das pessoas individuais" (2013, p. 25). No entanto, este é exatamente o ponto em que eu questionaria sua leitura da pessoa como inevitavelmente a pessoa como indivíduo em primeiro lugar! Portanto, estamos de fato de acordo quanto ao problema. Os contornos desses conceitos tornam-se uma questão de escolha analítica. Assim, Sahlins usaria "partibilidade" para designar qualquer distribuição de investimento pessoal nas relações (como no desempenho de papéis), em oposição à participação de pessoas nas vidas umas das outras por meio de incorporação ou corporificação mútua, uma vez que parentes em todos os lugares participam, para os quais ele permite o conceito de "dividualidade". Outros veem os dois conceitos como sinônimos. No debate sobre o *status* do indivíduo, é o divíduo (e não o partível) que parece ser a categoria mais amplamente generalizável.

O argumento de Sahlins também oferece uma plataforma para divergências. No cerne de onde ele coloca a dividualidade, o parentesco, posso apontar para aquelas configurações de parentesco inglesas, senão euro-americanas, que, endossando uma teoria particular da sociedade, reproduzem a pessoa como indivíduo, onde as relações sociais são imaginadas como relações com outros indivíduos. Para este tipo de indivíduo, apego e desapego dificilmente funcionam da maneira que funcionam quando "pessoas" e "agentes" são mais como perspectivas alternativas à vida social (cf. Schram,

2015). A subtração e a adição de relações de/para este indivíduo "inglês" vêm através de uma multiplicidade de pontos de vista possíveis (relações com outros indivíduos), de modo que um viaja de uma arena de conhecimento para outra. Essa não é a matemática (gramática) do que eu havia entendido como dividualidade. Pelo contrário, colocar a situação inglesa desta maneira foi originalmente inspirado pelo que me pareceram ser as circunstâncias relacionais bastante diferentes do divíduo "melanésio" – daí a especificação adicional da partibilidade. Mas será que há algum sentido agora em apresentar um argumento especial em defesa da partibilidade?

Desde o seu ponto de vista, Mosko defendeu fortemente o caráter distintivo da partibilidade melanésia como um atributo da personalidade com contornos muito específicos. Quando ele escreve, onde "as pessoas de um ponto de vista ocidental podem parecer estar trocando objetos [...] na perspectiva indígena melanésia, elas estão antes transacionando sobre pedaços de si mesmas como pessoas" (2010, p. 219), as referências que se seguem não se limitam à Melanésia (e são ambas anteriores e posteriores a Strathern 1988). Mas, crucialmente, o que foi debatido como a pessoa partível aparece no desdobramento das relações de troca: como "aquela que é divisível [*divisible*] ou capaz de ser dividida [*divide-able*] em partes ou relações componentes que sejam transacionáveis [...] por meio de processos de troca elicitiva de dádivas" (Mosko, 2015, p. 362). O diagnóstico de partibilidade para Mosko está na desvinculação e vinculação das partes. "Por meio da atuação, as pessoas partíveis são *de*compostas, antecipando e evidenciando o reconhecimento de suas capacidades externalizadas por meio das respostas de [outros] correspondentes" (2010, p. 218; ênfase no original). Embora, em certas áreas da Melanésia, a troca de dádivas cerimoniais consiga isso em contextos políticos e as trocas de ciclo de vida em contextos de parentesco, ele não restringe a desvinculação e a vinculação ao fluxo de itens de troca partíveis, a origem do meu próprio uso. Além disso, Mosko levantou as restrições ainda mais, para incluir o sacrifício em contextos religiosos. Seu modelo expandido de pessoalidade partível o leva a águas intrigantes no que concerne à ação ritual e teologia cristã. O caráter distintivo da partibilidade, ou dividualidade neste sentido, é demonstrado pela sua contínua relação com (comparação com) outras configurações analíticas. Assim, ele argumenta contra o que lhe parecem más interpretações "relacionistas" da sociabilidade melanésia a propósito da troca de itens:

> Independentemente de quão intensamente as pessoas valorizam os relacionamentos, se os itens transacionados não são considerados partes dos transacionadores como pessoas, as perspectivas relacionistas tacitamente recapitulam a distinção sujeito/objeto na qual o individualismo possessivo no Ocidente se baseia (2010, p. 219).

O uso de "dividual" veio de fora da Melanésia, sendo o termo de Marriott (1976; cf. Marriott & Inden, 1977) apropriado para a Índia Hindu. Refletindo sobre seu trabalho de campo no sul da Índia, Busby (1997) ficou impressionada com o consenso entre os melanésios da época que os levou a descrever a composição corporal em termos de "partes", como quando o sangue materno e o sêmen paterno são descritos como partes masculina e feminina na reprodução da pessoa. Em contraste, no sul da Índia, as pessoas se envolvem umas com as outras em fluxos de substância, mas os últimos "sempre se referem às pessoas das quais se originaram: eles são uma manifestação das pessoas, e não dos relacionamentos que eles criam" (p. 273). Busby contrapôs duas construções da pessoa, uma "internamente dividida e partível (Melanésia), [a outra] [...] internamente inteira, mas com uma fronteira corporal fluida e permeável (Índia)" (p. 269). É a qualidade da permeabilidade substantiva que Werbner (2011) enfatiza em seu relato dos carismáticos apostólicos em Botsuana como dividuais. A observação de Busby de que o único termo, dividual, pode obscurecer diferenças (regionais) fundamentais permanece salutar.

É reanimado em questões atuais sobre a copresença de "individualismo e relacionalidade" (Morgain & Taylor, 2015), como Werbner (2011) também articulou ao reunir os conceitos de dividual e "self relacional" e propor um modelo da dividualidade e da individualidade como "mutuamente constitutivas". Bialecki e Daswani defendem explicitamente que se considere dividual/individual menos como heurística ou como modos diferentes de organizar o sujeito do que como atualizações de problemáticas da vida real elaboradas em vários locais, com diversas cristalizações dividuais e individuais da pessoa. Individualismo e dividualismo surgem "como dinâmicas que se implicam mutuamente" (2015, p. 272). Para eles, a questão é como os problemas são estruturados, onde, por exemplo, a autocriação se torna um projeto e, portanto, onde e quando um conceito parece significativo como um atuável-em-capacidade (após Humphrey 2008). No entanto, não se pode dizer por simples inspeção: as condições sob as quais qualquer conceito se torna *analiticamente* atuável dependerão de seu lugar no campo de conceitos de alguém.

Conceitos viajantes

Parece-me que tais intercâmbios sejam altamente produtivos do que podemos querer que a comparação faça. Eles ressaltam o papel das intenções mais amplas dos antropólogos em sua própria formulação de problemas (como em uma problemática), que é uma das razões pelas quais tanto deste capítulo foi dedicado à construção de construtos. Os contornos dos próprios conceitos são importantes. Portanto, o capítulo tratou a "pessoa relacional" como um exemplo da ambição de evocar a sociabilidade e a intersubjetividade na formação das pessoas. No entanto, a construção dualística desse conceito permite-o – pode até mesmo encorajá-lo – abarcar também o dualismo sociedade/indivíduo; mesmo com a linguagem das pessoas, pode reduzir o relacionalismo a uma noção de uma entidade *e* suas relações. (A redução está no potencial analítico; é obviamente um coloquialismo do inglês falar de indivíduos situados em redes de relações.) A "pessoa partível" é um conceito muito menos tratável, mas ao evitar essa armadilha analítica pareceu (a diversos críticos) esquecer completamente a sociedade. Talvez não seja nenhuma surpresa que a pessoa partível não tenha viajado tão longe quanto o divíduo (Sahlins, 2013, p. 25 dá um itinerário). Na verdade, assim como o "compósito" ou o "distribuído", o "dividual" viaja entre os microcampos tanto da pessoa relacional quanto da partível.

Para os escritores citados aqui, uma escolha de categoria analítica invariavelmente aponta para formulações fundamentais do pensamento e da vida social. Onde os euro-americanos podem ver as divisões como tendo que ser superadas, a noção de pessoa partível abordou o papel ativo que a divisão ou partição desempenha nas compreensões melanésias das relações (p. ex., Schram, 2015, p. 323). Stasch (2009, p. 10) fala, portanto, da "alteridade interna das relações sociais dos Korowai". Ora, para além da contratradição euro-americana investida na teorização da alteridade que Stasch aborda estão outras convenções dominantes. Portanto, ao descrever seus contornos (da pessoa partível) como um conceito, conferi-lhe um molde "relacional" evidente, como um elemento em uma configuração analítica mais ampla. O excurso sobre conexões merográficas mostrou uma dimensão adicional à maneira como os euro-americanos rotineiramente imaginam as relações entre conceitos: a saber, como eles participam ou são parte uns dos outros. Portanto, também posso conferir ao conceito um molde "partível" no inglês vernáculo: ao separar um construto – qualquer construto – de seu nexo relacional, pode-se tomá-lo como uma entidade independente com potencial para viajar. Na verdade, essa pode ser uma metáfora adequada para apreender aspectos da personalidade melanésia, embora em inglês esse não seja um atributo saliente na maneira como as pessoas são geralmente celebradas ou de fato construídas.

Quanto a essa diferença, o que podemos ter aprendido com um lembrete de uma leitura originalmente restritiva ("melanésia") da partibilidade é como tipos específicos de partição funcionam. Faz diferença se as divisões são presumidas ou se devem ser aplicadas, e podem ser divisões em qualquer escala da vida social. Nas palavras de Morgain e Taylor (2015, p. 7), o desafio de Théry é contra "entendimentos individualistas da natureza humana [...] atacando a visão dualista que sustenta tais entendimentos [...] em que a pessoa é vista como composta de duas entidades distintas" (aqui, self e corpo). Se, de fato, há um dualismo no pensamento secular Pós-iluminismo enraizado em abordagens identitárias da natureza individuada dos fenômenos, então as numerosas ocasiões nas quais as entidades se opõem apenas para serem mescladas, hibridizadas ou de outra forma tornadas copresentes ou – como no duo modernista sociedade-indivíduo – coproduzidas, revelam sua peculiar criatividade. As revelações podem levar os criadores de conceitos a deslocar seus construtos novamente. Assim como mudar os contornos do "eu" gramatical para incluir o ato "gramatical", a *performance* de tais movimentos analíticos pode, às vezes, dizer-nos mais do que uma abordagem direta das práticas de conhecimento euro-americanas nos teria informado.

O que essas práticas promovem é um horizonte de movimento aparentemente ilimitado, no qual a tarefa criativa é estabelecer novos limites. Desnecessário dizer que os antropólogos estão sempre pegando conceitos e correndo com eles – para que serviriam conceitos que não viajassem? Ao tornarem-se trampolins para novos empreendimentos, nessa dinâmica, velhos campos conceituais são inevitavelmente deixados para trás.

Reconhecimentos

Neste capítulo, estão sedimentadas ideias que viajaram de diversas fontes, embora as referências sejam altamente seletivas. Agradecimentos especiais pelas críticas e esclarecimentos oferecidos nas obras de Michael Carrithers, Margaret Jolly, Lisette Josephides, Bruce Kapferer e Alan Rumsey. Serge Tcherkézoff gentilmente enviou-me uma cópia da conferência inaugural de Irène Théry. No momento em que este artigo foi escrito, eu tinha uma bolsa emérita de estudos Leverhulme, pela qual expresso minha grande gratidão.

Referências

Bialecki, J., & Daswani, G. (eds.) (2015a). The anthropology of personhood, redux: Views from Christianity. *Hau: Journal of Ethnographic Theory 5*(1): 271-404.

Bialecki, J., & Daswani, G. (eds.) (2015b). Introduction: What is an individual? The view from Christianity. *Hau: Journal of Ethnographic Theory 5*(1): 271-294.

Jolly, M. (2015). *Braed praes* in Vanuatu: Both gifts and commodities? *Oceania 85*(1): 63-78.

Lepani, K. (2015). "I am still a young girl if I want": Relational personhood and individual autonomy in the Trobriand Islands. *Oceania 85*(1): 51-62.

Morgain, R., & Taylor, J. (2015). Transforming relations of gender, person, and agency. *Oceania 85*(1): 1-9.

Mosko, M. (2015). Unbecoming individuals: The partible character of the Christian person. *Hau: Journal of Ethnographic Theory 5*(1): 361-393.

Robbins, J. (2015). Dumont's hierarchical dynamism: Christianity and individualism revisited. *Hau: Journal of Ethnographic Theory 5*(1): 173-195.

Schram, R. (2015). A society divided: Death, personhood, and Christianity in Auhelawa, Papua New Guinea. *Hau: Journal of Ethnographic Theory 5*(1): 317-337.

Taylor, J., & Morgain, R. (eds.) (2015). Gender and person in Oceania. *Oceania* 85.

Outras referências

Bonnemère, P. (2014). A relational approach to a Papua New Guinea male ritual cycle. *Jrai NS 20*(4): 728-745.

Busby, C. (1997). Permeable and partible person: A comparative analysis of gender and body on South India and Melanesia. *Jrai NS 3*(2): 261-278.

Candea, M. (2011). Endo/Exo. *Common Knowledge 17*(1): 146-154.

Carrithers, M., Collins, S., & Lukes, S. (1985). *The Category of the Person: Anthropology, Philosophy, History.* Cambridge: Cambridge University Press. (Inclui trad. de Une catégorie de l'esprit humain: La notion de personne, celle de "moi". *Jrai 68*, 1938.)

Carsten, J. (2004). *After Kinship.* Cambridge: Cambridge University Press.

Douglas, M. (1995). The cloud god and the shadow self. *Social Anthropology 3*(2): 83-94.

Englund, H., & Yarrow, T. (2013). The place of theory: Rights, networks, and ethnographic comparison. *Social Analysis 57*(3): 132-149.

Fortes, M. (1987). *Religion Morality and the Person: Essays on Tallensi Religion*. Ed. De J. Goody. Cambridge: Cambridge University Press.

Humphrey, C. (2008). Reasembling individual subjects: Events and decisions in troubled times. *Anthropological Theory* 8(4): 357-380.

Ingold, T. (1994). Introduction to "social life": Becoming a person. In T. Ingold (ed.). *Companion Encyclopedia of Anthropology: Humanity, Culture and Social Life* (pp. 744-747). Londres: Routledge.

Laidlaw, J. (2014). *The Subject of Virtue: An Anthropology of Ethics and Freedom.* Cambridge: Cambridge University Press.

Marriott, M. (1976). Hindu transactions: Diversity without dualism. In B. Kapferer (ed.). *Transaction and Meaning* (pp. 109-142). Filadélfia: Ishis.

Marriott, M., & Inden, R. (1977). Towards an ethnosociology of South Asian caste systems. In K. David (ed.). *The New Wind: Changing Identities in South Asia* (pp. 227-238). The Hague: Mouton.

Mosko, M. (2010). Partible penitents: Dividual personhood and Christian practice in Melanesia and the West. *Jrai NS 16* (2): 215-240. (Além de respostas de Robbins, Knauft, Barker, Errington e Gewertz, cf. o artigo de Street no mesmo volume.)

Rapport, N. (2010). Individualism. In A. Barnard, & J. Spencer (eds.). *The Routledge Encyclopedia of Social and Cultural Anthropology*. 2ª ed. (pp. 378-382). Londres: Routledge.

Rapport, N. (2012). *Anyone: The Cosmopolitan Subject of Anthropology.* Nova York: Berghahn Books.

Read, K. (1955). Morality and the concept of the person among the Gahuka--Gama. *Oceania 25*(4): 233-282.

Robbins, J. (2004). *Becoming Sinners: Christianity and Moral Torment in a Papua New Guinea Society.* Berkeley: University of California Press.

Sahlins, M. (2013). *What Kinship Is – And is Not.* Chicago: University of Chicago Press.

Stasch, R. (2009). *Society of Others: Kinship and Mourning in a West Papuan Place.* Berkeley: University of California Press.

Strathern, M. (1988). *The Gender of The Gift: Problems With Women and Problems With Society in Melanesia*. Berkeley: University of California Press.

Strathern, M. (1992). *After Nature: English Kinship in the Late Twentieth Century.* Cambridge: Cambridge University Press.

Théry, I. (2009). Gender: A question of personal identity or a mode of social relations? Inaugural lecture. Trad. de S. Anderson-Morton e S. Tcherkézoff. Berlim: Centre M. Bloch/Ehess. www.pacific-dialogues.fr/pdf/4-IT_ConfBerlin_2009_def.pdf

Toren, C. (2012). Imagining the world that warrants our imagination: The revelation of ontogeny. *Cambridge Anthropology 30*(1): 64-79.

Wagner, R. (1977). Analogic kinship: A Daribi example. *American Ethnologist 4*(4): 623-642.

Werbner, R. (2011). The charismatic dividual and the sacred self. *Journal of Religion in Africa 41*(2), pp. 201-226.

Índice

1968, eventos de 145, 159

Abbott, A. 27, 28n. 4, 43, 104n. 24

Abu-Lughod, L. 358-360, 367-370

Ação 60, 97, 136, 139-141, 151, 200, 208-214, 254-257, 322, 324, 338, 432-435
- constitutivamente significativa 273
- distribuída 384, 388-390, 397
- ritual 436
- social 82, 130-134, 167-168, 180n. 45, 391
- cf. tb. Agência; Prática

Adivinhação 256n. 77, 415-417

Adorno, T. W. 32, 33, 292-295, 297, 299

Afetar 346-347, 349

Afins; cf. Casamento

Agamben, G. 296, 306

Agência 31, 33, 97-98, 138-139, 192, 231, 378, 389-391
- e estrutura 33, 97-98, 138, 192, 198-200, 202-206, 231
- não humana 389-391
- teorias cognitivas da atribuição 254-257, 262
- cf. tb. Ação; Prática

A grande transformação 198n. 51

Agricultura 128, 153, 159, 250, 250n. 73

Ahmed, A. 178

Aliança
- casamento; cf. Parentesco, aliança
- política 158, 169-171, 189, 224

Alma 318, 325, 346, 426

Alonso, A. M. 364-365

Alteridade 302, 406, 412, 413, 417-420, 439
- cf. tb. Diferença

Althusser, L. 138, 150, 319, 323

Amadiume, I. 368-369

Análise situacional 221-224, 228n. 67, 232
- cf. tb. Método de caso ampliado

Analogia orgânica 31, 39-47, 62-70, 103

Anderson, B. 198n. 51

Anderson, P. 156

Animismo 40, 58, 67, 304, 411

Anomia 167

Antropologia
- cognitiva 31, 145, 245-268
  - ciência 253-257, 341
  - críticas 253, 257, 260
  - módulos 252, 259-260
  - relativismo 250
- das mulheres 32, 96, 353-358, 362-364, 368-371
- do sofrimento 282

em casa 360, 381
semântica 336
simbólica; cf. Interpretativismo

Antropomorfismo 254-255, 256n. 77

Apartheid 208, 225, 234, 238

Appadurai, A. 200n., 52, 300

Ardener, E. 25, 336, 354

Arendt, H. 292

Arqueologia 47-49, 198, 377

Articulação 151-152, 347

Asad, T. 99-100, 101, 170, 177-180, 199, 330

Ascese 325

Assassinato 60, 82-83

Astuti, R. 258, 263

Ativismo 162, 281, 331, 365, 393n. 95

Atores
a perspectiva dos 12, 140, 166, 169-192
em análise situacional 227-230
cf. tb. Ação; Agência

Austin, J. L. 270

Autismo 260

Avunculado 124

Bachofen, J. 43, 56

Bailey, F. 181

Bakhtin, M. 141, 281

Barad, K. 101, 393, 393n. 95

Barth, F. 97, 145, 166, 168-182, 184-186, 189, 191-192

Barthes, R. 198n. 51

Bateson, G. 74

Benedict, R. 62-63, 74, 273, 284

Benjamin, W. 32, 291-292, 294-298, 300-301, 303-304, 306

Benson, S. 96

Bialecki, J. 424, 432, 437

Binarismo 206, 361, 371, 411
cf. tb. Dualismo; Dicotomia

Biologia 41-45, 64
antropólogos deixam o estudo da natureza para a 20, 337
biologias locais 349
como um modelo para a antropologia 31, 41, 62-63, 64-65, 93-94
corta-fogo entre a sociologia e a 31-32, 64-67, 76-77
e a subordinação das mulheres 353-355, 363
etnografia da 380-382, 392
evolução na 43-47, 64
informando explicações antropológicas 61, 74, 261
vs. cultura 337-345, 362, 371
cf. tb. Comparação; Evolucionismo, darwiniano; Função; Sociobiologia

Biopoder 318-321

Bloch, M. 146n. 34, 203n. 56, 208, 246, 249, 250n., 251

Bloor, D. 382

Blumer, H. 167

Boas, F. 30, 32, 39-40, 58-63, 64, 74, 76, 102, 127, 272-273, 283

Bonnemère, P. 429

Bourdieu, P. 18, 33, 166, 168, 181-192, 231, 337, 338, 343, 348, 390

Boyer, P. 254, 255, 255n. 76, 256, 256n. 77
Bricolagem 207, 207n., 60, 208
Brincadeiras
e evitação 40, 51-58, 66, 87-89
Bruxaria 81, 87, 101, 228, 382, 412-416
Buck-Morss, S. 292, 294, 295, 297, 301, 303
Budismo 256, 262
Busby, C. 437
Butler, J. 33, 360-364

Caça 127-134, 304
Callon, M. 380, 389, 394
Campesinato 147, 156n. 37, 156-159, 162n. 40
Candea, M. 21, 122n. 27, 237, 377, 398, 405, 429
Capital 182, 188-190
cultural 190-191
simbólico 189-192
Capitalismo 145-154, 158, 161, 182, 189-191, 295-299
cosmologias do 209
e repressão sexual 320-321
global 197-199, 205-208
não 145, 154, 162
pré- 148-159, 189
proto 157
tardio 337
Carsten, J. 361-363, 434
Casamento 127-136, 137-138
residência depois do 51-58, 168, 228
cf. tb. Brincadeiras, e evitação; Parentesco, aliança
Casta 156, 169, 177-179, 200, 200n. 54
Causalidade 151-151, 253, 272, 318, 391
cf. tb. Interpretação
Chayanov, A. 157
Chefes 83, 158, 170, 180n. 46, 203, 209-210
Chomsky, N. 251
Ciência 337-341, 349
antropologia como uma 24, 59-67, 76-78, 91, 180, 183, 186, 223-226, 231, 239, 272-275, 293
cf. tb. Positivismo
antropologia de 377-398
filosofia da 60, 101-102, 358, 380-384
cf. tb. Biologia; Medicina; Positivismo
Ciências econômicas 146-149, 183, 273
como um modelo para a ação humana 169-185, 188-192
economia neoclássica 159
microeconomia 173
cf. tb. Economia; Debate formalista--substantivista; Teoria, da escolha racional
Clã 84-86, 88, 121-126, 170
Classe 153, 177, 182-189, 208, 367, 389-394
Classificação 49, 69, 156n. 37, 187-188, 279-282, 412
cf. tb. Tipologia
Clifford, J. 225, 270, 279-281, 358-359
Colonialismo
a antropologia como serva 98-102, 198-201, 279-281

antropólogos de meados do século eram críticos do 99, 101, 103, 202n. 55
como um objeto de estudo antropológico 190n. 48, 196, 199, 200n. 54, 201-214, 221-226, 297, 300-304, 315, 340
ignorado na análise antropológica 98-102, 178-179, 190-191, 198-200
moldou o conhecimento antropológico 48, 70-71, 91-92, 98-103, 148
sociedades pré-coloniais 152, 278-280

Comaroff, J. 18, 200n. 52, 208-210, 215

Comaroff, J. L. 18, 200n. 52, 215

Comparação 17, 40-42, 48-49, 104, 121, 226-230, 239, 261, 283, 424, 436-438
biológica 41
críticas boasianas da 58-62
durkheimiano-maussiana 66-71, 74
estrutural-funcionalista 39-41, 76, 87-92, 94-95, 99-101
evolucionista 39-40, 48-58, 70-75
na antropologia da ética 138, 325-327

Comte, A. 43, 65

Comunidade autossustentável 153-160

Comunismo 46, 146-150, 155, 281, 294, 319
cf. tb. "Comunismo primitivo"

Conceitos 10, 29, 33, 424-440
como heurística 395, 405, 418-419
estudos cognitivos dos 248-250, 253-257
vs. coisas 385-388, 410-411
cf. tb. Revolução, conceitual

Conduta 190, 272, 275-276, 294, 317, 322-330
cf. tb. Ação

Confiança 173-176

Consciência 127, 137-138, 140, 191n. 49, 197-201, 208, 247, 293-296, 337, 341, 344, 355
falsa; cf. Ideologia

Contexto 232, 390-393, 428
contextualizar teoria 13, 27-28, 98-104
cultural 59-63, 259-263, 325-327, 393
descontextualizar 40, 90, 104, 200n. 54
social 325, 342

Corpo 32, 185, 186, 303, 317-318, 325, 336-349, 387, 408, 437, 439
gênero 360-364
hexis 186
técnicas do; cf. *Habitus*
vs. mente 339-341

Corporificação 32, 186, 192, 230, 303, 336-349, 435
críticas à 340-343
e dualismo 340-342
cf. tb. corpo; *Habitus*

Cosmides, L. 251-253

Cosmologia 136, 408, 418, 431, 433, 434

Crença 102, 166, 257, 258, 262, 273, 382, 386
como uma categoria antropológica problemática 389, 391, 394, 412-414
racionalidade da bruxaria 82, 87-88

Criatividade 200n. 53, 361, 406, 439

Crise 197, 234, 430
cf. tb. Representação, crise de

Cristianismo 204, 208, 213, 224, 261n. 80, 262, 323, 328, 339, 424, 434

Crítica
cultural 290, 297
da crítica 393-394
das teorias para perder coisas 12, 28, 101-104
do *status quo* 188
feminista 18, 96-99, 206, 340, 356-360, 366, 368n. 89, 392, 396
marxista 51, 158-163, 177
pós-colonial 10, 18, 103, 146, 281, 305, 368-369, 393n. 95
cf. tb. Sociologia, crítica; Escrita, da cultura

Csordas, T. 337-340, 341, 342-346, 346, 348

Cultura 9, 26, 26n. 3, 28, 31, 71n. 15, 92, 103, 159-160, 161n. 39, 168, 173, 176-182, 187, 198, 238, 270-285, 324-325, 331, 354-372, 382-385, 389, 390, 393, 404-412, 427-432
associação de homens com 356
como um texto 275-276
concepções
- boasianas de 40, 58-63, 272
- estruturalistas de 113, 120-127, 133-141, 205-206, 238
- geertzianas de 272-280
contato 200n. 53, 202n. 55
cultura material 59
e cognição 248-264
e escola da personalidade 63
e história 196-214
e o corpo 337-345
vs. sociedade como objeto da antropologia 41-43, 76, 93
cf. tb. Biologia, e cultura; Ontologia; Relativismo; Escrita, da cultura

Cultural(is)
estudos 231, 279
evolução 48-49, 147
lógica 160, 206-211
materialismo 149n. 36
traços 40, 59-62, 104, 200n. 55, 201
cf. tb. Mudança, cultural; Crítica, cultural; Diferença, cultural; Sistema

Dádiva; cf. Troca

Dados; cf. Etnográfico, material

Darwin, C. 41, 43-47, 62, 66n. 13, 80, 201

Das, V. 199

Daswani, G. 424, 432, 437

Debate formalista-substantivista 172, 190
cf. tb. Economia

Deleuze, G. 230, 319-320, 415

Descendência; cf. Parentesco, descendência

Descola, P. 411

Desconstrução 213, 280, 305

Descrição 12, 33
densa
descrever como fazer 396-398, 410-416
vs. explicação 16, 77, 128, 358-359, 392-396
cf. tb. Comparação

Desejo 320-329

Desenvolvimento 49-50
como ontogênese 44-45, 416
político e econômico 50, 158, 232-233, 271, 278, 330, 368
cf. tb. Evolucionismo; Progresso

Desigualdade 11, 17-18, 61, 96-101, 145-155, 189, 192, 208, 279, 324, 354-372, 392-395, 406, 417
cf. tb. Opressão; Pobreza

Diacronia *vs.* sincronia 26, 81-82, 97, 115, 140

Dialética 151, 183-187, 207, 211, 293-295, 305
imagem dialética 295-299, 302, 305
materialismo dialético 192, 293
negativa 297

Dialogismo 281

Dicotomia 42, 96, 114-115, 132-138, 293, 339-341, 356, 378, 391
cf. tb. Dualismo

Diferença 9, 32, 53, 95, 156, 213, 305
cultural 238, 261-265, 278, 282
de sexo e de gênero 353-367
diferentes concepções da 296
interindividual 97
ontológica 406-412
sentido criado por um sistema de 116-123
cf. tb. Alteridade

Difusionismo 10, 23, 30, 39-41, 58-63, 72, 102, 104, 201-203
como crítica do evolucionismo 58-60
em tensão com o holismo em Boas 63
influência duradoura 62-63
mais darwiniana do que o "evolucionismo" 46, 62
no Reino Unido 64, 72
relevância contemporânea do 62, 104
cf. tb. Globalização; Etnografia multissituada

Dinheiro 149, 153, 155, 174, 190, 391

Direito
a antropologia como busca do social e/ou histórico 41-42, 76, 93-94, 147-150, 183-185, 272, 275-276
caso 227
como objeto de estudo antropológico 52-58, 150-151, 188, 225, 232, 239, 379
comparativo 48-49

Direitos 149, 160, 172-173, 177, 189
civis 145, 162
humanos 331
indígenas 50n. 8, 377

Disciplina 316-320

Discurso 10-12, 115, 187, 191, 298, 318-320, 324, 344, 348, 361-368, 390
"universo do discurso humano" 274-277
vs. ideologia 318

Disposições 183-187, 192, 252, 259, 317, 338, 348

Disputa 81-87, 101-102

Doméstico
animais de estimação 123
modo de produção; cf. Modo de produção
vs. esferas públicas 96, 186-187, 354
vs. selvagem 356-357

Dominação; cf. Desigualdade; Opressão

Donham, D. 157, 159, 213n. 64

Douglas, M. 145, 292

Doxa 187

Dualismo 22, 427, 434, 438
cf. tb. Dicotomia

Durkheim, É. 30, 31, 33, 39, 41, 60, 64-70, 73-74, 76-77, 80, 82, 90, 93, 98, 121, 166-167, 246-248, 254n. 75, 257, 271, 382

Economia 72, 87, 145-163, 189-190, 224, 239, 244, 250n. 73, 271-273, 283, 360, 392
determinismo econômico 160-162
mercado 128
cf. tb. Ciências econômicas; Troca; Política; Marxismo/neomarxismo, Capitalismo; Modo de produção

Educação 190, 276, 320, 360, 367

Efervescência 68, 68n. 14, 247

Engels, F. 43, 50-51, 293

Englund, H. 18, 34, 213n. 64, 234-235, 331, 430, 433

Epistemologia; cf. Ontologia; Ciência, filosofia da; Positivismo

Epstein, A. L. 228, 233

Escola
de Chicago 226
de Frankfurt 10, 15, 32, 290-306
- críticas da 290
- contexto histórico da 291-293
- mal-utilizada 306
- não desconstrutiva 305
-relação com o marxismo 293
cf. tb. Teoria, crítica
de Manchester 10, 18, 31, 96, 221-240

Escolas e estilos (série de palestras em Cambridge) 13, 29

Escolha 167-182, 185, 231, 364
cf. tb. Teoria, da escolha racional

Escravidão 147, 152, 161, 326-329
comércio de escravos, Atlântico Norte

Escrita
da cultura 10, 20, 32, 63, 224, 231, 279-285, 406-407
- críticas à 280-285, 359
etnográfica 20, 70-72, 74, 198-201, 237, 278-287, 297, 356-360, 371
- autoria em 225, 281-285
- monografias 25, 40, 70-71, 73, 75-76, 90-91, 278
- presente etnográfico 199
- volumes editados 90-91

Essencialismo 181, 339, 364, 416
estratégico 416

Estado 45, 50, 150, 152-156, 178-179, 190, 277-279, 316, 322
de Bem-estar 176, 318
de emergência 306
cf. tb. Sociedade, sem Estado
teatro 278

Estatísticas 51-58, 61

Estética 63, 150, 162, 256
da existência 327

Estratégia 169-192

Estrutura 31-33, 78n. 17, 95n. 22
classe 182-187
da conjuntura 211
da teoria antropológica 28n. 4, 426-440

estrutura linguística 114-120, 127
estruturada 183-187, 191
e subjetividade 125-128, 137-138
poder/estrutura política 98-101, 178-179, 327
semiótica; cf. Sistema de signos
social 28n. 4, 66, 74-95, 147, 160n. 38, 166-172, 181n. 47, 192, 223, 228, 239, 322, 343, 384, 389
cf. tb. Agência, e estrutura; Estrutural-funcionalismo; Sistema

Estrutural-funcionalismo 10, 14, 30, 30n. 5, 31, 39-40, 65, 73-92, 101-104, 122n. 29, 166-169, 222-223
como crítica ao funcionalismo malinowskiano 64
como uma heurística 98
críticas do 92-102, 169, 223n. 65, 232
e colonialismo 98-102
e história 76-81, 92-95, 201-203
estreitando a noção de função 77
ruptura com o funcionalismo 74-78
cf. tb. Funcionalismo; Explanação, estrutural-funcionalista; Função; Estrutura

Estruturalismo 10, 17, 23-24, 31, 33, 69, 78n. 17, 95n. 22, 113-141, 145, 150, 159, 183-187, 191, 201, 206-210, 355-357, 404, 429
análise do totemismo 120-123
crítica neomarxista do 149-151
críticas do 135-141, 150-151, 183, 238, 338, 341, 346, 348
e explicação funcional 94, 126-127
e história 139, 206-210
cf. tb. Diacronia *vs.* sincronia
e prática 135-141
e superinterpretação 134-136
raízes na linguística estrutural 113-123
relevância contínua do 113-114, 135-136
vs. significados conscientes 126-127
cf. tb. Lévi-Strauss; Estrutura

Ética
antropologia da 32, 137-139, 214, 330
da antropologia 49-50, 330
evolucionista 43-47, 64
funcionalista 65, 93
genealogia da 315, 321-330
marxista 146-151
teleológica 325
vs. códigos morais 324

Etnocentrismo 178, 356

Etnografia multissituada 9-10, 18, 31, 221, 230-240
cf. tb. Difusionismo

Etnográfico
material 16, 70-75, 113-114, 122-127, 134-136, 147-149, 155-157, 161, 177, 198-201, 229, 264, 346-349, 356-360
trabalho de campo 70-76, 222-244, 294, 355-356
- do século XIX 59-60, 71-73, 75, 246
- e abertura 237
- e a "poltrona" 71-72, 90-91, 104, 245
- malinowskiano 64, 70-74, 89-90, 227, 280, 284
- unissituado 70-73
cf. tb. Etnografia multissituada

Etnologia 39, 42

Etnometodologia 167, 182

Euro-americana; cf. Ocidente

Evans-Pritchard, E. E. 25, 28n. 4, 81-83, 86-87, 90, 92-94, 96, 101-102,

105n. 24, 170, 179-180, 181, 191, 202-204, 247, 271, 284, 382
Evento 31, 115, 168, 197, 199, 202n. 55, 206-217, 222-226, 227-230, 231, 234, 236, 274-276, 362
crítico 199
e estrutura 115, 199-203, 206-212
eventos de 1968 145, 159
Evidência; cf. Etnográfico, material
Evolução 10, 16, 23-24, 30, 39-60, 61-75, 87, 89, 95, 100, 102-104, 121, 127, 146, 150-157, 162, 191, 201-203, 245-269, 273
e desenvolvimento 43-47, 80
Evolucionismo
como crítica social 46, 50
como já funcionalista 46, 47n. 7, 52, 66, 66n. 13
críticas ao 58-62, 64-65, 80n. 20, 101, 245
darwiniano 42, 43n. 6, 44-47, 66n. 13
política do 49-51, 101-102
cf. tb. Comparação, evolucionista; Progresso
Existencialismo 145
Exogamia 124, 153
Expedição ao Estreito de Torres 71, 75, 245, 245n. 72
Explanação 20, 27, 31-32, 33, 61, 103, 126-128, 163, 182-187, 191, 213, 377, 380, 384, 391-398, 403, 410-412
estrutural-funcionalista 64-67, 73-81, 87-88, 98-99, 126, 127-128
evolucionária 51-58, 246, 252-259, 263
feminismo e 353-356, 363
marxista 150, 156, 158, 162, 318
transacionalista 172, 174, 181n. 47
cf. tb. Interpretação, *vs.* explicação
Exploração 145, 152, 157, 167, 177, 177n. 73, 233, 342

Fabian, J. 49, 198
Facebook 387, 391
Falsa consciência; cf. Ideologia
Fascismo 203, 204n. 57, 292
Fato
construído/executado 292-294, 354, 358-361, 364, 380-394, 413-414
social 65, 77, 78n. 17, 167, 246
cf. tb. Etnográfico, material
Feitiçaria 304
Feminilidade/masculinidade 123, 132-134, 357, 370, 353-372
Feminismo 10, 25, 32, 146, 162, 337, 340, 408
e crítica pós-colonial 368-370
e evolucionismo 51, 363
e universalismo 354-356, 363, 368
"relacionamento estranho" com a antropologia 356-357, 363-367, 371
cf. tb. Antropologia, das mulheres; Gênero
Fenomenologia 32, 167, 182, 191n. 49, 197, 230, 271, 336-345
Filologia 48, 115
Filosofia 33, 43-47, 60, 65, 150, 230, 380-382, 397, 404-405, 415-417
burguesa 293

da ciência; cf. Ciência
filosofia da linguagem ordinária 270
cf. tb. Fenomenologia; Marxismo/neomarxismo, Positivismo

Firth, R. 97, 148, 161-163, 167, 194

Fortes, M. 79, 81, 90, 91, 102, 107, 153, 160, 163, 203, 223, 241, 425

Foucault, M. 32, 33, 138, 208n. 62, 279, 284, 315-332, 337, 340, 362, 386n. 93, 390, 393n. 96

Franklin, S. 361, 363

Frazer, J. G. 67, 121, 303

Freud, S. 291, 301, 319

Friedman, J. 149n. 36, 158, 200n. 54

Função 30, 45, 52, 64-104, 128, 152-155, 177, 186, 187-192, 249, 253, 263
noção biológica de 45, 64-65, 66n. 13
no estruturalismo 126-127
Radcliffe-Brown *vs.* Malinowski sobre a definição de 75-79
cf. tb. Evolucionismo; Funcionalismo; Estrutural-funcionalismo

Funcionalismo 10, 18, 23, 30, 39-40, 64-75, 101-104, 145, 152, 178-180, 201, 202n. 55, 271, 319
como mais darwiniano do que o "evolucionismo" 46
críticas ao 62, 95, 167
durkheimiano 32-70, 271
e história 66-69, 74-75, 201-203
malinowskiano 70-74
rompimento com o estrutural-funcionalismo 74-78
teleologia no 64
cf. tb. Explanação, estrutural-funcionalista; Estrutural-funcionalismo

Garfinkel, H. 167

Geertz, C. 17, 33, 63, 145, 206, 225, 241, 247-252, 262, 270-285, 404

Gell, A. 198n. 50, 250, 378

Gellner, E. 205, 205n. 58, 282

Generalização 17, 76, 93-95, 104, 353-357, 360

Gênero 32, 95-98, 123, 146, 154, 187, 200, 208, 253, 340-341, 348, 353-372, 381-382, 389, 393n. 95, 394-395, 408, 429
estudos 34, 357-359, 361-363
vs. sexo 340, 353-355, 361-362

Geografia 48, 59, 156, 162, 306

Globalização 63, 104, 205, 232-235, 240, 282, 300, 390, 397
cf. tb. Capitalismo

Gluckman, M. 34, 96, 223-228, 230, 232, 237-239

Godelier, M. 153-156, 161

Goffman, E. 173

Goody, J. 81, 91, 203n. 56, 205, 205n. 58

Gow, P. 140, 208

Graeber, D. 161, 403, 405, 417

Gramsci, A. 206, 210

Guerra 83, 234

Guthrie, S. 254, 256n. 77

Habermas, J. 291, 292

Habitação 345, 348

Habitus 186-187, 191, 299, 338, 390
Hacking, I. 392
Haddon, A. C. 64, 71, 75, 245
Halbwachs, M. 203
Haraway, D. 339, 393, 396
Hegel, G. 149n. 35, 230, 293-294
Heidegger, M. 230, 337, 345
Hennion, A. 380
Herzfeld, M. 190, 198n. 51, 207n. 60
Heteroglossia 281
Heurísticas 21-22, 29, 34, 98, 141, 173, 395, 405, 411, 417-418
  e política 101-102, 405
Hipótese repressiva 320
História 31, 93-95, 103-104, 146, 196-220, 221-232, 234-237, 290-306
  anjo da 306
  conjectural 201
  e autoridade 196-201
  e linguagem 115
  e mito 198, 202, 208-214
  historicidade 201-208, 213, 338, 343-344, 347, 348
  natural 246-265
  negligência antropológica da 66-69, 74, 75-81, 91-95, 139-140, 178, 200-201, 338-339
  cf. tb. Mudança; Cultura, história; Evolucionismo; Marxismo; Funcionalismo, e história
Hobsbawm, E. 147-148, 155, 200
Holbraad, M. 403, 404-406, 412-417, 419
Holismo 41-42, 61, 63, 68-69, 72, 77-78, 87, 90-94, 201, 237, 237n. 70, 272-276, 280, 365, 430-431
  cf. tb. Cultura; Relativismo
Honra 83, 130, 184
Horkheimer, M. 291-294
Humanismo 54, 150
Humanitarismo 234
Humphrey, C. 159, 213, 438
Husserl, E. 337

Ibn Khaldun 205
Idealismo 150, 282, 338, 417
Identidade 9, 213, 302, 367, 416
  de gênero 357, 361-363, 371, 416, 429
  étnica 176, 181, 200, 281
Ideologia 138, 147-155, 160, 191, 208, 239, 250n. 73, 284, 381, 389, 430
  e linguagem 115, 138
  vs. discurso 318
  vs. doxa 188
Igualdade 152-153, 356, 370-371
Imperialismo; cf. Colonialismo
Império 199, 209-214
  Ásia Interior 156
  Britânico 99-103, 178, 203
  cf. tb. Colonialismo
Indígena 200, 204n. 57, 278-280, 413, 436
  antropólogos indígenas 368n. 89
  cf. tb. Direitos, indígenas
Indivíduo 425-440
  agência; cf. Agência
  individualismo 368, 426, 429-431, 434-436, 437

lugar do indivíduo na análise antropológica 63, 68, 72-73, 77-79, 87-92, 94-101, 104, 115, 127, 136, 166-182, 226-230, 231, 235, 245-248, 252, 273-276, 284, 345, 388-391, 394, 425-440

Indivíduos maximizadores; cf. Teoria, da escolha racional

Infraestrutura 149-160

Ingold, T. 345, 347, 348, 378, 426

Instituições
como organizações formais políticas, médicas, religiosas 191-192, 316, 323-324, 381
sociais 23, 40, 51, 53n. 11, 64, 66-67, 74, 82-83, 86-87, 92, 127-130, 134, 166-168, 170, 183, 188, 202n. 55, 275-278, 364, 366, 381

Instituto Real de Antropologia 222

Instituto Rhodes-Livingstone 225, 233

Intenções/intencionalidade 115, 126-127, 255-264, 271-276, 322, 343, 388

Interacionismo simbólico 167-168, 168n. 41

Interesses 69, 88, 100, 151, 207, 280, 319, 369n. 90, 381, 389, 391-394

Interpretação 33, 42, 94, 138, 272-278, 336, 339, 348, 396
estruturalista 126-127, 134-136
humanos como animais autointerpretantes 272
vs. explicação 42, 68, 272-274, 277, 283
cf. tb. Interpretativismo

Interpretativismo 10, 26, 31, 60, 63, 68-69, 145, 270-285, 339, 348, 404
críticas ao 278-284
fontes intelectuais 270-273
política do 278, 281
prefigurado por Evans-Pritchard 93, 271
cf. tb. Positivismo, *vs.* Interpretativismo

Intersubjetividade 271-276, 343-344, 346, 429, 438

Irracionalidade; cf. Racionalidade

Islã 100, 171, 205, 271, 370

Jakobson, R. 33, 114, 114n. 25, 116, 120

Jenkins, T. 257, 261

Kapferer, B. 169, 179, 198, 228, 230, 238

Keller, E. F. 358

Kuhn, T. 24-25, 26n. 3

Kula 72

Kuper, A. 19, 25, 41, 44, 47, 48-49, 53, 59, 99-100, 101

Laidlaw, J. 138, 256-257, 260, 330-331, 397, 418-419, 432

Lambek, M. 196, 198, 203, 214, 278, 345

Lamphere, L. 353-354, 355, 358, 361

Latour, B. 25, 33, 337, 347-348, 377-378, 380-387, 389, 391-396, 411

Law, J. 379-380, 386

Leach, E. 95, 97, 145, 158, 204-205, 215, 238

Levar a sério 21, 336, 394n. 97, 396-398

Lévi-Strauss, C. 17, 25, 31, 33, 69, 78n. 17, 89, 94-95, 95n. 22, 113-114, 119, 120-123, 125, 127, 136, 137, 139, 141, 150, 153, 159, 183, 206-207, 272, 273, 339

Liberação 145, 320, 327, 364
  movimento de libertação das mulheres 353

Liberalismo 238-239, 317-322, 364, 370

Liberdade 9, 33, 98, 178, 320-329

Língua/linguagem 114-119, 138-139, 208-209, 252-252, 262, 270-282, 301, 336, 344
  analítica 336, 342, 425

Linhagem 79, 84-86, 88, 122-123n. 29, 140, 153, 170, 177, 189, 228
  cf. tb. Parentesco, descendência

Locais de campo; cf. Etnográfico, trabalho de campo

Low, S. 342-343

Lowie, R. 114, 127-134

MacCormack, C. 356-357, 361, 407

Macfarlane, A. 205, 205n. 58

Magia 67, 81, 87, 301-304

Mahmood, S. 330, 369-370

Maine, H. 43, 48, 53

Malinowski, B. 18-19, 23-24, 28n. 4, 30, 39-40, 58, 64, 70-78, 78n. 17, 80, 81, 87, 89-92, 97, 168, 201, 202, 224, 227, 238, 275, 280, 284

Malkki, L. 238n. 71

Marcus, G. 26, 63, 225, 231-237, 279, 290-292, 298, 300, 316, 320, 358-359

Marcuse, H. 291-292, 320

Marriott, M. 437

Martin, E. 337

Marx, K. 18, 27, 31-32, 33, 43, 46, 51, 63, 96, 98, 138, 145-149, 150, 152, 160, 164, 188, 192, 293, 294, 301, 318, 336, 392, 412

Marxismo/neomarxismo 10, 32, 63, 96, 98, 145-164, 204, 250n. 53, 279, 283, 284, 293, 392
  antropologia marxista antes do neomarxismo 145-150
  como evolucionismo 42-44, 46-47, 49-51, 147, 150, 162
  críticas ao marxismo e ao neomarxismo 158-161, 167, 183, 187, 319-322, 336
  críticas do conhecimento antropológico 18, 96, 149-151, 158-161, 177, 393n. 95
  e colonialismo 147, 156
  política do 150-152
  relevância contínua do neomarxismo 145, 161-163

Materialismo
  antropologia cognitiva como materialismo 264, 264n. 82
  darwinismo como 45
  materialismo
  - cultural 149n. 36
  - dialético 151, 192, 293, 295
  cf. tb. Marxismo/neomarxismo

Maternidade 355, 360, 369

Mauss, M. 39, 69, 74, 173, 183, 186, 337-338, 425-427

McKinnon, S. 253

Mead, G. H. 167

Mead, M. 63, 74, 273, 280

Medicina 316, 339, 345, 349, 365, 386, 418

Meillassoux, C. 153, 159

Memória 199-203, 255-256

Mercadoria 149, 208
  fetichismo 208, 294
  cf. tb. Troca

Merleau-Ponty, M. 337, 338, 341, 344

Merográfico 428, 431, 439

Método de caso ampliado 31, 221-240
  limitações do 232

Mídia 234-235, 370

Mimese 209, 300-306

Mintz, S. 147, 199

Mitchell, C. 226-228, 236

Mito 94, 120, 150, 206, 294, 336, 338
  cf. tb. História, e mito

Moderno 262, 380n. 91
  humanos anatomicamente modernos 252
  Modernidade 198-214, 294-295, 297, 300, 303, 316-321, 380, 397-398
  modernismo 230-233, 235, 298
  visões evolucionistas da Modernidade 43-51, 54, 64-65, 69, 80n. 20, 196, 427

Modo de produção 148-161, 210

Mohanty, C. 369, 369n. 90

Mol, A. 380, 396, 418

Montagem 298

Moralidade; cf. Ética

Morgan L. H. 43, 45-46, 48, 50, 58, 62, 67, 149n. 35

Morte 11, 44, 83, 132, 206, 211, 255, 362
  do sujeito 213

Mosko, M. 433, 436

Mudança 196-214, 235
  cultural 59, 72, 176-178, 238
  e corporificação 345, 362-364
  em formas de éticas 323-329
  ignorada 78-81, 95-101
  linguagem 115-117
  social 33, 42, 43-51, 53n. 11, 54-57, 66n. 13, 140, 148-151, 155-159, 293, 316-319, 354
  cf. tb. Evolucionismo; História; Processo

Multinaturalismo; cf. Perspectivismo

Nacionalismo 181, 198n. 51, 206n. 59, 214, 282

Nadel, S. F. 23-24, 78-79

Não humano
  animais 81-83, 86-87, 120-126, 202, 258n. 79, 275, 305, 346, 408
  como atuantes 9-10, 305, 377-398, 393n. 95, 406

Nativo
  ponto de vista 28n. 4, 70-74, 82, 183, 275, 396-398
  visões coloniais dos "nativos" 101, 213, 233

Natureza 19, 44, 60, 67, 93, 117, 120-123, 246-247, 252, 261, 339, 341, 355-357, 371, 378, 382, 394

e cultura/sociedade 21, 202, 206, 273-274, 339, 356, 371, 377, 394, 406-413
humano 53n. 11, 62, 252, 273, 320, 325, 439
mulheres associadas com 356
naturalismo 346, 407-411
naturalização 188, 253, 339, 361
cf. tb. Biologia; Ciência

Navaro, Y. 27, 300, 349

Nazismo 114, 292, 294

Needham, R. 95, 412

Neoliberalismo 162, 345, 390, 393

Neurotípico 258-259

Nietzsche, F. 321

Normas 54, 88, 131, 168-169, 179-181, 184, 204, 213, 391
cf. tb. Ética

"Nós contra eles" como um tropo antropológico 17-18, 47, 68-69, 200n. 54, 202, 276-278, 303, 365-367, 396-398, 406-416

Nzegwu, N. U. 369

Obeyesekere, G. 212

Objetificação 186-187, 207, 336-343, 349, 359
cf. tb. Natureza, naturalização

Objetividade 382, 395
críticas feministas da 358-360
objetivismo 93, 183, 186, 191, 293, 318, 337, 341
cf. tb. Positivismo

Observação participante; cf. Etnográfico, trabalho de campo

Ocidente
a antropologia desafiando suposições e conceitos ocidentais 17-21, 68-70, 346-347, 356-357, 366, 406-408, 424-440
como objeto de estudo antropológico 201, 381, 397-398
educado, industrializado, rico e democrático (Weird) 259
imaginado como ápice do progresso 44-47, 49-50, 64-69, 368-369
intervencionismo político ocidental 100-101, 204n. 57, 368-369
mulheres não ocidentais e feminismo 368-370
retratados como atemporais 40, 43, 48-50, 81-82, 203, 363

Okely, J. 299

Ong, A. 203n. 56, 368, 397

Ontologia 230, 293, 305
intuitiva 255-256
na genealogia da ética de Foucault 321, 324, 328, 340
política ontológica 396
vs. cultura 404, 416-418
vs. epistemologia 404, 409-410, 418
cf. tb. Virada ontológica

Opacidade da mente 260-263, 263n. 81

Opressão 96, 209, 279-282, 364
cf. tb. Desigualdade

Orientalismo 100-101, 200n. 54, 206, 406

Ortner, S. 138, 166, 231, 278, 355-357, 361

Os Annales 210

Os sentidos 228-230, 261-263, 292, 345-348

Oyěwùmí, O. 368-369

Panóptico 317

Papel; cf. Social, *status*/papel

Paradigmas 16, 23-26, 26n. 3, 27-29, 169
- como não científico 24
- como simplista e anistórico 25-28
- como uma heurística 29

Parentesco 48, 430-435
- aliança 89, 123n. 29, 152, 158, 185
- cf. tb. Casamento
- descendência 79, 79n. 19, 84-85, 88-89, 122n. 29, 170, 177, 223n. 65
- e gênero 361
- teorias neomarxistas do parentesco 149n. 36, 152-157

Patriarcado 162n. 40, 366
- *vs.* matriarcado 46, 53-57, 89

Pedersen, M. 403-405, 412, 417, 418

Percepção de cores 245, 245n. 72

Performance 139, 173, 201, 212
- ritual 68, 198, 229, 248

Performatividade 21, 298, 360-363, 396

Perspectivismo 262, 305, 346, 408-410

Pessoa 30, 33, 68-69, 77, 162, 168n. 41, 171, 247, 322-324, 344-346, 387, 424-440
- cf. tb. Self

Pobreza 176, 342, 360
- cf. tb. Desigualdade

Poder 9, 32-33, 96, 99-101, 140, 147, 178, 180n. 45, 182, 184-189, 197-209, 278-285, 316-331, 359, 366-367, 391, 393n. 95, 394-395
- e liberdade 321-322
- poder/conhecimento 317

Polanyi, K. P. 189, 198n. 51

Política
- é cultural 278-279
- ontológica 396

Pós-colonial
- cf. tb. colonialismo, Crítica pós-colonial

Pós-estruturalismo 32, 199, 206-208, 213, 230, 279-282, 338
- cf. tb. Bourdieu, P.; Foucault, M.; Pós-moderno

Posicionalidade 281, 367
- cf. tb. Escrita, etnográfica

Positivismo 65, 198n. 51, 292, 284, 292, 429
- pós-positivismo 198
- *vs.* interpretativismo 20, 28n. 4, 60, 68-69, 76, 93-94, 272-276, 292

Pós-moderno 25, 32, 104, 201, 282, 299-300, 305, 425

Possessão espiritual 302

Pós-socialismo 201

Prática 181-184, 273-277, 324, 382-386
- cf. tb. Ação; Agência
- e linguagem 115, 137-139
- noções marxistas de 145-151, 159-160
- teoria da prática 10, 18, 31, 166, 168, 181-192, 200, 205, 209, 231, 340

Práxis; cf. Ação

Pré-capitalista; cf. Capitalismo, pré-

Prestação 172-173, 175

Primavera de Praga 145

Primitivo 197, 202, 202n. 55, 207, 294
classificação 69
comunismo 50, 146-147, 150
rebeldes 147
religião 67
sociedade 40, 43-51, 65-69, 79n. 19, 80n. 20

Prisão 317-318, 322, 391

Processo 167-192, 228-230, 234-236, 341, 343, 347, 382-385
cf. tb. Mudança; Dialética
biológico 362
e estrutura 42, 78-81, 98, 104, 115, 166-169, 201-207, 223
evolutivo 43-47
mental 245-265

Produção 40, 146-163, 323, 337
forças de 149
relações de 146, 149, 154-155, 158
cf. tb. Modo de produção

Progresso 40, 43, 44-50, 50n. 10, 54, 65, 66, 150, 152, 198, 280, 306, 317-318
cf. tb. Evolucionismo

Psicanálise 146, 163, 227, 279, 291, 301, 319, 428

Psicologia 285
cognitiva 250-264
do desenvolvimento 253, 258-260, 263, 343, 348
intuitiva 256
separando explicações antropológicas e psicológicas 32, 64-66, 74-77, 78n. 17, 79, 126-128, 166, 245-248, 256, 273-276
social 226

Quine, W. 404

Rabinow, P. 281, 316, 377, 397

Raça 48, 53n. 11, 61-62, 201, 202n. 55, 212, 222, 224-225, 233, 360, 367, 369n. 90
racismo 50, 53n. 11, 224-225
segregação racial 224, 238

Racional
teoria da escolha 168, 171, 179, 188-192, 253

Racionalidade 19, 82, 102, 157, 160, 294, 202n. 55, 325, 368, 385, 389, 415
cf. tb. Racional, teoria da escolha

Radcliffe-Brown, A. R. 16, 24, 30, 39, 45-46, 47n. 7, 65, 73, 75-78, 78n. 17, 79-81, 87-93, 95n. 22, 201, 202n. 55, 222-223, 247, 272

Rádio 234-235, 297

Rapport, N. 426-427

Reciprocidade 172, 179, 184
cf. tb. Troca

Rede
rede social 79, 188-190, 222, 226, 236-237, 238, 384, 387, 430, 439
cf. tb. Sistema, de sinais

Reflexividade 138-139, 358, 433
cf. tb. Escrita, etnográfica

Relações 424-440
cf. tb. Parentesco

Relativismo 21, 26n. 3, 39, 61-63, 74, 248-251, 282, 406-410

Religião 25, 67-68, 72, 94, 149, 152, 171, 202n. 55, 225, 247, 253-257, 271, 330, 379, 436

Representação
antirrepresentacionalismo 347, 396, 405, 413-417

crise de 279-285, 407-409
coletiva 68, 167, 385
vs. prática 181-189, 273, 336
vs. realidade 247-250, 262-264, 340
cf. tb. Escrita, etnográfica; Ideologia; Escrita, da cultura

Reprodução
mecânica 300
social e biológica 48, 132, 151-153, 158, 166, 183-192, 320-321, 355-357, 364, 435-437

Resistência 98, 162, 204, 208-209, 302, 320-324

Revolução 96, 162, 196, 201, 213n. 64
conceitual 19-20, 27, 40, 48, 65-66, 70-77
sexual 321

Richards, A. 91, 97, 353

Ricoeur, P. 198n. 51, 274

Ritual 58, 68, 68n. 14, 69, 72, 198, 208-209, 212, 229, 247, 250, 250n. 73, 277-280, 302, 320, 338, 429, 439
ação 436
performance 68, 198, 229, 247

Rivers, W. H. R. 64, 71, 75, 245-246

Robbins, J. 213, 261, 282, 330, 426, 430, 432

Rosaldo, M. 278, 353-355, 361, 363-364

Rosaldo, R. 209-210

Rouch, J. 303

Ryle, G. 270, 273

Sacrifício 60, 211, 274, 436

Sahlins, M. 140, 147, 159-161, 201, 205, 209-212, 271, 430, 435, 438

Said, E. 190, 279-280

Saussure, F. 114-120, 123-124, 127, 137, 139, 141

Schneider, D. 172, 271

Self 214, 259, 317-330, 366-367, 393, 425-438
autoconsciência 427
autodomínio 329
autoexploração 157
autoformação 317-330, 390-391, 393, 428, 433, 437
autointeresse; cf. Racional, teoria da escolha
técnicas de 320-323
cf. tb. Ética

Seligman, C. G. 71, 75

Selvagem 47-48, 50n. 9, 302

Semiótica; cf. Sistema, de signos

Sentido; cf. Interpretação

Sexo 96, 253, 340, 353-354, 361-362
sexualidade 45, 71n. 16, 127-134, 154, 234, 315, 319-330
cf. tb. Gênero, *vs.* sexo; Revolução, sexual

Shapin, S. 392, 396

Significante/significado; cf. Signo

Signo 31, 119-141, 207n. 60, 248, 324, 348-349
cf. tb. Sistema, de signos

Símbolo; cf. Interpretação; Língua/linguagem; Signo

Sindicalismo 225, 233

Sistema
capitalista 320-321
cultural 283

de parentesco 50, 58, 83-90
de signos 31, 92n. 22, 113-127, 135-141, 210
jurídico 48, 318
laboratório como um sistema de inscrição literária 383-385
mundial 198n. 51, 235
político 84, 86-87, 90, 158, 170, 177-178, 181, 278-279
social 75-76, 93-95, 102, 146-158, 167-171, 177-181, 185-190, 202n. 55, 223, 324
vs. fragmento 296-298
cf. tb. *Habitus*; Política; Sociedade; Estrutura

Soberania 177, 317, 322

Social
bandido 147
coesão 69
construção do conhecimento 26n. 3, 68-69, 87, 381-383
departamento de relações 271
dinâmica social *vs.* estática 80-81
disjunção/conjunção 88-89
drama 222, 229, 239
equilíbrio 40, 79-87, 91, 178-180, 202n. 55, 204
evolução 43-58
formação 151-158
grupo 58, 79, 79n. 19, 80-89, 120-122, 122-123 n. 29, 127, 169-170, 180-181, 223n. 65, 227, 247-248, 260, 382, 395
interação 78-80, 167, 169, 172-181, 239, 248-249, 259-264, 274, 435
ordem 68, 81-89, 96, 122n. 29, 166-167, 186-187, 202n. 55, 206, 338, 356
organização 40, 49, 72, 102, 149, 154, 158, 167-168, 382, 384
relações 131, 151, 154-155, 160, 166-168, 172, 227-228, 247, 260, 322, 424-440
socialidade 260-261, 434
socialização 186, 264, 338, 357
cf. tb. Evolucionismo
status/papel 77-79, 96-97, 172-181, 181n. 47, 204-207, 328, 354-357, 365, 368-369, 429, 433

Socialismo de Estado; cf. Comunismo

Sociedade 9, 44-47, 64-69, 76-81, 93-97, 139, 152-163, 198, 202, 204, 206-207, 223, 237-239, 246-247, 253, 382, 391-394
afluente original 210
capitalista, pré, em pequena escala 232-235, 239
quente *vs.* fria 207
sem Estado 81-87, 170-171, 177-179
simples *vs.* sociedade complexa 66-67, 69, 202
urbana 233
vs. cultura como objeto da antropologia 39-43, 76, 94
cf. tb. Sistema

Sociobiologia 145

Sociocultural; cf. Sociedade; Cultura

Sociologia 33, 39, 64-77, 78n. 17, 79-92, 149, 166-168, 172-173, 182-184, 198, 226, 246-247, 271-273, 278, 293, 377-380, 427
crítica 392-398
da ciência; cf. Ciência, antropologia da

Soviético; cf. Comunismo

Spencer, H. 43-47, 52, 58, 62, 65-67

Stasch, R. 58, 103, 263n. 81, 439

Status; cf. Social, *status*/papel

Stocking, G. W. 25, 41, 71, 71n. 15, 76-77, 99

Stoller, P. 303-304

Strassler, K. 198, 200n. 52

Strathern, M. 22, 26, 29, 59, 211, 212, 236, 237n. 69, 345, 356-357, 361, 365-368, 378, 380n. 91, 407-409, 411, 416, 428, 434-436

Subalterno 208, 208n. 62, 416

Subjetividade 133, 137-138, 167, 206, 295, 358, 397

Sujeito 138, 209, 317-330, 340-344, 390, 425-437
  morte do 213
  cf. tb. Indivíduo; Self

Superestrutura 149-160

Surrealismo 298

Taussig, M. 294, 298, 301-303, 305-306

Técnicas do corpo; cf. *Habitus*

Técnicas do self; cf. Self, técnicas do

Tecnologia 72, 148-149, 158, 189, 203, 301-302, 355-356, 385, 387, 391, 391n. 94
  ciência e estudos da tecnologia 378, 381 n. 92

Tempo 115-116, 138-140, 196-213
  cíclico 249
  e universais cognitivos 250
  mítico 198, 202, 208-212
  relógio 199, 202-203, 390
  cf. tb. Evolucionismo; Processo

Temporalidade 197-201, 235, 296

Teoria 14-22
  alta 229-230
  ator-rede 10, 21, 25, 30n. 5, 32, 34, 78n. 18, 237n. 69, 377-398, 405, 418
  - como uma crítica da sociologia 392-393
  - críticas da 239-240, 392-393
  - e atores 377-384, 388-390, 394-395
  - e construcionismo social 381-383, 391, 394
  - e redes 384-388
  - não é uma teoria 395, 405
  categorização em escolas, estilos, paradigmas 16, 22-29
  como e por que estudar a história da teoria 11-35, 102-104
  crítica 145, 290-306
  distintamente antropológica 33-35
  e método 16-18, 42-43, 70-72, 75, 221-240
  e etnografia 16-20, 34, 91, 147, 304, 360-363, 392, 397, 410-420
  cf. tb. Etnográfico, material
  livrar-se da 12, 20-22
  vs. prática 181-184

Teoria
  da mente 257-264
  - variações culturais em 259-264
  dos jogos 171-172, 177-178, 181n. 47, 184-185
  cf. tb. Racional, teoria da; Ciências econômicas

Terceiro Mundo 369

Terray, E. 152

The flâneur 296-297

Théry, I. 427, 432, 439-440

Tipologia 47, 95, 213, 411
  cf. tb. Classificação

Tooby, J. 251-252
Toren, C. 338, 343-344, 347-348, 429
Tortura 317
Totemismo 25, 40, 95n. 22, 120-122, 411
Trabalho 146-150, 152-161, 188-189, 319-320, 353-354, 433
divisão do 17, 19, 76, 97-98
divisão intelectual do 245-248
trabalho escravo; cf. Escravidão
Tradição/tradicional 180n. 46, 188, 197, 200, 277, 338, 427
antropologia tradicional como objeto de crítica 231-232
Transação 127-132, 173-174
cf. tb. Troca; Transacionalismo
Transacionalismo 10, 31, 168-181, 192, 230
críticas ao 177-181
e colonialismo 178-180
e etnocentrismo 177-179
e história 177-181
e o indivíduo 172, 179
modelos generativos 169
Trautmann, T. R. 41, 47-48, 50
Traweek, S. 382
Tribo 48, 79, 82, 83-84, 86, 152, 178-180, 200, 233
Troca 72, 123n. 29, 155, 158-159, 173, 192, 260, 305, 409, 434, 436-437
de dádivas 26, 69, 74, 183-184, 192, 436
cf. tb. Reciprocidade
generalizada 159
Turner, T. 161-162
Turner, V. 228-230, 239, 274
Tylor, E. B. 43, 47, 48, 50-58, 60-62, 65, 67, 73, 88-90, 121, 273

Universal 61, 73, 89, 135-136, 273, 283, 337-339, 349, 368, 426
subordinação das mulheres como um universal 353-357, 363
universalidade do comportamento econômico 168, 173, 179
universalismo da antropologia cognitiva 245-264
cf. tb. Teoria, da escolha racional

Valor(es) 72, 131-132, 162, 168-181, 190-191, 257, 272-273, 276, 324, 426-428, 430-431, 434
de troca 149
semântico; cf. Sistema, de signos
teoria do valor trabalho 149, 155
de uso 149, 298
Van Velsen, J. 227, 228, 228n. 67, 229, 231, 236
Verran, H. 380
Verstehen; cf. Interpretação
Vilaça, A. 346-348
Violência 82-83, 87, 95, 100-101, 189, 209, 234, 317
estrutural 213
Virada ontológica 10, 21, 32, 304, 336, 357n. 85, 397, 403-420
como uma heurística 405-406, 411, 416-420
críticas à 403, 416-420
política da 404-407, 416-417
Viveiros de Castro, E. 305, 346, 378, 403-404, 406-408, 410-411, 416-417

Wagner, R. 407, 409, 411, 414-416, 419, 434

Wallerstein, I. 198n. 51

Weber, M. 32, 33, 60, 68, 167, 190-191, 205, 248, 271

Werbner, R. 200n. 52, 226, 230, 437

Willerslev, R. 304-305

Wittgenstein, L. 270, 273-274, 282

Wolf, E. 49, 81, 147, 157, 199

Woolgar, S. 380-381, 383, 385-386, 393, 396, 398

Worsley, P. 160, 160n. 38

Xamanismo 302, 418

Yarrow, T. 430, 433

EDITORA VOZES LTDA.
Rua Frei Luís, 100 – Centro – Cep 25689-900 – Petrópolis, RJ
Tel.: (24) 2233-9000 – E-mail: vendas@vozes.com.br